ACCESO GRATIS a la Lectura en la Nube

Para visualizar el libro electrónico en la nube de lectura envíe junto a su nombre y apellidos una fotografía del código de barras situado en la contraportada del libro y otra del ticket de compra a la dirección:

ebooktirant@tirant.com

En un máximo de 72 horas laborales le enviaremos el código de acceso con sus instrucciones.

La visualización del libro en **NUBE DE LECTURA** excluye los usos bibliotecarios y públicos que puedan poner el archivo electrónico a disposición de una comunidad de lectores. Se permite tan solo un uso individual y privado

LA LEY INTEGRAL CONTRA LA VIOLENCIA DE GÉNERO

Balance y desafíos 20 años después de su entrada en vigor

LA LEY INTEGRAL CONTRA LA VIOLENCIA DE GÉNERO

Balance y desafíos 20 años después de su entrada en vigor

Directora:
LETICIA JERICÓ OJER

Coordinadoras:
PAZ FRANCÉS LECUMBERRI
LORENA ALEMÁN ARÓSTEGUI

Obra financiada por el proyecto de
Investigación UNEDPAM/PI/PR24/07A

tirant lo blanch
Valencia, 2025

En caso de erratas y actualizaciones, la Editorial Tirant lo Blanch publicará la pertinente corrección en la página web www.tirant.com.

EDITA: TIRANT LO BLANCH
C/ Artes Gráficas, 14 - 46010 - Valencia
TELFS.: 96/361 00 48 - 50
FAX: 96/369 41 51
Email: tlb@tirant.com
www.tirant.com
Librería virtual: www.tirant.es
DEPÓSITO LEGAL: V-4530-2025
ISBN: 979-13-7010-471-9

Si tiene alguna queja o sugerencia, envíenos un mail a: *atencioncliente@tirant.com*. En caso de no ser atendida su sugerencia, por favor, lea en *www.tirant.net/index.php/empresa/politicas-de-empresa* nuestro procedimiento de quejas.

Responsabilidad Social Corporativa: *http://www.tirant.net/Docs/RSCTirant.pdf*

Índice

PARTE II
LA PERSPECTIVA JURÍDICA TRAS 20 AÑOS DE LA LEY INTEGRAL CONTRA LA VIOLENCIA DE GÉNERO

PARTE III
INTERVENCIÓN POLICIAL, PSICOSOCIAL Y EDUCATIVA FRENTE A LA VIOLENCIA DE GÉNERO

Abreviaturas

art./arts.: artículo/s

ADPCP: Anuario de Derecho Penal y Ciencias Penales

AFDUAM: Anuario de la Facultad de Derecho de la Universidad Autónoma de Madrid

AFDUC: Anuario de la Facultad de Derecho de la Universidad de A Coruña

AP: Audiencia Provincial

BOE: Boletín Oficial del Estado

CC: Código Civil

CE: Constitución española

CEJ: Centro de Estudios Jurídicos

CGPJ: Consejo General del Poder Judicial

CP: Código Penal

CPC: Cuadernos de Política Criminal

EPC: Estudios Penales y Criminológicos

ETT: Empresa de Empleo Temporal

ET: Estatuto de los Trabajadores

FCS: Fuerzas y Cuerpos de Seguridad

FCSE: Fuerzas y Cuerpos de Seguridad del Estado

FGE: Fiscalía General del Estado

IA:	Inteligencia Artificial
JJpDem:	Juezas y Jueces para la Democracia
JVM:	Juzgado de Violencia sobre la Mujer
JVP:	Juzgado de Vigilancia Penitenciaria
LECrim:	Ley de Enjuiciamiento Criminal
LEVD:	Ley del Estatuto de la Víctima del Delito
LH:	Libro Homenaje
LO:	Ley Orgánica
LOFCSE:	Ley Orgánica de Fuerzas y Cuerpos de Seguridad del Estado
LOGP:	Ley Orgánica General Penitenciaria
LOI:	Ley Orgánica de Igualdad
LOPJ:	Ley Orgánica del Poder Judicial
LOTJ:	Ley Orgánica del Tribunal del Jurado
LPRL:	Ley de Prevención de Riesgos Laborales
núm.:	número/s
OAV:	Oficina de Asistencia a la Víctima
ODS:	Objetivos de Desarrollo Sostenible
OIT:	Organización Internacional de Trabajadores
PSOE:	Partido Socialista Obrero Español
RAAP:	Revista Aragonesa de Administración Pública
RC:	responsabilidad civil

RD: Real Decreto

RDPC: Revista de Derecho Penal y Criminología

REC: Revista Electrónica de Criminología

RECPC: Revista Electrónica de Ciencia Penal y Criminología

REDUR: Revista Electrónica de Derecho De La Universidad De La Rioja

REIC: Revista Española de Investigación Criminológica

REP: Revista de Estudios Penitenciarios

RGDE: Revista General de Derecho Europeo

RGDP: Revista General de Derecho Penal

RJA: Revista Jurídica Aranzadi

RJUAM: Revista Jurídica de la Universidad Autónoma de Madrid

RPJ: Revista del Poder Judicial

s: siguiente/s

SAP: Sentencia/s de la Audiencia Provincial

SAM: Servicio de Atención a la Mujer

SGIP: Secretaría General de Instituciones Penitenciarias

STC: Sentencia/s del Tribunal Constitucional

STEDH: Sentencia/s del Tribunal Europeo de Derechos Humanos

STJUE: Sentencia/s del Tribunal de Justicia de la Unión Europea

STS: Sentencia/s del Tribunal Supremo

TC: Tribunal Constitucional

TIC's: Tecnologías de la Información y Comunicación

TS: Tribunal Supremo

UE: Unión Europea

v.: véase

VioGén: Sistema de Seguimiento Integral en los casos de Violencia de Género

vol.: volumen

Presentación

Al cumplirse dos décadas de la aprobación de la LO 1/2004, de 28 de diciembre, de Medidas de Protección Integral contra la Violencia de Género, me complace presentar esta obra colectiva que lleva por título "La Ley Integral contra la Violencia de Género: balance y desafíos 20 años después de su entrada en vigor". Este trabajo representa un análisis exhaustivo y multidisciplinar de lo que fue y lo que viene siendo esta LO, un hito legislativo que marcó un punto de inflexión en la lucha contra la violencia que se ejerce contra las mujeres en nuestra sociedad.

Esta contribución no pretende ser únicamente una celebración de los logros alcanzados, sino, fundamentalmente, una evaluación crítica y constructiva de la LO, identificando sus fortalezas, debilidades y los desafíos que aún persisten en el horizonte. Para ello nos hemos reunido un equipo de personas expertas provenientes de diversas disciplinas (Derecho, Criminología, Sociología, Trabajo Social y Educación), quienes, desde nuestros respectivos campos de conocimiento, hemos pretendido ofrecer una visión completa y enriquecedora sobre esta materia. Sin embargo, no solo el carácter multidisciplinar es lo que caracteriza la obra que aquí se presenta, sino el hecho de que reúna a profesionales procedentes tanto del ámbito académico como del ejercicio profesional, enriqueciendo el análisis con una combinación de perspectivas teóricas y prácticas. Agradezco muy sinceramente a todos y todas su colaboración, sus aportaciones y su esfuerzo entusiasta para que esta obra viera la luz.

A lo largo de estas páginas, el lector/a podrá encontrar un análisis riguroso y profundo de muchos de los aspectos que configuran la LO, desde su marco conceptual y normativo hasta su aplicación práctica y sus consecuencias sociales. El volumen se estructura en tres bloques temáticos que permiten un análisis integral de la LO 1/2004 y su impacto. El primero aborda algunas claves sociológicas y criminológicas de la violencia de género; el segundo se centra en la evolución y aplicación jurídica de la norma durante estos 20 años y el tercero examina las estrategias de intervención policial, psicosocial y educativa frente a la violencia de género.

El primero de los bloques se inicia con la contribución realizada por Eliana Alemán y Ricardo Feliú, quienes exploran el fenómeno negacionista de la violencia de género en el ámbito digital. Su análisis se centra en la manosfera, un espacio virtual donde se articulan discursos antifeministas que persiguen deslegitimar los avances realizados en materia de justicia e igualdad. Siguiendo con un enfoque sociológico, Lohitzune Zuloaga y Xabier Tirapu nos ofrecen un análisis detallado de la estrategia discursiva de la ultraderecha en España. Su investigación se centra en la postura mantenida por VOX frente a la LO, revelando cómo este partido utiliza discursos regresivos para desacreditar los pilares fundamentales de la ley y cuestionar su impacto en la sociedad. Finalmente, desde el ámbito de la Criminología, Nahikari Sánchez-Herrero profundiza en 20 años de investigación criminológica, explorando los factores de riesgo y las fortalezas de las estrategias de prevención e intervención especializada.

En el bloque segundo se examinan algunos de los avances y desafíos jurídicos en la lucha contra la violencia de género desde la aprobación de la LO 1/2004, abordando su impacto desde una perspectiva integral que incluye los ámbitos penal, civil y laboral. De este modo, Miguel Ros, desde su experiencia como fiscal, señala algunas deficiencias en su aplicación y propone mejoras en el ámbito de la dispensa prevista en el art. 416 LECrim, la prueba preconstituida, los juicios rápidos o la justicia restaurativa. Por su parte, Inés Olaizola se adentra en el complejo terreno de las reacciones violentas contra el maltrato, explorando los límites de la legítima defensa en el marco del Derecho penal. Su análisis invita a reconsiderar cómo se aborda la defensa de las víctimas en situaciones extremas teniendo en cuenta la perspectiva de género y las circunstancias específicas de cada caso. Leticia Jericó analiza la aplicación de la atenuante de reparación del daño (art. 21.5 CP) en el ámbito de la violencia de género y en los delitos contra la libertad sexual, con especial atención a la influencia del caso Alves. La autora cuestiona si la compensación económica a la víctima puede generar desigualdades y examina los argumentos utilitaristas y preventivos que justifican la aplicación de la atenuante. En su contribución, Jorge Ollero critica la excesiva confianza que se ha depositado en lo que él denomina penalismo mágico, lo que en parte ha limitado el éxito de la LO 1/2004. De este modo, propone priorizar políticas sociales y económicas que aborden las causas estructurales de la violencia, en detrimento de las penales. En la misma línea, Lorena Alemán examina la intersección que existe entre la violencia de género y la ejecución de la pena de prisión. En su contribución cuestiona la eficacia preventiva de los programas penitenciarios, señalando además que la ejecución penitenciaria muestra una visión paternalista de la mujer víctima. Paz Francés, Libertad Francés y José Luis Otano presentan lo que es la fase inicial del proyecto "Diálogos reparadores" en Navarra, un espacio comunitario restaurativo para las mujeres víctimas de violencia de género al margen del proceso penal. Tras la implementación de la primera fase de este novedoso proyecto, subrayan la importancia de incorporar un enfoque comunitario y personalizado que atienda el impacto de la violencia sobre las mujeres. Por su parte, Sara Vicente analiza las implicaciones de la violencia de género en el ámbito del Derecho civil, centrándose en el derecho a la reparación económica para las víctimas, así como en las medidas relacionadas con la responsabilidad parental y el régimen de visitas en casos de violencia. El bloque jurídico finaliza con la contribución de Elisa Sierra, que analiza la protección laboral de las trabajadoras víctimas de violencia de género, evaluando la eficacia de medidas como la reducción de jornada, la movilidad y la protección por desempleo.

Finalmente, el tercero de los bloques aborda las estrategias de respuesta desde la perspectiva policial, psicosocial y educativa, concretamente analizando la evolución de la intervención policial en materia de violencia de género, los avances y debilidades en la protección integral y la importancia de la educación y la alfabetización digital crítica en la prevención de la violencia de género. Eduardo Sainz de Murieta y Cristina Eseverri, desde su experiencia profesional en Policía Foral de Navarra, analizan la evolución de la función policial en la lucha contra la violencia de género en España principalmente tras la aprobación de la LO 1/2004. Ambos subrayan la importancia de la coordinación policial y judicial y los retos a abordar en el futuro, como la prevención de la revictimización o el fenómeno de la ciberviolencia. Por su parte, Patricia Amigot, Paola Damonti, Ruth Iturbide y Sandra Siria evalúan los avances y desafíos de la LO desde la intervención psicosocial, a través de un estudio de campo cualitativo basado en entrevistas a profesionales del ámbito social. Al margen de destacar el carácter pionero de la ley, ponen de manifiesto el evidente desequilibrio entre la acción punitiva y las acciones preventivas, la falta de formación especializada así como la necesidad de reforzar la financiación de la red asistencial. Cerrando este tercer bloque, Lisett D. Páez aborda la prevención de la violencia de género en el ámbito educativo mediante la alfabetización digital crítica. Centrando su estudio principalmente en la violencia digital y los *deepfakes* sexuales, propone medidas de prevención tales como la autorregulación de plataformas y la alfabetización digital del estudiantado para prevenir la violencia en el ciberespacio.

En definitiva, "La Ley Integral contra la Violencia de Género: balance y desafíos 20 años después de su entrada en vigor" es una invitación a la reflexión crítica y al debate constructivo.

Finalmente, quiero indicar que este libro ha sido posible gracias al generoso apoyo de la UNED Pamplona en el marco de la convocatoria de Proyectos de Investigación 2024 (UNEDPAM/PI/PR24/07A). Su compromiso con la investigación y la difusión del conocimiento ha sido fundamental para la realización de este proyecto. Agradezco profundamente su confianza al concedernos esta oportunidad de contribuir al debate sobre la violencia de género en España.

Es mi deseo que estas páginas sirvan como herramienta de análisis y acción, impulsando nuevas estrategias para seguir avanzando hacia una sociedad libre de violencia y más igualitaria.

Pamplona, marzo de 2025.

La directora

LETICIA JERICÓ OJER
Profesora titular de Derecho Penal.
Universidad Pública de Navarra
Tutora Uned Pamplona

PARTE I
CLAVES SOCIOLÓGICAS Y CRIMINOLÓGICAS DE LA VIOLENCIA DE GÉNERO

La negación de la violencia de género en España: análisis de la manosfera desde la noción de campo organizacional

RICARDO FELIU MARTÍNEZ
Profesor asociado de Sociología
Universidad Pública de Navarra

ELIANA ALEMÁN SALCEDO
Profesora Ayudante Doctora de Sociología
Universidad Pública de Navarra

I. INTRODUCCIÓN

La LO 1/2004, de 28 de diciembre, de Medidas de Protección Integral contra la Violencia de Género constituye un punto de inflexión en la lucha contra la violencia hacia las mujeres en España. Pese a las críticas recibidas por excluir ciertas cuestiones centrales para el feminismo[1], la LO 1/2004 puede entenderse como el resultado de la incorporación gradual de algunas ideas que, durante décadas, promovió el movimiento feminista sobre este problema social. Al hacerlo, produjo un cambio en la manera de pensar este tipo de violencia, respaldado ahora por el poder de la ley. Este poder discursivo influye

---

1 Bodelón, E. (2008). "La violencia contra las mujeres y el derecho no-androcéntrico: perdidas en la traducción jurídica del feminismo". *Género, violencia y derecho,* 275 y s.

tanto en la actuación de los operadores jurídicos, como en la comprensión popular del alcance de la ley[2]. Pero como todo cambio social progresivo, la LO 1/2004 ha provocado reacciones y resistencias, algo que según Flood *et. al.*[3], siempre ocurre cuando se intenta avanzar hacia la justicia de género.

En España, en los últimos años, se ha intensificado la actividad de distintos grupos e individuos que niegan la existencia de la violencia de género y que actúan en el espacio digital, configurando diversas comunidades *online*, lo que ha sido denominado como la "manosfera" (también conocida como machosfera o androsfera). Tales comunidades tienen en común un activismo antifeminista que busca romper con los consensos sociales y políticos en materia de igualdad y de lucha contra la violencia contra las mujeres. Se trata de un negacionismo antifeminista[4], que puede entenderse como parte de la reacción patriarcal a la LO 1/2004, enmarcado en un discurso sobre "ideología de género" y movilizado por determinadas organizaciones[5].

Como señalan García-Mingo y Díaz[6]: "no podemos pensar en la manosfera como un espacio digital que aloja subculturas digitales minoritarias o nichos sin incidencia alguna en la

---

2 Merry, S. E. (1992). "Culture, power, and the discourse of law", *NYLS Law Review*, (37), 200 y s.

3 Flood, M./Dragiewicz, M./Pease, B. (2021). "Resistance and backlash to gender equality", *Australian Journal of Social Issues*, 56(3), 393 y s.

4 García-Mingo, E./Díaz, S. (2022). *Jóvenes en la Manosfera. Influencia de la misoginia digital en la percepción que tienen los hombres jóvenes de la violencia sexual.*

5 Canet-Benavent E./Martínez-Martínez L. (2019). "Reacción Patriarcal contra los Avances en Materia de Violencia Machista", *Búsqueda*, 6(23), 469.

6 García-Mingo, E./Díaz, S. (2023). "Mapping Research on Online Misogyny and Manosphere in Spain: The Way Ahead", *Masculinities & Social Change*, 12(3), 303.

construcción de la realidad social". De hecho, construyen narrativas y acciones antifeministas, un conocimiento de género alternativo y antifeminista que aspira impregnar a toda la sociedad, crear un nuevo sentido común que legitime la eliminación de toda normativa en materia de igualdad y de violencia de género.

En este trabajo realizamos una aproximación a la manosfera española desde el concepto de campo organizacional, asumiendo una noción discursiva de las instituciones sociales y de las leyes como una manifestación empírica de aquellas, en nuestro caso la LO 1/2004. Desde esta aproximación nos proponemos trazar una cartografía para dar cuenta de sus características, las funciones que la manosfera cumple para sus miembros, identificar los objetivos de sus participantes, así como las principales estrategias que se utilizan a la hora de difundir sus narrativas y tramas discursivas en ámbito digital.

Para identificar y comprender las tramas de significado que subyacen en la negación de la violencia hacia las mujeres como violencia de género, empezaremos por señalar las implicaciones interpretativas de este concepto y cómo se ha llevado a cabo su institucionalización, particularmente a través de la LO 1/2004. Previo a ello, explicaremos cómo las instituciones sociales y las leyes configuran y son constituidas por las relaciones sociales y el papel de la lucha discursiva en los procesos de cambio institucional. Siguiendo esta lógica abordaremos el análisis de la manosfera española como campo organizacional con el fin de identificar sus actores, sus interacciones y principales mensajes respecto al tema que nos ocupa. Para ello haremos una revisión sistemática de las investigaciones más relevantes realizadas en España y publicadas entre 2018 y 2024 sobre el tema. Tales investigaciones han utilizado principalmente metodologías cualitativas (etnografías digitales, grupos de discusión, entrevistas e historias de vida), análisis visual y el análisis de contenido y de discurso de textos digitales. Cerraremos con un apartado dedicado a las conclusiones, en el que se recogerán los principales resultados del análisis y la pertinencia del uso del concepto de cambio organizacional en relación con el objeto de estudio.

II. INSTITUCIONES SOCIALES, LEYES Y LUCHAS DISCURSIVAS: LA CONFIGURACIÓN DE LAS RELACIONES SOCIALES

Desde la perspectiva constructivista desarrollada por el feminismo institucional, "las instituciones son ideas sedimentadas sobre el ser y el comportamiento apropiado que son compartidos por los actores sociales"[7]. Las instituciones como discursos sedimentados son constitutivas de las relaciones sociales en cuanto limitan el alcance de ciertas afirmaciones en una sociedad concreta, pero también están efectivamente constituidas por las luchas discursivas, evidenciando su dimensión causal[8]. Por tanto, los actores sociales (agencia) no sólo interpretan los significados de los discursos, sino que también los resisten y los desafían[9]. La institucionalización puede verse como proceso y como resultado[10] y el hecho de que las instituciones brinden un marco orientativo para la acción, no implica que exista consenso social sobre sus significados profundos. Para que la institucionalización se produzca, se requiere que los actores individuales produzcan textos de distinto tipo (desde descripciones

---

7 Grahn, M. (2024). "Gendered institutions and where to find them: A critical realist approach", *Politics & Gender*, 20(2), 453.

8 Kulawik, T. (2009). "Staking the frame of a feminist discursive institutionalism", *Politics & Gender*, 5(2), 262-271.

9 Grahn, M. (2024). "Gendered institutions and where to find them: A critical realist approach", *Politics & Gender*, 20(2), 453.

10 Wooten, M./Hoffman, A. (2017). "Organizational fields: Past, present and future", *The Sage handbook of organizational institutionalism*, (2), 55.

conversacionales, hasta textos más elaborados y ampliamente difundidos) que dejen rastros significativos de modo que se incorporen a discursos nuevos o existentes[11].

En las instituciones políticas, los discursos son fundamentales en la politización de las necesidades y la definición de identidades[12]. Así, los significados devienen objeto de lucha política y como afirma Amorós, "conceptualizar es politizar"[13]. Por tanto, al conceptualizar la violencia hacia las mujeres como violencia de género, las feministas en España han ofrecido un sentido común alternativo sobre este problema[14] y al ser recogido en la LO 1/2004 han avanzado en su proceso de institucionalización. Aunque las leyes no son instituciones sociales, sí son una manifestación empírica de aquellas, constituyendo un tipo de discurso que recoge prescripciones institucionales[15]. El Derecho respaldado por el poder del Estado, favorece que prevalezca una determinada forma de pensar e interpretar las relaciones sociales que regula. Según Merry[16], el Derecho es constitutivo de las relaciones sociales y en su proceso de aplicación, no

---

[11] Phillips, N./Malhotra, N. (2017). "Language, cognition and institutions: Studying institutionalization using linguistic methods", *The SAGE handbook of organizational institutionalism,* (15), 392 y s.

[12] Kulawik, T. (2009). "Staking the frame of a feminist discursive institutionalism", *Politics & Gender,* 5(2), 262-271.

[13] Amorós, C. (2008). "Conceptualizar es politizar", *Género, violencia y derecho,* 15.

[14] De Miguel, A. (2005). "La construcción de un marco feminista de interpretación: la violencia de género", *Cuadernos de trabajo social,* (18), 231 y s.; Amorós, C. (2008). "Conceptualizar es politizar", *Género, violencia y derecho,* 15.

[15] Grahn, M. (2024). "Gendered institutions and where to find them: A critical realist approach", *Politics & Gender,* 20(2), 453.

[16] Merry, S. E. (1992). "Culture, power, and the discourse of law", *NYLS Law Review,* (37), 200 y s.

sólo se generan significados, sino que también se modifican las interpretaciones sobre determinados problemas[17].

No obstante, aunque la ley establezca un nuevo marco interpretativo, su fuerza es insuficiente para generar un cambio en la mentalidad colectiva, ni siquiera en la de todos los operadores jurídicos. De hecho, las leyes que recogen avances en justicia de género pueden encontrar resistencias en su aplicación cuando el sistema legal y judicial responde a un modelo androcéntrico[18]. Esto puede dar lugar a un comportamiento ambivalente, ya que el espíritu de una nueva ley puede entrar en conflicto con otras lógicas subyacentes en el funcionamiento del sistema judicial[19]. Para las feministas, el Derecho puede ser entendido como un discurso y "mientras el discurso sea patriarcal, las mujeres seremos discutidas, descritas y tratadas por el Derecho de manera subordinada a los intereses de los hombres"[20]. Incluso, como apunta Larrauri[21], el sistema judicial puede producir significados y enviar mensajes negativos a través de la creación de estereotipos sobre el comportamiento

---

17 Al respecto, Merry (1992) menciona el ejemplo de los tribunales de Hawái y su cambio en su forma de abordar la violencia doméstica a partir de los años setenta del siglo XX. Este cambio estuvo influenciado por la incorporación de la perspectiva feminista en las leyes y la presión del movimiento para que las mujeres se animaran a denunciar.

18 MacKinnon, C. (1995). *Hacia una teoría feminista del Estado.* Facio, A. (2000). "Hacia otra teoría crítica del derecho", *Las fisuras del patriarcado*", *Reflexiones sobre feminismo y derecho,* 15 y s.

19 Alemán, E. (2021). "La declaración de la víctima en los procedimientos penales por violencia de género y ambivalencias del sistema judicial penal", Oñati *Socio-Legal Series,* 11(3), 833-859.

20 Facio, A. (2000). "Hacia otra teoría crítica del derecho", *Las fisuras del patriarcado*", *Reflexiones sobre feminismo y derecho,* 33.

21 Larrauri, E. (2008). "Cinco tópicos sobre las mujeres víctimas de violencia... y algunas respuestas desde el feminismo oficial", *Género, violencia y derecho,* 311-328.

de las mujeres en los procedimientos penales por violencia de género[22]. Tales estereotipos no sólo minan la credibilidad de las mujeres maltratadas, sino que pueden ser utilizados para reforzar mitos sobre el comportamiento femenino y negar la violencia de género. Asimismo, estos mensajes pueden impactar a nivel social y en la conciencia jurídica popular. Aunque no se correspondan con sus contenidos, la conciencia jurídica popular asigna ciertos significados a la ley cuando habla de ella en determinados entornos y de este modo, el Derecho termina constituido por las relaciones sociales en las que se inserta[23].

Así, las leyes no ponen fin a la lucha discursiva, incluso pueden abrir una nueva etapa de disputa, en la que participan tanto quienes consideren que sus demandas no han sido suficientemente satisfechas —como sucede con parte del feminismo crítico con la LO 1/2004—, como para aquellos que se sienten agraviados —sería el caso de quienes rechazan los avances en justicia de género—. Se abre, de este modo, un nuevo período de politización y de disputa estratégica que, según Kulawik, versa no sólo sobre la interpretación o sobre quién obtiene qué, sino también de "representación de necesidades, problemas e identidades"[24]. Para esta autora, el resultado de la lucha discursiva dependerá de los recursos disponibles y las competencias discursivas de los actores políticos, así como de los

---

22 Al respecto, esta autora ha identificado algunos estereotipos como los de las "mujeres irracionales" si retiran la denuncia; "las mentirosas", si la denuncia es falsa; "las instrumentales", sí lo que quieren es obtener un beneficio material; "la punitiva", si la mujer incita a la pareja a que se le acerque o "la vengativa". Larrauri, E. (2008). "Cinco tópicos sobre las mujeres víctimas de violencia... y algunas respuestas desde el feminismo oficial", *Género, violencia y derecho,* 311-328.

23 Merry, S. E. (1992). "Culture, power, and the discourse of law", *NYLS Law Review,* (37), 200 y s.

24 Kulawik, T. (2009). "Staking the frame of a feminist discursive institutionalism", *Politics & Gender,* 5(2), 265.

acuerdos institucionales. A continuación, nos centraremos en cómo el discurso de violencia de género avanzó posiciones en la lucha discursiva.

III. LA LO 1/2004 Y LA "VIOLENCIA DE GÉNERO" COMO MARCO INTERPRETATIVO DE LA VIOLENCIA HACIA LAS MUJERES

La violencia contra las mujeres es la expresión más extrema del sistema de desigualdad social entre hombres y mujeres, adoptando distintas formas según cada época y contexto. Desde una epistemología feminista, es necesario realizar un análisis contextualizado y temporalizado que permita identificar las intersecciones de género, clase y raza[25]. Para hacer frente a la violencia contra las mujeres se han producido distintos cambios normativos internacionales (por ejemplo, la CEDAW[26] y el Convenio de Estambul[27]) y estatales (en España, la LO 1/2004).

La deslegitimación de la violencia contra las mujeres y su reconceptualización como problema social ha requerido un nuevo marco feminista de interpretación, el de la "violencia de género".[28] Se trata de un cambio epistemológico

---

25 Kulawik, T. (2009). "Staking the frame of a feminist discursive institutionalism", *Politics & Gender*, 5(2), 265.

26 Convención sobre eliminación de todas las formas de discriminación contra la mujer (CEDAW), de 18 de diciembre de 1979.

27 Se conoce así al Convenio del Consejo de Europa sobre prevención y lucha contra la violencia contra la mujer y la violencia doméstica, firmado en Estambul el 11 de mayo de 2011.

28 De Miguel, A. (2005). "La construcción de un marco feminista de interpretación: la violencia de género", *Cuadernos de trabajo social*, (18), 231 y s.

que revela el origen patriarcal de esa violencia, entendiendo por patriarcado como un "modo de dominación de los varones sobre las mujeres que tiene efectos sistémicos"[29]. No se trata de una tarea fácil dado el arraigo del patriarcado en diferentes instituciones sociales, las cuales implícitamente lo mantienen y reproducen al presentarlo como un orden natural[30]. De esa manera opera como institución social, en la medida que se trata de un acuerdo cognitivo que se da por sentado[31].

Por su parte, la institucionalización del concepto de "violencia de género" no solo ha adquirido gran influencia en la esfera pública, sino que, al transformar el lenguaje sobre la violencia contra las mujeres, transmite una visión del mundo que rechaza las relaciones de género basadas en la subordinación femenina[32]. Aunque limitada a las relaciones entre parejas o exparejas heterosexuales, la LO 1/2004 refleja este enfoque al reconocer en su artículo primero que la violencia contra las mujeres es una manifestación de la discriminación, la desigualdad y las relaciones de poder entre hombres y mujeres. En ese sentido, la LO 1/2004 responde a una reivindicación del feminismo al reconocer la violencia de género como un fenómeno estructural propio de un orden basado en valores

---

29 Amorós, C. (2008). "Conceptualizar es politizar", *Género, violencia y derecho,* 16.

30 Levy, D.P. (2022). "Patriarchy", *The Blackwell Encyclopedia of Sociology,* 1 y s.

31 Phillips, N./Malhotra, N. (2017). "Language, cognition and institutions: Studying institutionalization using linguistic methods", *The SAGE handbook of organizational institutionalism,* (15), 392 y s.

32 Marugán, B. (2015). "Límites de la utilización del concepto 'violencia de género' en la Ley Orgánica 1/2004 para actuar contra el acoso sexual, *Journal of Feminist, Gender and Women Studies,* (1), 53 y s.

patriarcales[33], aunque también es cierto que las propuestas feministas han sido debilitadas en su traducción jurídica[34].

En todo caso, el que se formulara una ley integral contra la violencia de género fue el resultado, entre otros factores, de las demandas que durante décadas impulsó el movimiento de mujeres que trabajaba en estos temas[35]. Junto con el feminismo institucional, entronizado en el gobierno de España con la creación en 1983 del Instituto de la Mujer, se incrementó la presión para obtener respuestas respecto a este problema. En los años noventa, se había logrado que la violencia contra las mujeres pasara de ser un tema privado a uno público, y de la petición de medidas sancionadoras, se avanzó a la petición de una ley integral de violencia contra la mujer[36].

No obstante, el elevado número de víctimas mortales en las dos últimas décadas (1.293 mujeres asesinadas por sus parejas o exparejas entre el 2003 y el 2024[37]) y otras deficiencias

---

33 Laurenzo, P. (2005) "La violencia de género en la ley integral. Valoración político-criminal", *Revista Electrónica de Ciencia Penal y Criminología,* 7(8), 1 y s.; Peris, M. (2015). "La Importancia de la Terminología en la Conceptualización de la Violencia de Género", *Oñati Socio-Legal Series,* 5(2), 716 y s.

34 Bodelón, E. (2008). "La violencia contra las mujeres y el derecho no-androcéntrico: perdidas en la traducción jurídica del feminismo". *Género, violencia y derecho,* 275 y s.

35 Ferrer, V./Bosch, E. (2006). "El papel del movimiento feminista en la consideración social de la violencia contra las mujeres: el caso de España", *Revista Labrys,* 10(3), 20 y s.

36 Pastor-Gosálbez, I./Belzunegui-Eraso, Á./Merino, M./Merino, P. (2021). "La violencia de género en España", *Revista Española de Investigaciones Sociológicas,* (174), 109 y s.

37 Fuente: Estadística de Víctimas Mortales por Violencia de Género. Delegación del Gobierno contra la Violencia de Género. Ministerio de Igualdad. https://violenciagenero.igualdad.gob.es/violenciaEnCifras/victimasMortales/fichaMujeres/home.htm

detectadas en la LO 1/2004 y en su implementación, han provocado las críticas de diversos sectores del feminismo. Así, se ha objetado esta ley por la exclusión de otras formas de violencia patriarcal contra las mujeres o lo restrictivo del concepto utilizado en la LO 1/2004[38], por su enfoque punitivista[39], o porque se considera que en algunos aspectos es una norma obsoleta, debiéndose centrar mucho más en la tutela victimal[40]. Asimismo, aunque la LO 1/2004 contempla medidas de prevención y sensibilización sobre la violencia, se considera insuficiente, ya que está dirigida a atacar la violencia directa.

Cepeda señala que las raíces culturales son una de las causas que explican la discrepancia entre la realidad de la violencia contra las mujeres y la percepción social que se tiene de ella[41].

---

38 Añón Roig, M./Merino-Sancho, V. (2019). "El concepto de violencia de género en el ordenamiento jurídico español: balance crítico y propuestas de un concepto holista e integral", *AIS: Ars Iuris Salmanticensis,* 7(1), 67 y s.; Pastor-Gosálbez, I./Belzunegui-Eraso, Á./ Merino, M./Merino, P. (2021). "La violencia de género en España", *Revista Española de Investigaciones Sociológicas,* (174), 109 y s.

39 Laurenzo, P. (2005) "La violencia de género en la ley integral. Valoración político-criminal", *Revista Electrónica de Ciencia Penal y Criminología,* 7(8), 1 y s.; Larrauri, E. (2008). "Cinco tópicos sobre las mujeres víctimas de violencia... y algunas respuestas desde el feminismo oficial", *Género, violencia y derecho,* 311-328; Alemán, E./Páez, L. (2021). "La violencia de género en el ámbito de la pareja y la expareja. Reflexiones socio-jurídicas en torno a la protección integral de la víctima en Cuba y España", *Estudios del Desarrollo Social: Cuba y América Latina,* 9(2), 159 y s.

40 Villacampa, C. (2018). "Pacto de estado en materia de violencia de género: ¿más de lo mismo?", *Revista Electrónica de Ciencia Penal y Criminología,* 20 (4), 1-38.

41 Cepeda, M. (2016). "Evolución de la sensibilidad hacia la violencia contra la mujer en España (1985-2016), *Mujeres e investigación. Aportaciones interdisciplinares: VI Congreso Universitario Internacional Investigación y Género,*108-126.

A partir de un análisis del Barómetro del Centro de Investigaciones Sociológicas (CIS) entre los años 1985 y 2016, esta autora observa que la sensibilización sobre la violencia contra la mujer aumenta en los meses con más información y mayor debate social, y disminuye cuando este se reduce, por lo tanto, obedece a factores coyunturales. Para esta autora, el paso del tiempo no ha generado un cambio cultural significativo. Si analizamos los datos del CIS relativos al año 2024, el panorama apenas ha cambiado; entre enero y noviembre de ese año la media de las personas que consideraban la violencia de género como uno de los principales problemas del país era solo del 1,1%. La evidencia de la precaria sensibilización de la sociedad española sobre la violencia contra las mujeres como un problema social prioritario muestra que todavía hay mucho camino por recorrer en esa materia.

Pese a todo lo expuesto, es innegable el avance significativo que ha supuesto la LO 1/2004 y la función que cumple al utilizar el concepto de "violencia de género". Al hacerlo, la LO 1/2004 incorpora un nuevo marco interpretativo para comprender la naturaleza de la violencia contra las mujeres. Con ello pone fin a la confusión conceptual que implican términos como "violencia doméstica" o "violencia familiar", con los cuales se pretende negar el carácter específico y estructural de la violencia que sufren las mujeres[42]. Tales conceptos ocultan una ideología que, precisamente, el movimiento feminista y los estudios de género se han encargado de revelar.

---

[42] Peris, M. (2015). "La Importancia de la Terminología en la Conceptualización de la Violencia de Género", *Oñati Socio-Legal Series,* 5(2), 716 y s.; Alemán, E./Páez, L. (2021). "La violencia de género en el ámbito de la pareja y la expareja. Reflexiones sociojurídicas en torno a la protección integral de la víctima en Cuba y España", *Estudios del Desarrollo Social: Cuba y América Latina,* 9(2), 159 y s.

IV. LA NOCIÓN DE CAMPO ORGANIZACIONAL

Los enfoques actuales de las teorías institucionalistas definen el campo organizacional como un espacio relacional en el que no sólo se puede observar cómo y por qué sus participantes tienden a comportarse de forma similar, sino también su heterogeneidad, los conflictos entre ellos y las dinámicas de cambio. "La esencia de un campo es su capacidad de servir como lugar de encuentro donde las organizaciones tienen la oportunidad de interactuar entre sí"[43]. Las interacciones en sí mismas constituyen una forma de satisfacer los intereses/necesidades de sus participantes, a la vez que a través de ellas dan forma a ese campo. Aunque la noción de campo organizacional nos evoca un espacio habitado por organizaciones, debemos considerar que cada vez más surgen nuevas formas organizacionales, muchas de ellas poco convencionales, en las que no están claros sus límites, procesos de toma de decisiones o membresía[44].

Asimismo, aunque no sea el objetivo explícito de sus miembros, los campos organizacionales inciden en la configuración de su identidad. El hecho de que se produzcan procesos isomorfos (coercitivo, mimético y normativo) llevan a los participantes del campo a parecerse más, aunque intenten diferenciarse[45]. Además, el campo también brinda un espacio para la formación de identidad de sus participantes, siendo esto parte

---

[43] Wooten, M./Hoffman, A. (2017). "Organizational fields: Past, present and future", *The Sage handbook of organizational institutionalism,* (2), 65.

[44] Grothe-Hammer, M./Kohl, S. (2020). "The decline of organizational sociology? An empirical analysis of research trends in leading journals across half a century", *Current Sociology,* 68(4), 419 y s.

[45] DiMaggio, P./Powell, W. (2000). "The iron cage revisited institutional isomorphism and collective rationality in organizational fields", *Economics meets sociology in strategic management,* 143 y s.

del proceso de creación y recreación de los campos y sus límites[46]. Estos elementos pueden generar sentido de pertenencia, lo que a su vez influirá en el papel que desempeñen los distintos participantes del campo.

Las interacciones en el campo pueden ser tanto de colaboración como de conflicto. Por ejemplo, en el espacio digital Lewis[47], ha identificado lo que denomina *Alternative Influence Network* (Red de Influencia Alternativa) para referirse a la colaboración establecidas entre diferentes *Youtubers* que buscan llegar a audiencias jóvenes para trasmitir en forma de noticias o entretenimiento ideas de extrema derecha. Si bien ha identificado diferencias entre ellos, encuentra como punto común una "oposición general al feminismo, la justicia social o la política de izquierda"[48].

En cuanto a los conflictos, según Wooten y Hoffman[49], la noción de campo no sólo permite analizar cuáles y por qué se desarrollan, sino también las habilidades que los participantes adquieren a través de ellos, la acumulación de capital para futuros enfrentamientos, así como las lógicas en disputa que pueden propiciar el cambio institucional. Por tanto, la estructura del campo es dinámica, evoluciona en su composición, interacciones y marcos conceptuales. Para estos autores, el estudio del campo nos invita a preguntarnos por los eventos que los estructuran, el tipo de relaciones que se forman ya sea en

---

46 Wedlin, L. (2006). *Ranking business schools: Forming fields, identities and boundaries in international management education.*

47 Lewis, R. (2018). *Alternative Influence: Broadcasting the Reactionary Right on YouTube (White paper),* 1 y s.

48 Lewis, R. (2018). *Alternative Influence: Broadcasting the Reactionary Right on YouTube (White paper),* 1.

49 Wooten, M./Hoffman, A. (2017). "Organizational fields: Past, present and future", *The Sage handbook of organizational institutionalism,* (2), 65.

torno a una tecnología o un tema y como ello da forma a una racionalidad colectiva. Tal racionalidad es producida en el proceso de interacción, pero también por el papel de los actores. No todos desempeñan los mismos papeles ni persiguen los mismos intereses, así que pueden participar en distintas tareas del campo. Entre ellos, podemos identificar aquellos que tienen mayor capacidad para desestabilizar las instituciones o impulsar cambios institucionales.

Generar luchas discursivas para intentar imponer determinada visión del mundo es una forma de provocar cambios institucionales y los campos organizacionales pueden servir para acumular fuerzas para ese propósito. En la medida en que el conocimiento es situado y las prácticas discursivas definen cómo se produce, se reproducen y transforman los discursos, es imprescindible conocer el significado que adquieren los discursos en determinados contextos[50]. El ámbito digital conocido como la manosfera ofrece un contexto específico, pero cuando los mensajes que allí circulan saltan a otros espacios institucionales o mediáticos, los discursos pueden adquirir otros significados. Conviene entonces considerar el discurso como lugar de comunicación, como proceso de interpretación intersubjetiva y como sistema de significados, ya que en ese sentido "es posible evaluar en qué condiciones las personas pueden 'utilizar' el discurso y en qué condiciones son 'utilizadas' por este"[51]. Precisamente la noción de campo organizacional nos ayuda en este propósito.

---

[50] Kantola, J./Lombardo, E. (2024). "Feminist institutional responses to anti-gender politics in parliamentary contexts", *International Feminist Journal of Politics*, 26(4), 833 y s.

[51] Kulawik, T. (2009). "Staking the frame of a feminist discursive institutionalism", *Politics & Gender*, 5(2), 269.

V. ANÁLISIS DE LA MANOSFERA ESPAÑOLA COMO CAMPO ORGANIZACIONAL

La primera subcultura digital antifeminista (Activistas de derechos de los hombres) surge con el desarrollo de la web 2.0[52], a finales de la primera década de este siglo[53]. Fue el inicio de lo que hoy en día se denomina manosfera, un conjunto heterogéneo de comunidades y subculturas digitales que tienen en común discursos misóginos y antifeministas siendo distinguibles por el lenguaje que comparten[54]. En la actualidad, las subculturas más relevantes son los *Incels* (del inglés *Involuntary Celibates*, en español: celibato involuntario), Gurús o artistas de la seducción, Hombres que Siguen su Propio Camino (en inglés: MGTOWs, *Men Who Go Their Own Way*), Activistas por los Derechos de los Hombres (en inglés, *Men's Rights Activists*)[55].

---

52 También denominada "web social" hace referencia a los sitios web que permiten a los usuarios compartir información, crear y subir a la red contenidos e interactuar con otros usuarios.

53 Ging, D. (2017). "Alphas, Betas, and Incels: Theorizing the Masculinities of the Manosphere", *Men and Masculinities,* 1 y s.

54 Carreras, J. (2019). "Neoderechas y antifeminismo", *Viento sur* (29), 51 y s.; Lacalle, Ch. (2023). "Cartografiando las subculturas de la manosfera española. Entre Forocoches y Burbuja.info", *Misoginia online: la cultura de la manosfera en el contexto español,* 115-133; Lacalle, Ch./Gómez-Morales, B./Vicent-Ibáñez, M. (2023). "Misogyny and the construction of toxic masculinity in the Spanish Manosphere (Burbuja.info)". *Profesional de la información,* 32(2), 1-12.

55 García-Mingo, E./Fernández-Díaz, S./Tomás-Forte, S. (2022). "(Re) configurando el imaginario sobre la violencia sexual desde el antifeminismo: el trabajo ideológico de la manosfera española", *Política y sociedad,* 59(1), 1 y s.; Bates, L. (2023). *Los hombres que odian a las mujeres: Incels, artistas de la seducción y otras subculturas misóginas online*; Lacalle, Ch./Gómez-Morales, B./Vicent-Ibáñez, M. (2023). "Misogyny and the construction of toxic masculinity in the Spanish Manosphere (Burbuja.info)". *Profesional de la información,* 32(2), 1-12; Delgado, L./Sánchez-Sicilia, A. (2023).

Sin embargo, la existencia de grupos y movimientos con discursos misóginos y antifeministas que surgen como reacción a los cambios sociales en materia de igualdad son anteriores a Internet. Por ejemplo, el Movimiento por los Derechos de los Hombres aparece en la década de 1970 en los Estados Unidos como respuesta a las reivindicaciones de la segunda ola feminista y es considerado como un antecedente de lo que luego será la manosfera[56]. Estos imputaban los problemas de los hombres a la igualdad de las mujeres, su empoderamiento y, especialmente, al feminismo, frente a lo cual promovían la exaltación y restauración del rol tradicional masculino como solución[57].

En el Estado español, "la aparición de un contramovimiento explícitamente antifeminista se produce en 1999 con la creación del Foro Español de la Familia, al que dos años más tarde le seguirá la plataforma ciberactivista Hazte Oír"[58], pero es durante la presidencia del socialista José Luis Rodríguez Zapatero (2004-2011) y la aprobación de varias leyes progresistas (Ley del aborto, Ley de Matrimonios entre personas del mismo sexo, entre otras), cuando estos grupos se vuelven más activos, organizando campañas y movilizaciones en la calle, contando con el apoyo del Partido Popular y de la Conferencia Episcopal[59].

"Subversión antifeminista: análisis audiovisual de la Manosfera en redes sociales", *Revista Prisma Social,* (40), 181 y s.

56 Bernárdez, A./Franco, Y. (2023). "Manosfera: ¿Y de qué cueva salió este monstruo?", *Misoginia online: la cultura de la manosfera en el contexto español,* 11 y s.

57 Coston, B./Kimmel, M. (2013). "White men as the new victims: Reverse discrimination cases and the men's rights movement", *Nevada Law Journal,* 13(5), 368 y s.

58 Bonet-Martí, J. (2020). "Análisis de las estrategias discursivas empleadas en la construcción de discurso antifeminista en redes sociales", *Psicoperspectivas,* 19(3), 4.

59 Carmona, P./García, B./Sánchez, A. (2012). "Spanish Neocon", *La revuelta neoconservadora en la derecha español;* Delgado, L./Sánchez-

A diferencia de estos movimientos, el surgimiento de subcultura digitales antifeministas supone la aparición de "organizaciones informales en Internet que practican un activismo controlado, en contra de los cambios producidos en la sociabilidad por el éxito del feminismo a lo largo del siglo XX"[60]. En ese sentido, en la manosfera son identificables tanto dinámicas *online* como *offline*. Entendemos que pueden ser analizadas desde la noción de campo organizacional no solo porque es un espacio de creación y difusión de narrativas antifeministas, misóginas y pro-derechos del hombre[61], sino porque dentro de aquel se configuran comunidades afectivas cuyos límites son difusos entre las diferentes subculturas y que crean identidades definidas tanto desde el punto de vista ideológico como como relacional.

Una de las características de la manosfera española es la centralidad de los "Activistas de los Derechos de los Hombres" (ADH) frente a otras subculturas digitales antifeministas. Su papel es clave al tener el "mayor capital simbólico de la manosfera española"[62] a través de la creación de un conocimiento de género alternativo al feminismo tanto discursivo como afectivo. Son los activistas más antiguos y los que tienen una mayor

---

Sicilia, A. (2023). "Subversión antifeminista: análisis audiovisual de la Manosfera en redes sociales", *Revista Prisma Social,* (40), 181 y s.

60 Bernárdez, A./Franco, Y. (2023). "Manosfera: ¿Y de qué cueva salió este monstruo?", *Misoginia online: la cultura de la manosfera en el contexto español,* 12.

61 García-Mingo, E./Fernández-Díaz, S./Tomás-Forte, S. (2022). "(Re) configurando el imaginario sobre la violencia sexual desde el antifeminismo: el trabajo ideológico de la manosfera española", *Política y sociedad,* 59(1), 1 y s.

62 García-Mingo, E./González, L. (2023) "Activistas de los Derechos de los Hombres en España: ideólogos y víctimas arquetípicas de la manosfera", *Misoginia online: la cultura de la manosfera en el contexto español,* 145.

presencia tanto dentro como fuera de la red. Sus narrativas, tramas discursivas y marcos interpretativos antifeministas y negacionistas de la violencia de género no solo aspiran a ser hegemónicos (tanto en la red como en el conjunto de la sociedad) sino que buscan restaurar un orden social y jurídico previo al actual, "en el que las mujeres se 'aprovechan' de los hombres apelando a las nuevas leyes que los criminaliza, apelando al feminismo y a la llamada 'ideología de género'"[63]. El resultado, para estos activistas, es que la institucionalización del feminismo tiene como objetivo la criminalización de toda la población masculina. Esta narrativa del victimismo masculino es un elemento común en todas las subculturales digitales de la manosfera española y que deriva en la relevancia que tiene la dimensión emocional a partir de la articulación de una identidad "masculina" que busca restaurar una masculinidad a partir de la nostalgia por el pasado y las manifestaciones de agravio, de tal manera que en esos espacios se "cuentan sus experiencias personales de rabia y enfado con el feminismo"[64] compartiendo unas mismas narrativas, lenguaje y discursos antifeministas.

Estos aspectos toman cuerpo en un activismo organizado en las redes sociales mediante la difusión de estas narrativas y las acciones de *ciberviolencia*[65]. Es decir, el uso de las tecnologías digitales como vía para ejercer la violencia no solo contra personas o entidades destacadas del movimiento feminista, sino también contra mujeres destacadas en sus ámbitos profesionales o

---

63 Gómez, A./Vázquez, I./Fernández, M. (2024) "The 'Forocochera Manosphere' in reaction: A paradigmatic case study in the Spanish Context", *Masculinities & Social Change*, 13(3), 232.

64 García-Mingo, E./González, L. (2023) "Activistas de los Derechos de los Hombres en España: ideólogos y víctimas arquetípicas de la manosfera", *Misoginia online: la cultura de la manosfera en el contexto español*, 146.

65 West, J. (2014). *Cyber-Violence against women.*

sitios páginas web, instituciones o entidades sociales relacionadas con las políticas públicas de igualdad y contra la violencia de genero[66]. En último término, el objetivo es imponerse en la conversación digital, silenciar y disciplinar a las mujeres, en el marco de lo que consideran como "batalla cultural" en el que no hay tanto un cuestionamiento explícito de la igualdad formal de la mujer, sino que focaliza la atención en lo que se considera "el programa ideológico del feminismo"[67].

La manosfera es algo más que un mero conglomerado de espacios digitales antifeministas. Existen diferentes grados de organización informal, si bien hay unas subculturas digitales que tienen una mayor centralidad e influencia. En el caso español, esa dimensión organizativa tiene lugar en los sitios web (foros/chats), las redes sociales (Twitter – Facebook) y *youtube*[68].

Youtube es un canal fundamental dentro de la *manosfera española* tanto por su alcance como por su impacto[69]. Sus creadores se han convertido en figuras públicas de referencia más allá del espacio digital convirtiéndose en *influencers* que

---

66 Delgado, L./Sánchez-Sicilia, A. (2023). "Subversión antifeminista: análisis audiovisual de la Manosfera en redes sociales", *Revista Prisma Social,* (40), 4.

67 Bonet-Martí, J. (2020). "Análisis de las estrategias discursivas empleadas en la construcción de discurso antifeminista en redes sociales", *Psicoperspectivas,* 19(3), 4.; García-Mingo, E./Díaz, S. (2023). "Mapping Research on Online Misogyny and Manosphere in Spain: The Way Ahead", *Masculinities & Social Change,* 12 (3), 293-309.

68 Tornay-Márquez, Mª C./Carañana, J.P./Padilla, G. (2023). "¿Quién nos odia? Manosfera como antifeminismo organizado en red hacia mujeres feministas influyentes", *Misoginia online: la cultura de la manosfera en el contexto español,* 27 y s.

69 García-Mingo, E./Fernández-Díaz, S./Tomás-Forte, S. (2022). "(Re) configurando el imaginario sobre la violencia sexual desde el antifeminismo: el trabajo ideológico de la manosfera española", *Política y sociedad,* 59(1), 1 y s.

producen contenidos audiovisuales misóginos, antifeministas y negacionista de la violencia de género. Las dos figuras más importantes son Roma Gallardo y UTBH[70].

Roma Gallardo cuenta con casi dos millones de suscriptores y sus vídeos han sido visionados por 314 millones de personas[71], que los difunde en sus redes sociales (Twitter, Facebook e Instagram) y un sitio web. Ha participado en programas de televisión generalista como *La sexta noche, Más vale tarde, Cuarto milenio* o *Cuatro al día*[72]. Si bien los videos con más visualizaciones son, sobre todo, los de contenido antifeministas[73], también encontramos contenidos relacionados con la extrema derecha. Según Del Pino[74], la narrativa antifeminista de este canal se construye a partir de tres ejes: la ridiculización del feminismo, la recomposición del espacio social masculino (los hombres como víctimas) y el negacionismo de la violencia de género. En relación con esto último, los temas

---

70 Del Pino, D. (2023). "Expresiones antifeministas en Youtube. Un análisis discursivo del youtuber Roma Gallardo", *Cuadernos de Información y Comunicación,* (28), 159 y s.; Díaz, S./Tomás-Forte, S. (2023). "Ecos misóginos digitales: analizando el contrapúblico antifeminista de Youtube", *Misoginia online: la cultura de la manosfera en el contexto español,* 73 y s.; Bernárdez, A./Franco, Y. (2023). "Manosfera: ¿Y de qué cueva salió este monstruo?", *Misoginia online: la cultura de la manosfera en el contexto español,* 11 y s.

71 Estos datos están extraídos de la página principal de Roma Gallardo, consultada en diciembre de 2024 (https://www.youtube.com/@romagallardo7504).

72 Del Pino, D. (2023). "Expresiones antifeministas en Youtube. Un análisis discursivo del youtuber Roma Gallardo", *Cuadernos de Información y Comunicación,* (28), 159 y s.

73 El criterio de selección son los vídeos con más de un millón de visualizaciones.

74 Del Pino, D. (2023). "Expresiones antifeministas en Youtube. Un análisis discursivo del youtuber Roma Gallardo", *Cuadernos de Información y Comunicación,* (28), 159 y s.

principales son las denuncias falsas (vinculado con la idea de los hombres como víctimas), la vinculación con el feminismo como una ideología violenta y el considerar que las políticas públicas en materia de igualdad y la ley de violencia de género como injustas (discriminan al hombre), totalitarias y que generan un gasto público innecesario.

Las principales estrategias comunicativas utilizadas son la realización de entrevistas en la calle que buscan ridiculizar a las mujeres que participan en ellos, la reacción a vídeos (editados y descontextualizados) y la interpelación directa instigando a la movilización contra activistas, políticas, periodistas y creadoras de contenidos en redes sociales[75], e incluso llamamientos a boicotear actos relacionados con charlas escolares sobre igualdad.

Otra figura de referencia es la de Sergio Candanedo, más conocido como "Un hombre Blanco Hetero" (UHBH), aunque tiene menos seguidores que Roma Gallardo (algo más de medio millón de seguidores) ha publicado un mayor número de vídeos[76]. Tiene cuentas en redes sociales (*Twitter* y *Facebook*) y colabora como columnista en el diario digital Vozpopuli y, de manera esporádica, también ha participado en programas de televisión.

En su vídeo de presentación[77] señala que su objetivo es dar la "batalla cultural" y, a diferencia del caso anterior, hay una intencionalidad manifiesta de producir y difundir un conocimiento alternativo de género, recurriendo a datos y fuentes

---

75 Díaz, S./Tomás-Forte, S. (2023). "Ecos misóginos digitales: analizando el contrapúblico antifeminista de Youtube", *Misoginia online: la cultura de la manosfera en el contexto español,* 73 y s.

76 Concretamente son 1024 videos. Los Datos extraídos de la página de presentación del canal de youtube https://www.youtube.com/@UnTioBlancoHetero, consultado en diciembre de 2024.

77 UTBH (5 de febrero de 2018) "¿Por qué soy Un Tío Blanco Hetero?" Accesible en: www.youtube.com/watch?v=2QLViZgUTTg&t=1s

"científicas" que buscan legitimar y dar validez a sus afirmaciones antifeministas-[78] Para ello, intenta desmontar, a través de un lenguaje irónico y sarcástico, términos y conceptos relacionados con los estudios de género[79]. En segundo lugar, establece una dicotomía entre un orden natural que niega el género como una construcción social (considerando las diferencias entre hombres y mujeres en clave biologicista y psicologista) y un orden ideológico falaz, "anticientífico" y autoritario que define como *woke*[80]. En tercer lugar, articula un discurso victimista que tiene dos claves básicas: la amenaza en la que se encuentran las libertades individuales frente a manifestaciones identitarias colectivas[81], como el feminismo o el movimiento LGBTI+, y los hombres como víctima de la "ideología de género ", sobre todo en todo lo relacionado con la ley de violencia de género. En cuarto lugar, hay una identificación y señalamiento a los que considera responsables sociales, culturales y

---

78 García-Mingo, E./González, L. (2023) "Activistas de los Derechos de los Hombres en España: ideólogos y víctimas arquetípicas de la manosfera", *Misoginia online: la cultura de la manosfera en el contexto español,* 144.

79 Lara, A. (2024) *Negacionisme de gènere. Auge, expansió i mites de l'antifeminisme.*

80 Concepto utilizado por los movimientos ultraconservadores anglosajones, pero también desde sectores de la izquierda para denominar a todos movimientos sociales e ideologías progresistas, feministas y antirracistas. Consideran que los objetivos de estos movimientos es imponer su "ideario" mediante el uso violencia o a través de "lobbies" (teorías de la conspiración) y cuyos campos de actuación son las industrias culturales, la educación y el ámbito político (a través de normas y leyes que buscan limitar la libertad de expresión a través, por ejemplo, de la cultura de la cancelación). Es utilizado como sinónimo del pensamiento políticamente correcto.

81 Lara, A. (2024) *Negacionisme de gènere. Auge, expansió i mites de l'antifeminisme.*

políticos de esa "ruptura" del orden natural de la sociedad[82], mediante el uso de un lenguaje provocativo y populista (nosotros el pueblo vs. la élite).

En ambos canales, las interacciones que se producen en la sección de comentarios son muy similares. Son espacios caracterizados por una fuerte cohesión ideológica, que se refuerza mutuamente a través de los *likes* y los mensajes, principalmente los que manifiestan su adhesión a algunas de las líneas discursivas antifeministas que aparecen en el vídeo o elogian la valentía del responsable del canal y los testimonios cuyas narrativas victimistas se enmarcan dentro del negacionismo de la violencia de género o la garantía integral de libertad sexual (son relatos sobre supuestas denuncias falsas, pérdidas de custodias, malos tratos hacía los hombres, etc.).

El segundo espacio central en la organización de la manosfera española son los foros. Es el lugar en el que se diseñan y organizan las campañas de *ciberacoso*[83], mediante el "troleo de género"[84] y, a la vez, creando comunidades de apoyo mutuo, refuerzo emocional e identidad que se ven reforzadas mediante el uso de lenguaje propio, la repetición de consignas, la apelación a una camarería masculina y otras formas de demostrar lealtad y conocimiento de su comunidad"[85].

---

[82] Lara, A. (2024) *Negacionisme de gènere. Auge, expansió i mites de l'antifeminisme.*

[83] Tornay-Márquez, Mª C./Carañana, J.P./Padilla, G. (2023). "¿Quién nos odia? Manosfera como antifeminismo organizado en red hacia mujeres feministas influyentes", *Misoginia online: la cultura de la manosfera en el contexto español*, 27 y s.

[84] Mantilla, K. (2013). "Gendertrolling: Misogyny Adapts to New Media", *Feminist Studies*, 39(2), 563 y s.

[85] García-Mingo, E. & Díaz, S. (2022). *Jóvenes en la Manosfera. Influencia de la misoginia digital en la percepción que tienen los hombres jóvenes de la violencia sexual*; Gómez, A./Vázquez, I./Fernández, M.

Los foros más relevantes en la manosfera española son: Forocoches, Burbuja.com e Hispachat[86]. Si bien cada subcultura de la manosfera genera sus propias comunidades, eso no significa que estén aisladas unas de otras. Así, la investigadora Charo Lacalle (2023) señala que las interconexiones más importantes se observan entre los ADH y los MGTOW. En el caso de los primeros, los principales mensajes se centran en las consecuencias de la Ley de Violencia de Género, los procesos de divorcio (pensiones alimenticias y custodia de los hijos), situaciones de discriminación de los hombres frente a las mujeres (problemas de salud mental, riesgos laborales, etc.). Respecto a los segundos, hay una mayor fijación por las denuncias falsas por violencia sexual como un elemento que es utilizado por las mujeres para presionar a los hombres (con una legislación que les favorece frente a la población masculina). La única subcultura que está más desconectada del resto es la de los *Incel* y, a la vez, es en la que sus miembros

---

(2024) "The 'Forocochera Manosphere' in reaction: A paradigmatic case study in the Spanish Context", *Masculinities & Social Change,* 13(3), 232.

86 Villar-Aguiles, A./Pecourt, J. (2021). "Antifeminismo y troleo de género en Twitter. Estudio de la subcultura trol a través de #STOPfeminazis Teknokultura", *Revista de Cultura Digital y Movimientos Sociales,* 18(1), 33 y s.; Tornay-Márquez, Mª C./Carañana, J.P./Padilla, G. (2023). "¿Quién nos odia? Manosfera como antifeminismo organizado en red hacia mujeres feministas influyentes", *Misoginia online: la cultura de la manosfera en el contexto español,* 27 y s.; García-Mingo, E./Fuentes, A. (2023). "Las guerras meméticas de la manosfera: difundir el antifeminismo con memes", *Misoginia online: la cultura de la manosfera en el contexto español,* 47 y s.; Lacalle, Ch. (2023). "Cartografiando las subculturas de la manosfera española. Entre Forocoches y Burbuja.info", *Misoginia online: la cultura de la manosfera en el contexto español,* 115 y s.; Gómez, A./Vázquez, I./Fernández, M. (2024) "The 'Forocochera Manosphere' in reaction: A paradigmatic case study in the Spanish Context", *Masculinities & Social Change,* 13(3), 232.

"buscan el apoyo de la comunidad más intensamente aún si cabe que el resto de las subculturas"[87].

Por último, tenemos las redes sociales (en especial *Twitter* actualmente X y *Facebook*). Son los espacios que juegan un papel crucial en la difusión de las narrativas de la manosfera, tanto dentro de sus comunidades como fuera. Es el espacio donde tiene lugar los ciberacosos, y cuyo objetivo es silenciar, invisibilizar y disciplinar a las mujeres en las redes sociales y, en último término, "difusión y amplificación de los discursos antifeministas y misóginos"[88] mediante la saturación del campo.

En las redes sociales también encontramos entidades y organizaciones que tienen su papel en la difusión de contenido antifeminista, más concretamente relacionada con el negacionismo de la violencia de género. Es el caso, por ejemplo, de SOS Asociación Pro-derechos del Niño, un grupo de defensa de la custodia compartida que difunde "información sobre denuncias falsas y dar seguimiento al caso de Juana Rivas"[89]. Tanto este grupo (que se siguen mutuamente en la red) como otros como Asociación Nacional de Ayuda a Víctimas de Violencia Doméstica[90], la Fundación Defensa

---

87 Lacalle, Ch. (2023). "Cartografiando las subculturas de la manosfera española. Entre Forocoches y Burbuja.info", *Misoginia online: la cultura de la manosfera en el contexto español*, 130.

88 Tornay-Márquez, Mª C./Carañana, J.P./Padilla, G. (2023). "¿Quién nos odia? Manosfera como antifeminismo organizado en red hacia mujeres feministas influyentes", *Misoginia online: la cultura de la manosfera en el contexto español*, 28.

89 Ibidem, 38.

90 En su página web se presentan como "una asociación sin ánimo de lucro creada con la intención de promover leyes Igualitarias no sexistas y fomentar el respeto mutuo entre las personas, que son los dos principales factores para la prevención de la violencia doméstica y conseguir un cambio real en este ámbito" (https://anavid.es/quienes-somos/).

Hombres maltratados o Entre Dos, tienen una página web en los que ofrecen servicios jurídicos y de apoyo, pero también defienden la modificación y/o eliminación de la ley de violencia de género.

VI. CONCLUSIONES

A partir del análisis realizado cabe preguntarse si podemos considerar la manosfera española como un campo organizacional. En este trabajo definimos campo organizacional como un espacio relacional, que se construye y define sus límites a partir de las interacciones sociales y que estas tienen un papel clave en la configuración de la identidad de sus miembros. Estas interacciones pueden ser de colaboración (por ejemplo, compartiendo narrativas o un lenguaje propio), dando lugar a actuaciones similares o de conflicto, en las que se visualizan las diferencias. En todo caso son estructuras dinámicas, que varían en función de los contextos en los que actúan.

En el caso de la manosfera española hemos visto la existencia de diferentes subculturas digitales que se configuran como una reacción a los avances sociales en materias de igualdad, el incremento de la presencia en el espacio público del movimiento feminista y, sobre todo, la institucionalización de sus reivindicaiones a través de leyes y normas. Dentro de la manosfera hay diferencias internas que dan forma al campo organizacional. El núcleo central son los Activistas por los Derechos de los Hombres debido a su capacidad de producir un conocimiento de género alternativo al feminismo cuyos ejes fundamentales son: la negación de la existencia de la violencia de género en tanto invento del feminismo para imponer a la sociedad sus postulados (y obtener beneficios económicos y políticos), los hombres como las auténticas víctimas frente a las mujeres que son consideradas como sujetos privilegiados[91], la necesidad de recuperar los espacios y los "derechos legítimos" que se consideran propios frente a las políticas públicas de igualdad y contra la violencia de género (que son vistas como prácticas autoritarias e injustas). Esto no solo ha polinizado al resto de la manosfera española configurando un campo organizacional (tanto en las interacciones de sus participantes en los foros o en las redes sociales como como a la hora de articular una identidad basada en compartir unas narrativas concretas), sino a gran parte del espacio digital, a través del "troleo de género" y la infiltración en canales cuyas temáticas nada tienen que ver con el ámbito de la manosfera como, por ejemplo, la relacionada con los videojuegos.

Esto ha derivado en una acumulación de fuerzas dentro de este campo organizacional que busca la ruptura el consenso social y político alcanzado en torno a la violencia de género que posibilitó la aprobación por unanimidad de la LO 1/2004 y cuyo fin último es un cambio institucional que conlleve la derogación de la normativa contra la violencia de género y las políticas públicas en materia de igualdad. A partir de los resultados obtenidos en este trabajo se apunta a que, posiblemente, la presencia de los *influencers* de la manosfera en los medios de comunicación generalista (televisión y prensa) o el papel de las asociaciones dedicadas a la defensa de los derechos de los hombres (que actúan tanto en el espacio digital como fuera de él) pueden tener un influencia en la difusión, más allá del espacio digital, del negacionismo de la violencia de género como un marco interpretativo de la violencia hacia las mujeres. Esto debería ser objeto de atención en futuras investigaciones al res-

91 García-Mingo, E./González Sánchez, L. (2023) "Activistas de los Derechos de los Hombres en España: ideólogos y víctimas arquetípicas de la manosfera", *Misoginia online: la cultura de la manosfera en el contexto español,* 148.

pecto. Sin embargo, todo apunta a que un actor clave en esto es el partido político VOX. Mientras que el 2017 existía un consenso entre las fuerzas políticas que se plasmó con la firma del Pacto de Estado contra la Violencia de Género, en 2021 este se rompió ante la negativa de VOX de renovar dicho Pacto. Para este partido político, el Pacto era, entre otras cosas, una forma de imponer la ideología de género e institucionalizar la desigualdad de los hombres frente a las mujeres[92], asumiendo como propias las tesis de la manosfera española en relación con la violencia de género. Sobre esa cuestión se profundiza con más detalle en el capítulo de Zuloaga y Tirapu recogido en este libro.

REFERENCIAS BIBLIOGRÁFICAS

Alemán, E./Páez, L. (2021). "La violencia de género en el ámbito de la pareja y la expareja. Reflexiones socio-jurídicas en torno a la protección integral de la víctima en Cuba y España", *Revista Estudios del Desarrollo Social: Cuba y América Latina,* 9(2), 159-175.

Alemán, E. (2021). "La declaración de la víctima en los procedimientos penales por violencia de género y ambivalencias del sistema judicial penal", *Oñati Socio-Legal Series,* 11 (3), 833-859.

Álvarez-Benavides, A./Jiménez, F. (2021). "La contraprogramación cultural de Vox: secularización, género y antifeminismo", *Política y Sociedad,* 58 (2).

Amorós, C. (2008). "Conceptualizar es politizar", *Género, violencia y derecho,* Tirant lo Blanch, 15-25.

Añón Roig, M./Merino-Sancho, V. (2019). "El concepto de violencia de género en el ordenamiento jurídico español: balance crítico y propuestas de un concepto holista e integral", *AIS: Ars Iuris Salmanticensis,* 7(1), 67–95.

92 Álvarez-Benavides, A./Jiménez, F. (2021). "La contraprogramación cultural de Vox: secularización, género y antifeminismo", *Política y Sociedad,* 58 (2).

Bates, L. (2023). *Los hombres que odian a las mujeres: Incels, artistas de la seducción y otras subculturas misóginas online,* Capitán Swing.

Bernárdez, A./Franco, Y. (2023). "Manosfera: ¿Y de qué cueva salió este monstruo?", *Misoginia online: la cultura de la manosfera en el contexto español,* Tirant lo Blanch, 11-26.

Bodelón, E. (2008). "La violencia contra las mujeres y el derecho no-androcéntrico: perdidas en la traducción jurídica del feminismo". *Género, violencia y derecho,* 275-300.

Bonet-Martí, J. (2020). "Análisis de las estrategias discursivas empleadas en la construcción de discurso antifeminista en redes sociales", *Psicoperspectivas,* 19(3), 52-63.

Canet-Benavent E./Martínez-Martínez L. (2019). "Reacción Patriarcal contra los Avances en Materia de Violencia Machista", *Búsqueda,* 6(23), 469.

Carmona, P./García, B./Sánchez, A. (2012). "Spanish Neocon", *La revuelta neoconservadora en la derecha española*", Traficantes de Sueños.

Carreras, J. (2019). "Neoderechas y antifeminismo", *Viento sur,* (29), 51-61.

Cepeda, M. (2016). "Evolución de la sensibilidad hacia la violencia contra la mujer en España (1985-2016)", *Mujeres e investigación. Aportaciones interdisciplinares: VI Congreso Universitario Internacional Investigación y Género,*108-126.

Coston, B./Kimmel, M. (2013). "White men as the new victims: Reverse discrimination cases and the men's rights movement", *Nevada Law Journal,* 13(5), 368-385.

Del Pino, D. (2023). "Expresiones antifeministas en Youtube. Un análisis discursivo del youtuber Roma Gallardo", *Cuadernos de Información y Comunicación,* (28), 159-177.

Delgado, L./Sánchez-Sicilia, A. (2023). "Subversión antifeminista: análisis audiovisual de la Manosfera en redes sociales", *Revista Prisma Social,* (40), 181-212.

De Miguel, A. (2005). "La construcción de un marco feminista de interpretación: la violencia de género", *Cuadernos de trabajo social,* (18), 231-248.

Díaz, S./Tomás-Forte, S. (2023). "Ecos misóginos digitales: analizando el contrapúblico antifeminista de Youtube", *Misoginia online: la cultura de la manosfera en el contexto español,* Tirant lo Blanch, 73-94.

DiMaggio, P./Powell, W. (2000). "The iron cage revisited institutional isomorphism and collective rationality in organizational fields", *Economics meets sociology in strategic management,* Emerald Group,143-166.

Facio, A. (2000). "Hacia otra teoría crítica del derecho", *Las fisuras del patriarcado. Reflexiones sobre feminismo y derecho,* Flacso, 15-44.

Ferrer, V./Bosch, E. (2006). "El papel del movimiento feminista en la consideración social de la violencia contra las mujeres: el caso de España", *Revista Labrys,* 10(3), 20-29.

Flood, M./Dragiewicz, M./Pease, B. (2021). "Resistance and backlash to gender equality", *Australian Journal of Social Issues,* 56(3), 393-408.

García-Mingo, E./Fernández-Díaz, S./Tomás-Forte, S. (2022). "(Re) configurando el imaginario sobre la violencia sexual desde el antifeminismo: el trabajo ideológico de la manosfera española", *Política y sociedad,* 59(1), 1-15.

García-Mingo, E./Díaz, S. (2022). *Jóvenes en la Manosfera. Influencia de la misoginia digital en la percepción que tienen los hombres jóvenes de la violencia sexual,* Centro Reina Sofía sobre Adolescencia y Juventud, Fundación Fad Juventud.

García-Mingo, E./Díaz, S. (2023). "Mapping Research on Online Misogyny and Manosphere in Spain: The Way Ahead", *Masculinities & Social Change,* 12(3), 293-309.

García-Mingo, E./Fuentes, A. (2023). "Las guerras meméticas de la manosfera: difundir el antifeminismo con memes", *Misoginia online: la cultura de la manosfera en el contexto español,* Tirant lo Blanch, 47-72

García-Mingo, E./González Sánchez, L. (2023). "Activistas de los Derechos de los Hombres en España: ideólogos y víctimas arquetípicas de la manosfera", *Misoginia online: la cultura de la manosfera en el contexto español,* Tirant lo Blanch, 135-152.

Ging, D. (2017). "Alphas, Betas, and Incels: Theorizing the Masculinities of the Manosphere", *Men and Masculinities,* 1-20.

Gómez, A./Vázquez, I./Fernández, M. (2024) "The 'Forocochera Manosphere' in reaction: A paradigmatic case study in the Spanish Context", *Masculinities & Social Change,* 13(3), 226-244.

Grahn, M. (2024). "Gendered institutions and where to find them: A critical realist approach", *Politics & Gender, 20*(2), 449-473.

Grothe-Hammer, M./Kohl, S. (2020). "The decline of organizational sociology? An empirical analysis of research trends in leading journals across half a century", *Current Sociology,* 68(4), 419-442.

Kantola, J./Lombardo, E. (2024). "Feminist institutional responses to anti-gender politics in parliamentary contexts", *International Feminist Journal of Politics*, 26(4), 833-857.

Kulawik, T. (2009). "Staking the frame of a feminist discursive institutionalism", *Politics & Gender*, 5(2), 262-271.

Lacalle, Ch./Gómez-Morales, B./Vicent-Ibáñez, M. (2023). "Misogyny and the construction of toxic masculinity in the Spanish Manosphere (Burbuja.info)". *Profesional de la información*, 32(2), 1-12.

Lacalle, Ch. (2023). "Cartografiando las subculturas de la manosfera española. Entre Forocoches y Burbuja.info", *Misoginia online: la cultura de la manosfera en el contexto español*, Tirant lo Blanch, 115-133.

Lara, A. (2024). *Negacionisme de gènere. Auge, expansió i mites de l'antifeminisme*, Instituto Alfons el Magnànim – Centre Valencià d'Estudis i d'Investigació.

Larrauri, E. (2008). "Cinco tópicos sobre las mujeres víctimas de violencia... y algunas respuestas desde el feminismo oficial", *Género, violencia y derecho*, Tirant lo Blanch, 311–328.

Laurenzo, P. (2005) "La violencia de género en la ley integral. Valoración politico-criminal", *RECPC*, 7(8), 1-23.

Levy, D.P. (2022). "Patriarchy", *The Blackwell Encyclopedia of Sociology*, Wiley & Sons. https://doi.org/10.1002/9781405165518.wbeosp010.pub2

Lewis, R. (2018). *Alternative Influence: Broadcasting the Reactionary Right on YouTube (White paper)*, Data y Society Research Institute.

Mantilla, K. (2013). "Gendertrolling: Misogyny Adapts to New Media", *Feminist Studies*, 39(2), 563-570.

MacKinnon, C. (1995). *Hacia una teoría feminista del Estado*. Cátedra.

Marugán, B. (2015). "Límites de la utilización del concepto 'violencia de género' en la Ley Orgánica 1/2004 para actuar contra el acoso sexual", *Journal of Feminist, Gender and Women Studies*, (1), 53-61.

Merry, S. E. (1992). "Culture, power, and the discourse of law", *NYLS Law Review*, (37), 200-223.

Pastor-Gosálbez, I./Belzunegui-Eraso, Á./Merino, M./Merino, P. (2021). "La violencia de género en España", *Revista Española de Investigaciones Sociológicas*, (174), 109-127.

Peris, M. (2015). "La Importancia de la Terminología en la Conceptualización de la Violencia de Género", *Oñati Socio-Legal Series*, 5(2), 716-744.

Phillips, N./Malhotra, N. (2017). "Language, cognition and institutions: Studying institutionalization using linguistic methods", *The SAGE handbook of organizational institutionalism,* (15), 392-417.

Tornay-Márquez, Mª C./Carañana, J.P./Padilla, G. (2023) "¿Quién nos odia? Manosfera como antifeminismo organizado en red hacia mujeres feministas influyentes", *Misoginia online: la cultura de la manosfera en el contexto español,* Tirant lo Blanch, 27-45.

Villacampa, C. (2018). "Pacto de estado en materia de violencia de género: ¿más de lo mismo?", *RECPC,* 20 (4), 1-38.

Villar-Aguiles, A./Pecourt, J. (2021). "Antifeminismo y troleo de género en Twitter. Estudio de la subcultura trol a través de #STOPfeminazis Teknokultura*", Revista de Cultura Digital y Movimientos Sociales,* 18(1), 33-44.

Wedlin, L. (2006). *Ranking business schools: Forming fields, identities and boundaries in international management education,* Edward Elgar Publishing.

West, J. (2014). *Cyber-Violence against women.* Battered Women's Support Services.

Wooten, M./Hoffman, A. (2017). "Organizational fields: Past, present and future", *The Sage handbook of organizational institutionalism,* (2) 55-74.

Ultraderecha política en España: su estrategia discursiva ante la Ley Integral contra la Violencia de Género

LOHITZUNE ZULOAGA LOJO
Profesora Permanente Laboral de Sociología.
Universidad Pública de Navarra. Tutora Uned Pamplona

XABIER TIRAPU INTXAURRONDO
Profesor Ayudante Doctor de Sociología.
Universidad Pública de Navarra

I. INTRODUCCIÓN[1]

En diciembre de 2004, el gobierno liderado por el PSOE aprobó la LO 1/2004, de 28 de diciembre, de Medidas de Protección Integral contra la Violencia de Género. La LO 1/2004 se diseñó con el objetivo de incorporar recomendaciones internacionales y ofrecer una respuesta integral a las mujeres víctimas de este tipo de violencia, tal y como se detalla en la

---

1 Este texto presenta los resultados parciales del proyecto "Género, identidad y ciudadanía en la derecha radical. Análisis del discurso de VOX desde una perspectiva europea" financiado por la Universidad Pública de Navarra (PRO-UPNA 6157. PID 2020-115616RB-I00). Agradecemos al resto del equipo —Carmen Innerarity, Ricardo Feliú, José María Pérez-Agote y María Lasanta— por sus valiosas contribuciones en el proceso de investigación.

exposición de motivos. Se apostó por un enfoque amplio y multidimensional, abarcando medidas "preventivas, educativas, sociales, asistenciales y de atención posterior a las víctimas, como la normativa civil que incide en el ámbito familiar o de convivencia donde principalmente se producen las agresiones (...). Igualmente se aborda la respuesta punitiva que deben recibir todas las manifestaciones de violencia que esta Ley regula"[2].

Precisamente, el valor central de la LO 1/2004 radica en que, por primera vez, reconoce formalmente la importancia de incorporar la perspectiva de género y de implementar medidas interdisciplinares para enfrentar la violencia de género. Esto supone admitir que dicha violencia tiene su origen en una desigualdad estructural y así lo establece en su art. 1 cuando señala que su finalidad es actuar contra la violencia ejercida como expresión de la discriminación, la desigualdad y las relaciones de poder de los hombres sobre las mujeres que se manifiesta en el ámbito de las relaciones afectivas, ya sea en el marco del matrimonio, de relaciones análogas o de vínculos anteriores, independientemente de la convivencia (art. 1.1 LO 1/2004).

La LO 1/2004 nació en un contexto de intenso desacuerdo político, reflejo de los debates polarizados del momento en torno a las políticas de género. Sin embargo, después de quince años esta Ley llegó a consolidarse como un pilar del consenso político en España, siendo reconocida por la mayoría de las fuerzas políticas como expresión del compromiso institucional contra la violencia machista. No obstante, esta unanimidad se ha visto afectada a partir de 2019 con la irrupción de VOX en las instituciones políticas, partido que cuestiona abiertamente los principios básicos de la LO 1/2004. La aparición de VOX puede interpretarse como reacción a transformaciones profundas en la opinión pública, pero también como catalizador

---

[2] Apartado II de la Exposición de Motivos de la LO 1/2004.

de nuevas —y viejas— tensiones políticas. Así, lo que parecía ser un acuerdo ampliamente consolidado en la lucha por la igualdad de género, se encuentra ante el desafío impulsado por nichos de opinión que, representados políticamente por formaciones como VOX, rompen con la visión progresiva que había prevalecido durante años.

La definición de violencia de género establecida por la Ley ha sido uno de los aspectos más debatidos y controvertidos en las discusiones que ha suscitado su implementación. La LO 1/2004 se centra específicamente en la violencia ejercida por hombres hacia mujeres en el ámbito de la pareja o expareja, excluyendo otras formas de violencia intrafamiliar que no están vinculadas a la desigualdad estructural de género mencionada en la normativa. Como afirma Laurenzo, la violencia de género "adquiere una entidad propia respecto de otras formas de violencia familiar" atendiendo a su especificidad, que reside "en la discriminación estructural que sufren las mujeres como consecuencia de la ancestral desigualdad en la distribución de roles sociales. De ahí el acierto de la Ley integral al independizar la violencia de género de la violencia doméstica"[3].

Hubiera sido deseable que la LO 1/2004 abarcara toda forma de violencia de carácter sexista, especialmente considerando

---

[3] Laurenzo Copello, P. (2006). "Modificaciones de derecho penal sustantivo derivadas de la Ley Integral contra la Violencia de Género", *La violencia de género: Ley de protección integral, implantación y estudio de la problemática de su desarrollo*, Cuadernos de Derecho Judicial, 334. Laurenzo continúa: "Aunque emparentados, se trata de fenómenos diferentes, debidos a causas distintas y necesitados de respuestas penales autónomas. La confusión de ambos conceptos ha conducido a que la violencia contra las mujeres quede diluida entre otras muchas manifestaciones de agresividad originadas en causas ajenas al sexo de la víctima, dando lugar a una respuesta desenfocada del Derecho Penal que la LO 1/2004 ha venido a corregir" (335).

que la perspectiva adoptada parece orientada en esa dirección, tal como lo definiría posteriormente el Consejo de Europa mediante el Convenio de Estambul[4]. Sin embargo, a pesar de las posibles mejoras que se le puedan exigir, puede afirmarse que la LO 1/2004 marcó un cambio significativo en el enfoque institucional para combatir la violencia de género, al incorporar la prevención y sensibilización como eje fundamental en el abordaje de este fenómeno. Frente a las recomendaciones y tratados de organizaciones internacionales como la Unión Europea o las Naciones Unidas, es propio de la ultraderecha adoptar una postura de rechazo hacia este tipo de leyes y las categorías de análisis social que las sustentan[5], como es la concepción del género como un constructo social y su origen en la desigualdad estructural.

Por tanto, el posicionamiento de la ultraderecha frente a las políticas de género no es nuevo, pero sí lo es la presencia de este tipo de partidos en las Cortes Generales y la renovada crítica hacia la LO 1/2004 que VOX ha suscitado desde las instituciones. En este escenario, el objetivo de este trabajo es analizar el discurso político de VOX en torno a la LO 1/2004 en el Congreso de los Diputados. En las intervenciones del grupo parlamentario recogidas en los Diarios de sesiones, tanto de plenos como de comisiones, se examina cómo este partido

---

4 Consejo de Europa (2011). *Convenio del Consejo de Europa sobre la prevención y lucha contra la violencia contra las mujeres y la violencia doméstica.* El Convenio de Estambul, adoptado por el Consejo de Europa en 2011, define la violencia de género como una "violencia dirigida contra una persona en razón de su género". Esta definición abarca diferentes tipos de violencia, como son la violencia física, psicológica, sexual y económica. Además, reconoce que violencia de género puede adoptar múltiples formas, como el acoso sexual, la violencia doméstica, la mutilación genital femenina, o la violencia sexual en el ámbito público, entre otras.

5 Akkerman, T. (2015). "Gender and the radical right in Western Europe: a comparative analysis of policy agendas", *Patterns of Prejudice*, 49(1-2), 37-60.

de ultraderecha ha argumentado su postura respecto a la LO 1/2004. Para ello, adoptamos un enfoque de género que nos permite explorar cómo las intervenciones de VOX construyen y proyectan su discurso ideológico en torno a esta Ley, a partir de la interpretación que este partido hace de las desigualdades entre mujeres y hombres.

Se parte de la consideración de este discurso como manifestación de la ruptura del consenso político que había prevalecido en los últimos años sobre la conveniencia de la Ley, fractura que empieza a hacerse evidente a partir de la irrupción de VOX en la campaña electoral de 2019. Consecuentemente, el análisis abarca los años 2020 y 2021, tomando como punto de partida la incorporación de VOX al Congreso de los Diputados tras las elecciones generales de 2019. No obstante, cabe destacar que el año 2020 adquiere una relevancia especial por tratarse del primer año completo de actividad parlamentaria, de toda la legislatura y de este partido en particular, en el cual VOX consolidó su posición y definió su narrativa sobre la LO 1/2004.

En un primer acercamiento exploratorio, se revisaron todos los diarios de sesiones correspondientes a los años 2020 y 2021 —792 documentos— con el objetivo de identificar aquellos en los que se hacía referencia a la cuestión de género. Para ello, se llevó a cabo una búsqueda por palabras clave, utilizando términos como "mujer", "género" y "feminismo", entre otros. Este proceso de criba permitió seleccionar un total de 306 diarios de sesiones en los que algún miembro de VOX realizó alguna referencia relevante a la cuestión de género y que suman 128 correspondientes a 2020 y 178 a 2021.

En una segunda fase, se realizó una lectura detallada de dichas intervenciones, las cuales fueron codificadas utilizando el software de análisis cualitativo Nvivo. La codificación de contenidos ha planteado desafíos metodológicos, como solapamientos de categorías que dificultaban la comparación. Para solventarlo, optamos por clasificar cada intervención según la idea central de la argumentación, permitiendo la referencia a un máximo de dos categorías. Para esta tarea de clasificación, se emplearon distintos ejes temáticos desarrollados durante el propio proceso de análisis. Este enfoque buscó evitar que la lectura estuviera condicionada por un marco teórico previo, garantizando así que el análisis reflejara las ideas y postulados del propio partido, en lugar de los enfoques o teorías de las que parte el equipo investigador[6].

Finalmente, tomando como eje central la LO 1/2004, se llevó a cabo un análisis del discurso para examinar el papel que desempeña esta normativa en el desarrollo del argumentario y los encuadres discursivos de VOX, con especial atención a la postura concreta del partido frente a dicha Ley. Este diseño metodológico tiene como objetivo contribuir a la comprensión de la estrategia discursiva de VOX en materia de género en general y a su posicionamiento respecto a la LO 1/2004 en particular.

II. EL GÉNERO EN EL DISCURSO DE LA ULTRADERECHA

Dentro de la ultraderecha, VOX se inscribe ideológicamente en la derecha radical populista[7]. De acuerdo con la definición de Mudde[8], estos partidos, a diferencia de los catalogados como

---

6 Drisko, J. W. y Maschi, T. (2015). *Content analysis. Pocket guides to social work research methods.*

7 Turnbull-Dugarte, S. J. (2019). "Explaining the end of Spanish exceptionalism and electoral support for Vox", *Research and Politics,* 6(2), 1-8; Turnbull-Dugarte, S. J./Rama, J./Santana, A. (2020). "The Baskerville's dog suddenly started barking: Voting for VOX in the 2019 spanish general elections", *Political Research Exchange,* 2(1), 1-21; Acha Ugarte, B. (2021). *Analizar el auge de la ultraderecha. Surgimiento, ideología y ascenso de los nuevos partidos de ultraderecha.*

8 Mudde, C. (2007). *Populist radical right parties in Europe.*

"extrema derecha", aceptan el sistema democrático aunque proponen restricciones a la igualdad de derechos derivadas de su núcleo ideológico, lo que pone en entredicho su alineación con los valores democráticos. Este núcleo ideológico se compone de tres elementos: nativismo, autoritarismo y populismo. El nativismo se define como "una ideología que sostiene que los Estados deben estar habitados exclusivamente por miembros del grupo autóctono (la «nación») y que los elementos no autóctonos (personas e ideas) constituyen una amenaza fundamental para el Estado-nación homogéneo"[9]. El autoritarismo, por su parte, hace referencia a "la creencia en una sociedad estrictamente ordenada, en la que las infracciones de la autoridad deben castigarse severamente"[10]. Finalmente, el populismo es "una ideología que considera que la sociedad está separada, en última instancia, en dos grupos homogéneos y antagónicos, «la gente pura» frente a «la élite corrupta», y que defiende que la política debe ser una expresión de la *volonté genérale* (voluntad general) del pueblo"[11].

Fundado en 2013, VOX rompió con la ausencia de partidos de ultraderecha en el escenario político español, fenómeno tardío en comparación con lo acontecido en otros países del entorno. En 2018 este partido obtuvo 12 escaños en las elecciones andaluzas y su entrada en el Congreso de los Diputados con 24 escaños un año después marcó un punto de inflexión, al alinearse con una tendencia europea más amplia que ha consolidado la presencia de formaciones de ultraderecha en las instituciones políticas[12].

---

9 Mudde, C. (2007). *Populist radical right parties in Europe,* 19.

10 Mudde, C. (2007). *Populist radical right parties in Europe,* 22.

11 Mudde, C. (2004). "The populist zeitgeist". *Government and Opposition,* 39(4), 543.

12 Peña-González, V. (2019). "El fin de la Unión Europea. Una visión geopolítica del ascenso de la ultraderecha", *Tiempo devorado: Revista*

Desde entonces, se han multiplicado las investigaciones sobre este partido. Buena parte de ellas se centra en la convergencia ideológica y discursiva de la ultraderecha política española con la del resto de Europa[13]. Para Mudde[14], autor referente en estas cuestiones, el género no constituiría un eje central de su ideología; sin embargo, estudios más recientes[15] sugieren que el género no es un tema marginal, sino que ocupa un papel relevante en la articulación ideológica y discursiva de estos partidos, operando como un catalizador transversal que facilita el despliegue de los ejes ideológicos descritos por Mudde[16].

Así, el análisis de Innerarity *et al.*[17] revela que VOX emplea el género estratégicamente para justificar propuestas restrictivas en materia de inmigración, presentando la igualdad de género como un legado occidental que debe protegerse frente al islam, promoviendo al mismo tiempo políticas de natalidad

---

de historia actual, 6(1), 32-53; Ferreira, C. (2019). "Vox como representante de la derecha radical en España: Un estudio sobre su ideología", *Revista Española de Ciencia Política,* (51), 73-98.

13 Rama Caamaño, J. (2021). "VOX: *¿Un partido más de la derecha radical europea?*", *Papeles de Relaciones Ecosociales y Cambio Global,* (155), 57–65.

14 Mudde, C. (2007). *Populist radical right parties in Europe,* 543.

15 Innerarity Grau, C./Pérez-Agote, José M./Lasanta Palacios, M. (2024). "Gender in VOX's Ideology: Legitimization Strategy or Central Category?", *International Journal of Communication,* (18), 3418-3440; Cabezas-Fernández, M. (2022). "Silenciar el feminismo. La emergencia electoral de VOX", *La reacción patriarcal. Neoliberalismo autoritario, politización religiosa y nuevas derechas,* 189-217; Spierings, N. (2020). "Why gender and sexuality are both trivial and pivotal in populist radical right politics", *Right wing populism and gender: European perspectives and beyond,* 41-58.

16 Mudde, C. (2007). *Populist radical right parties in Europe,* 543.

17 Innerarity Grau, C./Pérez-Agote, José M./Lasanta Palacios, M. (2024). "Gender in VOX's Ideology: Legitimization Strategy or Central Category?", *International Journal of Communication,* (18), 3418-3440.

dirigidas exclusivamente a mujeres nativas para evitar el "reemplazo poblacional". Pero, más allá de eso, para estas autoras VOX también emplea el género para desplegar el eje autoritario cuando considera que "como los roles y las relaciones de género deben permanecer inalterados, el movimiento feminista y su «ideología de género» son los enemigos del orden social natural. Surgidas de la tendencia global —ajena a la nación—, las feministas quieren imponer un nuevo totalitarismo"[18]. Cabezas coincide con este análisis al señalar que el género no ha sido una cuestión secundaria de la ultraderecha española, sino que está "en el centro de su batalla por imponer un proyecto nacional excluyente"[19].

Volviendo al marco de nuestro estudio, la campaña electoral de 2019 refleja los encuadres[20] y relatos empleados por los diferentes partidos políticos y pone de manifiesto los distintos posicionamientos y discursos que pivotan en torno al feminismo, la igualdad de género o la LO 1/2004. Durante el periodo de nuestro análisis, Unidas Podemos, que ya había perdido su inicial dimensión transversal y se situaba en el eje tradicional izquierda-derecha[21], y el PSOE, que se autodefinía como una

---

18 Innerarity Grau, C./Pérez-Agote, José M./Lasanta Palacios, M. (2024). "Gender in VOX's Ideology: Legitimization Strategy or Central Category?", *International Journal of Communication*, (18), 3422.

19 Cabezas-Fernández, M. (2022). "Silenciar el feminismo. La emergencia electoral de VOX", *La reacción patriarcal. Neoliberalismo autoritario, politización religiosa y nuevas derechas*, 210.

20 Goffman, E. (2006). *Frame Analysis. Los marcos de la experiencia*; Mccombs, M./Shaw, D. (1993). "The Evolution of Agenda-Setting Research: Twenty-Five Years in the Marketplace of Ideas", *Journal of Communication*, 43(2), 58-67; Entman, R. (1993). "Framing: Toward Clarification of a Fractured Paradigm", *Journal of Communication*, 43(4), 51-58.

21 Fernández-García, B./Valencia-Saiz, Á. (2022). "De la calle a las instituciones. La evolución del mensaje populista de Podemos (2014-2019)", *Revista de estudios políticos*, (195), 97-123.

fuerza feminista, competían por liderar el sector más progresista en un contexto de alta movilización ciudadana en torno a la causa feminista[22].

Como representante de la derecha tradicional, el PP trató de diferenciarse empleando el término "feminismo español". Sin embargo, este posicionamiento reveló divisiones internas en el partido en relación con el feminismo, poniendo así de relieve el inestable y limitado apoyo de la formación a las políticas de igualdad[23]. Ciudadanos, partido autodenominado de centro, adoptó por su parte una postura ambivalente sobre los temas de género: sin renunciar a definirse como partido feminista, buscó, mediante el término "feminismo liberal", desmarcarse de los otros partidos lejanos ideológicamente pero también autoconsiderados feministas.

La presencia de VOX en el Congreso a partir de 2019 consolidó un espacio creciente en la opinión pública escéptica respecto a la idoneidad de la LO 1/2004. Nuestro análisis del partido de ultraderecha VOX parte de la hipótesis de que esta Ley se emplea como pretexto para desplegar un discurso de género —o antigénero[24]— que, a su vez, sostiene y refuerza su

---

[22] La huelga feminista de 2018 en España consolidó la visibilidad y fuerza del movimiento feminista, respaldado por una amplia participación en las calles por parte de sectores jóvenes, trabajadores y de distintas clases sociales, siendo la lucha contra la violencia machista uno de los ejes centrales. A nivel internacional, el movimiento #Metoo, impulsado en 2017, visibilizó y denunció la cultura del acoso sexual y la violencia de género.

[23] Cabezas-Fernández, M. (2022). "Silenciar el feminismo. La emergencia electoral de VOX", *La reacción patriarcal. Neoliberalismo autoritario, politización religiosa y nuevas derechas*, 204.

[24] Fassin, E. (2016). "Gender and the Problem of Universals: Catholic Mobilizations and Secular Democracy in France", *Religion and Gender*, 6(2), 173-186.

retórica populista de ultraderecha[25]. Así, el género se convierte en un eje central del discurso de VOX, al representar lo que el partido percibe como la opresión al hombre y una supuesta desigualdad de género "invertida" que identifica y denuncia. De hecho, la décima de las 381 medidas de su programa electoral para las elecciones generales de 2023 propone precisamente derogar la LO 1/2004:

> Promoveremos una Ley que proteja a todas las posibles víctimas de violencia en el ámbito doméstico, aumentaremos las penas a violadores y agresores sexuales, y reforzaremos las medidas contra la pedofilia y la pornografía infantil. Los españoles han visto cómo se iban cercenando sus derechos en diversos ámbitos mientras el consenso partitocrático con sus agendas importadas imponía leyes que atentan contra el sentido común haciéndonos más desiguales y desprotegiendo cada vez más a hombres y mujeres. Derogaremos la Ley Integral de Violencia de Género, que consagra la asimetría penal y la desigualdad entre hombres y mujeres y atenta contra los pilares básicos del Estado de derecho[26].

A partir de 2019, el discurso de VOX en materia de género gana interés analítico como síntoma o consecuencia de un debilitamiento del consenso ciudadano sobre la idoneidad de la LO 1/2004 que parece advertirse. En la campaña electoral de 2019, VOX emplea su retórica populista[27] para erigirse en contraposición al resto de partidos políticos, especialmente los que se ubican a la izquierda del espectro político, cuestionándoles lo que en términos del partido representaría "la dictadura progre" o "el consenso progresista". De este modo, VOX

---

25 Cabezas-Fernández, M./Pichel-Vázquez, A./Enguix-Grau, B. (2023). "El marco «antigénero» y la (ultra)derecha española. Grupos de discusión con votantes de VOX y el Partido Popular", *Revista de estudios sociales,* (85), 109-114.

26 VOX (2023). *Programa electoral de VOX 23J,* 10.

27 Sobre la retórica populista: Laclau, E. (2005). *La razón populista.*

se posiciona como representante —respaldado en las urnas— de una creciente reticencia hacia el movimiento feminista y al consenso en torno a la LO 1/2004.

Así, 20 años después de la aprobación de la LO 1/2004 y de la progresiva consolidación de la aceptación pública generalizada sobre su idoneidad —con la excepción de algunos señalamientos sobre posibles ajustes—, reflejada en la aprobación unánime en 2017 del Pacto de Estado contra la Violencia de Género por parte de todos los grupos parlamentarios, nos encontramos en un momento crítico que podría indicar una regresión[28] en la que, en lugar de avanzar hacia su mejora, se aboga por su derogación.

III. LA PROBLEMATIZACIÓN DEL GÉNERO EN EL CONGRESO DE LOS DIPUTADOS

El análisis de los 306 diarios de sesiones del Congreso de los Diputados que incluyen menciones al tema de género por parte de miembros de VOX durante 2020 y 2021, respalda lo advertido por Innerarity *et. al.*[29] y Cabezas[30]: existe una notoria presencia del género en la articulación discursiva del partido de ultraderecha. La categoría de género se empleó en 167 ocasiones, superando las 128 referencias a cuestiones

---

28 Sobre la idea de lo regresivo: Sánchez-Capdequí, C./Roche-Cárcel, J. A. (coords) (2022). *Modernidades regresivas (y el desafío de lo universal).*

29 Innerarity Grau, C./Pérez-Agote, José M./Lasanta Palacios, M. (2024). "Gender in VOX's Ideology: Legitimization Strategy or Central Category?", *International Journal of Communication,* (18), 3418-3440.

30 Cabezas-Fernández, M. (2022). "Silenciar el feminismo. La emergencia electoral de VOX", *La reacción patriarcal. Neoliberalismo autoritario, politización religiosa y nuevas derechas.*

de inmigración, el tema "estrella" de este tipo de partidos, y las 66 alusiones a la familia como institución a proteger.

Los documentos analizados revelan que cuando VOX nombra los temas de género, lo hace principalmente para cuestionar el feminismo en relación con: el enfoque feminista del concepto de igualdad, argumentando que promueve un trato desigual hacia los hombres; el uso excesivo o injustificado de recursos públicos en políticas de igualdad; la inutilidad del lenguaje inclusivo; la participación en la movilizaciones del 8 de marzo de 2020 en el contexto de la pandemia de la Covid-19; las iniciativas legislativas y sociales en favor de los colectivos LGTBIQ+; o las acusaciones recibidas por defender los valores tradicionales.

Sobre el objetivo concreto de nuestra investigación, de las 167 menciones a los temas de género, identificamos que 53 hacen alusión directa a la violencia vinculada con el género. Vemos la distribución de la siguiente tabla:

Tabla 1. Menciones sobre violencia en relación al género por parte de VOX en el Congreso de los Diputados (2020-2021)

Temas	Nº de Sesiones
Violencia no tiene género	21
Violencia intrafamiliar	4
Criminalización/discriminación masculina	12
Violencia de género y LO 1/2004	16

Fuente: elaboración propia

En las intervenciones parlamentarias del periodo analizado, VOX cuestiona reiteradamente las bases de la LO 1/2004. Pero en lugar de centrar su argumentación en criticar la propia Ley, opta por mencionarla de forma ocasional y desarrollar ideas que de manera indirecta la desacrediten. Como el partido de ultraderecha recurre a conceptos amplios para invalidar de forma genérica el propio concepto de género y las políticas de igualdad que lo acompañan, no siempre resulta evidente si los pronunciamientos de VOX se dirigen a la LO 1/2004 o al Pacto de Estado contra la Violencia de Género.

Las argumentaciones de VOX en relación con la violencia por razones de género se centran principalmente en tres ideas clave. En primer lugar, insisten en que la violencia no tiene género, defendiendo que no debe distinguirse entre la violencia ejercida por hombres o mujeres, sino que cualquier forma de violencia debe ser igualmente condenable, independientemente del sexo del agresor o de la víctima. En segundo lugar, sostienen la necesidad de hablar de violencia intrafamiliar en vez de violencia de género, por considerar que la violencia en el ámbito doméstico debe abordarse de manera integral, sin hacer distinciones de género, ya que puede manifestarse por parte de cualquier miembro del núcleo familiar. Por último, critican el enfoque feminista porque consideran que discrimina y criminaliza a los hombres, ya que las políticas de género y las leyes aprobadas desde esta perspectiva los culpabiliza y los sitúa en desventaja en relación con las mujeres. A continuación profundizamos en estas ideas que contextualizan el posicionamiento de VOX respecto de la LO 1/2004.

1. El antigenerismo como crítica a las políticas de igualdad

VOX construye su estrategia discursiva en oposición a los demás partidos políticos. De esta manera, tomando distancia de ellos se define a sí mismo y, al mismo tiempo, proyecta cómo desea ser percibido. El partido despliega el antigenerismo propio de la ultraderecha[31], confrontando constantemente

[31] Cabezas-Fernández, M./Pichel-Vázquez, A./Enguix-Grau, B. (2023). "El marco «antigénero» y la (ultra)derecha española. Grupos de discusión con votantes de VOX y el Partido Popular", *Revista de estudios sociales,* (85), 109-114.

en el hemiciclo contra el resto de grupos parlamentarios que, según ellos, representan lo que denominan como "ideología de género", es decir, su enemigo. Así, identifican al feminismo y las acciones dirigidas a promover la igualdad de género como exponentes de una visión sesgada que, desde su perspectiva, se extienden de manera autoritaria en el conjunto de la sociedad.

El partido de ultraderecha se presenta a sí mismo como alternativa de una visión de la realidad que perciben como ficticia e impostada, apelando a roles y referentes tradicionales de género como estrategia para luchar contra lo que consideran una imposición ideológica del feminismo. Lo vemos con el ejemplo de una intervención de Lourdes Méndez Monasterio:

> Pues, hombre, yo le digo que son argumentos falsos cuando usted habla de garantizar derechos fundamentales y, sin embargo, se está vulnerando en España el derecho fundamental a la vida con el derecho al aborto; se está vulnerando el derecho a la presunción de inocencia con la Ley contra la Violencia de Género; se está vulnerando el derecho a la igualdad precisamente con estas políticas supremacistas feministas; se está vulnerando el derecho a la libertad de expresión en muchos casos con las leyes LGTBI de las comunidades autónomas, donde se sanciona cuando uno disiente o no disiente de una determinada forma de ver las cosas (Lourdes Méndez Monasterio, Comisión de Igualdad, 24/02/2020)

Sin embargo, esta retórica populista de VOX incluye un elemento particular, que Franzé/Fernández-Vázquez[32] identifican como populismo "invertido". Los autores se refieren a la insistencia del partido de ultraderecha por enfatizar su identificación con "los de abajo", retórica no tanto construida en términos dicotómicos y clasistas —pobres contra élites—, sino como defensa de una identidad colectiva tradicional frente

---

32 Franzé, J./Fernández-Vázquez, G. (2022). "El postfascismo de VOX. Un populismo atenuado e invertido", *Pensamiento al margen: Revista digital sobre las ideas políticas,* (16), 57-92.

a adversarios menos definidos, pero igualmente amenazadores para su ideario en torno a la construcción del concepto de *Nación* o de *España*. Si bien VOX acepta el orden democrático, insiste en desmarcarse del resto de partidos justificando que ese orden vigente se estaría deteriorando "en manos de unos colectivos totalitarios y antiespañoles (independentismo, feminismo, rojos, etc.) con la complicidad de 'la derechita cobarde', subordinada a 'la dictadura progre' y 'el consenso socialdemócrata', aliados de esas minorías disolventes de la esencia nacional"[33].

Como puede observarse en el verbatim anterior, Lourdes Méndez articula su argumentario mediante diversos ejes que comparten un factor común: la subversión de las lógicas de poder y del sentido de vulnerabilidad[34]. Desde la perspectiva de la representante del partido de ultraderecha, las políticas adoptadas para promover la igualdad se pervierten hasta el punto de transformarse en medidas opresoras impuestas. Así, el derecho al aborto se convierte para VOX en una amenaza a la vida; la igualdad peligra ante políticas "supremacistas feministas" que oprimen al hombre y reglan la feminidad; y los derechos de las personas LGTBIQ+ constituyen dogmas impositivos. Pero, sobre todo, se insiste en que la LO 1/2004, en lugar de proteger a las víctimas, corrompe el concepto de igualdad y amenaza la presunción de inocencia del hombre.

En resumen, frente a lo que consideran una problematización impuesta de la cuestión del género, VOX se autodefine como la fuerza que defiende el sentido común, es decir, la diferencia natural y antigenerista sustentada en los roles clásicos

---

33 Franzé, J./Fernández-Vázquez, G. (2022). "El postfascismo de VOX. Un populismo atenuado e invertido", *Pensamiento al margen: Revista digital sobre las ideas políticas,* (16), 88.

34 Carratalá, A. (2021). "Invertir la vulnerabilidad. El discurso en Twitter de organizaciones neocón y VOX contra las personas LGTB", *Quaderns de filología. Estudis llingüistics,* (26), 75-94.

de género. De esta manera, el partido de ultraderecha se ofrece a representar a una mayoría oprimida por el nuevo orden hegemónico[35]. VOX acusa al feminismo y a los movimientos LGTBIQ+ de distorsionar la realidad en beneficio de sus propios intereses, colectivos a los que consideran una "minoría hegemónica" —en línea con el populismo descrito por Franzé y Fernández-Vázquez[36]— y responsables de promover una agenda que, según ellos, actúa en detrimento de la igualdad real.

Así, VOX alega que las políticas de igualdad, lejos de promover la equidad, fomentan la estigmatización injusta de los hombres. Por ello cuestionan la LO 1/2004 al sostener que su enfoque en la violencia de género favorece una visión sesgada y discriminatoria sobre un tipo de violencia, en lugar de focalizar la importancia en la violencia en sí misma. Para VOX, la especificidad de las políticas de género excluye otras formas de violencia que también requieren atención por parte de las instituciones públicas y que deberían abordarse bajo un enfoque no excluyente entre hombres y mujeres.

Precisamente, uno de los encuadres más empleados por VOX es el de sostener que "la violencia no tiene género", convirtiendo esta frase en un eslogan central de su discurso. Lo vemos a continuación:

> Creemos que hay que modificar la Ley integral contra la violencia de género, pero no ahondando en sus delirios feministas y totalitarios, al contrario; creemos que es necesaria una ley que proteja los derechos fundamentales y la integridad física de todos los españoles sin que importe si es hombre o mujer y con quién se acuesta (Carla Toscano de Balbín, Comisión de igualdad, 18/11/2020, 54)

---

35 Cabezas-Fernández, M. (2022). "Silenciar el feminismo. La emergencia electoral de VOX", *La reacción patriarcal. Neoliberalismo autoritario, politización religiosa y nuevas derechas*, 193.

36 Franzé, J./Fernández-Vázquez, G. (2022). "El postfascismo de VOX. Un populismo atenuado e invertido", *Pensamiento al margen: Revista digital sobre las ideas políticas*, (16), 88.

> ¿Por qué callan ante los abusos de menores en Baleares si dicen luchar contra la violencia contra las mujeres y las niñas? ¿Por qué no publican los datos de menores asesinados por mujeres? ¿Cuántos hombres asesinados hay por sus parejas? Porque la cifra de las mujeres no paramos de oírla, pero ¿y la de los hombres? ¿Cuántos niños hay asesinados? ¿Cuántos homosexuales? (Carla Toscano de Balbín, Comisión de seguimiento y evaluación de los acuerdos del Pacto de Estado en Materia de Violencia de Género, 14/10/2020, 26-27)

Así pues, VOX dice enfrentar un "Pacto de Estado" que, sustentado en una distinción artificial de género, termina focalizando su atención exclusivamente en los casos dónde las mujeres son víctimas del hombre —nacional—, dejando impunes el resto de las violencias que, bajo su óptica, coexisten de manera semejante y asemejable en el ámbito familiar.

VOX también emplea la LO 1/2004 para desplegar otros encuadres en la construcción de su relato. En la siguiente intervención, Macarena Olona alude a la igualdad genética para criticar la indefensión en la que supuestamente sitúa la Ley a los hombres que sufren violencia por parte de parejas de su mismo sexo:

> Queremos preguntarle igualmente (..) si usted considera que la violencia está en el ADN masculino, señor Marlaska, y cómo va a proteger a esas personas homosexuales que son objeto de violencia también por sus parejas y que actualmente están completamente desamparadas, dado que no están incluidas en la Ley Orgánica 1/2004 (Macarena Olona Choclán, Comisión de interior, 17/02/2020, 23)

En un nuevo ejercicio de subversión del orden y de las relaciones de poder subyacentes a lo social, VOX cuestiona al Ministro del Interior, Fernando Grande-Marlaska, sobre si considera la violencia un rasgo intrínsecamente masculino. De este modo, y recurriendo una vez más a la premisa de que la igualdad de género ya es una realidad, se obvia deliberadamente la razón de ser de la LO 1/2004, basada en el reconocimiento de una desigualdad estructural y en el carácter específico de la violencia de género. De este modo, VOX acusa al Gobierno de perpetuar una ley que oprime a los hombres, invirtiendo una vez más en su razonamiento el eje de opresión. El partido de ultraderecha acusa a quienes defienden la Ley de condenar a los hombres por considerarlos genéticamente predispuestos a la violencia, al tiempo que los desprotegen frente a otras formas de violencias ejercidas fuera del ámbito de las parejas heterosexuales.

El partido de ultraderecha sostiene, incluso, que la LO 1/2004, además de discriminatoria, constituye un reflejo institucionalizado de esta hostilidad hacia los hombres. La siguiente intervención de Macarena Olona incluye expresiones como "hembrismo" u "odio patológico" para referirse a una Ley que, "por culpa de un falso feminismo", lejos de funcionar como herramienta de protección para las mujeres, discrimina, margina y amenaza a los hombres. Lo vemos:

> Pero la realidad es que les importan muy poco las mujeres. ¿Pensaban que iban a arrinconarnos, señorías? ¿Pensaban que iban a tenernos silentes y acomplejados? Podría entenderlo, porque eso es lo que han encontrado en la derecha durante los últimos veinte años, el mismo tiempo que lleva vigente la Ley de violencia de género a la que se ha referido. (...) Lo que han impuesto en España desde que con el Gobierno de Zapatero se aprobara esa ley ideológica del año 2004 no es feminismo, es puro hembrismo, odio patológico hacia el varón (Macarena Olona Choclán, Pleno, 23/06/2020, 46)

Finalmente, otro giro de su argumentario aboga por un endurecimiento de las penas ante todo tipo de violencias, explicitando que, a pesar de no distinguir entre violencias, apuestan por una lógica punitiva para todas ellas, incluyendo las que engloba la LO 1/2004. Un ejemplo de esto lo encontramos en una entrada de la página web del partido que, referenciando una intervención de la senadora Yolanda Melero en 2022, defiende "el endurecimiento de las penas para evitar agresiones sexuales"[37], bajo el rotundo titular de "Los monstruos tienen que estar encerrados". Vemos, por tanto, cómo ese autoritarismo advertido por Mudde[38] impregna el discurso de VOX manifestándose en esta demanda de seguridad y orden que promulga el partido y que opaca, de nuevo, el germen estructural de la violencia que acusa[39].

En síntesis, VOX enarbola su discurso a partir de la premisa de que "la violencia no tiene género", imbricando en este punto la lógica punitiva y securitaria propia del autoritarismo. Al reclamar un endurecimiento mayor de todas las penas, indirectamente iguala todas las violencias, negando así la condición estructural que da sentido a la LO 1/2004.

2. El debate de género como pretexto para el despliegue del nativismo

Venimos subrayando que la cuestión del género tiene entidad en sí misma en el discurso político de VOX. Pero, bajo el paraguas del antigenerismo, este partido emplea también otros encuadres discursivos, tanto en materia de género como en relación con otros ejes descritos por Mudde[40]. Veamos cómo se expresa Santiago Abascal, líder de la formación de ultraderecha, en alusión a la LO 1/2004:

> Aunque a ustedes les sorprenda y algunos no lo comprendan, nos preocupan todas las víctimas. Sin embargo, para otros las víctimas sólo tienen importancia cuando el autor es hombre y español (Santiago Abascal Conde, Debate de investidura, 07/01/2020, 8)

---

37 VOX (2022). "VOX reivindica el endurecimiento de las penas para evitar las agresiones sexuales: "Los monstruos tienen que estar encerrados", www.voxespaña.es, 23 de noviembre de 2022.

38 Mudde, C. (2007). *Populist radical right parties in Europe.*

39 Acha Ugarte, B./Innerarity Grau, C./Lasanta Palacios, M. (2020). "La influencia política de la derecha radical: VOX y los partidos navarros", *Methaodos. Revista de Ciencias Sociales,* 8(2), 242-257.

40 Mudde, C. (2007). *Populist radical right parties in Europe.*

Abascal parte de la falsa premisa de que la igualdad de género ya se ha alcanzado en las sociedades actuales, al equiparar dicha igualdad con la igualdad ante la ley[41]. Desde este planteamiento reduccionista, las leyes en materia de igualdad no solo serían innecesarias, sino también discriminatorias. Al afirmar que le preocupan "todas las víctimas", Abascal pretende deslegitimar la distinción de género que establece la LO 1/2004. Por ello, ya lo decíamos, VOX promulga el término supuestamente neutro de "violencia intrafamiliar", que omite cualquier referencia explícita al género.

Resulta interesante que Abascal integre postulados antiinmigración en el mismo discurso que cuestiona la LO 1/2004. Cuando critica al Gobierno por centrar su preocupación en los crímenes cometidos por hombres "españoles", insinúa que las leyes discriminan a los nacionales mientras protegen a los extranjeros. Nuevamente, el relato de VOX subvierte el orden social al presentar al hombre español como víctima de opresión frente a mujeres e inmigrantes, quienes, según su perspectiva, reciben un trato más indulgente por parte del sistema de justicia penal.

Por lo tanto, uno de los ejes discursivos de este partido de ultraderecha consiste en utilizar el cuestionamiento a las políticas de igualdad de género como instrumento para confrontar la política migratoria del Gobierno. Así lo expresaba el mismo Abascal:

> Luego ha venido aquí con esa basura de que nosotros queremos que las personas se ahoguen en el mar y que las mujeres sean violadas y maltratadas, sin reconocer que esa ley que llaman ustedes contra la violencia de género ha fracasado y no ha conseguido erradicar la violencia contra la mujer ni otras

41 Innerarity Grau, C./Pérez-Agote, José M./Lasanta Palacios, M. (2024). "Gender in VOX's Ideology: Legitimization Strategy or Central Category?", *International Journal of Communication,* (18), 3418-3440.

> violencias en el ámbito familiar y sin reconocer que precisamente las mafias están muy pendientes de las ONG a las que ustedes financian y ayudan desde el poder público, llamando a personas para que vengan, prometiéndoles un falso paraíso que no les podemos dar (...). Son ustedes los responsables de la tragedia en el Mediterráneo y son ustedes, señor Sánchez, los responsables de la violencia sexual contra muchas mujeres... (Santiago Abascal Conde, Pleno, 04/01/2020, 51)

Se sobreentiende que Abascal culpa a la población migrante —irregular— de la violencia contra las mujeres, por lo que, desde esta perspectiva, frenar la inmigración irregular las protegería. En primer lugar, resulta significativa la insistencia de VOX en señalar la supuesta ineficacia de las medidas del Gobierno contra las violencias en el ámbito familiar, incluidas las que sufren las mujeres, enfoque que en otras intervenciones, como veremos más adelante, han basado en el número de mujeres asesinadas. Pero, además, Abascal instrumentaliza a los hombres extranjeros en situación irregular y de bajos recursos para justificar la derogación de la LO 1/2004. Ante las acusaciones de xenofobia y racismo que recibe el partido, VOX recurre estratégicamente a señalar la responsabilidad de las mafias, empleando este argumento como escudo para legitimar su discurso.

Finalmente, la intervención de Abascal culmina con una acusación directa y abrupta hacia el presidente del Gobierno, Pedro Sánchez, al atribuirle "la responsabilidad de la violencia sexual contra las mujeres" por no gestionar adecuadamente los riesgos asociados a la migración irregular. De este modo, VOX atribuye un presunto aumento de la violencia de género al incremento de la inmigración, construyendo un discurso en el que la violencia contra las mujeres se personifica en hombres extranjeros que agreden a mujeres nativas.

De esta manera, la cuestión de género se convierte en una palanca para el despliegue del discurso nativista. Partiendo de la premisa de una igualdad de género consolidada en las sociedades occidentales, la inmigración se presenta como una amenaza que pone en entredicho esa igualdad supuestamente conquistada. Al mismo tiempo, las leyes, lejos de aplicar la lógica punitiva propuesta por VOX, terminarían amparando a los colectivos migrantes. En consecuencia, se estructura un argumento según el cual, "la amenaza migratoria"[42] termina legitimando las medidas restrictivas en materia de inmigración[43].

3. La LO 1/2004 en el punto de mira

A pesar de la presencia del género en el discurso del partido de ultraderecha, resulta llamativo que esta Ley no ocupe un lugar más prominente en su estrategia retórica, al menos durante el periodo analizado. Sin embargo, como se mencionó previamente, las críticas dirigidas a las políticas de género en su conjunto impactan, de manera deliberada por parte de VOX, en los principios fundamentales de la LO 1/2004. No obstante, como ya hemos visto en verbatim anteriores, la formación parlamentaria tampoco renuncia a centrar sus intervenciones en la LO 1/2004. En la siguiente intervención, Lourdes Méndez desacredita la efectividad de la Ley a partir de la evolución estadística de los asesinatos de mujeres:

> Ley de Violencia de Género no funciona, porque antes de la aprobación de esta ley eran 58,4 mujeres asesinadas y después de la ley 59,4, ¿van a considerar y a estudiar cuáles son las causas de la violencia contra las mujeres o van a seguir utilizando esa legislación injusta para culpabilizar a todos los hombres, para decir que todos son torturadores, para decir

---

42 VOX (2024, 18 de septiembre). "Frente a las medidas «electoralistas» del PP, VOX exige declarar la amenaza migratoria situación de interés para la seguridad nacional", www.voxespaña.es.

43 Innerarity Grau, C./Pérez-Agote, José M./Lasanta Palacios, M. (2024). "Gender in VOX's Ideology: Legitimization Strategy or Central Category?", *International Journal of Communication,* (18), 3431.

> que en su ADN tienen la agresividad, para decir que todos son violentos, como están ahora, además, educando en determinados colegios? ¿Realmente les importan las mujeres asesinadas? (Lourdes Méndez Monasterio, Comisión de igualdad, 24/02/2020, 28)

Medir la eficacia de la LO 1/2004 en base al número de mujeres asesinadas constituye un reduccionismo que ignora los beneficios que esta Ley ha tenido para un sinnúmero de mujeres que han logrado salir de situaciones de violencia[44]. Además, invisibiliza las repercusiones positivas que ha tenido a nivel social en términos de sensibilización y concienciación sobre la violencia de género[45]. Sin embargo, el discurso de VOX va más allá y, al margen de considerar la LO 1/2004 incompetente y "fracasada", la tilda de ilegítima por inconstitucional, como puede observarse a continuación:

> Pero todavía nos propone más ámbitos de división, por ejemplo, en eso que ustedes llaman género. Ya han hecho leyes como la fracasada en la lucha de la violencia contra la mujer, que acaban con la igualdad de todos los españoles ante la ley. (...) es una ley abiertamente inconstitucional y que solo fue aprobada por el Tribunal Constitucional por las presiones que recibió de Zapatero. Y de la sumisión de los tribunales ya hablaremos luego... (Macarena Olona Choclán, Comisión de Interior, 17/02/2020, 23)

El TC ya se pronunció en 2008 a favor de la LO 1/2004, desestimando las impugnaciones presentadas por el PP y ratificando la constitucionalidad del principio de igualdad que la

---

44 Pastor-Gosálbez, I./Belzunegui-Eraso, Á./Calvo Merino, M./Pontón Merino, P. (2021). "La violencia de género en España: un análisis quince años después de la Ley 1/2004", *Revista Española de Investigaciones Sociológicas,* (174), 109-128.

45 Ortubay Fuentes, M. (2014). "Diez años de la Ley integral contra la violencia de género: luces y sombras", *Ventana Jurídica,* 2(2), 1-20.

sustenta (STC 59/2008[46]). Cuestionar la división de poderes y rechazar la validez de una sentencia judicial no solo constituye un argumento desafiante, sino que socava la legitimidad del sistema y pone en entredicho los fundamentos mismos de la democracia. Como señala Acha[47], tensionar los límites de las reglas del juego democrático forma parte de las características de los partidos de ultraderecha.

Por último, VOX refuerza su rechazo a la LO 1/2004 desplegando uno de sus encuadres más recurrentes y polémicos, tanto en el debate parlamentario como en el público: el de las denuncias falsas. Así lo expresaba Carla Toscano en el Congreso:

> Mienten cuando se llenan la boca hablando de las 126 000 denuncias por violencia de género porque no dicen que la fiscalía solo computa unas cuantas, no todas, con lo cual la fiscalía nos miente. No nos cuentan que el 80 % de las denuncias son archivadas (Carla Toscano de Balbín, Comisión de seguimiento y evaluación de los acuerdos del Pacto de Estado en Materia de Violencia de Género, 18/05/2020, 31-32)

Esta estrategia discursiva respalda el relato de una Ley injusta con los hombres, que sería instrumentalizada por las mujeres para obtener réditos aprovechándose de la desventaja en la que la LO 1/2004 sitúa a estos. Pero también acusa al sistema judicial, concretamente a la Fiscalía, de falta de transparencia deliberada para ocultar la realidad de una supuesta cantidad desproporcionada de denuncias falsas que muchos estudios han desmentido rotundamente[48]. En consecuencia, intentar generar desconfianza hacia la fiabilidad de las estadísticas oficiales y de

---

46 STC 59/2008, de 14 de mayo (TOL1.315.315).

47 Acha Ugarte, B. (2021). *Analizar el auge de la ultraderecha. Surgimiento, ideología y ascenso de los nuevos partidos de ultraderecha.*

48 Del Pozo Pérez, M. (2013). "Violencia de género y su impacto en los derechos humanos", *Violencia de género e igualdad: una cuestión de derechos humanos*, 55-64.

las instituciones que las generan contribuye a cuestionar la legitimidad de la propia Ley y refuerza la argumentación que busca desacreditar las políticas de igualdad de género.

IV. CONCLUSIONES

Desde que se aprobara hace veinte años, la LO 1/2004 vive uno de sus momentos más críticos marcado por la ruptura del respaldo unánime que se logró por parte de todos los partidos políticos a través de Pacto de Estado contra la Violencia de Género. Los cambios sociales y políticos han dado lugar a una mayor visibilidad de los discursos que cuestionan los avances alcanzados en materia de igualdad de género. Como hemos podido apreciar en nuestro estudio, el posicionamiento político de VOX en la Cámara Baja ha contribuido a legitimar en el debate parlamentario un discurso descalificador hacia el feminismo, las políticas de igualdad y la propia LO 1/2004.

Después de analizar el caso de VOX, coincidimos con otras investigaciones que concluyen que el género se ha convertido en un tema característico y "pivotal"[49] para los partidos de ultraderecha en Europa. La cuantificación temática de alusiones realizadas por VOX en el Congreso de los Diputados revela que las cuestiones de género ocupan un lugar eminente en el discurso de este partido. Dicho de otra forma, en la

---

[49] Cabezas-Fernández, M. (2022). "Silenciar el feminismo. La emergencia electoral de VOX", *La reacción patriarcal. Neoliberalismo autoritario, politización religiosa y nuevas derechas,* 189-217; Spierings, N. (2020). "Why gender and sexuality are both trivial and pivotal in populist radical right politics", *Right wing populism and gender: European perspectives and beyond,* 41-58; Innerarity Grau, C./Pérez-Agote, José M./Lasanta Palacios, M. (2024). "Gender in VOX's Ideology: Legitimization Strategy or Central Category?", *International Journal of Communication,* (18), 3418-3440.

articulación discursiva de VOX, el género transciende a su función como mero pretexto para desplegar de los ejes descritos por Mudde[50] y ocupa un lugar central, con peso propio, en su ideario. En definitiva, las estrategias discursivas de la ultraderecha española se nutren de la retórica populista y antifeminista.

No obstante, VOX no siempre ha centrado su crítica directamente sobre la LO 1/2004. Sin mencionar la Ley necesariamente, su estrategia discursiva ha priorizado el cuestionamiento de los pilares fundamentales que la sostienen, su aplicación y sus efectos, utilizando el género como pretexto para situar sus encuadres populistas, autoritarios y nativistas. Este enfoque ha dado lugar a un discurso de oposición que no solo cuestiona la LO 1/2004, sino que invalida las políticas de igualdad en su totalidad, buscando provocar un rechazo generalizado hacia la perspectiva de género.

El planteamiento no es baladí. Bobbio[51] distingue la izquierda de la derecha a partir de la concepción que hacen de la desigualdad social: mientras la derecha considera la desigualdad como una condicional natural que se resuelve mediante la igualdad formal ante la Ley, la izquierda la entiende como construcción social que requiere de políticas públicas para reducirla. En última instancia, y en relación con nuestro análisis sobre VOX, rechazar las políticas de género implica oponerse a la intervención estatal en la redistribución del poder y de los recursos sociales, lo cual resulta clave en el discurso de un partido de ultraderecha que se construye en oposición a la izquierda y a cualquier formación política que abogue por la gestión pública de los problemas sociales.

---

[50] Mudde, C. (2007). *Populist radical right parties in Europe.*

[51] Bobbio, N. (1994). *Derecha e izquierda: razones y significados de una distinción política.*

Estudiar el discurso parlamentario de VOX en torno a la LO 1/2004 es relevante para comprender cómo se ha ido construyendo y reconfigurando el debate sobre la igualdad de género en España. No obstante, la verdadera batalla por el discurso no solo se libra en el Congreso de los Diputados, sino también en los medios de comunicación y, en última instancia, en la opinión pública. Los discursos sobre género, aunque parezcan novedosos pueden ser cíclicos, como ha demostrado VOX trayendo a la actualidad las críticas que en sus orígenes sufrió la LO 1/2004 y que parecían superadas o, por lo menos, acalladas por lo políticamente correcto. No obstante, el respaldo de VOX en las urnas, junto con su influencia en amplios sectores de la esfera pública, pone de relieve la fractura del consenso social que durante años parecía amparar a la LO 1/2004.

Este cambio en el panorama político y social plantea interrogantes sobre los cambios que la LO 1/2004 podría sufrir como consecuencia de un cambio de Gobierno en futuras elecciones. Lo que parece evidente, tras dos décadas de su aprobación, es que, lejos de consolidarse y avanzar en su perfeccionamiento, nos enfrentamos a un escenario que advierte de un posible retroceso.

REFERENCIAS BIBLIOGRÁFICAS

Acha Ugarte, B. (2021). *Analizar el auge de la ultraderecha. Surgimiento, ideología y ascenso de los nuevos partidos de ultraderecha*, Gedisa.

Acha Ugarte, B./Innerarity Grau, C./Lasanta Palacios, M. (2020). "La influencia política de la derecha radical: VOX y los partidos navarros", *Methaodos. Revista de Ciencias Sociales*, 8(2), 242-257.

Akkerman, T. (2015). "Gender and the radical right in Western Europe: a comparative analysis of policy agendas", *Patterns of Prejudice*, 49(1-2), 37-60.

Bobbio, N. (1994). *Derecha e izquierda: razones y significados de una distinción política*, Taurus.

Cabezas-Fernández, M. (2022). "Silenciar el feminismo. La emergencia electoral de VOX", *La reacción patriarcal. Neoliberalismo autoritario, politización religiosa y nuevas derechas,* Bellaterra, 189-217.

Cabezas-Fernández, M./Pichel-Vázquez, A. /Enguix-Grau, B. (2023). "El marco «antigénero» y la (ultra)derecha española. Grupos de discusión con votantes de VOX y el Partido Popular", *Revista de estudios sociales,* (85), 109-114.

Carratalá, A. (2021). "Invertir la vulnerabilidad. El discurso en Twitter de organizaciones neocón y VOX contra las personas LGTB", *Quaderns de filología. Estudis llingüistics,* (26), 75-94.

Del Pozo Pérez, M. (2013). "Violencia de género y su impacto en los derechos humanos", *Violencia de género e igualdad: una cuestión de derechos humanos,* Comares, 55-64.

Drisko, J. W./Maschi, T. (2015). *Content analysis. Pocket guides to social work research methods,* Oxford University Press.

Entman, R. (1993). "Framing: Toward Clarification of a Fractured Paradigm", *Journal of Communication,* 43(4), 51-58.

Fassin, E. (2016). "Gender and the Problem of Universals: Catholic Mobilizations and Secular Democracy in France", *Religion and Gender,* 6(2), 173-186.

Fernández-García, B./Valencia-Saiz, Á. (2022). "De la calle a las instituciones. La evolución del mensaje populista de Podemos (2014-2019)", *Revista de estudios políticos,* (195), 97-123.

Ferreira, C. (2019). "Vox como representante de la derecha radical en España: Un estudio sobre su ideología", *Revista Española de Ciencia Política,* (51), 73-98.

Franzé, J./Fernández-Vázquez, G. (2022). "El postfascismo de VOX. Un populismo atenuado e invertido", *Pensamiento al margen: Revista digital sobre las ideas políticas,* (16), 57-92.

Gimbernat, E. (2015). "Ciudadanos y la violencia de género", *El Mundo,* 23 de diciembre de 2015.

Goffman, E. (2006). *Frame Analysis. Los marcos de la experiencia,* CIS.

Grzebalska, W./Pető, A. (2018), "The Gendered Modus Operandi of the Illiberal Transformation in Hungary and Poland", *Women´s Studies International Forum,* (68),164-172.

Innerarity Grau, C./Pérez-Agote, José M. y Lasanta Palacios, M. (2024). "Gender in VOX's Ideology: Legitimization Strategy or Central Category?", *International Journal of Communication,* (18), 3418-3440.

Laclau, E. (2005). *La razón populista,* Fondo de Cultura Económica.

Laurenzo Copello, P. (2006). "Modificaciones de derecho penal sustantivo derivadas de la Ley Integral contra la Violencia de Género", *La violencia de género: Ley de protección integral, implantación y estudio de la problemática de su desarrollo,* Cuadernos de Derecho Judicial, 335-367.

Mccombs, M./Shaw, D. (1993). "The Evolution of Agenda-Setting Research: Twenty-Five Years in the Marketplace of Ideas", *Journal of Communication,* 43(2), 58-67.

Mudde, C. (2007). *Populist radical right parties in Europe,* Cambridge University Press.

Mudde, C. (2004). "The populist zeitgeist". *Government and Opposition,* 39(4), 541-563.

Ortubay Fuentes, M. (2014). "Diez años de la Ley integral contra la violencia de género: luces y sombras", *Ventana Jurídica,* 2(2), 1-20.

Pastor-Gosálbez, I./Belzunegui-Eraso, Á./Calvo Merino, M./Pontón Merino, P. (2021). "La violencia de género en España: un análisis quince años después de la Ley 1/2004", *Revista Española de Investigaciones Sociológicas,* (174), 109-128.

Peña-González, V. (2019). "El fin de la Unión Europea. Una visión geopolítica del ascenso de la ultraderecha", *Tiempo devorado: Revista de historia actual,* 6(1), 32-53.

Rama Caamaño, J. (2021). "VOX: *¿Un partido más de la derecha radical europea?*", *Papeles de Relaciones Ecosociales y Cambio Global,* (155), 57–65.

Sánchez-Capdequí, C./Roche-Cárcel, J.A. (coords.) (2022). *Modernidades regresivas (y el desafío de lo universal),* CIS.

Spierings, N. (2020). "Why gender and sexuality are both trivial and pivotal in populist radical right politics", *Right wing populism and gender: European perspectives and beyond,* Transcript Verlaj, 41-58.

Turnbull-Dugarte, S.J. (2019). "Explaining the end of Spanish exceptionalism and electoral support for Vox", *Research and Politics,* 6(2), 1-8.

Turnbull-Dugarte, S.J./Rama, J./Santana, A. (2020). "The Baskerville's dog suddenly started barking: Voting for VOX in the 2019 Spanish general elections", *Political Research Exchange,* 2(1), 1-21.

VOX (2024). "Frente a las medidas «electoralistas» del PP, VOX exige declarar la amenaza migratoria situación de interés para la seguridad nacional", www.voxespaña.es, 18 de septiembre de 2024.

VOX (2023). *Programa electoral de VOX 23J.*

VOX (2022). "VOX reivindica el endurecimiento de las penas para evitar las agresiones sexuales: «Los monstruos tienen que estar encerrados»", www.voxespaña.es, 23 de noviembre de 2022.

Otras referencias

Congreso de los Diputados (2020, 4 de enero). Diario de Sesiones del Congreso de los Diputados (Pleno y Diputación Permanente, núm. 2).

Congreso de los Diputados (2020, 7 de enero). Diario de Sesiones del Congreso de los Diputados (Pleno y Diputación Permanente, núm. 4).

Congreso de los Diputados (2020, 17 de febrero). Diario de Sesiones del Congreso de los Diputados (Comisiones, núm. 32).

Congreso de los Diputados (2020, 24 de febrero). Diario de Sesiones del Congreso de los Diputados (Comisiones, núm. 41).

Congreso de los Diputados. (2020, 18 de mayo). Diario de Sesiones del Congreso de los Diputados (Comisiones, núm. 81).

Congreso de los Diputados. (2020, 23 de junio). Diario de Sesiones del Congreso de los Diputados, (Pleno y Diputación Permanente, núm. 31).

Congreso de los Diputados (2020, 14 de octubre). Diario de Sesiones del Congreso de los Diputados (Comisiones, núm. 175).

Congreso de los Diputados (2020, 18 de noviembre). Diario de Sesiones del Congreso de los Diputados (Comisiones, núm. 233).

Consejo de Europa (2011). Convenio del Consejo de Europa sobre la prevención y lucha contra la violencia contra las mujeres y la violencia doméstica (Convenio de Estambul).

STC 59/2008, de 14 de mayo de 2008. BOE, (139), de 9 de junio (TOL1.315.315).

20 años de investigación criminológica sobre la violencia de género: analizando los factores de riesgo y fortalezas para mejorar la gestión de la prevención e intervención especializada

NAHIKARI SÁNCHEZ-HERRERO
Doctora en Criminología.
Universidad Internacional de la Rioja, UNIR
Tutora Uned Pamplona

I. INTRODUCCIÓN

La Criminología es la Ciencia que estudia el comportamiento delictivo y antisocial en sus dimensiones real y percibida, y los mecanismos de control social formal e informal empleados para la prevención, control y tratamiento de la criminalidad, el infractor y la víctima, con el fin último de velar por el bienestar personal y social del conjunto de la ciudadanía[1]. Analizamos las conductas violentas y delictivas, desde todos los ángulos posibles, con el objetivo final de poner en marcha mecanismos de detección, prevención e intervención

---

1 Buil Gil, D. (2016). "¿Qué es la Criminología? Una aproximación a su ontología, función y desarrollo". *Derecho y Cambio Social,* 5 y s.

especializada, y así lograr una reducción lo más significativa posible de estas conductas, minimizando la victimización.

La violencia de género es un fenómeno muy complejo y multidimensional, y como tal, requiere un estudio multidimensional para poder conseguir correctas estrategias de gestión del riesgo, en su prevención e intervención criminológica.

A lo largo de este capítulo vamos a analizar cómo se ha analizado desde la Criminología los factores de riesgo adecuados, que herramientas se han ido diseñando, basadas todas ellas en la investigación y la evidencia científica, y los retos que nos depara en el futuro la intervención criminológica especializada, para mejorar la gestión de la prevención e intervención especializada de la violencia de género.

Todo ello en el marco de la protección de la víctima y sus derechos, así como la más eficaz y eficiente intervención con el agresor, buscando disminuir la presencia de factores de riesgo, necesidades criminógenas y aumentando los factores de protección y fortalezas.

La valoración de la violencia es el procedimiento informado (con fundamento empírico) mediante el cual se hacen estimaciones sobre una posibilidad futura (no necesariamente en sentido matemático) vinculada a la comisión de un nuevo delito o agresión en sujetos evaluados por sus conductas problemáticas previas. Esta valoración de la violencia futura se realiza con el objetivo de mejorar la gestión de este riesgo, es decir, de las circunstancias que rodean a la conducta violenta evaluada y de cómo abordarlas para un mejor tratamiento con programas específicos (mejorar el diseño de los planes de intervención y tratamiento tanto de víctima como de agresor).

Con todo, observando la trayectoria criminológica recorrida, y cuáles son los principales retos que tenemos en el presente, y qué vemos vislumbrar en un futuro no tan lejano con la incursión de la Inteligencia Artificial, podemos plantearnos si es suficiente la evolución criminológica realizada para lograr la erradicación de la violencia de género, cuáles son los principales retos y desafíos actuales, y si estamos en el camino correcto para conseguir los objetivos propuestos.

II. PANORAMA HISTÓRICO DE LA INVESTIGACIÓN CRIMINOLÓGICA SOBRE EL AVANCE EN VIOLENCIA DE GÉNERO Y SU EVALUACIÓN. UNA BREVE APROXIMACIÓN

La evolución conceptual y teórica sobre la violencia de género y su intervención, en España, en las últimas décadas ha sido muy grande. Fue en 1998, cuando Enrique Echeburúa y Paz de Corral publican su *Manual de Violencia Familiar*, siendo una obra determinante para todo lo que después aconteció, ya que comenzaron a hablar de la necesidad de elaborar programas de intervención para el maltratador, dependiendo del riesgo de reincidencia existente. Remarcan cómo el tratamiento judicial del maltratador resulta insuficiente, siendo necesaria una intervención más amplia, y en todo caso, incidir en la voluntad y motivación al cambio del maltratador[2].

En 1999, los profesores Santiago Redondo y Vicente Garrido fueron llamados por el Consejo General del Poder Judicial para desarrollar una propuesta dirigida a su discusión en la Comisión interinstitucional creada al efecto. Este interesantísimo proyecto criminológico se denominó *Propuesta para el tratamiento en la comunidad de los agresores intrafamiliares*[3]. Al

---

2 Echeburúa, E./Corral, P. (1998). *Manual de violencia familiar.*

3 Redondo, S./Garrido, V. (1999). *Propuesta para el Tratamiento en la Comunidad de los Agresores Intrafamiliares. Propuesta desarrollada a petición del Consejo General del Poder Judicial para la discusión de la misma en la Comisión Interinstitucional creada al efecto.*

año siguiente se publicó el manual *Vivir sin Violencia: aprender un nuevo estilo de vida,* firmado por Enrique Echeburúa, Pedro J. Amor y Javier Fernández-Montalvo[4]. Supone una muy interesante visión global en la que se explican técnicas de control emocional para el lector y diferentes estrategias de identificación y afrontamiento de situaciones de riesgo. Un manual de usuario, cuya forma de dirigirse al lector fue posteriormente recogida por Instituciones Penitenciarias, primero en su experiencia piloto entre los años 2001 y 2002, y posteriormente en su *Programa de tratamiento en prisión para agresores en el ámbito familiar. Grupo de trabajo sobre violencia de género. Noviembre de 2005,* firmado por Castillo y sus colegas[5].

Y enmarcado en ese contexto, se produce la entrada en vigor de la LO 1/2004 de Medidas de Protección Integral contra la Violencia de Género. Este hecho significó un gran avance y un lugar de salida desde el que continuar trabajando en el ámbito de la intervención criminológica para agresores de género.

Se pusieron en marcha interesantes programas como el *Programa Galicia de Reeducación para Maltratadores de Género* de Arce y Fariña, para aquellas condenas en las que medie la suspensión o sustitución de penas privativas de libertad[6].

Este programa, pilotado desde la Universidad de Santiago de Compostela y la Universidad de Vigo, pionero, asumía un modelo de intervención multimodal (cognitivo y comportamental) y multinivel (individual, grupal, red social, laboral...) que se mostraba más efectivo que las intervenciones parciales. Y la investigación se potenció.

---

4 Echeburúa, E./Amor, P.J./Fernández-Montalvo, J. (2002). *Vivir sin violencia. Aprender un nuevo estilo de vida.*

5 Castillo, T./Estepa, Z./Guerrero, J.M./Ruiz, A./Sánchez, C. (2006). *Programa de tratamiento en prisión para agresores en el ámbito familiar.*

6 Arce, R./Fariña, F. (2006). "Programa Galicia de reeducación para maltratadores de género". *Anuario de Psicología Jurídica,* (16), 41-64.

A través del *Programa Daphné*, y sobre todo en su segunda fase, el Parlamento Europeo y el Consejo de Europa aprobó un programa de acción comunitario (2004-2008) para prevenir y combatir la violencia ejercida sobre los niños, los jóvenes y las mujeres y proteger a las víctimas y grupos de riesgo. Englobaba todos los tipos de violencia y todos los aspectos de este fenómeno, ya fueran de la esfera pública o la privada, entre los que se encontraban la violencia familiar, en los centros de enseñanza y de otro tipo, en el lugar de trabajo, de la explotación sexual con fines comerciales, de mutilaciones genitales y de la trata de seres humanos. Este programa impulsó de manera sobresaliente la investigación científica en materia de violencia, en especial, en violencia de género.

El año 2007, concretamente el 26 de julio, se puso en funcionamiento el *Sistema de Seguimiento Integral en los casos de Violencia de Género (Sistema VioGén)*, de la Secretaría de Estado de Seguridad (SES) del Ministerio del Interior, en cumplimiento de la LO 1/2004. Entre sus objetivos aglutinaba a las diferentes Instituciones Públicas que tienen competencias en materia de violencia de género, integrando toda la información de interés que se estimaba necesaria para realizar análisis predictivos de riesgo, atendiendo a los niveles de riesgo, realizando seguimiento y protección a las víctimas en todo el territorio nacional, efectuando una labor preventiva, emitiendo avisos, alertas y alarmas.

Todo esto se realizaba a través del *Subsistema de Notificaciones Automatizadas*, cuando se detecte alguna incidencia o acontecimiento que pudiera poner en peligro la integridad de la víctima.

Esta nueva herramienta buscaba finalmente establecer una tupida red que permitiera el seguimiento y protección de forma rápida, integral y efectiva de las mujeres maltratadas, y de sus hijos e hijas, en cualquier parte del territorio nacional. Consistía en una aplicación web a la que acceden miembros de las Fuerzas y Cuerpos de Seguridad de Policía Nacional y

Guardia Civil (obligatoriamente) y de las Policías Autonómicas y Locales (que voluntariamente se adhieran) Instituciones Penitenciarias, Juzgados, Institutos de Medicina Legal y Ciencias Forenses, Oficinas de Asistencia a las Víctimas, Fiscalías, Delegaciones y Subdelegaciones del Gobierno y, finalmente, Servicios Sociales y Organismos de Igualdad de las diferentes Comunidades Autónomas.

El año 2009 queda señalado por una importante obra del investigador Ismael Loinaz, con su estudio de *Aproximación teórica y empírica al estudio de las tipologías de agresores de pareja; análisis descriptivo de variables e instrumentos de evaluación en el Centro Penitenciario Brians-2*[7]. Esta nueva forma de investigar y orientar la evaluación del riesgo era muy novedosa en España, incluyendo algunos de los instrumentos utilizados y propuestas para mejora en los programas de tratamiento, criminología aplicada que comienza a materializarse con gran éxito.

Y en ese momento se publica otro interesantísimo documento penitenciario, en su segunda edición, el *Documento 7, "Violencia de Género"* que contiene el Programa de Intervención para Agresores (PRIA). Este Manual integra los aspectos clínicos con los de tipo educativo-motivacional bajo la perspectiva de género, y permite diseñar los diferentes itinerarios de cumplimiento de penas que son responsabilidad de la Institución Penitenciaria.

En 2010 se publica el *Manual de intervención con maltratadores*, de Marisol Lila, Antonio García y María Victoria Lorenzo, de la Universidad de Valencia, dirigido especialmente a aquellos profesionales que realizan intervención con agresores[8].

---

7 Loinaz, I. (2009). *Aproximación teórica y empírica al estudio de las tipologías de agresores de pareja: análisis descriptivo de variables e instrumentos de evaluación en el Centro Penitenciario Brians-2.*

8 Lila, M./García, A./Lorenzo, M.V. (2010). *Manual de intervención con maltratadores.*

Dos características distintivas y novedosas de este programa son la importancia que se concede a nivel contextual de la realidad social de los maltratadores y su especial énfasis en la implementación de estrategias que incrementen la adherencia al programa y la motivación para el cambio de los hombres que participan en el mismo.

Y la investigación sigue creciendo y sigue dando unos frutos de gran relevancia con publicaciones como la de Arce/Fariña, bajo el título *Diseño e Implementación del Programa Galicia de Reeducación de Maltratadores: Una Respuesta Psicosocial a una Necesidad Social y Penitenciaria*[9]. Vemos como la aprobación y entrada en vigor en España de la LO 1/2004, ha traído consigo un gran número de sentencias que contemplan la suspensión o sustitución de la pena por programas de reeducación y tratamiento psicológico, y en esta publicación vemos los principales resultados desde la puesta en marcha del Programa Galicia de Reeducación de Maltratadores de Género. Otra publicación fundamental, de este mismo año 2010, fue el artículo de Expósito/Ruiz, denominado *Reeducación de Maltratadores: Una Experiencia de Intervención desde la Perspectiva de Género*[10].

No debemos olvidar que la violencia de género representa uno de los problemas más importantes a los que se enfrentaba entonces (y se enfrenta) la sociedad, y que esta realidad es la que propicia la aprobación y desarrollo de importancias cambios legislativos y de intervención, más acordes con la especificad de este tipo de delitos.

---

9 Arce, R./Fariña, F. (2010). "Diseño e implementación del Programa Galicia de Reeducación de Maltratadores: Una respuesta psicosocial a una necesidad social y penitenciaria", *Psychosocial Intervention,* 19(2).

10 Expósito, F./Ruiz, S. (2010). "Reeducación de maltratadores: una experiencia de intervención desde la perspectiva de género". *Psychosocial Intervention,* 19(2).

Esta publicación analiza la aplicación de un programa de intervención psicosocial con perspectiva de género, con un grupo de hombres condenados por delitos de maltrato y en situación de suspensión condicionada de condena. Las conclusiones, de gran interés, muestran cómo es necesario mantener y potenciar la intervención con hombres maltratadores como forma de prevención de nuevos episodios de violencia de género sobre las mismas o futuras mujeres víctimas de este tipo de violencia. Seguimos avanzando en la investigación criminológica y, ¿parece que nos estamos acercando a observar de manera clara y contundente la necesidad de evaluar el riesgo y de gestionarlo desde una potente base científica?

Y continuamos con este interesantísimo año 2010, en el que también se publican los resultados de la investigación liderada por Marisol Lila, y su equipo, desde la Universidad de Valencia. En esta publicación, bajo el nombre, *Una experiencia de investigación, formación e intervención con hombres penados por violencia contra la mujer en la Universidad de Valencia: Programa Contexto*[11]. Publicación detallada presentando las principales líneas de investigación junto con algunos resultados preliminares.

Ya estamos en 2011, en donde se publican dos investigaciones, de Pérez y Martínez, y de Loinaz, en las que se exponen resultados en el ámbito de la violencia de género desde un punto de vista del tratamiento a los agresores condenados por este tipo delictivo[12].

---

11 Lila, M./Catalá, A./Conchell, R./García, A./Lorenzo, M.V./Pedrón, V./Terreros, E. (2010). "Una experiencia de investigación, formación e intervención con hombres penados por violencia contra la mujer en la Universidad de Valencia. Programa Contexto". *Psychosocial Intervention*, 19(2).

12 Pérez, M./Martínez, M./Loinaz, I. (2011). *Intervención con agresores de violencia de género. Justicia y Sociedad, núm. 34.*

En la primera se describe la tipología de los agresores que han sido condenados a penas privativas de libertad, en la segunda investigación se hace la descripción de los infractores que han sido condenados por delitos de violencia de género a realizar un programa formativo, incluyendo el seguimiento y evaluación de los resultados de estos programas, una vez que los condenados han cumplido la medida impuesta. Se trata del documento 34 de Justicia y Sociedad, publicado por la Generalitat de Catalunya y su Centro de Estudios Jurídicos y Formación Especializada, bajo el título *Intervención con agresores de violencia de género.* En la investigación criminológica en esta etapa ya comienzan a analizarse, de manera profunda, aspectos de gran importancia, como la adherencia al tratamiento e intervención, comienzan a diseñarse diferentes propuestas de tipologías de maltratadores, y se comienza a evaluar con mayor interés, la eficacia y eficiencia de los tratamientos y programas.

En 2016 nos encontramos con artículos especialmente relevantes, como el titulado *Eficacia predictiva de la valoración policial del riesgo de la violencia de género* firmado por López-Osorio, González-Álvarez y Andrés-Pueyo[13]. Es en este año, 2016, cuando el Ministerio del Interior, bajo la instrucción 7/2016, de la Secretaría de Estado de Seguridad, por la que se establece un nuevo protocolo para la valoración policial del nivel de riesgo de violencia de género (LO 1/2004) y de la Gestión de la Seguridad de las Víctimas. Este hecho es un hito histórico en la valoración el riesgo policial en España, que traerá posteriormente grandes avances, reflejadas en publicaciones

---

[13] López-Ossorio, J.J./González-Álvarez, J.L./Andrés-Pueyo, A. (2016). "Eficacia predictiva de la valoración policial del riesgo de la violencia de género". *Psychosocial Intervention*, 25(1).

como la *Revisión Pormenorizada de Homicidios de Mujeres en las Relaciones de Pareja en España*, de González y su equipo[14].

Se gestiona desde la Secretaría de Estado de Seguridad, con la participación de la Unidad Técnica de Policía Judicial de la Guardia Civil, la Unidad Central de Familia y Mujer (UFAM), de Policía Nacional y el Tribunal Superior de Justicia de la Comunidad de Madrid y otras importantes entidades.

En 2018 también vemos publicaciones que presentan cambios importantes a la hora de observar un claro avance en la investigación criminológica relacionada con el análisis de la Violencia de Género, con publicaciones tan importantes a nivel internacional como la publicada por Loinaz, Maezabal y Andres-Pueyo, *Risk Factores of Famale Intimate Partner and Non-Intimate Partner Homicides*[15]. Y tras este camino llegamos a 2018, en el que se publica VIOGEN, el Sistema de Seguimiento Integral en los casos de Violencia de Género, de la que es considerada una pionera Valoración Policial del Riesgo de Violencia contra la Pareja en España. En su exposición inicial queda claro que la violencia contra la pareja en España demanda de manera singular que las Fuerzas y Cuerpos de Seguridad desarrollen tareas de valoración y gestión del riesgo que permitan clasificar y proteger a las víctimas en función de este, así como informar a las autoridades judiciales de sus estimaciones. El enfoque de trabajo, desde los cuerpos policiales ha cambiado, pasando de un enfoque reactivo a uno más

---

14 González, J.L./Garrido, M.J./López, J.J./Muños, J.M./Arribas, A./ Carbajosa, P./Ballano, E. (2018). "Revisión pormenorizada de homicidios de mujeres en las relaciones de pareja en España". *Anuario de Psicología Jurídica*, 28(1).

15 Loinaz, I./Marzabal, I./Andrés-Pueyo, A. (2018). "Risk Factors of Female Intimate Partner and Non-Intimate Partner". *The European Journal of Psychology Applied to Legal Context*, 10(2), 49-55.

proactivo, con el objetivo de prevenir la violencia y también de gestionar el riesgo mediante una correcta reevaluación.

Pero ¿cómo hemos llegado a obtener esta importantísima aplicación estadística, en el marco de la actuación policial basada en el riesgo? ¿Se utilizan otras herramientas de valoración del riesgo de reincidencia en violencia contra la pareja en España?, si es así, ¿cuáles son y para que se utilizan?

III. EVOLUCIÓN CONCEPTUAL Y TEÓRICA EN LAS ÚLTIMAS DOS DÉCADAS SOBRE VALORACIÓN CRIMINOLÓGICA DEL RIESGO DE LA VIOLENCIA DE GÉNERO

En las dos últimas décadas se ha desarrollado una fructífera producción en investigación de la valoración del riesgo en la pareja, sobre todo sobre el agresor, a nivel internacional y muy particularmente en España. La evaluación criminológica del riesgo de violencia en la pareja ha estado basada, principalmente, en la herramienta SARA, aunque existen una gran variedad de herramientas criminológicas de análisis en este ámbito, como la DA (Danger Assessment) de Campbell[16], la ODARA de Hilton, *et al.*[17], o al B-SAFER de Kropp *et al.*[18].

---

16 Campbell, J.C. (1986). "Nursing assessment of risk of homicide for battered women". *Advances in Nursing Science,* 8(4), 36-51.

17 Hilton, N.Z./Harris, G.T./Rice, M.E./Lang, C./Cormier, C.A./Lines, K.J. (2004). "Una breve evaluación actuarial para la predicción de la reincidencia de la mujer en casos de agresión: la evaluación del riesgo de agresión doméstica en Ontario". *Psychological Assessment,* (16), 267-275.

18 Kropp, P.R./Hart, S.D./Webster, C.D./Eaves, D. (1999). *Spousal assault risk assessment guide (SARA).*

1. SARA. Spousal Assault Risk Assessment guide

1.1. SARA. Versión 1 y 2

La herramienta SARA, para la valoración de riesgo de violencia contra la pareja, es la más conocida a nivel internacional, en el ámbito de la evaluación del riesgo de reincidencia violenta enmarada en la violencia de género. Es la base sobre la que se ha creado, elaborado o inspirado la mayor parte de las herramientas de valoración del riesgo de reincidencia en violencia contra la pareja.

Esta herramienta se desarrolló en Canadá, en el Instituto de Violencia Familiar de Columbia Británica, por P. Randall Kropp, Stephen D. Hart, Christopher D. Webster y Derek Eaves, y hoy en día se utiliza en más de 15 países de todo el mundo, con múltiples adaptaciones, usándose para valorar tanto la valoración de pareja como su letalidad.

Las dos primeras versiones de la Guía de Evaluación del Riesgo de Agresión Conyugal (SARA y SARA-V2), se desarrollaron a principios de la década de los 90, en una época en la que el mundo comenzaba a ser consciente de que teníamos que actuar, y que teníamos que hacerlo de manera urgente, sobre esta grave violencia. Así, surgió poco tiempo después una edición especialmente preparada para que los profesionales realizaran juicios profesionales de riesgo. Su primera edición data de 1993, y la segunda edición de 1995. Es esta segunda edición la que fue adaptada, ya, al español.

En cuanto al diseño de la herramienta, es muy similar en estructura a herramientas coetáneas, como HCR-20 y SVR-20. En su primera versión (1), está compuesta por 20 factores de riesgo que se codificaban,) en la primera versión como presentes, parcialmente presentes o ausentes. En su segunda versión (2) se ofreció una puntuación numérica (0,1,2), pudiendo marcar hasta 3 ítems críticos, si considera que estos factores de riesgo están directamente relacionados con la conducta violenta contra la pareja que ha dado lugar a la evolución que estamos desarrollando en el momento actual (aprecia una conducta violenta que se va incrementando en gravedad y que cada vez ocurre con menos tiempo entre cada uno de los sucesos). Esta versión, numérica y ofreciendo puntuaciones centiles, se diseñó para ayudar a los evaluadores a delimitar las valoraciones.

Las puntuaciones de la herramienta SARA en estas primeras versiones se obtuvieron mediante la exhaustiva investigación realizada sobre 638 agresores de pareja que se encontraban en prisión y 1.671 que estaban en una situación de libertad condicional[19].

Una de las conclusiones más interesantes que se extrajo del estudio de validación de la herramienta fue que era de gran importancia el señalar, siempre, en el informe criminológico de valoración del riesgo la motivación del por qué el investigador realizaba la codificación de esta forma, con esta numeración y no con otra.

La importancia esencial de la argumentación por parte del profesional evaluador, ya que se observaba que el criterio numérico no siempre coincidía con el criterio profesional.

Puede determinarse que se trata de una herramienta de evaluación del riesgo, que debe ser utilizada siempre para obtener los objetivos para los que ha sido diseñada, que tiene que usarse por profesionales criminólogos formados en su uso, y con una gran experiencia en esta conducta violenta.

---

19 Kropp, P.R./Hart. S.D. (2000). "The spousal assault risk assessment (SARA) guide: Reliabity and validity in adult male offenders". *Law and human bahavior,* 24(1); Kropp, P.R./Gibas, A. (2010). "The spousal assault assessment guide (SARA)". *Handbookof Violence Risk Assessment.*

Esto se verá reflejado, de manera directa, en la calidad y eficacia de los resultados obtenidos de esta valoración.

SARA. Factores de riesgo (Kropp et al., 1999)
Historial delictivo 1. Violencia anterior contra familiares 2. Violencia anterior contra desconocidos o conocidos no-familiares 3. Violencia de la libertad condicional u otras medidas judiciales similares
Ajuste psicológico 4. Problemas recientes en la relación de pareja 5. Problemas recientes de empleo/trabajo 6. Víctima y/o trastigo de violencia familiar en la infancia y/o adolescencia 7. Consumo/abuso reciente de drogas 8. Ideas/intentos de suicidio y/o homicidio reciente 9. Síntomas psicóticos y/o maníacos recientes 10. Trastorno de personalidad con ira, impulsividad o inestabilidad conductual
Historia de Violencia contra la Pareja 11. Violencia física anterior 12. Violencia sexual y/o ataques de muerte creíbles en el pasado 13. Uso de armas y/o amenazas de muerte creíbles en el pasado 14. Incremento reciente en la frecuencia o gravedad de las agresiones 15. Violaciones e incumplimientos anteriores de las órdenes de alejamiento 16. Minimización extrema o negación de la violencia anterior contra la pareja 17. Actitudes que apoyan o consienten la violencia contra la pareja
Agresión actual (la que motiva la evaluación) 18. Violencia sexual grave 19. Uso de armas y/o amenazas de muerte creíbles 20. Violación o incumplimiento de las órdenes de alejamiento

1.2. SARA. Versión 3

La tercera de las versiones, realizada por Kropp y Hart[20], ha modificado su contenido y su extensión, añadiendo 4 ítems o factores de riesgo hasta llegar a los 24, además de incorporando temáticas. Son 6 los nuevos ítems, que tratan factores de vulnerabilidad de la víctima, muy relevantes para poder llevar a cabo una evaluación de la situación de la víctima, y un análisis más completo y real.

En esta herramienta, además de incluir los factores de vulnerabilidad, se produce un cambio en la codificación, que se realiza bajo los términos presente, posible y ausente, además de omitido. Se incluye una valoración de la importancia de cada uno de los ítems, según el caso analizado, aspecto fundamental para la correcta gestión del riesgo. Interesante y de gran importancia es la inclusión de dos temporalizaciones, reciente (último año) y pasado.

SARA-V3. Factores de riesgo[21]
Naturaleza de la violencia de pareja
1. Intimidación
2. Amenazas
3. Daño físico
4. Violencia sexual
5. Violencia de pareja grave
6. Violencia de pareja crónica
7. Escalada
8. Quebrantamientos relacionados con la violencia de pareja

---

20 Kropp, P.R./Hart, S.D. (2016). *SARA – V3. User manual for the version 3 of the spousal assault risk assessment guide.*

21 Kropp, P.R./Hart, S.D. (2016). *SARA – V3. User manual for the version 3 of the spousal assault risk assessment guide.*

Factores de riesgo del agresor
1. Relaciones de pareja
2. Relaciones distintas a las de pareja
3. Trabajo y dinero
4. Trauma y victimización
5. Conducta antisocial general
6. Trastorno mental grave
7. Trastorno de la personalidad
8. Abuso de sustancias
9. Ideación suicida/violenta
10. Pensamientos distorsionados sobre violencia en la pareja
Factores de vulnerabilidad de la víctima
1. Limitaciones sobre seguridad
2. Limitaciones sobre independencia
3. Recursos interpersonales
4. Recursos comunitarios
5. Actitudes y conductas
6. Salud mental

La violencia de género se manifiesta en múltiples niveles, con un origen multicausal y, por lo tanto, existen factores de riesgo muy específicos asociados a esta violencia[22]. Es el modelo ontogenético (individual) el marco teórico en el que se sustenta la evaluación del riesgo de violencia enmarcada en las relaciones de pareja, aunque lo más adecuado es observar esta violencia desde un prisma intermodelos, para lograr una

22 Andrés-Pueyo, A./Redondo, S. (2007). "Predicción de la violencia: entre la peligrosidad y la valoración del riesgo de violencia". *Papeles del psicólogo,* 28(3); Andrés-Pueyo, A./López, S./Álvarez, E. (2008). "Valoración del riesgo de violencia contra la pareja por medio de la SARA". *Papeles de Psicólogo,* (29), 107-122.

mayor eficacia y eficiencia en la evaluación, y sobre todo, en la mejora de la gestión del riesgo.

En los últimos 20 años el objetivo de identificar estos factores, con cuya presencia se incrementa (o se disminuye) la probabilidad de que ocurra este tipo de violencia se ha convertido en una tarea primordial en la prevención de la violencia contra la mujer[23].

Son muchas las herramientas que se han ido diseñando en estas dos últimas décadas. La SARA que hemos visto y analizado, es la más extendida, pero también se han elaborado otras herramientas de gran interés e importancia científica, como son la B-SAFER[24], la ODARA[25] o la DA[26]. Todas estas herramientas de valoración del riesgo tienen un elevado contraste empírico a nivel internacional, y se utilizan en diferentes contextos con grandes resultados.

En el contexto español también se han creado herramientas concretas para la evaluación del riesgo de violencia en la pareja, como son la EPV-R y la RVD-Bcn.

---

23 Andrés-Pueyo, A./Echeburúa, E. (2010). "Valoración del riesgo de violencia: instrumentos disponibles e indicaciones de aplicación". *Psicothema,* (22), 403-409.

24 Kropp, P.R./Gibas, A. (2010). "The spousal assault assessment guide (SARA)". *Handbookof Violence Risk Assessment.*

25 Hilton, N.Z./Harris, G.T./Rice, M.E./Lang, C./Cormier, C.A./Lines, K.J. (2004). "Una breve evaluación actuarial para la predicción de la reincidencia de la mujer en casos de agresión: la evaluación del riesgo de agresión doméstica en Ontario". *Psychological Assessment,* (16), 267-275.

26 Campbell, J. C. (1995). *Assessing dangerousness: Violence by sexual offenders, batterers and child abusers.*

2.1. EPV-R. Escala de Predicción de Riesgo de Violencia Grave contra la Pareja–Revisada

En el año 2010 se creó la herramienta de valoración del riesgo EPV-R, que es una escala heteroaplicada de predicción del riesgo de violencia grave en la relación de pareja. Se creó por el equipo formado por Enrique Echeburúa, Pedro Javier Amor, Ismael Loinaz y Paz de Corral, enmarcado en la Universidad del País Vasco, considerándose la primera herramienta para la evaluación del riesgo de pareja diseñada en contexto español.

Es una herramienta con enfoque actuarial, en donde la puntuación del riesgo se realiza a través de la suma de las codificaciones de los ítems y su ponderación correspondiente, estimándose el riesgo en función de la gravedad de este.

La EPV-R está formada por 20 factores de riesgo, con 3 de ellos centrados en el análisis de la vulnerabilidad de la víctima. Es una versión reducida de la original de 58 ítems[27].

Se trata de una herramienta de libre distribución, que carece de un manual, como tal. Es el instrumento que utiliza la Ertzaintza para realizar la gestión el riesgo de violencia de género cuando una mujer va a denunciar a la comisaría un hecho enmarcado en estas características.

Esta escala debe ser cumplimentada por personal de atención directa a agresores y víctimas de violencia contra la pareja, una vez hayan recibido una formación específica sobre la evaluación de riesgo de violencia y sobre el uso de esta escala.

---

27 Echeburúa, E./Fernández-Montalvo, J./Corral, P. (2008). "¿Hay diferencias entre la violencia grave y la violencia menos grave contra la pareja?: un análisis comparativo". *International Journal of Clinical and Health Psychology*, (8), 355-382.

Según los autores en la mayor parte de los casos, el tiempo de aplicación se puede estimar ente 30 y 45 minutos.

Este riesgo se clasifica en bajo, moderado o alto intentando en base a este resultado adoptar una serie de medidas, lo más adecuadas posibles, para proteger a las víctimas, siendo estas decisiones basadas en criterios objetivos, en evidencia científica que está en continua revisión.

EPV-R Factores de riesgo (Echeburúa et al., 2010)
Datos personales
1. Procedencia extranjera del agresor o de la víctima
Situación de la relación de pareja
2. Separación reciente o en trámites de separación
3. Acoso reciente a la víctima o quebrantamiento de la orden de alejamiento
Tipo de violencia
4. Existencia de violencia física susceptible de causar lesiones
5. Violencia física en presencia de los hijos u otros familiares
6. Aumento de frecuencia y de la gravedad de los incidentes violentos en el último mes
7. Amenazas graves o de muerte en el último mes
8. Amenazas con objetos peligrosos o con armas de cualquier tipo
9. Intención clara de causar lesiones graves o muy graves
10. Agresiones sexuales en la relación e pareja
Perfil del agresor
11. Celos muy intensos o conductas controladoras sobre la pareja
12. Historial de conductas violentas con una pareja anterior
13. Historial de conductas violentas con otras personas (amigos, compañeros de trabajo, etc.)
14. Consumo abusivo de alcohol y/o drogas
15. Antecedentes de enfermedad mental, con abandono de tratamientos psiquiátricos o psicológicos

16. Conductas de crueldad, de desprecio a la víctima y de falta de arrepentimiento 17. Justificación de las conductas violentas por su propio estado (alcohol, drogas, estrés) o por la provocación de la víctima
Vulnerabilidad de la víctima 18. Percepción de la víctima de peligro de muerte en el último mes 19. Intentos de retirar denuncias previas o de echarse atrás en la decisión de abandonar o denunciar al agresor 20. Vulnerabilidad de la víctima por razón de enfermedad, soledad o dependencia

2.2. Protocolo RVD-Bcn. Protocolo de Valoración del Riesgo de Violencia contra la Mujer por parte de su pareja o expareja

Este protocolo nace en el año 2001, impulsado por el Ayuntamiento de Barcelona y el Consorcio Sanitario de Barcelona, con el objetivo de mejorar la coordinación y cooperación entre las diferentes entidades que están involucradas en la erradicación de la violencia de género, y con el fin de mejorar la calidad de las acciones que se están llevando a cabo para erradicar estas violencias sobre mujeres y los hijos e hijas. Se publicó en el año 2011 por el Circuito Barcelona contra la violencia contra las mujeres[28].

Se crea un instrumento de valoración del riesgo para que sea compartido entre los diferentes servicios, mejorando la comunicación y la transparencia en la toma de decisiones de los distintos profesionales. Se busca eliminar de esta manera, la subjetividad profesional en la realización de la evaluación del riesgo, adecuando la valoración a cada uno de los casos

[28] Álvarez, M./Andrés-Pueyo, A./Augé, M. Choy, A./Fenández Rodríguez, R./Fernández-Velasco, C./Serratusell, L. (2011). *Protocolo de valoración del riesgo de violencia contra la mujer por parte de pareja o expareja (RVD-Bcn).*

existentes, observando, analizando y trabajando sobre las singularidades de cada una de las víctimas, desde una base científica. Además, un aspecto de gran relevancia y que se observa muy importante, incorpora factores de vulnerabilidad de la víctima, escuchando a la mujer y su percepción, reevaluando cada una de las características definitorias e incorporando alertas ante cambios sustanciales que pudieran tener lugar. El RVD-Bcn es una herramienta que ayuda a las personas que están trabajando con mujeres que viven situaciones de violencia de género a valorar el riesgo existente a corto plazo, gestionando este para prevenir actos violentos graves por parte de su pareja o expareja.

Está compuesta por un total de 16 ítems (factores de riesgo), incluyendo uno de vulnerabilidad de la víctima y otro sobre su percepción de situación de riesgo. La puntuación numérica, también en el uso de esta herramienta es orientativa, teniendo su valor fundamental en la parte más cualitativa. Los niveles de riesgo utilizados son riesgo bajo, medio y alto. Es una herramienta de acceso gratuito y libre.

RVD-Bcn. Factores de riesgo (Álvarez et al., 2011)
Historia de conducta violenta de la pareja o expareja 1. Agresiones o violencia física y/o sexual en los últimos 18 meses hacia la mujer o hacia parejas anteriores 2. Agresiones o violencia hacia terceras personas, sean familiares (hijos/hijas u otras) o no 3. Agresiones a la mujer cuando estaba embarazada 4. Antecedentes o policiales/judiciales de violencia hacia la pareja/expareja (pareja actual u otras parejas en episodios anteriores) 5. El agresor ha roto medidas judiciales de protección de la mujer
Amenazas y/o abusos graves contra la mujer 6. La mujer ha recibido amenazas graves y creíbles y/o con uso de armas, respecto a su integridad física. 7. La mujer ha sufrido un abuso emocional y verbal grave en los últimos meses.

Circunstancias agravantes
8. La mujer comunica al presunto agresor la voluntad de separarse, o hace menos de seis meses que se ha producido la separación.
9. Incremento, en los últimos 6 meses, de la frecuencia o gravedad de los episodios de violencia.
10. El presunto agresor abusa de drogas y/o alcohol.
11. Diagnóstico o historia de trastorno mental severo del presunto agresor
12. Tenencia o fácil acceso a armas por parte del presunto agresor.
13. Intentos o ideas de suicidio por parte del presunto agresor
14. Control extremo de los actos de la mujer por celos o similar
Factores de vulnerabilidad de la mujer
15. Aislamiento social y/o falta de recursos personales de la mujer, y/o la mujer justifica la violencia ejercida por el presunto agresor, y/o presencia de hijos/hijas menores y/o dependientes de la mujer
Percepción de la situación de riesgo por parte de la mujer
16. La mujer cree que el presunto agresor es capaz de matarla personalmente o a través de terceras personas.

IV. CONCLUSIONES

1. Retos persistentes en el análisis criminológico de la violencia de género

Como hemos visto hasta el momento, muchas de las herramientas existentes para la valoración del riesgo de violencia de género no se adaptan completamente a la situaciones y contextos en los que nos encontramos actualmente. La sociedad avanza a pasos agigantados, y con ella cambian las características de la violencia y sus manifestaciones, también en violencia de género. Vemos que las herramientas actuales no se fundamentan en las particularidades concretas de muchas de las víctimas. Es fundamental, por lo tanto, desarrollar instrumentos específicos que integren variables relacionadas con la vulnerabilidad y situación concreta de las mujeres, además de las características del agresor y los contextos socioeconómicos existentes.

Sigue existiendo, además, una importante brecha en la formación especializa de profesionales que hace que se dificulte el uso de las herramientas de valoración del riesgo de manera más generalizada. Es fundamental que las herramientas se usen para el objetivo para el que están diseñadas, algo muy obvio pero que, en ocasiones, vemos. No se puede usar una herramienta de valoración del riesgo de reincidencia, y el informe criminológico correspondiente para intentar usarlo como un elemento de perfil del agresor, de la víctima o de potencial perfil.

Son muchas las áreas de estudio emergentes en relación con el estudio y análisis de la violencia de género, actualmente, violencia digital y sus manifestaciones son un ámbito que nos preocupa intensamente. Las tipologías delictivas que pueden tener lugar en un contexto de violencia de género son delitos de amenazas (arts. 169 y 171 CP), de acoso (arts. 172.2, 172.3 y 172 ter CP), contra la integridad moral (art 173 CP), de descubrimiento y revelación de secretos (art. 197.1 CP) y delitos de odio por razón de género (art. 510 CP).

2. IA e intervención criminológica ante la violencia de género

La incursión de la IA como elemento que puede (y es) utilizado por parte de los agresores para producir daño a la víctima es un aspecto que debemos tener muy presente en el avance de la detección, prevención e intervención criminológica especializada en este ámbito. Pero la Inteligencia Artificial (IA) ha emergido como una poderosa herramienta para abordar la detección, prevención e intervención criminológica especializada de la violencia de género, de una forma muy eficaz y eficiente.

En primer lugar, la IA permite analizar una gran cantidad de información, un gran volumen de datos que nos permite identificar patrones y factores de riesgo y de protección, mejorando la investigación el análisis de datos de cifras oficiales. En España, en el momento actual, ya se están comenzando a utilizar algoritmos desde diferentes entidades que analizan grandes volúmenes de datos, con el objetivo de identificar señales tempranas de violencia y predecir, en la medida de lo posible, una futura escalada, facilitando la correcta intervención por parte de los sistemas de protección.

En al ámbito de la prevención la Inteligencia Artificial también está siendo ya utilizada para monitorear redes sociales y plataformas digitales, con el objetivo de detectar comportamientos de ciberacoso o difusión de contenido sin consentimiento de la víctima, por parte del agresor. También se está comenzando a detectar comportamientos abusivos, como el lenguaje violento, amenazas o acoso, para alertar a los administradores de la plataforma y dar aviso también a cuerpos policiales especializados.

La inteligencia artificial (IA) también está comenzando a utilizarse en la prevención y atención a víctimas, por ejemplo, mediante el uso de *chatbots* y asistentes virtuales con IA, que ofrecen orientación y apoyo a las mujeres en busca de ayuda. En todo momento garantizan el anonimato y están disponibles 24 horas, siendo accesibles a la mayor parte de la población. No obstante, desde el ámbito criminológico estamos siguiendo todos estos avances con una gran cautela y observando los posibles desafíos éticos y técnicos que conllevan. Es de gran importancia que los algoritmos utilizados sean transparentes y que no se reproduzcan sesgos de género o discriminación, ya que en este ámbito de análisis puede suponer poner en riesgo a las víctimas. Por supuesto que también hay que tener un especial cuidado con el cumplimiento de todas las normativas españolas y europeas de protección de datos y toda aquella normativa relacionada con el uso de la Inteligencia Artificial a nivel internacional.

Fundamental no dejar de nombrar el hecho de que en este campo tampoco se puede dejar de apostar por la intervención humana tras la incursión de la IA, teniendo en cuenta que estamos trabajando con material muy sensible, que puede suponer la vida de las víctimas. Muchos casos son especialmente complejos, la conducta humana, y más si estamos hablando de conducta violenta, tiene una gran cantidad de matices y aristas que debe ser siempre valorada por un equipo de personas altamente especializado. Para ello, cada vez más, es necesario el análisis desde un enfoque multidisciplinario, en el que trabajemos conjuntamente profesionales desde diferentes ciencias y disciplinas.

De esta manera conseguiremos elaborar propuestas reales, aportando y trabajando desde diferentes puntos de vista profesionales que logren fortalecer la conexión entre la investigación y la praxis criminológica. Solo así conseguiremos dar respuestas adecuadas a una cuestión tan compleja.

REFERENCIAS BIBLIOGRÁFICAS

Álvarez, M./Andrés-Pueyo, A./Augé, M., Choy, A./Fernández, R., Fernández-Rodríguez, C./Foulon, H./López, S./Martínez-Izquierdo, M.T./Martínez, C./Saiz, M./Sarratussell, L. (2011). *Protocolo de valoración del riesgo de violencia contra la mujer por parte de su pareja o expareja.* Circuito Barcelona contra la violencia hacia las mujeres.

Andrés-Pueyo, A./Redondo, S. (2007). "Predicción de la violencia: entre la peligrosidad y la valoración del riesgo de violencia". *Papeles del psicólogo,* 28(3).

Andrés-Pueyo, A./López, S./Álvarez, E. (2008). "Valoración del riesgo de violencia contra la pareja por medio de la SARA". *Papeles de Psicólogo,* (29), 107-122.

Andrés-Pueyo, A./Echeburúa, E. (2010). "Valoración del riesgo de violencia: instrumentos disponibles e indicaciones de aplicación". *Psicothema,* (22), 403-409.

Álvarez, M./Andrés-Pueyo, A./Augé, M. Choy, A./Fenández Rodríguez, R./Fernández-Velasco, C./Serratusell, L. (2011). *Protocolo de valoración del riesgo de violencia contra la mujer por parte de pareja o expareja (RVD-Bcn),* Circuito Barcelona Contra la Violencia hacia las Mujeres.

Arce, R./Fariña, F. (2006). "Programa Galicia de reeducación para maltratadores de género". *Anuario de Psicología Jurídica,* (16), 41-64.

Arce, R., & Fariña, F. (2010). "Diseño e implementación del Programa Galicia de Reeducación de Maltratadores: Una respuesta psicosocial a una necesidad social y penitenciaria", *Psychosocial Intervention,* 19(2).

Buil Gil, D. (2016). "¿Qué es la Criminología? Una aproximación a su ontología, función y desarrollo". *Derecho y Cambio Social.*

Campbell, J.C. (1986). "Nursing assessment of risk of homicide for battered women". *Advances in Nursing Science,* 8(4), 36-51.

Campbell, J. C. (1995). *Assessing dangerousness: Violence by sexual offenders, batterers and child abusers.* Thousand Oaks, CA: Sage.

Campbell, M.A./French, S./Gendreau, P. (2009). "La predicción de la violencia en delincuentes adultos: una comparación metaanalítica de instrumentos y métodos de evaluación". *Criminal Justice and Behavior,* (36), 567-90.

Capaldi, D.M./Knoble, N.B./Shortt, J.W./Kim, H.K. (2012). "Una revisión sistemática de los factores de riesgo de la violencia de pareja". *Partner Abuse,* (3), 231-280.

Castillo, T./Estepa, Z./Guerrero, J.M./Ruiz, A./Sánchez, C. (2006). *Programa de tratamiento en prisión para agresores en el ámbito familiar.* Grupo de trabajo sobre violencia de género. Ministerio del Interior.

Echeburúa, E./Corral, P. (1998). *Manual de violencia familiar.* Siglo XXI.

Echeburúa, E./Amor, P.J./Fernández-Montalvo, J. (2002). *Vivir sin violencia. Aprender un nuevo estilo de vida.* Pirámide.

Echeburúa, E./Fernández-Montalvo, J./Corral, P. (2008). "¿Hay diferencias entre la violencia grave y la violencia menos grave contra la pareja?: un análisis comparativo". *International Journal of Clinical and Health Psychology,* (8), 355-382.

Echeburúa, E./Amor, P.J./Loinaz, I./Corral, P. (2010). "Escala de predicción del riesgo de violencia grave contra la pareja-revisada- (EPV-R)". *Psicothema,* 22(4), 1054-1060.

Expósito, F./Ruiz, S. (2010). "Reeducación de maltratadores: una experiencia de intervención desde la perspectiva de género". *Psychosocial Intervention,* 19(2).

González, J.L./Garrido, M.J./López, J.J./Muños, J.M./Arribas, A./Carbajosa, P./Ballano, E. (2018). "Revisión pormenorizada de homicidios de mujeres en las relaciones de pareja en España". *Anuario de Psicología Jurídica,* 28(1).

Hilton, N.Z./Harris, G.T. (2009). "How nonrecidivism affects predictive accuracy evidence from a cross-validation of the Ontario Domestic Assault Risk Assessment (ODARA)". *Journal of Interpersonal Violence,* 24(2).

Hilton, N.Z./Harris, G.T./Rice, M.E./Lang, C./Cormier, C.A./Lines, K.J. (2004). "Una breve evaluación actuarial para la predicción de la reincidencia de la mujer en casos de agresión: la evaluación del riesgo de agresión doméstica en Ontario". *Psychological Assessment,* (16), 267-275.

Kropp, P.R./Hart, S.D./Webster, C.D./Eaves, D. (1999). *Spousal assault risk assessment guide (SARA).* Multi Health Systems.

Kropp, P.R./Hart. S.D. (2000). "The spousal assault risk assessment (SARA) guide: Reliabity and validity in adult male offenders". *Law and human bahavior,* 24(1).

Kropp, P.R./Gibas, A. (2010). "The spousal assault assessment guide (SARA)". *Handbookof Violence Risk Assessment,* Routledge.

Kropp, P.R./Hart, S.D./Belfrage, H. (2005). *Brief Spousal assault form for the evaluation of risk (B-SAFER): User manual (2ª ed.).* Proactive Resolutions.

Kropp, P.R./Hart, S.D. (2016). *SARA – V3. User manual for the version 3 of the spousal assault risk assessment guide.* Proactive Resolutions.

Loinaz, I. (2009). *Aproximación teórica y empírica al estudio de las tipologías de agresores de pareja: análisis descriptivo de variables e instrumentos de evaluación en el Centro Penitenciario Brians-2.* Secretaría General de Instituciones Penitenciarias.

Loinaz, I./Marzabal, I./Andrés-Pueyo, A. (2018). "Risk Factors of Female Intimate Partner and Non-Intimate Partner". *The European Journal of Psychology Applied to Legal Context,* 10(2) 49-55.

López-Ossorio, J.J./González-Álvarez, J.L./Andrés-Pueyo, A. (2016). "Eficacia predictiva de la valoración policial del riesgo de la violencia de género". *Psychosocial Intervention,* 25(1).

Lila, M./García, A./Lorenzo, M.V. (2010). *Manual de intervención con maltratadores.* Universitat de València (PUV).

Lila, M./Catalá, A./Conchell, R./García, A./Lorenzo, M.V./Pedrón, V./Terreros, E. (2010). "Una experiencia de investigación, formación e intervención con hombres penados por violencia contra la mujer en la Universidad de Valencia. Programa Contexto". *Psychosocial Intervention,* 19(2).

Pérez, M./Martínez, M./Loinaz, I. (2011). *Intervención con agresores de violencia de género. Justicia y Sociedad, nº 34.* Centro de Estudios Jurídicos y Formación Especializada (CEJFE). Generalitat de Catalunya.

Redondo, S./Garrido, V. (1999). *Propuesta para el Tratamiento en la Comunidad de los Agresores Intrafamiliares. Propuesta desarrollada a petición del Consejo General del Poder Judicial para la discusión de la misma en la Comisión Interinstitucional creada al efecto.* Consejo General del Poder Judicial.

Ruiz, S./Negredo, L./Ruiz Alvarado, A./García-Moreno, C./Herrero, O./Yela, M./Pérez, M. (2010). *Documentos Penitenciarios 7. Violencia de Género. Programa de Intervención para agresores (PRIA).* SGIP, Ministerio del Interior.

Kropp, R./Hart, S.D./Belfrage, H. (2005). *Formulario breve sobre agresión conyugal para la evaluación del riesgo (B-SAFER).* Vancouver, BC: ProActive Resolutions Inc.

Williams, K.R./Houghton, A.B. (2004). "Evaluación del riesgo de reincidencia en casos de violencia doméstica: un estudio de validación". *Law and Human Behavior,* (28), 437-455.

PARTE II
LA PERSPECTIVA JURÍDICA TRAS 20 AÑOS DE LA LEY INTEGRAL CONTRA LA VIOLENCIA DE GÉNERO

Reflexiones de un fiscal sobre la LO 1/2004, de 28 de diciembre, de Medidas de Protección Integral contra la Violencia de Género. Deficiencias y propuestas de mejora

MIGUEL ROS MARTÍNEZ
Fiscal de la Comunidad Foral de Navarra

A María Poza Cisneros y María Dolores Fernández Rodríguez, las dos mujeres que me enseñaron Derecho Penal

I. INTRODUCCIÓN

El 28 de junio de 2025 se cumplirán 20 años de la entrada en vigor de los Capítulos IV ("Tutela Penal") y V ("Tutela Judicial") de la LO 1/2004, de 28 de diciembre, de Medidas de Protección Integral contra la Violencia de Género[1]. Su articulado en estos concretos apartados supuso una auténtica revolución en el entendimiento de lo que hasta entonces se denominaba violencia familiar o doméstica, al resaltar el género por encima de cualquier otra consideración adyacen-

---

[1] El resto de la LO 1/2004 lo hizo a los 30 días de su publicación en el BOE.

te a este tipo de conductas[2], pero también llevó consigo la creación de los Juzgados de Violencia sobre la Mujer y el Fiscal contra la Violencia sobre la Mujer.

Desde el primer momento la Fiscalía adoptó una posición proactiva y desarrolló una Fiscalía de Sala especializada y articuló un buen número de Circulares, Instrucciones y Consultas para hacer frente a este desafío. Así, pueden mencionarse, como instrumentos más destacados, la Circular 4/2005, de 18 de julio, relativa a los criterios de aplicación de la LO de Medidas de Protección Integral contra la Violencia de Género; la Instrucción 2/2005, de 2 de marzo, sobre la acreditación por el Ministerio Fiscal de las situaciones de violencia de género; la Instrucción 7/2005, de 23 de junio, sobre el Fiscal contra la Violencia sobre la Mujer y las Secciones contra la Violencia de las Fiscalías; la Consulta 2/2006, de 10 de julio, sobre la prisión preventiva acordada en supuestos de malos tratos del art. 153 CP. Límite de su duración; o la Circular 6/2011, de 2 de noviembre, sobre criterios para la unidad de actuación especializada del Ministerio Fiscal en relación a la violencia sobre la mujer[3].

---

2 Un exhaustivo repaso a la configuración de la violencia doméstica o familiar hasta la denominación de violencia de género puede verse en la cuestión de inconstitucionalidad planteada por la Magistrada. Ilma. María Poza Cisneros sobre el art. 153.1 CP. Auto de 21 de abril de 2006 (**TOL5.268.557**), dictado en el seno del Procedimiento Abreviado 519/2005 del Juzgado de lo Penal núm. 4 de Murcia. Esta cuestión fue desestimada por la STC 59/2008, de 14 de mayo (**TOL1.315.315**), pero su lectura es obligada para cualquier jurista, pese a que el TC no le dio la razón. La STC cuenta con cuatro votos particulares.

3 Con anterioridad a la aprobación de la LO 1/2004, el Ministerio Fiscal también había elaborado, desde el prisma de la violencia doméstica, otros documentos como la Circular 4/2003, de 30 de diciembre (**TOL333.218**), sobre nuevos instrumentos jurídicos en la persecución de la violencia doméstica o la Instrucción 4/2004, de

Junto con estos textos, que constituyen la guía imprescindible de cualquier fiscal que tenga asignado el conocimiento de estos asuntos, también son muy relevantes las Conclusiones de Fiscales Delegados en Violencia sobre la Mujer, que desde 2005 se celebran anualmente, así como los Dictámenes/Consultas[4], las Notas de Servicio[5] o las Daciones de Cuenta de la Unidad de Violencia sobre la Mujer de la FGE[6].

---

14 de junio **(TOL500.543)**, acerca de la protección de las víctimas y el reforzamiento de las medidas cautelares en relación con los delitos de violencia doméstica.

4 V. La Consulta sobre aplicación de la pena de prohibición de aproximación en el delito de impago de pensiones (N/Ref. 24/21-24); sobre las amenazas vertidas a través de un tercero. Tipicidad (N/Ref. 19/22 (23-4)); la Consulta sobre el límite máximo de prisión provisional (N/Ref. 125/22 (23.8)); la Consulta sobre aplicación imposición (sic) de la pena de prohibición de aproximación en otros delitos contra los deberes familiares (N/Re. 24/21-26); o la Consulta sobre protección del *nasciturus* (N/Ref. 24/21-24).

5 Nota sobre la atracción competencial de los Juzgados de Violencia sobre la Mujer en materia de Familia de 11 de abril de 2022; o la Nota de Servicio 1/2021 sobre criterios orientativos en la interpretación de la nueva redacción de los arts. 544 Ter LECrim y 94.4 CC.

6 Todos estos textos y muchos más están disponibles en la página de fiscal.es, en la sección de Áreas Especializadas –Violencia sobre la Mujer-, en el apartado de Documentos y Normativa: https://www.fiscal.es/web/fiscal/-/violencia-sobre-la-mujer?assetCategoryIds=145875.
También son muy interesantes las ponencias que en los cursos anuales de la FGE se contienen en la página web del CEJ: https://www.cej-mjusticia.es/ en el apartado de Biblioteca y Publicaciones, repertorio de Ponencias.
Por último, de obligada lectura son los datos y reflexiones recogidos en las Memorias de la FGE en el Capítulo de Fiscales Coordinadores/as y Delegados/as en materias específicas, Violencia de Género y Doméstica, disponibles en la siguiente dirección web: https://www.fiscal.es/documentaci%C3%B3n?category=36784 .Última visita de todas estas direcciones el 31 de enero de 2025.

II. PRÁCTICA EN LOS JUZGADOS DE VIOLENCIA SOBRE LA MUJER (SECCIONES DE VIOLENCIA SOBRE LA MUJER)

1. Dispensa del art. 416 LECrim y prueba preconstituida

Más allá de detenernos en estos documentos o en lo que supuso la nueva redacción por la LO 1/2004 de los tipos penales de lesiones agravadas del art. 148. 1. 4° CP; maltrato no habitual del art. 153 CP; amenazas leves del art. 171 CP; o coacciones del art. 172.2 CP, por poner los ejemplos más polémicos que introdujeron la distinción del sexo del perjudicado y del sujeto activo[7] dentro de la relación de pareja, en este análisis se tratará de esbozar, desde el punto de vista de un fiscal que ha atendido durante más de catorce años un juzgado de 1ª instancia e instrucción especializado de Violencia sobre la Mujer, cuál es la situación *real* que en muchas ocasiones nos encontramos a la hora de abordar procedimientos tan sensibles y tan importantes como los que se regulan en el futuro art. 89 de la LO 6/1985, de 1 de julio, del Poder Judicial[8], con la redacción dada por la LO 1/2025, de 2 de

---

[7] No deja de ser sorprendente que no se hiciera lo propio en el tipo del maltrato habitual del art. 173.2 CP o en el quebrantamiento del art. 468.2 del mismo texto.

[8] El art. 89.5 h de la LO 1/1985, de 1 de julio, va a suponer un aumento exponencial de la carga de trabajo de estas Secciones de Violencia sobre la Mujer, pues el mismo les atribuye el conocimiento "De la instrucción de los procesos para exigir responsabilidad penal por los delitos contra la libertad sexual previstos en el título VIII del libro II del Código Penal, por los delitos de mutilación genital femenina, matrimonio forzado, acoso con connotación sexual y la trata con fines de explotación sexual cuando la persona ofendida por el delito sea mujer". Obsérvese que aquí no se distingue ningún tipo de vínculo entre el sujeto activo y el pasivo, como si se hace, por ejemplo, en los delitos de las letras a), b) d) o g) art. 89.5 del mismo

enero, que entrará en vigor el 3 de octubre y que crea las llamadas Secciones de Violencia sobre la Mujer en el seno de los Tribunales de Instancia. Al hilo de estas reflexiones, también se desarrollarán las deficiencias advertidas, los problemas que se ven en el día a día a *pie de estrados* y las propuestas de mejora que la práctica sugiere, pues en esta materia, aunque no puede negarse la implicación y esfuerzo constante de todos los estamentos policiales, fiscales, judiciales y legales, siempre se debe ser crítico y tener un espíritu constructivo. No es posible ni el conformismo ni el derrotismo y, sobre todo, ni se deben escatimar esfuerzos ni adoptar posiciones dogmáticas que cierren el imprescindible espacio para el debate dentro de un marco de respeto y tolerancia hacia los que piensan diferente.

Dicho esto, la primera dificultad en este tipo de causas parte de algo que casi de forma exclusiva concurre en ellas, y también en el ámbito de la violencia familiar o doméstica —maltrato a progenitores, menores, ancianos—, y es el fuerte vínculo que une a víctima y victimario. Este matiz, extraño en la inmensa mayoría de ilícitos penales —piénsese en las estafas informáticas que tantas dificultades presentan a la hora de identificar el autor, y en donde el anonimato es la nota característica— *contamina* desde el inicio todo el proceso, pues factores tales como los recuerdos vividos o la familia formada con esa persona que ahora está investigada —"al principio no era así", "es un buen padre"—, el anhelo por el cambio en su conducta —"yo no quiero que vaya a la cárcel, sólo que me deje en paz/me trate bien"—, el deseo de que se someta a un tratamiento de deshabituación del alcohol o las drogas —"cuando no bebe es una buena persona"—, o, desde otro punto de vista, las posibilidades de acceso a la perjudicada y su entorno para influir

texto. Solo hace referencia a que la persona ofendida sea mujer, lo que será la abrumadora mayoría en casi todos los supuestos y en su totalidad en otros -mutilación genital femenina-.

en su conducta procesal, el temor a sufrir represalias, la dependencia emocional y/o económica con el agresor; en el caso de mujeres extranjeras en situación irregular, el miedo a agravar su situación, o incluso el sentimiento hasta de *culpa* por haber denunciado, son notas habituales muy a tener en cuenta. Es por todo esto que una de las funciones principales de un fiscal es, en primer lugar, procurar, en conjunción con el resto de operadores —fuerzas y cuerpos de seguridad, juzgados y tribunales, abogados del Servicio de asistencia jurídica gratuita a mujeres víctimas de violencia de género (SAM), profesionales de la OAV, etc.— que la declaración de esa persona —en sede judicial sobre todo— sea una declaración *informada*, ser escrupuloso en el cumplimiento de todos los derechos que le asisten y, sobre todo, comprender la situación que está viviendo esa mujer.

Así, la víctima debe ser informada de todas las consecuencias que ese vital paso de denunciar y declarar comporta, qué puede suceder, cómo se va a desarrollar el procedimiento penal o civil a partir de ese momento, y, muy especialmente, procurar/asegurar que la declaración se preste, dentro de las dificultades que para ella supone, en condiciones óptimas de sosiego y seguridad: no puede haber un tiempo tasado, no debe cruzarse nunca en los pasillos con el investigado o sus familiares, debe estar asistida de la persona de confianza que elija, se debe adaptar el lenguaje a su situación emocional y bagaje cultural, sin interrupciones, reproches, ni prejuicios. Muy posiblemente estemos frente a una persona que está viviendo el momento más traumático de su vida ante *extraños*, y aunque concurren en muchos casos nota comunes, para esa persona es *su causa* y *su vida*. No se nos debe olvidar nunca esto.

En definitiva, se le debe dar un respaldo institucional y mostrar empatía hacia ella —que no una compasión mal entendida que la infantilice— y se debe velar porque se cumplan todos los derechos y medidas de protección recogidos en los arts. 19 a 26 de la Ley 4/2015, de 27 de abril, del Estatuto de la víctima del delito.

Sin embargo, aunque todo esto se lleve a cabo de la mejor forma posible, y pese a la reforma del art. 416 de la Ley de Enjuiciamiento Criminal (LECrim)[9], llevada a cabo por la LO 8/2021, de 4 de junio, de protección integral de la infancia y la adolescencia frente a la violencia, la dispensa de la obligación de declarar sigue siendo la principal causa de conclusión de los procedimientos, bien por sobreseimiento provisional, bien con fallo absolutorio. Detrás del uso de esta posibilidad que a determinadas víctimas les confiere la ley, están los factores que ya hemos mencionado.

Como se puso de relieve en la Memoria de la FGE de 2021 (ejercicio 2020): "Cuando la mujer, víctima de violencia de género se acoge a la dispensa y rehúsa prestar declaración, la perspectiva de obtener un pronunciamiento de condena se diluye en la mayor parte de los casos, ya que el grueso de los delitos se comete en el ámbito reservado de la intimidad familiar, sin presencia de testigos, por lo que la búsqueda de otros elementos de prueba, distintos de la manifestación de la víctima, no resulta sencilla. (...) en estos casos, a pesar del empeño que se pone en la investigación y prosecución de la causa, tratando de acreditar los hechos mediante otros elementos de prueba (partes de asistencia, informes médico forenses, testigos de referencia, vr.gr.), cuando no se cuenta con la declaración de la persona afectada y no existen testigos directos, el proceso se ve abocado con frecuencia a un fallo absolutorio".

---

9 Un exhaustivo estudio sobre la evolución del art. 416 LECrim y su interpretación jurisprudencial puede consultarse en las Conclusiones del XVII Seminario de Fiscales Delegados en Violencia sobre la Mujer (año 2021). Madrid, 15 y 16 de noviembre de 2021, disponible en esta dirección web: https://www.fiscal.es/documents/20142/203dae26-be67-a053-5058-2cf4b9e4e822. Recuperado el 29 de enero de 2025.

Pues bien, una manera de aminorar esta indeseable consecuencia es, como sigue diciendo la citada Memoria, la dotación a las víctimas de un adecuado soporte psicológico en el trance judicial en sus distintas fases, lo que disminuiría el uso de la dispensa legal; especialmente cuando se hace de forma temprana, antes de prestar la primera declaración judicial.

Otra herramienta que permitiría, no sólo reducir la victimización secundaria al tener que declarar en varias instancias y fases del proceso[10], es considerar su declaración en sede judicial como una prueba preconstituida. Por experiencia, las primeras declaraciones son las de mayor riqueza en detalles, carecen del esfuerzo —incluso cansancio emocional— que supone tener que contar *lo mismo* a distintas personas, y evitaría sobre todo las frecuentes comparecencias de la víctima –poco después de haber declarado– en el juzgado de Violencia sobre la Mujer (Secciones de Violencia sobre la Mujer) pidiendo el archivo de las actuaciones y renunciando a todo tipo de acciones —penales y civiles—, apartándose del procedimiento, en donde, pese a no tener mucho efecto procesal si ya ha declarado (vid. art. 416.1.5º LECrim) salvo tenerla por renunciada a la eventual responsabilidad civil[11]—, se alerta de que muy

---

10 Otra forma de aminorar la victimización secundaria sería reducir la denuncia en sede policial a lo mínimo imprescindible para que los operadores jurídicos se hiciera una idea de qué caso van a recibir, recogiendo, obviamente, todos los vestigios y pruebas posibles, o activando los protocolos necesarios, pero evitando que la perjudicada tuviera que relatar de manera minuciosa todo lo que denuncia, cuando al día siguiente muy posiblemente tenga que relatar lo mismo.

11 Téngase en cuenta el párrafo segundo del art.112 LECrim en el que se establece que "No obstante, aun cuando se hubiera previamente renunciado a la acción civil, si las consecuencias del delito son más graves de las que se preveían en el momento de la renuncia, o si la renuncia pudo estar condicionada por la relación de la víctima con alguna de las personas responsables del delito, se podrá revocar la

previsiblemente su declaración en sede del plenario será un testimonio *adulterado* por omisiones, rectificaciones poco creíbles, olvidos o contradicciones, con el consiguiente peso que este testimonio puede tener a la hora de dictar una sentencia de condena.

Sobre la consideración de este testimonio como prueba preconstituida, en la Memoria de la FGE de 2022 (ejercicio 2021), se contenía una propuesta de reforma legal que a día de hoy no ha cuajado, pero que podría ser muy útil en este ámbito. Así, se decía lo siguiente: "La protección de las víctimas ha sido y es una prioridad para el Ministerio Fiscal, de acuerdo con las funciones que tiene asignadas constitucional y estatutariamente.

La propuesta de modificación de la regulación de la prueba preconstituida parte de la constatada necesidad de reforzar las herramientas legales que nos otorga el ordenamiento jurídico, a fin de ofrecer a las víctimas una protección integral, adecuada y eficaz de sus derechos, en atención a sus específicas necesidades y evitando los perniciosos efectos de la victimización secundaria.

Todo ello, por supuesto, sin merma alguna de las garantías procesales de la persona investigada. Tanto la doctrina constitucional como la jurisprudencia del TEDH en reiteradas ocasiones ha reconocido que ha de alcanzarse un equilibrio adecuado entre el derecho de defensa y la protección de los derechos de la víctima (entre otras, STC 57/2013, de 11 de marzo; STEDH Y. contra Eslovenia, de 28 de mayo de 2015 y S. N. contra Suecia, de 2 de julio de 2002).

Por otra parte, la reforma propuesta responde también a razones de sistemática y de coherencia interna del ordenamiento jurídico.

---

renuncia al ejercicio de la acción civil por resolución judicial, a solicitud de la persona dañada o perjudicada y oídas las partes, siempre y cuando se formule antes del trámite de calificación del delito".

La LO 10/2022, de 6 de septiembre, *de garantía integral de la libertad sexual* modificó el art. 26 de la Ley 4/2015, de 27 de abril, *del Estatuto de la víctima del delito*, para equiparar la protección ofrecida a menores y personas con discapacidad necesitadas de especial protección con la que debe otorgarse a las víctimas de violencias sexuales.

El art. 26 Estatuto de la víctima del delito remite a la LECrim para la adopción de "las medidas que resulten necesarias para evitar o limitar, en la medida de lo posible, que el desarrollo de la investigación o la celebración del juicio se conviertan en una nueva fuente de perjuicios para la víctima del delito". Sin embargo, la LECrim. no ha recogido la ampliación a las víctimas de violencias sexuales como sujetos a los que se pueden aplicar tales medidas, como la prueba preconstituida.

Por ello, se considera necesaria la modificación del art. 448 LECrim, ofreciéndose como posible redacción la siguiente:

"1. Tan pronto como pueda preverse que la declaración de un testigo no podrá llevarse a efecto en el acto del juicio oral, el órgano judicial, de oficio o a instancia de parte, podrá acordar su práctica como prueba preconstituida.

2. A los efectos de lo dispuesto en el apartado anterior, se considerarán incluidos los siguientes supuestos:

a) Cuando el testigo manifestare, al hacerle la prevención referida en el artículo 446, la imposibilidad de concurrir al juicio oral por haber de ausentarse del territorio nacional.

b) Cuando hubiere un motivo racionalmente bastante para temer su muerte, incapacidad física o deterioro cognitivo antes de la apertura del juicio oral.

c) Cuando existan fundados motivos para temer que el testigo pueda ser amenazado gravemente o sometido a coacciones con la finalidad de alterar su declaración en el juicio oral.

d) Cuando exista un riesgo relevante de victimización secundaria. En todo caso, se considerará que concurre dicho riesgo cuando así lo determine la necesidad de protección por razón de su edad, discapacidad o situación de especial vulnerabilidad. Para valorar la especial vulnerabilidad del testigo se atenderá a las características del delito y a sus singulares circunstancias personales".

De acogerse esta propuesta de reforma legislativa, debería procederse asimismo a la necesaria coordinación entre el art. 448 y los arts. 703.bis, 730.2, art. 777.2 y 3 y art. 788.2 LECrim".

Así, pese a la loable finalidad hacia las víctimas que perseguía la modificación del art. 416 LECrim llevada a cabo por la LO 8/2021, de 4 de junio, de protección a la infancia y adolescencia frente a la violencia, que ha permitido, entre otras consecuencias, una elevación del número de sentencias de conformidad ante el juzgado de lo penal, no puede dejar de destacarse (v. Memorias de la FGE de 2023 —ejercicio de 2022— y de 2024 —ejercicio de 2023—) la posición de aquéllas en el juicio oral, cuando desean acogerse a la dispensa y son informadas de que no pueden hacerlo (v. art. 416.1.4º y 5º LECrim). Continúa dándose la circunstancia, destacan estas Memorias "que, en tales casos, se muestran reticentes a manifestar, responden de forma inconcreta, vaga u olvidadiza, incurren en contradicciones e incluso, en varios casos, llegan a autoinculparse de los hechos[12], argumentando que no se le

---

[12] Un supuesto extremo de declaración adulterada se puso de manifiesto en las Conclusiones del VIII Seminario de Fiscales Delegados en Violencia sobre la Mujer, 8 y 9 de octubre de 2012. Se producía en las llamadas *conformidades fraudulentas* en supuestos de acusación y denuncia falsa por parte de la víctima, para luego interponer el condenado por un previo delito de violencia de género un recurso de revisión penal del art. 954 LECrim contra

entendió bien, que no se encontraba bien psicológica o anímicamente y que realmente la culpable de lo acontecido fue ella. Nos encontramos, por tanto, ante la paradójica tesitura de que una reforma legal realizada con el objeto de otorgar protección a las víctimas de violencia de género y erradicar los espacios de impunidad derivados de la dispensa, puede volverse en su contra si no se hace un adecuado tratamiento de la prueba y se investigan las causas que han llevado a la víctima a adoptar esa postura".

Como decimos, su testimonio detallado, a ser posible el primero de tal carácter (véase la nota al pie 10), si se le diera el tratamiento de prueba preconstituida en aquellos casos en donde se estime oportuno —riesgo para la víctima de sufrir amenazas o represalias, victimización secundaria, vulnerabilidad que indique un posible desistimiento de las acciones ejercitadas—, evitaría estas indeseables consecuencias, sin merma a los derechos del investigado. Esto obligaría también a entender el mismo como una parte más del juicio oral que se practica anticipadamente, debiendo los jueces de instrucción adoptar un papel de filtro sobre la adecuación de las preguntas que a la declarante se le hicieran por las distintas partes, limitando sus facultades de interrogatorio a

---

la sentencia firme de condena en aquel procedimiento. Así, se instaba en las citadas Conclusiones a impedir que se utilizaran "de manera torticera los resortes extraordinarios que las leyes nos confieren en base a una falsa autoinculpación de la mujer víctima (aparente falsa autoinculpación, que se revela como una característica más de la violencia sobre la mujer y de sus efectos y consecuencias)". Para evitar esto se proclamaba que no era suficiente "para cerrar el periodo de instrucción la confesión de los hechos, sino que es necesario, practicar otras pruebas distintas de la confesión que corroboren la veracidad de la misma (STS de 16-1-85; 26.-12-89; 20-6-11; 6-7-11 y 12- 12-11)".

los términos en los que la jurisprudencia[13] ha interpretado los arts. 708 LECrim[14] y 46.1 LOTJ[15].

---

[13] En la STS 580/2015, de 6 de octubre **(TOL5.543.092)**, sobre este particular se afirma que "Las limitaciones a esa facultad [de hacer preguntas por parte del órgano judicial] vienen dadas por la vigencia del principio acusatorio que configura un órgano jurisdiccional imparcial ante un conflicto entre la acusación y la defensa, de manera que el órgano judicial no puede sustituir a las partes, sino presidir el debate y recepcionar la prueba que éstas han presentado (...) Es por ello que el art. 708 de la Ley procesal y el 46 de la LOTJ han de ser interpretados de manera armónica con el principio acusatorio, esto es, su utilización ha de ser excepcional y referida a extremos sobre los que los testigos, peritos o imputados hayan declarado a las preguntas de las partes en el proceso, en relación con hechos aportados por ellas". En el mismo sentido pueden consultarse las STC 229/2003, de 18 de diciembre **(TOL334.829)** y 334/2005, de 20 de diciembre **(TOL792.043)**, declarándose en esta última resolución que "la observancia de una actitud neutral del órgano judicial respecto de las posiciones de las partes, como contenido del principio acusatorio, si bien exige que el juzgador no emprenda con iniciativas probatorias de oficio una actividad inquisitiva encubierta, no significa que el Juez tenga constitucionalmente vedada toda actividad procesal de impulso probatorio respecto de los hechos objeto de los escritos de calificación o como complemento para contrastar o verificar la fiabilidad de las pruebas de los hechos propuestos por las partes, siempre que sirva al designio de comprobar la certeza de elementos de hecho que permitan al juzgador llegar a formar, con las debidas garantías, el criterio preciso para dictar Sentencia en el ejercicio de la función jurisdiccional que le es propia; sin perjuicio de que para determinar si en el ejercicio de esta facultad el Juez ha comprometido su posición de neutralidad y, eventualmente, el derecho de defensa, es preciso analizar las circunstancias particulares de cada caso concreto".

[14] El art. 708 *in fine* de la LECrim dispone que "El Presidente, por sí o a excitación de cualquiera de los miembros del Tribunal, podrá dirigir a los testigos las preguntas que estime conducentes para depurar los hechos sobre los que declaren".

[15] Art. 46.1 LOTJ: "Los jurados, por medio del Magistrado-Presidente y previa declaración de pertinencia, podrán dirigir, mediante

2. Juicios Rápidos

Por otro lado, un factor muy determinante en este tipo de causas es el tiempo que transcurre desde que se interpone la denuncia hasta que se dicta sentencia. El tiempo siempre juega en contra de la víctima, y no sólo del investigado —dilaciones indebidas—, pues la incertidumbre que supone no ver cerrado uno de los capítulos más amargos y duros de su vida —si no el que más—, así como los perniciosos efectos del paso del tiempo en la memoria de testigos o incluso a veces en la propia percepción de la gravedad de la conducta, hace que muchas mujeres, junto con la mala experiencia vital, sufran los sinsabores del proceso. Es por ello que defiendo las bondades que los juicios rápidos suponen en esta materia. Aunque, obviamente, también entrañan sus riesgos, como seguidamente se expondrá.

Con unos pocos datos se podrá valorar la utilidad de este procedimiento, siendo así que la primera decisión del juzgado de violencia sobre la mujer, en donde el Ministerio Público y la Policía Judicial también deben mostrarse muy proactivos, es analizar si en la denuncia concurren todos los requisitos para su tramitación como juicio rápido (arts. 795 y s. LECrim).

Como ejemplo más reciente de los tiempos procesales, en la Memoria de la FGE de 2024 (ejercicio 2023) se hacía constar que el lapso temporal desde la incoación del procedimiento hasta la calificación fue, en el año 2023, en sede de Diligencias Previas/Procedimiento Abreviado de 436,01 días y de 779,64 días en el Sumario Ordinario; sin embargo, en los Juicios Rápidos fue sólo de 38,68 días[16]. Así mismo, el tiempo

---

escrito, a testigos, peritos y acusados las preguntas que estimen conducentes a fijar y aclarar los hechos sobre los que verse la prueba".

16 Fuente SICC fiscalías 2024, estadísticas de tiempos, "tiempos fiscalía".

medio desde la calificación al primer señalamiento fue, en el año 2023, de 511,29 días en el Procedimiento Abreviado; de 330,67 días en el Sumario Ordinario y de 93,85 días en los Juicios Rápidos[17].

Estos números hablan por sí solos, sin embargo, entre las reformas operadas por la LO 1/2025, de 2 de enero, de medidas en materia de eficiencia del Servicio Público de Justicia, no se ha contemplado la reforma del art. 795.1 LECrim[18] a la hora de fijar los límites punitivos que permitirán utilizar este procedimiento. Así, el citado precepto dice que éste —el juicio rápido— se "aplicará a la instrucción y al enjuiciamiento de delitos castigados con pena privativa de libertad que no exceda de cinco años, o con cualesquiera otras penas, bien sean únicas, conjuntas o alternativas, *cuya duración no exceda de diez años*". De esta forma, muchos delitos contra la libertad sexual

---

[17] El tiempo medio desde la incoación del procedimiento de enjuiciamiento al primer señalamiento fue en el año 2023, de 295,94 días en el Procedimiento Abreviado; de 549,12 días en el procedimiento Sumario Ordinario y de 77,25 días en los juicios rápidos. Todo estos son tiempos medios, en Navarra, pese a la sobrecarga de los dos Juzgados de Violencia sobre la Mujer y el Juzgado de lo Penal núm. 5, especializado en violencia de género, estos tiempos son muchos menores.

[18] Sólo se añaden dos nuevas letras i) y j) a la circunstancia 2.ª del apartado1 del artículo 795 LECrim en lo relativo a los delitos concretos que pueden conocerse en este procedimiento, que quedan redactadas como sigue: "i) Delitos de allanamiento de morada del artículo 202 del Código Penal. j) Delitos de usurpación del artículo 245 del Código Penal». No ha estado muy afortunado el legislador con esta modificación, pues, en primer lugar, esta adición no ha supuesto la reforma del art.1.2 d) de la LOTJ, que sigue atribuyendo a este tribunal el conocimiento y fallo de las causas por el delito de allanamiento de morada de los arts. 202 y 204 CP —*¿jurado por juicio rápido?*—. En segundo lugar, el delito de usurpación del art. 245.2 CP es un delito leve por la pena.

—v. art. 178 CP—, cuya competencia van a asumir las Secciones de Violencia sobre la Mujer siempre que la ofendida por el delito sea mujer (v. nota 8 y el art. 89.5 h) de la LOPJ, no se van a poder tramitar como juicios rápidos, pues la pena accesoria del art. 192.3 párrafo segundo CP lo impide[19]. Esto va a provocar que el número de asuntos que se lleven por diligencias previas aumente de forma considerable en estos juzgados, cuando en gran cantidad de ellos, el juicio rápido serviría para *desatascar/aliviar* la ya relevante carga que muchos juzgados especializados en violencia de género llevan.

Otra *resistencia* a hacer más uso de los Juicios Rápidos es la tendencia a procurar una instrucción minuciosa y exhaustiva, transformando el asunto a Diligencias Previas porque durante el servicio de guardia del Juzgado no se ha podido tomar declaración a todos los testigos. Es frecuente que, pese a que la información que pueden proporcionar los mismos durante la instrucción ya se posea por haber declarado ante una fuerza policial o porque la víctima dijo que el testigo estuvo presente en uno o varios de los hechos que denuncia, se le haga comparecer de nuevo ante el juzgado de instrucción para repetir aquel exactamente lo mismo, dándose casos de testigos que al menos declaran tres veces —en comisaría, en instrucción y en

---

[19] La matización del art. 14.3 párrafo segundo de la LECrim de la proyectada reforma de 2025 no afecta a este procedimiento, sino a la competencia objetiva. La misma se introdujo en la LO 4/2023, de 27 de abril, con el propósito de que muchos asuntos de agresión sexual del tipo básico del art. 178 CP no fueran, por mor de la pena contemplada en el art. 192.3 párrafo segundo CP, a la AP, sino que de los mismos conocieran los Juzgados de lo Penal. La LO 1/2025, de 2 de enero, adapta la denominación del tribunal: Sección de lo Penal del Tribunal de Instancia de la circunscripción donde el delito fue cometido, Secciones de los Tribunales de Instancia con competencia en materia de violencia sobre la mujer o de violencia contra la infancia y la adolescencia.

el juicio oral—. Pues bien, una forma de dotar celeridad a los procedimientos penales sería el hacer un uso moderado de la comparecencia en instrucción de testigos que a buen seguro y de ser relevantes, ya declararán en el juicio oral, que es donde va a tener importancia de verdad lo que digan, dando por buena y suficiente la información que ya han proporcionado en comisaría con su denuncia o testimonio, o incluso al hilo de la testifical ofrecida por la perjudicada, procurando, eso sí, que queden suficientemente filiados para que se les pueda citar de forma inmediata por el juzgado.

De esta forma, y salvo supuestos de prueba preconstituida, o que surja la necesidad de que el testigo clarifique o amplíe una información importante para la causa, o que se trate del perjudicado y sea precisa su concurrencia —piénsese en las órdenes de protección—, que sea suficiente con la declaración prestada en sede policial para hacerse una idea de su relevancia en el asunto, y no se adopte la decisión de hacerlo acudir a instrucción para que cuente lo mismo, con el consiguiente retraso para buscar una fecha para dicha declaración, y el riesgo de que la misma no se pueda hacer en esa fecha por imposibilidad de los representantes de alguna de las partes para acudir, ya sea por coincidencia de señalamientos o por cualquier otra causa que obligue a retrasar aún más este testimonio que en esta fase puede no ser tan determinante.

Debe dejar de entenderse la instrucción como un *simulacro burocrático* de lo que luego se va a llevar a cabo (nuevamente) en el juicio oral, que es donde de verdad va a tener importancia lo que diga —y cómo lo diga— el testigo.

También existe cierta reticencia a llevar por Diligencias Urgentes los supuestos de maltrato habitual del art. 173.2 CP, al considerar como imprescindible el informe psicológico de la víctima para analizar si la misma sufre o presenta secuelas por la situación de maltrato vivida. Ya hemos dicho que no todo son bondades en sede de Juicios Rápidos[20], y si bien se debe fomentar su uso, es lo cierto que en muchas ocasiones los fiscales nos enfrentamos a la tesitura de decidir si vamos a acusar sólo por los hechos más recientes en el tiempo, en donde existen, junto al testimonio de la víctima, más fuentes de prueba: partes de asistencia médica, testigos, grabaciones, etc., y, por ende, más probabilidades de que se dicte una sentencia de condena; o, por el contrario, vamos a pedir la transformación a Diligencias Previas o incluso a Sumario Ordinario, por hechos pretéritos, alguno de años de antigüedad, que afloran en la declaración de la víctima por primera vez y están desprovistos de vestigios o corroboraciones, siquiera periféricas, ajenas a su declaración, con la consiguiente dificultad de prueba.

No es una decisión fácil, y aunque la búsqueda de la verdad material, de la coincidencia entre lo verdaderamente sucedido y los hechos probados de una sentencia es la aspiración de toda causa penal, no puede negarse que en este tipo de asuntos se debe renunciar en ocasiones, muy a nuestro pesar, a conseguir este objetivo, *contentándonos* sólo con acreditar una parte de los

---

20 Según la Memoria de la FGE de 2024 (ejercicio 2023) los delitos que principalmente fueron objeto de Juicios Rápidos en el año 2023 fueron los cometidos contra la seguridad vial (el 37% de las incoaciones y algo más del 50 % de las calificaciones); en segundo lugar, los delitos de violencia de género y familiar (el 30 % de las incoaciones y el 14 % de las calificaciones). En tercer lugar, los delitos contra el patrimonio (9% de las incoaciones, y 10% de las calificaciones), y con un volumen cercano a estos últimos, los delitos contra la administración de justicia (8 % de las incoaciones y 9% de las calificaciones). Los delitos que con más frecuencia han dado lugar a la incoación de Procedimiento Abreviado son los delitos contra el patrimonio (35% del total de incoaciones), violencia doméstica y de género (11% del total), contra la vida o la integridad física (9%), seguridad vial (8%) y contra la administración de justicia (8 % del total).

hechos, muchas veces con condenas de conformidad[21], en pos de una decisión judicial rápida que cierre el asunto y pueda servir tanto para proteger a la víctima como para ayudarla a que dé por concluido de forma definitiva este capítulo de su vida, que no arriesgarnos a continuar sin muchas probabilidades de obtener algo más –o incluso menos en términos punitivos– que lo que se podía haber conseguido con un Juicio Rápido de parte de los hechos, con el consiguiente desgaste, incertidumbre y muchas veces frustración al ver que por querer acreditarlo *todo* nos hemos quedado en *nada*. No se trata de renunciar a la búsqueda de fuentes de prueba en favor de la *comodidad* de un Juicio Rápido[22] que evite la instrucción de causas más voluminosas, sino de analizar fríamente qué ventajas presenta un escenario procesal dudoso en cuanto al reproche penal frente a una sentencia pronta en el tiempo que ayude a la víctima a mirar hacia el futuro.

Esta situación se debe exponer a la perjudicada, explicarle los pros y los contras de ambas posibilidades, y tras asegurarse

---

[21] La LO 1/2025, de 2 de enero, ha introducido en los arts. 655, 688, 785 y 787 ter LECrim una importante modificación que ha roto con el "techo" punitivo (pena no superior a los 6 años de prisión) que impedía la conformidad en muchos asuntos en donde todas las partes estaban de acuerdo en que se dictara una sentencia de condena, pero la misma excedía de los límites que legalmente lo permitían.

[22] Las ventajas señaladas de los juicios rápidos no pueden derivar en entender los mismos, en su búsqueda de la celeridad, como un *pisoteo* de derechos fundamentales, en donde, con tal de *acabar pronto,* el justiciable y la víctima salgan del juzgado sin tener conciencia de haber tenido un juicio –y aceptado una pena–. De igual forma, tampoco es aceptable el tratar de soslayar con los mismos situaciones que requieren de la práctica de pericias que eviten que personas con problemas mentales y/o adictivos se conformen en la guardia y su situación sólo sea detectada cuando ingresen en un centro penitenciario.

el fiscal, en conjunción con su letrado, que ha entendido las opciones, adoptar una decisión. Y asumirla.

3. Tecnologías de la Información y Comunicación (TIC´s). La violencia de género entre adolescentes

Es cierto que, más recientemente, el desarrollo tecnológico y las nuevas formas de maltrato a través de las tecnologías de la información y comunicación (TIC´s) también suponen un obstáculo, a veces insalvable, para tramitar un asunto de violencia de género como Juicio Rápido. Delitos tales como el descubrimiento y revelación de secretos[23], el *sexting*[24], las amenazas de difusión de datos íntimos[25], las coacciones, el acoso o el hostigamiento en las redes[26], la colocación de programas espías en dispositivos móviles[27], los delitos de quebrantamiento a través de mensajes de texto, email, WhatsApp o redes sociales y plataformas digitales[28], requieren de pericias imposibles de practicar en un breve espacio de tiempo que frustran esta posibilidad. De igual forma, favorecen el anonimato, otorgan al autor de una mayor sensación de seguridad al cometer el hecho; cuando este tipo de conductas se prolongan, atosigan a la víctima, controlan sus relaciones, la chantajean en la pretensión de doblegar su voluntad para reanudar una relación sentimental ya extinta[29] y presentan dificultades probatorias, que muchas veces hacen que se retrasen las causas.

---

23 STS 935/2023, de 18 de diciembre **(TOL9.818.689)**.

24 STS 699/2022, de 11 de julio **(TOL9.141.868)**.

25 STS 892/2022, de 11 de noviembre **(TOL9.305.497)**.

26 STS 149/2019, de 19 de marzo **(TOL7.147.400)**.

27 STS 412/2020, de 20 de julio **(TOL8.039.351)**.

28 STS (Pleno) 553/2022, de 2 de junio **(TOL9.045.064)**.

29 Como se sostiene en la Memoria de la FGE 2021 (ejercicio 2020), "Urge abordar el marco legal y protector de los delitos cometidos a

Una medida para tratar de paliar en lo posible este uso delictivo de las TIC´s en los casos de violencia de género sería adscribir unidades de Policía Judicial especializadas en delitos tecnológicos (los Equipos de Investigación Tecnológica (EDITE) de Guardia Civil o la Brigada de Investigación Tecnológica (BIT) en Policía Nacional o las unidades homólogas de las Policías Autonómicas) a las Secciones de Violencia sobre la Mujer, y así obtener una respuesta más rápida en el tiempo, impidiendo el retraso y favoreciendo, así mismo, el dictado de muchas sentencias de conformidad —incluso haciendo uso del art. 779.1.5ª LECrim—, pues al obtener una prueba tan determinante de la autoría, no habría mucho más que discutir en estas causas.

Esta cuestión de las nuevas tecnologías entronca con una problemática que está aflorando en el momento presente, y es la violencia de género entre los adolescentes.

Pese a que han transcurrido veinte años desde la entrada en vigor de la LO 1/2004, los adolescentes siguen con conductas de control y dominación y muchas jóvenes han adoptado roles sumisos, pese a que todos han nacido ya con la nueva ley. Hay más cosificación de la mujer, más control a través de redes sociales y más menosprecio. Se banaliza o se tiene mucha inconsciencia sobre la violencia y el sexo a través del uso de

---

través de las nuevas tecnologías, que tiene una importante manifestación en la violencia de género, especialmente entre adolescentes. La evidencia de que las relaciones afectivas comienzan cada vez más jóvenes, su desarrollo *online* de corta duración pero gran intensidad, nos enfrenta a múltiples y variadas situaciones de dominio, control y maltrato psicológico y físico del varón sobre la mujer, alimentadas por los estereotipos e ideas sexistas que circulan por las redes sin control y que constituyen la esencia de la violencia de género, pero que difícilmente pueden incluirse en el concepto de relación afectiva que exige nuestro CP, problema al que pondría fin la ampliación del concepto de violencia de género".

las TIC´s[30], y esto provoca, que lejos de superar estereotipos y alejarnos de modelos pasados, los mismos sigan pero en su *versión 2.0.* Aquí, el derecho penal tiene poco o nada que hacer, y debe ser el ámbito educativo, la familia y otros estamentos los que pongan los pilares para evitar un fenómeno que cada vez preocupa más a toda la sociedad.

III. CRÍTICAS AL ESTADO ACTUAL Y PROPUESTAS

1. Anulación de la discrecionalidad judicial

Para concluir con estos apuntes, me gustaría poner de relieve algunas ideas personales, que sé que pueden ser polémicas y no ser compartidas por muchos profesionales, pero, como se dijo al principio, la discrepancia dentro del respeto siempre enriquece el debate.

Así, en las recientes reformas legales se aprecia una práctica anulación de la discrecionalidad judicial —¿sospecha de desconfianza?— que dificulta sobremanera la adecuación de la respuesta que se le da al justiciable a las peculiaridades que su caso presenta.

---

30 El número de diligencias preliminares incoadas en 2023 por violencia de género en las Fiscalías de Menores fue de 807, lo que supone un incremento en relación con el año 2022 (727 casos) del 9,91%. En cuanto a los menores enjuiciados por violencia sobre la mujer, según los datos publicados por el CGPJ, en el año 2023 fueron 342 (españoles 290 y extranjeros 52), cifra superior a la del año 2022 (305); en el 92,11% de estos casos se impusieron medidas (españoles 268, 78,36%, y 47 extranjeros, 13,74%). Los casos en los que no se impusieron medidas fueron 27 (españoles 22, 6,43%, y 5 extranjeros, 1,46%).

Un ejemplo de esto es la redacción del art. 544 ter LECrim, de la que se concluye que no es posible fijar un régimen de visitas si esta cuestión no estaba regulada con anterioridad (véase la Nota de Servicio 1/2021 de la Fiscal de Sala de Violencia)[31], lo que fomenta que el mismo sea una fuente de conflictos, pues, en muchas ocasiones, es la propia víctima la que, a través de su representación letrada, pide que se establezca un régimen de visitas de sus hijos con el investigado. Bien es cierto que esta reforma trae causa de las obligaciones asumidas en el Pacto de Estado contra la Violencia de Género, siguiendo las recomendaciones del Defensor del Pueblo y del Grupo de Expertos en la Lucha contra la Violencia contra la Mujer y la Violencia Doméstica (GREVIO), pero entronca mal con la posibilidad prevista en el párrafo 4º del art. 94 CC en donde se permite que la autoridad judicial disponga "un régimen de visita, comunicación o estancia en resolución motivada en el interés superior del menor o en la voluntad, deseos y preferencias del mayor con discapacidad necesitado de apoyos y previa evaluación de la situación de la relación paternofilial". En sede de la Orden de Protección esto no es posible si no había un régimen fijado (sólo si ya existía uno), y si se tiene en cuenta que, pese a la preferencia que tienen los señalamientos civiles

---

31 En la misma se concluye que "Como criterio orientativo, cuando existan hijos o hijas menores que conviven con la mujer víctima de violencia de género las/os Sras./es. Fiscales no interesarán el establecimiento de un régimen de visitas en la comparecencia de orden de protección al impedir este pronunciamiento la regulación actual del art. 544 ter LECrim. Si existiera un régimen de visitas vigente acordado por cualquier resolución judicial precedente, las/os Sras./es. Fiscales solicitarán su suspensión si los menores han presenciado, sufrido o convivido con la violencia y, solo excepcionalmente, podrá interesarse su mantenimiento cuando así lo aconseje el superior interés del menor evaluando la relación paternofilial".

en esta materia, se puede dilatar la vista civil[32], en donde, como ya hemos dicho, ya sí es factible acordar un régimen de visitas de forma justificada, se van a producir supuestos en los que transcurran meses sin que los menores tengan contacto alguno con su padre. Esto propicia situaciones que pueden ser irreparables o incluso perjudiciales para la propia víctima —escalada de la agresividad, sentimiento de culpa por haber denunciado, con el consiguiente reflejo en su testimonio—, que anteriormente no se daban, pues, en primer lugar, siempre se podía no acordar un régimen si con el mismo se iba a crear un escenario de riesgo para los menores o su instrumentalización para modificar la posición procesal de la denunciante, pero también podían los jueces fijarlo a través de un Punto de Encuentro Familiar (PEF) con visitas supervisadas donde, al tiempo que se garantizaba la seguridad y estabilidad del menor, se permitía al progenitor mantener el contacto con sus hijos. Así mismo, los informes emitidos por los profesionales de estos PEF, que sirven incluso para adaptar el tipo de visitas a la evolución apreciada previa homologación judicial, ofrecen una valiosa información sobre la manera de relacionarse el padre con sus hijos de cara a resolver con mucho más fundamento sobre el futuro régimen a establecer en el pleito civil.

---

32 Téngase en cuenta que el art. 544.7 ter *in fine* LECrim establece que "Las medidas de carácter civil contenidas en la orden de protección tendrán una vigencia temporal de treinta días. Si dentro de este plazo fuese incoado a instancia de la víctima o de su representante legal un proceso de familia ante la jurisdicción civil, las medidas adoptadas permanecerán en vigor durante los treinta días siguientes a la presentación de la demanda. En este término las medidas deberán ser ratificadas, modificadas o dejadas sin efecto por el Juez de primera instancia que resulte competente". Como se puede apreciar, en el mejor de los casos, pueden transcurrir dos meses, pero en muchos territorios, hasta que se procede al señalamiento y celebración de una vista civil derivada de un asunto de violencia de género, este plazo puede ser mucho mayor.

Otra muestra más de la *desconfianza* del legislador es el carácter imperativo de la pena de prohibición de aproximación contenida en el párrafo 2º del art. 57 CP en los supuestos de delitos a los que se refiere el párrafo 1º si el sujeto pasivo es alguno de los previstos en el art. 173.2 CP. Sobre el particular no puede dejar de transcribirse la propuesta de reforma legislativa que ya se pidió –sin éxito– en la Memoria de la FGE de 2012 (ejercicio 2011), en la que se decía que: "(...) Las disfunciones creadas con la modificación del precepto [tras la reforma operada por LO 15/2003 de 25 de noviembre] han sido expresadas en los últimos años en las Memorias de la Fiscal de Sala Delegada contra la Violencia sobre la Mujer.

La experiencia acumulada a lo largo de estos años justifica el mantenimiento de esta petición y ello en atención a la propia naturaleza de la pena de prohibición de aproximación, pena accesoria que persigue la consecución de unos fines preventivo-especiales cual es la protección de la víctima, por lo que es obvio que sólo debería ser impuesta si existe un riesgo para aquella de sufrir nuevos ataques a sus bienes jurídicos.

La práctica nos enseña que cada caso es diferente y que no todas las víctimas de violencia sobre la mujer o doméstica se hallan en la misma situación de riesgo; tal diversidad de situaciones es tenida en cuenta por el propio legislador al regular las medidas cautelares que se pueden adoptar durante la tramitación del procedimiento en su protección al amparo del artículo 544 bis y 544 ter LECrim. pues, en ambos preceptos se exige como presupuesto que *resulte estrictamente necesario* [su adopción] al fin de protección de la víctima o que *resulte una situación de riesgo objetivo.*

La aplicación automática de la pena de alejamiento al margen de tal finalidad puede producir efectos no deseados y contraproducentes al determinar rupturas innecesarias y traumáticas y determinar, por otra parte, continuos incumplimientos de la misma, incluso con el consentimiento de la víctima.

Si bien es cierto que en la STC n.º 60/2010 de 7 de octubre declaró la constitucionalidad de la imposición obligatoria de esta pena, y que la STJUE (Sala Cuarta) de 15 de septiembre de 2011, desestimó las dos cuestiones prejudiciales planteadas en relación a la misma, insistimos en la necesidad de modificar ese precepto y volver a la discrecionalidad anterior a la reforma operada por la LO 15/2003, reforma que permita al juez valorar las circunstancias concretas de cada caso y acordar su imposición cuando la víctima necesite de la protección que fundamenta la existencia de esta pena. Ello facilitaría, además de la adecuación del Derecho a las diferentes situaciones, un mayor rigor y eficacia en el seguimiento de aquellas penas que, tras esa valoración, se impongan para, efectivamente, proteger a las víctimas que así lo necesiten"[33].

---

[33] En la Memoria de la FGE de 2011 –ejercicio 2010–, págs. 1324 y 1325, ya se ponía de relieve que "una vez más, como viene siendo habitual desde el año 2004, preside las aspiraciones de reforma normativa de las Fiscalías el tema de la imposición preceptiva de las penas de alejamiento contempladas en el artículo 48 del Código Penal que, como regla general, se pueden aplicar de manera optativa, pero en el caso de los delitos de violencia doméstica y de género han de imponerse y aplicarse de manera obligatoria (art. 57.2 CP) (...). Es (...) el Tribunal, valorando las concretas circunstancias del caso, el que debería de determinar la necesidad de imposición de tales medidas, y por ello (...) considera necesaria y propone la modificación del artículo 57.2 del Código Penal en el sentido de establecer que la imposición de las medidas, cuando menos en supuestos de violencia doméstica, se atenga al sistema general de imposición potestativa de las medidas del artículo 48 del Código Penal.(...) en algunos casos, crecientes en número, mediante reiteradas comparecencias en el Juzgado, la víctima del delito solicita que se deje sin efecto tal pena privativa de derechos, pretensión que no es posible informar favorablemente aun cuando se alegue que está fundada en la voluntad –aparentemente firme, libre y voluntaria– de reconciliación familiar. Por consiguiente (...) la única posibilidad de dejar sin efecto una pena impuesta en sentencia firme pasa por la concesión

Esta falta de discrecionalidad judicial entronca con la manera de proyectar las reformas en esta materia. Así, da la sensación de que se parte de un caso ideal/prototípico de violencia de género —*maltratador nato*— y esto provoca que se aplique la legislación derivada de ese caso ideal a supuestos diversos que tienen mal encaje o que no contemplan el asunto con todas sus aristas y particularidades. Como ya se ha puesto de relieve, aunque en muchas ocasiones se repiten notas comunes, cada asunto tiene su idiosincrasia, derivada de responder a distintas realidades sociales, culturales, de educación, económicas, de consumos/adicciones, etc., de sus protagonistas, y estos factores pueden tener más influencia en el comportamiento agresivo que el patrón ideal de dominación y poder del hombre sobre la mujer con el que se trata de explicar todo. Si la legislación y la terminología empleada sólo responden a un modelo, la respuesta que se le dé a muchos de estos procedimientos necesariamente será deficiente. La norma debe otorgar las herramientas al juez para adaptar su resolución al caso concreto, y no obligarle a encajarla en el supuesto de hecho a *martillazos*.

2. Justicia Restaurativa

Una última propuesta/reflexión que me gustaría destacar es que, aunque la normativa penal se aplique —como no podía ser de otra manera—, el conflicto que subyace en muchas causas de violencia de género se deja intacto. Existe

---

de indulto por parte del Gobierno de la Nación (...). Por todo ello considera conveniente [la Fiscalía de Girona] el establecimiento de la previsión legal de que, en casos excepcionales, y obviamente a petición de las personas protegidas por la prohibición de aproximación, con la adopción de las cautelas oportunas para asegurar su libertad de decisión, pudiera reducirse la duración temporal de la pena accesoria privativa de derechos, o bien suspender la ejecución de tal pena".

una palmaria falta de imaginación y se trata de confiarlo todo al iuspunitivismo y al derecho penal simbólico (derecho penal del enemigo)[34]. No existe una voluntad de articular en nuestro país otros mecanismos[35], más allá del derecho penal –puro y duro–, para afrontar este fenómeno, los cuales han dado excelentes resultados en otras naciones[36] y están empíricamente contrastados como beneficiosos[37].

---

34 La tolerancia cero como sinónimo de "no crime", siempre va a producir respuestas insatisfactorias, ya que, aunque sea incómodo, se debe asumir que el delito siempre va a existir, la aspiración es mantenerlo dentro de márgenes tolerables, por eso no se puede tomar como único marcador o índice de éxito/fracaso las muertes violentas anuales de mujeres a manos de sus parejas o exparejas. Es profundamente injusto, ya que la medición contraria (¿a cuántas mujeres se ha salvado/protegido?) no existe. Por poner un ejemplo, aunque anualmente fallecen en las carreteras de nuestro país más de 1.400 personas (en el año con menos fallecimientos (2020), murieron 1.463 personas; en el año 2023 fueron 1.806), no se puede afirmar que las políticas de tráfico han sido un fracaso absoluto, pues desde el año 2006 (con 4.144 decesos) se ha reducido el número de muertes en casi 2.500 personas al año. Algo se estará haciendo bien, pese a que 1.806 muertes siguen siendo muchas.

35 El proyectado art. 89. 9 de la LO 1/1985, en la redacción dada al mismo por la LO 1/2025, de 2 de enero, establece claramente que "En todos estos casos [competencia de las Secciones de Violencia sobre la Mujer] está vedada la utilización de los medios adecuados de solución de controversias". Esto ya era así cuando el art. 44 de la LO 1/2004 modificó el art. 87 ter de la LOPJ, aunque aludía sólo a la mediación.

36 En países como Austria o Irlanda la Justicia Restaurativa se está utilizando en asuntos de violencia contra la mujer, y no sólo funciona, sino que es valorada de forma muy positiva por sus efectos tanto en víctimas como en victimarios.

37 De obligada lectura en esta materia Guil Román, C. (2022). *Abordajes restaurativos en contextos de violencia de género.* https://mediaciones-justicia.com/wp-content/uploads/2022/11/Ponencia-Carme-Guil.pdf. Recuperado el 29 de enero de 2025. La autora, no sólo es una de las mejores juristas que conozco sino también un ejemplo de persona íntegra y comprometida.

La mediación[38], la Justicia Restaurativa[39], con sus distintas

---

[38] En el párrafo segundo del art. 3 LEVD, después de decir que "Toda víctima tiene derecho a la protección, información, apoyo, asistencia, atención y reparación, así como a la participación activa en el proceso penal y a recibir un trato respetuoso, profesional, individualizado y no discriminatorio desde su primer contacto con las autoridades o funcionarios, durante la actuación de los servicios de asistencia y apoyo a las víctimas y, en su caso, de justicia restaurativa (...)", afirma que "En todo caso estará vedada la mediación y la conciliación en supuestos de violencia sexual y de violencia de género". Se recomienda la consulta del documento del Instituto Vasco de Criminología (Laboratorio de Teoría y Práctica de Justicia Restaurativa. Universidad del País Vaco), *Reflexión crítica sobre la prohibición normativa española para desarrollar el proceso de mediación en violencia de género y violencia sexual* (2023), https://www.ehu.eus/documents/d/ivac/invitacion-a-la-reflexion-prohibicion-de-mediacion-en-el-ordenamiento-espanol. Recuperado el 29 de enero de 2025. En este texto, además de dejar claro que la mediación y la conciliación no son sinónimos de Justicia Restaurativa, se dan poderosos argumentos en favor de la misma, se aclara la errónea interpretación de lo dispuesto en el art. 48 del Convenio de Estambul, que ha provocado la prohibición general de la mediación y la conciliación en supuestos de violencia de género y violencia sexual en nuestra legislación, y se aportan datos empíricos que avalan la utilidad de la Justicia Restaurativa en estos ámbitos.

[39] La Disposición Adicional 9ª de la LECrim en la redacción dada por la LO 1/2025, de 2 de enero, puede suponer un cambio profundo en esta materia, ya que se regula de una manera más detallada y a nivel general la Justicia Restaurativa, sin que de la misma se hayan excluido los casos de violencia de género, pues en el apartado 5 de la referida DA 9ª de la LECrim se afirma que "El juez o el Tribunal, valorando las circunstancias del hecho, de la persona investigada, acusada o condenada y de la víctima, podrá, de oficio o a instancia de parte, remitir a las partes a un procedimiento restaurativo, salvo en los casos excluidos por ley", y ya hemos visto que la exclusión contenida en el párrafo segundo del art. 3 LEVD hace solo referencia a la mediación y la conciliación, pero la Justicia Restaurativa es algo distinto. La metodología puede ser compartida pero los objetivos

modalidades —la mediación indirecta o subrogativa, los encuentros, círculos o conferencias restaurativas—, deben ser una opción real, pero no termina el legislador de dar un paso al frente y permitir que allá donde la represión ha fallado, puedan operar otras instituciones con soluciones más ajustadas a las necesidades de la víctima. Se usa el castigo como primera herramienta del ordenamiento y con él se pretende hacer *pedagogía punitiva*, despreciando o vetando directamente otras opciones, incluso complementarias al mismo, que son de suma utilidad, a la misma vez que podrían suponer un lugar de encuentro de víctimas de violencia de género con los distintos profesionales que intervienen en este campo, lo que también serviría para escucharlas *de verdad* en un escenario distinto al del proceso penal, y valorar cómo se han sentido, qué han echado en falta en el trato o en la respuesta ofrecida por los mismos a su caso, o qué se puede mejorar para ayudarlas. También serían de gran valor para todos los profesionales de cara a mejorar nuestra coordinación y evitar que funcionáramos como compartimentos estancos, y posibilitaría el seguimiento/evolución de los casos para optimizar nuestra actuación y compartir experiencias, afrontando con una visión de conjunto las dificultades y retos que la lucha contra esta lacra supone.

---

son diferentes. En el proceso restaurativo se busca la reparación y la responsabilización, no el acuerdo. Solo se excluye expresamente la justicia restaurativa en violencia de género en la Ley Foral 4/2023, de 9 de marzo, de justicia restaurativa, mediación y prácticas restaurativas comunitarias, cuyo art. 1.2 dispone que "Quedan excluidos del ámbito de aplicación de esta ley foral, todos los asuntos de violencia de género ya sean violencia en la relación de pareja, violencia sexual o cualquier otra conducta considerada como violencia de género por el Convenio del Consejo de Europa sobre prevención y lucha contra la violencia contra las mujeres y la violencia doméstica, celebrado en Estambul el 11 de mayo de 2011".

Reacción violenta contra el maltrato: respuestas del Derecho Penal. ¿Cabe la legítima defensa?

INÉS OLAIZOLA NOGALES
Catedrática de Derecho Penal.
Universidad Pública de Navarra

I. INTRODUCCIÓN

En el año 2024 celebramos el 20 aniversario de la aprobación de la LO 1/2004. Una ley que se puede definir como un hito en la protección de las mujeres, siendo además una ley integral y por tanto con inclusión no sólo de medidas penales, sino también extrapenales, probablemente más importantes si cabe que las medidas penales.

Es una ley que pone el énfasis en la desigualdad basada en el género y que supuso un enorme avance en la visibilización de la violencia de género como un problema público y no privado. Es en términos generales y a mi modo de ver una ley claramente positiva.

Por supuesto la Ley tiene sus sombras, por ejemplo, la restricción de la violencia de género a la mujer pareja o expareja, excluyendo la violencia contra otras mujeres del entorno, aunque LO 8/2021, de 4 de junio, de protección integral a la infancia y la adolescencia frente a la violencia, modificó el art.1 de la LO 1/2004 e incluyó la violencia contra los menores (violencia vicaria). La LO 1/2004 tampoco incluye otros supuestos de violencia de género como, por ejemplo, los delitos sexuales, los delitos de trata, el delito de matrimonio forzado, el delito de acoso sexual o el delito de mutilación genital, aunque recientemente se ha aprobado la LO 1/2025, de 2 de enero de medidas en materia de eficiencia del Servicio Público de Justicia, que supondrá la transferencia de competencias relacionadas con la violencia sexual a los Juzgados de Violencia sobre la Mujer.

Desde la LO 1/2004 se han producido importantes avances normativos en lo que se refiere a la inclusión de la perspectiva de género. Ejemplos de ello son:

- LO 3/2007, de 22 de marzo para la igualdad efectiva de hombres y mujeres.
- Pacto de Estado contra la violencia de género de 28 de septiembre de 2017.
- LO 1/2015, de 30 marzo (incorporación de la agravante por razón de género).
- RD-Ley 6/2019, de 1 de marzo, de medidas urgentes para garantía de igualdad de trato y de oportunidades para hombres y mujeres en el empleo.
- LO 8/2021, de 4 de junio, de protección integral a la infancia y la adolescencia frente a la violencia.
- LO 10/2022, de 6 de septiembre, de garantía integral de la libertad sexual.
- LO 4/2023, de 27 de abril de reforma de la LO 10/2022, de 6 de septiembre.
- Pacto de Estado contra la violencia de género de 26 de febrero de 2025

Sin embargo, a pesar de los avances, creo que todavía queda camino por recorrer para lograr un Derecho que proteja de igual manera a hombres y mujeres. En este trabajo me centraré en un aspecto, concretamente en la falta de perspectiva de género que se observa en la aplicación del Derecho Penal al calificar la conducta de la mujer que responde de forma violenta frente a su agresor y trataré de argumentar cómo esta ausencia de perspectiva de género produce un trato desigual y es una muestra de falta de neutralidad en la interpretación del Derecho.

II. EL DERECHO PENAL NO ES NEUTRAL

Se puede partir de una idea concreta: el Derecho Penal no es neutral. Uno de los aspectos más criticados, con más de cuarenta recursos de inconstitucionalidad, que recibió la LO 1/2004, fue precisamente que incorporaba a través de determinados delitos la protección reforzada a la víctima mujer, lo que suponía un trato discriminatorio para los hombres, en un ámbito como el penal en el que no eran necesarias medidas de "discriminación positiva" puesto que se trataba de un ámbito en el que primaba el principio de igualdad. Es decir, se defendía la neutralidad del Derecho Penal.

Se veía, en la protección reforzada de la mujer, una discriminación positiva a favor de la mujer y recibió numerosas críticas, entre otras la manifestada en el informe del CGPJ (con alguna minoría discrepante). El informe destaca que la protección reforzada de la mujer deviene en una discriminación positiva que no resulta aplicable en el ámbito penal ya que supone una discriminación negativa para el varón, puesto que acaba responsabilizándolo más. Se indica que en el ámbito penal no existe una situación de desequilibrio previo entre varón y mujer que justifique la adopción de medidas de discriminación positiva. Según el informe, la protección reforzada de la mujer implica una contradicción con el principio de culpabilidad —contra el Derecho penal del hecho— puesto que se culpabiliza al agresor por las acciones de otros varones, añadiendo que la agravación se fundamenta en la estadística, no habiendo un incremento de injusto o de culpabilidad que aumente el merecimiento de pena, lo que supone un ejemplo de Derecho penal de autor, que ataca frontalmente el principio de culpabilidad.

Se añadía además como crítica por parte de algunos autores[1] el que esta protección reforzada se produjera sólo en los supuestos de violencia ocasional y no en los casos de violencia habitual, que son los más graves.

A todas estas críticas respondió el TC en su Sentencia 59/2008, de 14 de mayo[2] afirmando la constitucionalidad de la protección reforzada, en virtud de varios argumentos. En primer lugar, afirma el TC que la diferenciación se justifica porque las agresiones, a partir del contexto relacional en el que se producen, son más graves, añade que tales conductas son el reflejo de una desigualdad en el ámbito de las relaciones de pareja e incide en que este tipo de violencia es manifestación de la discriminación, de la situación de desigualdad y de las relaciones de poder. Reconoce que el que este incremento de pena no se contemple en delitos más graves no quiebra la razonabilidad legislativa, sino que más bien se advierte un déficit de protección en esos preceptos.

Las críticas a la LO 1/2004 se entienden desde la creencia de una situación de igualdad, que, si bien se puede afirmar desde un punto de vista formal, no se corresponde con un punto de vista material. El Derecho no es neutral, porque tanto su configuración como su interpretación y su ejecución vienen atravesadas por una visión masculina que es necesario detectar para reformar y evitar un trato desigual en su aplicación.

---

1 Gimbernat Ordeig, E (2004), *Prólogo a la 10ª CP*, 2004; Iñigo Corroza, E. (2005) "Comentario a la Ley Orgánica de Protección Integral contra la violencia de género ", *Comentario a la Ley orgánica de protección integral contra la violencia de género: aspectos jurídicos penales, procesales y laborales*, 22 y s.

2 STC 59/2008, de 14 de mayo **(TOL 1.315.315)**.

Estoy de acuerdo con la doctrina que afirma que la neutralidad del Derecho es sólo aparente y que hay claros ejemplos de falta de neutralidad en la legislación. Así, entre otros, se refuerza la idea de la mujer como un ser vulnerable, a la que hay que proteger incluso en contra de su propia voluntad, por ejemplo, con la imposición obligatoria de la medida de alejamiento o con la prohibición absoluta de mediación[3].

Esta falta de neutralidad (o trato desigual) se produce también en la ejecución de la pena, puesto que la ejecución es más gravosa para las mujeres al haber menos recursos materiales. Así, al haber menos centros penitenciarios para mujeres se produce una mayor dispersión geográfica lo que lleva a una menor posibilidad de permisos y a un mayor desarraigo de su entorno[4].

Y también se produce la falta de neutralidad en la interpretación del Derecho, concretamente en los casos en los que la mujer responde de manera violenta. En este trabajo analizaré tres ejemplos de ello. La interpretación de la alevosía, las denominadas contradenuncias y la interpretación de la legítima defensa cuando la mujer responde violentamente frente a su maltratador.

---

3 Larrauri Pijoan, E./ Varona Gómez, D. (1995), *Violencia doméstica y legítima defensa,* 11 y s.; Ortubay Fuentes, M. (2015), "Cuando la respuesta penal a la violencia sexista se vuelve contra las mujeres: las contradenuncias", *Oñati Socio-Legal Series* 5(2), 649; Pérez Manzano, M. (2016), "Algunas claves del tratamiento penal de la violencia de género: acción y reacción", *RJUAM* (34), 49; Erice Mártinez, E. (2018), "Perspectiva de género y derecho penal", *Boletín penal JJpDem,* (10-1), 191; Jericó Ojer, L. (2019), "Perspectiva de género, violencia sexual y Derecho penal", *Mujer y derecho penal: ¿necesidad de una reforma desde una perspectiva de género?,* 292 y s.

4 Interesante en este sentido, Francés Lecumberri, P. (2015), "El encierro y el destino de las mujeres presas en Navarrra", *Iura Vasconiae,* (12), 443 y s.

1. La alevosía

La jurisprudencia aprecia delito de asesinato por concurrir alevosía en los casos en los que la mujer mata a su marido, por utilizar medios, modos o formas que aseguran la indefensión del ofendido, por ejemplo, por utilizar armas cuando el marido está desarmado. Creo que, de forma brillante, ya explicó Larrauri Pijoan que la aplicación por parte de los tribunales de la agravante de alevosía en estos casos era no entender que es sumamente excepcional el hecho de que la mujer pueda matar al marido sin aprovechar alguna circunstancia que disminuya la fuerza del hombre[5]. Los tribunales aplican de forma supuestamente neutra el Derecho, apreciando la agravante de alevosía en todos los casos que el sujeto (en este caso autora) utilice medios modos o formas que tiendan a asegurar la ejecución del acto. Así, si se mata por la espalda, o con veneno o aprovechando que el hombre está dormido, se apreciará alevosía, y por tanto asesinato, sin reparar en que probablemente en el caso concreto la mujer no tiene otra manera de enfrentarse con el hombre. Por el contrario, si el hombre golpea duramente a la mujer durante años y en último término llega a matarla, se considerará que, en esa ocasión, igual que en otras ocasiones, tampoco quería matarla[6]. En este mismo sentido, Peñaranda Ramos, señala que la alevosía, tal y como está concebida por la jurisprudencia, parece estar diseñada para sancionar más gravemente a los débiles[7]; Pérez Manzano defiende, con razón, que no se trata de hacer una contextualización

---

5 Larrauri Pijoan, E./ Varona Gómez, D. (1995), *Violencia doméstica y legítima defensa,* 21; Villegas Díaz, M. (2010), "Homicidio de la pareja en violencia intrafamiliar. Mujeres homicidas y exención de responsabilidad penal", *Revista de Derecho* (2), 150.

6 Larrauri Pijoan, E./ Varona Gómez, D. (1995), *Violencia doméstica y legítima defensa,* 16.

7 Peñaranda Ramos, E. (2014) *Estudios sobre el delito de asesinato,* 31.

genérica, sino de apreciar o no la alevosía teniendo en cuenta las circunstancias concretas, y en particular se trata de tener en cuenta si la disyuntiva en la que se encuentra la mujer no es la de matar a su maltratador con o sin alevosía, sino la de matar a su maltratador con alevosía o no matar a su maltratador[8]. Estoy de acuerdo con esta autora en que una aplicación correcta del Derecho obliga a tener en cuenta las distintas características de la mujer y del hombre en aras a valorar si la forma de actuar de la mujer en el caso concreto es la única forma que tiene de tener éxito en la ejecución del hecho, es decir, si es la única manera de ejecutar el hecho.

En sentido parecido observa Ortubay Fuentes[9] que en los supuestos en los que la mujer responde frente a un ataque de un hombre y lo hace con armas, se aprecia de forma general el tipo agravado de lesiones del art. 148.1. Esta misma idea ya la manifestó Larrauri Pijoan y se podría interpretar en el mismo sentido que en el caso de la agravante de alevosía que habrá que analizar el caso concreto para concluir si la mujer podía enfrentarse a su agresor de una manera diferente, esto es, sin armas, para lograr el éxito en la ejecución[10].

---

8 Pérez Manzano, M. (2016), "Algunas claves del tratamiento penal de la violencia de género: acción y reacción", *RJUAM* (34). En el mismo sentido, Correa Florez, C. (2016), *Legítima defensa en situaciones sin confrontación: la muerte del tirano de casa,* 381 y s.

9 Esta autora, al hilo de un estudio empírico realizado Ortubay Fuentes, M. (2015), "Cuando la respuesta penal a la violencia sexista se vuelve contra las mujeres: las contradenuncias", *Oñati Socio-Legal Series,* 5(2), 657 y aunque reconoce que no han estudiado los hechos de las sentencias, indica que en los dos únicos casos en los que solicitaron el texto de la sentencia para confirmar algunos datos, en ambos se aplica a las mujeres este tipo agravado y se plantea si es mera casualidad, reconoce que, aunque debería estudiar el resto del relato fáctico, la hipótesis de la reacción defensiva se perfila con fuerza.

10 Este tema se analiza más profundamente en el apartado 3.1.

Por otro lado, merece la pena señalar también en este apartado la STS 247/2018, de 24 de mayo[11]: “Por circunstancias no acreditadas, el acusado vino a desplazarse seguidamente al dormitorio de Miriam y tras golpear a la misma en la cabeza con sus puños, vino a agarrar a la misma y arrastrarla contra su voluntad por el pasillo de la vivienda. Se trata de un ataque sorpresivo, así lo analiza el Ministerio Fiscal, al que sigue un apuñalamiento reiterado (ocho veces). y totalmente inesperado. Parece claro, del relato de los hechos que hay alevosía y así lo reconoce también la Sentencia. Sin embargo, llama la atención el siguiente razonamiento: ‘Ante ello, la conclusión no puede ser otra que la de admitir la concurrencia de la alevosía. Esta anulación de la defensa de la víctima hace aparecer esta circunstancia considerándola, en este caso concreto, con una perspectiva de género, ante la forma de ocurrir los hechos del hombre sobre su mujer y delante de sus hijos, y con un mayor aseguramiento de la acción agresiva sobre la víctima mujer por su propia pareja y en su hogar, siempre que del relato de hechos probados se evidencie esta imposibilidad de defensa de la misma en la acción de su pareja’”.

Creo que es un razonamiento equivocado el de la Sentencia porque incluye (como perspectiva de género) la indefensión por tratarse de una “víctima mujer”, dejando entrever la vulnerabilidad de la víctima por ser mujer, de la que considero debemos huir. Los hechos que relatan la sentencia son claramente alevosos, pero no porque la víctima sea mujer, o porque estén en el domicilio común o porque se produzcan delante de su hija menor, sino porque se trata de un ataque por sorpresa (estando la víctima en la cama, la agarra por el pelo, la arrastra por el pasillo y finalmente la apuñala). Si en este caso nos preguntáramos si para el sujeto esta forma es la única manera que tiene de ejecutar el hecho contestaríamos que no y por tanto se

[11] STS 247/2018, de 24 de mayo **(TOL 6.630.740)**.

apreciaría la agravante de alevosía. También en sentido crítico se manifiesta Varona Gómez, quien indica que esta "alevosía doméstica" podría interpretarse como un uso perverso de la perspectiva de género por dos razones. La primera porque se utiliza esta perspectiva sólo para agravar la pena, pero no para atenuarla en los supuestos en los que la mujer responde violentamente frente a su maltratador y en segundo lugar porque se utiliza cuando concuerda con el estereotipo de mujer como sexo débil y por tanto indefensa[12].

2. Las contradenuncias

En este punto merece la pena destacar el estudio de Ortubay Fuentes y las conclusiones a las que llega. En el estudio se analizan una serie de sentencias de la AP de Bizkaia en las que se condena tanto al hombre como a la mujer por violencia de género. El estudio parte de una preocupación de algunos grupos de abogados que ven cómo se utiliza la "contradenuncia" como estrategia de defensa frente a una acusación por violencia de género. De esta manera, afirma esta autora, que el instrumento que en principio debiera proteger a las mujeres (la denuncia penal) se vuelve contra ellas al imponer su propia lógica.

Creo que es fundamental una idea que expone esta autora y con la que estoy totalmente de acuerdo, y es que la consideración de que cualquier comportamiento agresivo pueda ser considerado delito se vuelve contra las mujeres, al no distinguir distintos tipos de violencia, de los que ya hablaba Larrauri

---

[12] Varona Gómez, D. (2021). *¿Juez o Jurado? Un análisis a partir de los casos de mujeres maltratadas que se rebelan contra su tirano*, 105. El autor añade que por ello los jueces cuando se encuentran con mujeres maltratadas que responden frente al abuso, mujeres que se revelan, las ven como "cuerpos extraños" en el imaginario de mujeres sumisas y débiles.

Pijoan: el terrorismo íntimo, cuyo objetivo es el dominio y el control, la resistencia violenta, que supone la respuesta al terrorismo íntimo y el conflicto (pareja situacional). Estos comportamientos no pueden ser tratados del mismo modo.

Del estudio realizado por Ortubay Fuentes se concluye, sin embargo, que se tratan del mismo modo. Ello deja de lado una idea a mi modo de ver fundamental y es que un mismo comportamiento puede ser igual a otro desde una perspectiva natural, pero con muy distinto significado social[13]. Así, un empujón o una bofetada no tiene el mismo significado social según lo realice un hombre o una mujer. Esto parece que quería reflejar el art. 153, y también la STC antes citada, pero como explica Ortubay Fuentes, no parece que se refleje en la realidad[14].

Aplicar el Derecho con perspectiva de género significaría en estos casos analizar si las denuncias cruzadas provienen de un conflicto recíproco o más bien de una reacción estratégica de defensa por parte del sujeto frente a la denuncia de la mujer. Y, sobre todo, debería analizarse si la conducta de la mujer responde a una actuación defensiva, frente al maltrato de su agresor. La respuesta frente a ambos comportamientos no puede ser la misma[15].

Sin embargo, ello no es así y en este sentido además de otros datos que expone la autora, llaman especialmente la atención dos casos en los que al hombre se le condena por violencia

---

13 Pérez Manzano, M. (2016), "Algunas claves del tratamiento penal de la violencia de género: acción y reacción", *RJUAM* (34), 38.

14 Ortubay Fuentes, M. (2015), "Cuando la respuesta penal a la violencia sexista se vuelve contra las mujeres: las contradenuncias", *Oñati Socio-Legal Series,* 5(2), 663.

15 Handl, M. N. (2020) "Mujeres abusadas que matan: una mirada de género a la legítima defensa y al 'síndrome de la mujer golpeada' en el Derecho canadiense desde el caso Rv.Lavallee", *Revista Jurídica Austral* (2), 701.

habitual (art. 173.2 CP) y a la mujer se le condena por violencia ocasional (153.3)[16] ¿Cómo es posible que, ante la violencia habitual del hombre, la respuesta de la mujer merezca reproche penal? Resulta criticable el que las sentencias no se planteen las razones por las que las mujeres actúan violentamente.

3. Aplicación de la legítima defensa

La aplicación formal y rígida de los requisitos de la legítima defensa impide apreciarla en muchos supuestos de violencia de género.

Considero, igual que parte de la doctrina[17], que para aplicar la legítima defensa con perspectiva de género no es necesario modificar los requisitos exigidos en el art. 20.4 CP, sino modificar su interpretación. Creo que se deben plantear algunas cuestiones tales como qué relevancia debe tener en las decisiones judiciales la constatación de que de los hechos se deduzca la presencia de violencia de género; hasta qué punto tal constatación exige una reinterpretación de los requisitos de la legítima defensa para, por ejemplo, considerar agresión actual o inminente una situación de violencia permanente.

---

[16] Ortubay Fuentes, M. (2015), "Cuando la respuesta penal a la violencia sexista se vuelve contra las mujeres: las contradenuncias", *Oñati Socio-Legal Series,* 5(2), 660.

[17] Pérez Manzano, M. (2016), "Algunas claves del tratamiento penal de la violencia de género: acción y reacción", *RJUAM* (34), 53; Laurenzo Copello, P. (2020) "En los límites de la legítima defensa: mujeres que matan a sus parejas violentas", L*ibro-Homenaje al Profesor Luzón Peña con motivo de su 70º aniversario,*, 733; Walker Martínez, A. (2021), "Violencia de género y legítima defensa: consideraciones a partir de la sentencia rol 648-2021 de la Corte de Apelaciones de Antofagasta", *Revista de Estudios de la Justicia* (35), 146.

La causa de justificación de la legítima defensa se ha venido interpretando desde la perspectiva de una agresión hombre-hombre[18] y además desde la situación de una agresión puntual, esto es, única. No se han pensado estos requisitos desde la perspectiva de una agresión entre dos sujetos con clara diferencia física, pero sobre todo desde una situación de violencia continuada y repetida en el tiempo, donde los actos violentos se inician, se desarrollan y se terminan de manera sistemática y repetida (ciclo de la violencia). Situación en la que la mujer agredida (víctima) conoce dicho ciclo y puede prever cuándo y cómo va a desencadenarse un acto violento.

Para plantear la cuestión de si cabe o no apreciar la legítima defensa en situaciones de violencia de género, creo que es conveniente diferenciar distintas situaciones en un contexto de violencia en las que se puede plantear distintas dificultades para su aplicación.

Se pueden plantear cuatro escenarios[19]:

1. En medio de una paliza en la que el hombre grita "te voy a matar" y golpea con todas sus fuerzas a la mujer, ella

---

18 Larrauri Pijoan, E./ Varona Gómez, D. (1995), *Violencia doméstica y legítima defensa,* EUB, 16; Dova, M. (2018), "Defenderse del tirano doméstico: problemas y perspectivas", *Revista Electrónica de Estudios Penales y de la Seguridad* (3), 13; Handl, M. N. (2020) "Mujeres abusadas que matan: una mirada de género a la legítima defensa y al 'síndrome de la mujer golpeada' en el Derecho canadiense desde el caso Rv.Lavallee", *Revista Jurídica Austral* (2), 682; Laurenzo Copello, P. (2020) "En los límites de la legítima defensa: mujeres que matan a sus parejas violentas", *Libro-Homenaje al Profesor Luzón Peña con motivo de su 70° aniversario,* 732.

19 Olaizola Nogales, I. (2020). "Dar muerte al maltratador: posible aplicación de la legítima defensa", *LH-Profesor Luzón Peña con motivo de su 70° aniversario,* 864.

coge un cuchillo de la cocina y se lo clava al hombre, causándole la muerte. (respuesta durante el acometimiento físico).

2. En medio de una paliza en la que el hombre grita "te voy a matar" y golpea con todas sus fuerzas a su mujer, él se tropieza y se cae y la mujer aprovecha para coger un cuchillo de la cocina y se lo clava, causándole la muerte. (agresión interrumpida)
3. El hombre llega a casa y al entrar por la puerta grita: "te voy a matar", la mujer está en la cocina y cuando el hombre entra, le clava un cuchillo y le mata. (peligro inminente)
4. Mientras el hombre está dormido, la mujer coge un cuchillo de la cocina y se lo clava causándole la muerte. (supuestos sin confrontación)

3.1. Respuesta durante el acometimiento físico

En el primer supuesto creo que puede afirmarse, sin mucha duda, la concurrencia de la legítima defensa[20]. Es indiscutible que la actuación del hombre supone una agresión actual y antijurídica. Es evidente la necesidad de defensa por parte de la mujer. La única cuestión que plantean algunas sentencias en estos casos está relacionada con la racionalidad del medio empleado, al utilizar la mujer un arma mientras que el agresor agrede con las manos. Es incorrecto considerar si se cumple o no este requisito atendiendo únicamente a la comparación entre los medios utilizados. En todo caso, cabe advertir, que este

---

[20] Rueda Martín, M.A. (2023) "La legítima defensa de la mujer frente a la violencia habitual en su relación de pareja o expareja con un hombre", *RGDP* (40), 22.

requisito es inesencial, puesto que su concurrencia o ausencia no impide que el grado de injusto sea menor al concurrir los dos requisitos anteriores, que son el fundamento de la legítima defensa, por lo que de no concurrir este requisito podría apreciarse la eximente incompleta de legítima defensa[21].

Siguiendo a la mayoría de la doctrina, se puede afirmar que el medio empleado será necesario cuando sea el menos lesivo posible, pero seguro y suficiente para impedir o repeler la agresión. Habrá de tenerse en cuenta la situación concreta, las circunstancias concurrentes y las condiciones personales tanto del agresor como de la defensora. Por ello, en este punto es fundamental atender a las condiciones personales del agresor y de la defendida. Cuanto mayor sea la diferencia de fuerza entre el agresor y la defensora mayor necesidad habrá de acudir a medios más lesivos. No se puede en ningún caso descartar la racionalidad del medio por el solo hecho de la utilización del arma, puesto que la diferencia física entre ambos puede llevar a que sea el único medio suficiente para repeler la agresión[22]. Sorprenden algunas sentencias que excluyen la apreciación de este requisito aludiendo a que la mujer utilizó un arma frente al hombre desarmado, exigiendo una suerte de proporcionalidad o semejanza entre los medios empleados. Es lo que Varona Gómez denomina "cuchillo frente a puñetazos", citando múltiples sentencias en las que los tribunales consideran desproporcionada la utilización de armas (esencialmente cuchillos de cocina) frente al agresor cuando

---

[21] Luzón Peña, D.M: (2016), *Lecciones de Derecho penal. Parte General*, 3ª, 395, nm.59. Molina Fernández, F. (2012), "La legítima defensa del Derecho Penal", *RJUAM* (25), 36; Mir Puig, S. (2015), *Parte General*, 454, nm.65.

[22] Luzón Peña, D.M. (2016), *Lecciones de Derecho Penal. Parte General*, 3ª, 395, nm.59. Molina Fernández, F. (2012), "La legítima defensa del Derecho Penal", *RJUAM* (25), 36; Mir Puig, S. (2015), *Parte General*, 454, nm.67.

este está desarmado[23]. Ello a pesar de reconocer en muchas ocasiones la diferencia física entre ambos[24].

Es interesante, sin embargo la STS 937/2007, de 19 de noviembre[25], que indica que "el juicio de valor que exige la necesidad racional del medio obliga a tomar en cuenta no tanto la identidad o semejanza de los medios agresivos y defensivos en cuanto el Código Penal no equipara en absoluto la racionalidad del medio con la proporcionalidad del medio, sino el comportamiento adoptado con el empleo de tales medios, dadas las circunstancias del caso, por lo que más que la semejanza material de los instrumentos o armas empleados debe ponderarse la efectiva situación en que se encuentran el agresor y el agredido"[26].

---

23 Resulta sorprendente, por ejemplo, la SAP Alicante 132/2012, de 9 de marzo **(TOL 2.591.976).** Esta sentencia señala como hechos probados los siguientes: "Sobre las 3h30', Estela subió al domicilio y se introdujo en el dormitorio de Florián (su pareja), reproduciéndose la disputa entre ellos (ya habían tenido una disputa antes en la que Florián había golpeado a Estela), golpeando nuevamente Florián a Estela en la cara y haciéndola sangrar. Estela se dirigió a la cocina para limpiarse la cara y Florián la siguió y con la misma violencia cogió a Estela por detrás por el cuello apretándoselo y Estela, para liberarse de la opresión que la ahogaba, alargó la mano y cogió una navaja de pelar verdura con la que asestó una puñalada a Florián en la parte izquierda del pecho. La AP rechaza la aplicación de la eximente completa de legítima defensa por entender que "el medio utilizado para repeler la agresión no era proporcionado a las circunstancias del caso. Florián utilizaba las manos para agredir y la respuesta con la navaja era desproporcionada por la diferencia de potencialidad lesiva de un instrumento y otro y ello, a pesar de que fuera el único instrumento a su alcance".

24 Varona Gómez, D. (2021). *¿Juez o Jurado? Un análisis a partir de los casos de mujeres maltratadas que se rebelan contra su tirano,* 45 y s.

25 STS 937/2007, de 19 de noviembre **(TOL 7.393.899).**

26 En esta misma línea la STS de 8 de enero de 2019 **(TOL 6.989.829)**. También la Sentencia de la Corte Constitucional de Colombia T459 de 2024 (134), en la que se afirma que el uso de armas compensa la diferencia de fuerza física.

Esta consideración no excluye que deba tenerse en cuenta el criterio objetivo general, puesto que se trata de justificar la conducta. Estoy de acuerdo con Luzón Peña, en que es rechazable la posición que sostiene que debe juzgarse desde un punto de vista subjetivo del agente, del que en la situación concreta no es de esperar una fría reflexión, sino que en la mayoría de los casos actuará turbado, asustado y de forma precipitada. ese juicio no sería racional y base para una causa de justificación, sino irracional y base, en su caso, para apreciar una causa de inculpabilidad[27]. No obstante, entiendo que tener en cuenta la diferencia de fuerza, las diferentes características físicas del agresor y de la defensora, así como la situación concreta en la que se encuentra, es atender a criterios objetivos generales (visión *ex ante*)[28].

---

27 Luzón Peña, D.M. (2016), *Lecciones de Derecho Penal. Parte General,* 3ª, 395, nm 60. En contra Molina Fernández, F. (2012), "La legítima defensa del Derecho Penal", *RJUAM* (25), 38. Este autor afirma que no se pueden desdeñar absolutamente aspectos subjetivos relevantes pues dada la perturbación anímica suscitada por la agresión ilegítima no puede exigirse al acometido la reflexión, serenidad y tranquilidad de espíritu para, después de una serie de raciocinios, elegir fríamente aquellos medios de defensa más proporcionados, con exacto cálculo. Quizás se pueda adoptar la idea de Mir Puig, S. (2015), *Derecho Penal Parte General,* 10ª, 454, nm. 65. Este autor indica que el adjetivo racional hace referencia a una necesidad *aproximada,* no estricta, para cualquier persona de las características del autor, colocada en el momento de defenderse (consideración *ex ante*)

28 En la sentencia de la AP Santander 3/2010, de 16 de febrero **(TOL 1.966.365)** se muestra la falta de visión por parte del tribunal. En los hechos se reconoce que "es evidente que la procesada estaba siendo agredida por su compañero sentimental y además lo estaba siendo de forma violenta y contundente mediante puñetazos en la cara que fracturaron su nariz e hincharon ambos ojos; siendo evidente que la acusada quiso huir de la casa y avisar a la policía y que no lo logró porque fue alcanzada por su agresor en la cocina que la volvió

Es importante recordar igualmente que la legítima defensa no exige proporcionalidad de males (salvo que haya absoluta desproporción), puesto que el término racional está relacionado con la necesidad del medio, y esto es lógico porque los bienes jurídicos del agresor no están en pie de igualdad con los del agredido[29]. Sin embargo, hay sentencias que excluyen este requisito aludiendo a que las lesiones que sufre la mujer son leves (hematomas causados por puñetazos en la cara), mientras que ella le causa a él lesiones graves o incluso la muerte[30].

Por tanto, en mi opinión, a estos supuestos se les podría aplicar la legítima defensa completa.

---

a agarrar del pelo y continuó pegándola. La acusada cogió un cuchillo que estaba en la fregadera a su alcance y se lo clavó en el pecho". La AP rechaza la aplicación de la eximente completa por entender que proporción en los medios porque "siempre podría cuestionarse por qué no cogió, por ejemplo, un objeto contundente de los que suele haber en una cocina en lugar de un cuchillo". No se puede tener una visión menos cercana a la realidad que la que muestra esta sentencia. No tienen cuenta la situación en la que se encuentra la víctima ¿en serio podemos pensar que la mujer media ideal en este caso podría pararse a pensar qué objeto coger? Además, ¿se puede asegurar ex ante que un golpe con otro objeto sería una defensa eficaz? Este razonamiento es repetido en varias sentencias, vid. Varona Gómez, D. (2021) *¿Juez o Jurado? Un análisis a partir de los casos de mujeres maltratadas que se rebelan contra su tirano*, 53 y s.

29 Luzón Peña, D.M. (2016), *Lecciones de Derecho Penal. Parte General*, 3ª, Tirant lo Blanch,398, nm. 70 s. Este autor, a partir de la 2ª edición de su manual considera que la excesiva desproporción de males puede excluirse de la legítima defensa por no ser ni social ni jurídicamente causar un daño absolutamente desproporcionado. Igual Mir Puig, S. (2015), *Parte General*, 10ª, 454, nm.69. En los casos que nos ocupan no hay tal desproporción al estar en juego la vida, la integridad física y moral, la libertad sexual y la libertad de la mujer.

30 Varona Gómez, D. (2021) *¿Juez o Jurado? Un análisis a partir de los casos de mujeres maltratadas que se rebelan contra su tirano*, 45 y s.

3.2. Agresión interrumpida

El segundo supuesto es el que he denominado agresión interrumpida y que a mi modo de ver tampoco debería plantear problema para que fuera apreciada la legítima defensa. En algunas sentencias se niega la concurrencia de la legítima defensa apelando a que la legítima defensa se aplica cuando la actuación sirve para "impedir o repeler la agresión y afirman que en estos casos la agresión ha cesado y por tanto la respuesta no constituye legítima defensa.

En estos supuestos también estamos ante una agresión ilegítima -paliza-, pero la diferencia con el primero es que en este caso la agresión cesa momentáneamente. La pregunta que se plantea entonces es si este cese hace que la agresión deje de ser actual y por tanto que la conducta de la mujer no constituya defensa. En mi opinión creo que se puede afirmar que subsiste el peligro de lesión y por lo tanto la necesidad de defensa. ¿Debe esperar la mujer a que el sujeto se levante para comprobar si va a seguir golpeándola? ¿podrá asegurar entonces que su defensa va a ser segura y eficaz? Desde un punto de vista objetivo, ¿se puede considerar de forma racionalmente fundada que el sujeto no va a seguir agrediendo? En definitiva, creo que se mantiene el peligro que hace preciso e inaplazable actuar porque de lo contrario puede haber riesgo de que una defensa posterior sea insegura e ineficaz.

Al respecto el TS, sin embargo, ha entendido que con la interrupción momentánea cesa la agresión y que por tanto no cabe legítima defensa. Por ejemplo, la STS 578/1990, de 1 de octubre de 1991[31] en la que un marido que estaba golpeando a su mujer con una pala, se tropieza y cae al suelo, momento en el que la mujer aprovecha para matarle. El TS entendió que hubo un exceso extensivo por parte de la mujer y por tanto

[31] STS 578/1990, de 1 de octubre de 1991 **(TOL 455.627).**

descartó la legítima defensa porque al estar el marido caído en el suelo no podía continuar la agresión. Larrauri Pijoan critica esta decisión judicial y afirma que hubiera sido más apropiado la apreciación de un exceso intensivo, y, en consecuencia, una eximente incompleta, porque puede entenderse que cuando la agresión se interrumpe brevemente puede plantearse que los medios deben ser de menor intensidad[32].

En mi opinión, lo que propone Larrauri Pijoan dependerá de otros factores, por ejemplo, de si tiene otra forma de defenderse que sea segura y esto en algunas ocasiones podrá ocurrir efectivamente si el marido ha caído, pero no necesariamente. En ningún caso, sin embargo, es aceptable la posición de la sentencia, porque dicha interpretación reduce el concepto de agresión a un ataque (lesión), sin embargo, en mi opinión, la agresión comprende el peligro de ataque frente al que se hace preciso actuar, una interrupción momentánea no hace decaer *a priori* el requisito de agresión actual, puesto que el peligro de un ataque próximo es evidente[33]. En este sentido, manifiesta la STS 699/2019, de 8 de enero[34] que unas amenazas graves de un mal que se anuncia como inminente en el curso de una agresión que, habiéndose interrumpido, se percibe como susceptible de reanudarse en cualquier momento constituyen

---

[32] Larrauri Pijoan, E./Varona Gómez, D. (1995), *Violencia doméstica y legítima defensa,* 57 y s.

[33] Olaizola Nogales, I. (2020), "Dar muerte al maltratador: posible aplicación de la legítima defensa", *LH-Profesor Luzón Peña con motivo de su 70º aniversario,* 867; Nakada Castro, R. (2022), "Legítima defensa con perspectiva de género y prisión preventiva. Comentario a la Sentencia de la Corte de Apelaciones de Rancagua de fecha de 17 de junio de 2021, Rol 1062-2021", *Nuevo Foro Penal* (98), 200 s.; Rueda Martín, M.A. (2023) "La legítima defensa de la mujer frente a la violencia habitual en su relación de pareja o expareja con un hombre", *RGDP* (40), 25.

[34] STS 699/2019, de 8 de enero **(TOL 6.989.829)**.

agresión ilegítima a efectos de la legítima defensa[35]. Es importante recordar que en el artículo 20.4 CP se indica que el medio de defensa debe ser para impedir o repeler el ataque. El verbo impedir implica que cabrá defenderse cuando el ataque no se ha producido todavía.

3.3. Peligro inminente

El tercer supuesto se diferencia de los dos anteriores en que no se ha iniciado el acometimiento en sentido estricto (no se han iniciado los golpes). Podría interpretarse la actuación de la mujer como un adelantamiento de la defensa "defensa preventiva" ante una futura agresión y esto se critica por la doctrina, que entiende que no se cumple el requisito de agresión actual porque la mujer no necesita defenderse de una agresión que no ha comenzado[36].

Sin embargo, considero que dicha respuesta puede ser matizada. Según Luzón Peña la agresión comienza a ser actual desde que el peligro que crea haga preciso e inaplazable actuar porque de lo contrario haya riesgo de que una defensa posterior sea insegura e ineficaz.[37]. Continúa este autor indicando

---

35 En la sentencia se ıelatan los siguientes hechos probados: en la noche del 14 al 15 de septiembre de 2013 comenzó una discusión entre Gumersindo y Penélope. En el curso de la misma, y tras cerrar la puerta de la vivienda y bajar las persianas, D. Gumersindo, empezó a pegar a Penélope, lanzándola al suelo, tirándole de los pelos, aprisionándole la cabeza con la rodilla, le mordió en la oreja derecha, le puso un cuchillo de cocina en el cuello, al tiempo que le decía que le iba a matar y que esa noche a lo mejor la violaba. Aprovechando que D. Gumersindo dejó el cuchillo momentáneamente, Penélope lo cogió, dirigiéndolo frente a Gumersindo, a quien alcanzó en el tórax, causándole una herida de escasa longitud.

36 Luzón Peña, D.M. (2016), *Lecciones de Derecho Penal. Parte General,* 3ª, 287, nm. 37.

37 Luzón Peña, D.M. (2016), *Lecciones de Derecho Penal. Parte General,* 3ª, 287, nm. 37-38. Igual, Molina Fernández, F. (2012), "La legítima

que normalmente, cuanto más lejana esté la lesión agresora, será menor la dureza necesaria de la defensa y viceversa, pero en todo caso no es necesaria la lesión inminente[38]. Partiendo de este concepto de agresión actual ¿se puede considerar que la agresión en el tercer supuesto es actual? Creo que en algunas circunstancias la respuesta es afirmativa. En primer lugar, porque se puede considerar que la amenaza ya supone una agresión, ya que, como afirma Larrauri Pijoan, la amenaza proferida por el marido es una agresión en sí misma ya que supone un ataque a la libertad de la mujer[39]. La respuesta frente a la amenaza podrá ser más o menos dura en función de la probabilidad de que la ejecute. Y en este punto, creo que tiene razón Larrauri Pijoan cuando afirma que deberá tenerse en cuenta los conocimientos de la mujer. Esto no supone una subjetivización de la causa de justificación, sino que implica tener en cuenta lo que hubiera hecho una "mujer media" en la posición de la mujer y atendiendo a los conocimientos de esta. Lo que constituye una "amenaza inminente" para "un hombre razonable" es muy diferente a lo que constituye una amenaza inminente para una mujer cuyas experiencias diarias confirman que su pareja puede matarla en cualquier momento[40].

---

defensa del Derecho Penal", *RJUAM* (25), 30; Mir Puig, S. (2015), *Parte General,* 10ª, 450, nm. 52, este autor describe la agresión actual como peligro próximo frente al que sea necesaria la defensa.

38 Luzón Peña, D.M. (2016), *Lecciones de Derecho Penal. Parte General,* 3ª, 287, nm. 37-38.

39 Larrauri Pijoan, E. (2008), *Mujeres y sistema penal,* BdF, 59; En el mismo sentido, Molina Fernández, F. (2012), "La legítima defensa del Derecho Penal", *RJUAM* (25), 30; Tomás Pla, A.S. (2023), "Legítima defensa en un contexto de violencia de género: ¿es posible su apreciación en situaciones de no confrontación?, *Revista de Derecho aragonés,* 147.

40 Larrauri Pijoan, E. (2008), *Mujeres y sistema penal,* BdF, 2008 60; Handl, M. N. (2020) "Mujeres abusadas que matan: una mirada de género a la legítima defensa y al 'síndrome de la mujer golpeada' en el Derecho canadiense desde el caso Rv.Lavallee", *Revista Jurídica Austral* (2), 707.

Si cada vez que el hombre amenaza a la mujer, le pega una paliza, es bastante racional/objetivo que la persona media considere que le pegará una paliza cada vez que profiera dicha amenaza. ¿Por qué va a ser de otro modo? La pregunta vuelve a ser si la mujer debe esperar a recibir el primer golpe para confirmar que efectivamente llega la paliza o si se puede considerar que existe la necesidad de defensa ante la amenaza.

Un caso interesante es el señalado por Villegas Díaz en el que la mujer disparó desde el interior de la casa, a través de una ventana, a su marido que, amenazándola con golpearla, pateaba la puerta de entrada que se encontraba trabada con un sillón puesto por la mujer para impedir que este entrara. El Tribunal (Corte de Apelaciones de Valparaiso 27-3-2006) denegó la concurrencia de legítima defensa porque no quedó acreditado que el fallecido agrediera a la acusada en los instantes previos a los hechos[41]. En sentido contrario, el TS en su Sentencia 699/2019, de 8 de enero[42] aprecia la legitima defensa a una mujer víctima de malos tratos que causa lesiones a su pareja e indica: "Las actitudes amenazadoras o las mismas amenazas de un mal que se anuncia como próximo o inmediato puede integrar la agresión ilegítima recogida en el art. 20.4º CP si las circunstancias que las rodean son tales que permiten llevar al amenazado a la razonable creencia de un acometimiento o ataque cuya inminencia no es descartable".

La actualidad de la agresión no implica que el acometimiento se está produciendo, sino que basta con que su realización esté próxima, lógicamente previsible y no es necesario que se trate de un ataque en fase de tentativa, basta con que represente un peligro próximo o concreto para el bien jurídico

---

41 Villegas Díaz, M. (2010), "Homicidio de la pareja en violencia intrafamiliar. Mujeres homicidas y exención de responsabilidad penal", *Revista de Derecho* (2), 155.

42 TS en su Sentencia 699/2019, de 8 de enero **(TOL 6.989.829)**.

protegido. Las amenazas serán suficientes en la medida en que representen un peligro cercano, concreto y previsible, ante el que es necesario actuar para garantizar una defensa segura y eficaz. Para ello es importante tener en cuenta los conocimientos previos de la mujer y también la configuración del *ciclo de la violencia.* Es importante recordar cómo se configura el ciclo de violencia y sobre todo incidir en que se repite de manera constante en los supuestos de violencia habitual, por lo que la mujer podrá prever los episodios violentos antes de que se produzcan[43].

---

[43] En este sentido Walker, L.E. (1979), *The battered women,* Harper & Row, 42 s. define y describe el ciclo de la violencia. Este ciclo hace referencia al proceso de violencia de género que viven las víctimas respecto a su maltratador. La autora se refiere a tres fases. Primera fase: fase de acumulación o de construcción de tensión. Se produciría un episodio abusivo consistente en actos de violencia menor y abuso verbal (menosprecios, ira contenida, insultos, sarcasmos, demandas irracionales, manipulación, etc.) ligado a conflictos cotidianos (economía familiar, hijas e hijos, momentos personales, etc.). El agresor niega estos sucesos e invalida el reclamo de su víctima. La mujer tiene o cree tener un cierto control sobre estos incidentes y trata de evitar el incremento de la violencia de su maltratador: intenta calmarlo, evita hacer lo que cree que le pueda molestar, es decir, todo lo que evite el enfado y aumente la violencia. Al tiempo, sus sentimientos de confusión y angustia aparecen. Esto provoca un alejamiento del maltratador, a lo que este responde con un aumento de control y provocación. Segunda fase: la fase de agresión o descarga de tensión. Aumenta la intensidad de la violencia psicológica y empieza la violencia física y sexual (insultos, pegar, lanzamiento de objetos, peleas, rechazo a la pareja, silencio permanente, escenas en público, etc.). El agresor descarga su agresividad, sintiendo así alivio. La mujer se concentra en sobrevivir y complacer, tranquiliza al maltratador siendo servicial y amable, incluso teniendo relaciones sexuales. Puede haber insinuaciones de que, si no cesan los malos tratos, podría abandonarlo. Tercera fase: la fase de arrepentimiento, conciliación o "luna de miel". Momento de "calma" con demandas de perdón, escenas de arrepentimiento por parte del maltratador,

3.4. Supuestos sin confrontación

El cuarto supuesto es el más problemático sin duda y sobre el que se está debatiendo últimamente de manera más importante. Son los denominados casos "sin confrontación". La terminología no es correcta, tal y como opina Rueda Martín[44], porque como se acabará concluyendo sí que hay agresión en algunos de estos supuestos, por lo que hablar de no confrontación puede llevar a equívocos, pero la utilizaremos porque es una terminología bastante asentada y permite que sepamos los supuestos a los que nos referimos. Los supuestos son aquellos en los que el hombre está dormido o está de espaldas, es decir, de alguna manera desprevenido, cuando la mujer actúa violentamente contra él.

En estos supuestos se plantea la posibilidad de apreciar la legítima defensa y la dificultad mayor radica en si se puede afirmar o no la concurrencia de dos requisitos de dicha causa justificación, concretamente: el requisito de la actualidad de la agresión y el requisito de la necesidad racional del medio empleado.

---

promesas de buscar ayuda, negativas de violencia y comentarios de «no volverá a suceder». La mujer tratará de creer esos propósitos de corrección e intentará que la relación funcione. Si ella le abandona, él podría ser capaz de prometer o hacer cualquier cosa para que esto no suceda y para conseguir que ella regrese. Si sucede un primer ciclo de violencia, la probabilidad de nuevos episodios aumenta, y serán desencadenados por detonantes cada vez más insignificantes y con mayor intensidad. En muchas ocasiones, la última fase tiende a desaparecer. Así, con el paso del tiempo, el ciclo se va cerrando: El maltratador es más severo y frecuente, y la víctima va perdiendo recursos psicológicos para salir de la situación, lo cual la hace más indefensa. Cuanto más tiempo se mantenga esta situación, la relación se vuelve más abusiva y con mayor probabilidad de que las consecuencias psicológicas se cronifiquen y, en consecuencia, que el pronóstico sea menos alentador para su recuperación.

[44] Rueda Martín, M.A. (2023) "La legítima defensa de la mujer frente a la violencia habitual en su relación de pareja o expareja con un hombre", *RGDP* (40), 29.

Es importante tener en cuenta que se parte de supuestos de violencia habitual, por tanto, muy grave con ataques sistemáticos y repetidos contra la integridad física y psíquica y/o contra la libertad sexual, con constantes amenazas e incluso con aislamiento[45].

a. Agresión actual

El primer requisito de la legítima defensa (requisito esencial) es la actualidad de la agresión. Este requisito es uno de los más cuestionados en los denominados "supuestos sin confrontación". Sin embargo, ya hay varias voces en la doctrina que afirman su posible concurrencia en estos casos. Así, en opinión de Larrauri Pijoan, interpretar actual como "que está sucediendo" hace inservible la causa de justificación de la legítima defensa para la mujer. Para esta autora la agresión permanente está compuesta por las amenazas, que, sumadas a los malos tratos, lesionan no solo la vida y la integridad física, sino la libertad y la seguridad. Y como violan la libertad y todo ataque contra esta es un ataque permanente, dicha agresión es permanente[46]. En sentido similar se manifiesta Pérez Manzano quien afirma que la violencia habitual atenta contra la libertad y la dignidad y suponen un atentado permanente.

---

[45] Correa Florez, C. (2016), *Legítima defensa en situaciones sin confrontación: la muerte del tirano de casa,* 387 s. Esta autora define la "gran agresión" como aquella en la que se cumplen varios requisitos: 1) El agresor y la víctima deben vivir juntos; 2) deben ser pareja; 3) deben darse todos los elementos de una tiranía privada: a) evitación de coaliciones; b) supresión de posibilidades de salidas; c) acciones dirigidas a anular la voluntad y la autonomía de la mujer 4) presencia de maltratos sistemáticos y reiterados; 5) detención ilegal por medio de amenazas y violencia.

[46] Larrauri Pijoan, E./ Varona Gómez, D. (1995), *Violencia doméstica y legítima defensa,* 32 y s.

En muchas ocasiones se añade el delito de detención ilegal, así que, en opinión de esta autora, mientras no cese el ataque a estos bienes jurídicos será necesaria la defensa[47]. Muy interesante es el trabajo de Correa Florez. Esta autora afirma que se podrá afirmar la actualidad de la agresión cuando se produzca lo que denomina "la gran agresión". Esta "gran agresión" concurre cuando se suman los ataques reiterados y sistemáticos, que generan riesgo de repetición, más un ataque continuado a la libertad (detención ilegal). Afirma la autora, con razón, que el mayor laberinto es el desierto y no tiene paredes. Entiende Correa Florez que algunos supuestos de violencia habitual son asimilables a situaciones de secuestro. En este sentido, afirma esta autora que una agresión puede ser actual cuando es inminente, cuando está sucediendo en el momento en que se ejerce la acción defensiva o cuando es una agresión continua. Las agresiones continuas son aquellas que surgen de la comisión de un delito permanente o aquellas que se dan en un marco de peligro latente para los bienes jurídicos, que se deriva de agresiones reiteradas y sistemáticas. El peligro latente está compuesto por dos elementos. El primero se confirma por los ataques o agresiones sistemáticas que inician y terminan de manera inmediata y el segundo consiste en un peligro constante para los bienes jurídicos que viene derivado de las agresiones sistemáticas y reiteradas. Estas agresiones reiteradas

---

47 Pérez Manzano, M. (2016), "Algunas claves del tratamiento penal de la violencia de género: acción y reacción", *RJUAM* (34), 55 y s.; Nakada Castro, R. (2022), "Legítima defensa con perspectiva de género y prisión preventiva. Comentario a la Sentencia de la Corte de Apelaciones de Rancagua de fecha de 17 de junio de 2021, Rol 1062-2021", *Nuevo Foro Penal* (98), 200. Es interesante en este sentido la Sentencia de la Corte Constitucional de Colombia T-459 de 2024 (132), que indica que se debe incorporar la perspectiva de género en la Justicia y reconoce que la agresión debe considerarse en los supuestos de violencia de género en los que se manifiesta como ataque a la libertad.

generan un peligro para la vida porque en cualquier momento se puede producir la muerte de la mujer. Además, en supuestos de aislamiento (bastante frecuentes) se puede materializar una situación de detención ilegal. El peligro latente y la agresión permanente contra la libertad da lugar a la "gran agresión". Concluye que no se puede identificar la actualidad de la agresión con la confrontación. En las agresiones continuas, la confrontación unas veces genera confrontación (en algunos momentos) y en otros cesa, pero sigue existiendo la agresión[48]. En sentido similar opina Laurenzo Copello, quien afirma que lo esencial es que sea necesaria una acción defensiva inmediata con independencia de que el peligro sea o no inminente. Obviamente cuanto más lejana esté la realización del riesgo más dificultades habrá para justificar la necesidad de una defensa inmediata. En el caso de mujeres sometidas a violencia reiterada y grave que han sido aisladas de su entorno, donde se pueden probar episodios previos de agresiones graves, es posible afirmar un riesgo constante para su vida e integridad suficiente para afirmar la actualidad de la agresión, incluso aunque no exista una agresión inminente[49]. Muy interesante también es la reflexión de Handl cuando afirma que la noción de inminencia bajo el estándar de "hombre razonable" no tiene en cuenta las realidades a las que se enfrentan las mujeres maltratadas y que implica una percepción particular del peligro. Según esta autora "la idea de inminencia que tiene una mujer abusada es distinta a la que tiene un hombre en una pelea callejera.

---

48 Correa Florez, C. (2016), *Legítima defensa en situaciones sin confrontación: la muerte del tirano de casa,* 339 s.; Tomás Pla, A.S. (2023), "Legítima defensa en un contexto de violencia de género: ¿es posible su apreciación en situaciones de no confrontación?, *Revista de Derecho aragonés,* 156 y s.

49 Laurenzo Copello, P. (2020) "En los límites de la legítima defensa: mujeres que matan a sus parejas violentas", *LH-Profesor Luzón Peña con motivo de su 70° aniversario,* 738.

La noción de inminencia para la mujer parte del conocimiento íntimo y profundo que tiene sobre su abusador y sobre un historial de violencia. Para la mujer maltratada la amenaza de violencia es continuamente inminente y el peligro inminente y constante en el que está inmersa justifica la defensa incluso cuando estén en un periodo de relativa "calma"[50].

También recientemente se ha manifestado a favor de entender la concurrencia de este requisito Rueda Martín. Afirma esta autora que el delito de violencia habitual no es un delito permanente, pero la situación permanente de dominación, que genera el agresor con la reiteración de las agresiones, provoca en la víctima graves estados de desequilibrio psíquico y emocional y puede hacer preciso e incluso inaplazable actuar. Constituye una entidad jurídica nueva, diferente a la mera suma algebraica de los delitos individuales. El ejercicio de violencia habitual supone una agresión inminente o actual y peligrosa dirigida a la puesta en peligro o a la producción de una lesión del bien jurídico y sucede aquí y ahora, de modo que cuando la mujer reacciona, responde frente a una agresión de forma necesaria tanto para impedirla como para repelerla[51]. Considera sin embargo permanente el delito de violencia habitual Villegas. Para esta autora, el delito de maltrato habitual es permanente y no habitual, pues en el delito habitual, por ejemplo, el ejercicio ilegal de una profesión, una sola actividad aislada es atípica, siendo la habitualidad, esto es, la reiteración de la conducta en el tiempo, lo que configura el tipo penal como tal. Los delitos permanentes se

---

50 Handl, M. N. (2020) "Mujeres abusadas que matan: una mirada de género a la legítima defensa y al 'síndrome de la mujer golpeada' en el Derecho canadiense desde el caso Rv.Lavallee", *Revista Jurídica Austral* (2), 729.

51 Rueda Martín, M.A. (2023) "La legítima defensa de la mujer frente a la violencia habitual en su relación de pareja o expareja con un hombre", *RGDP* (40), 27 y s.

caracterizan por la creación de un estado antijurídico, de lesión o puesta en peligro para el bien jurídico que subsiste a la acción u omisión inicial. La reiteración de actos conectados espacio-temporalmente entre sí crea un estado antijurídico de violencia inminente en el hogar, en el que la vida, la integridad, la libertad y la seguridad de la mujer se ve constantemente en peligro. Por ende, además de una agresión incesante, se produce una agresión latente capaz de configurar el requisito de actualidad de la agresión[52].

Independientemente de que el delito de violencia habitual sea considerado o no un delito permanente, es opinión compartida por la mayoría de la doctrina que la agresión sigue siendo actual mientras subsista el peligro de lesión, situación que puede prolongarse en el tiempo. La agresión termina cuando desaparece el peligro de lesión[53]. Por otra parte, por agresión no

---

52 Villegas Díaz, M. (2010), "Homicidio de la pareja en violencia intrafamiliar. Mujeres homicidas y exención de responsabilidad penal", *Revista de Derecho* (2); En el mismo sentido, Roa Avella, M. (2012), "Mujer maltratada y exclusión de responsabilidad. Una mirada de género a la legítima defensa y al estado de necesidad exculpante", *Nova et Vetera* (21), 53; Larocca Rees, M.O. (2022), "Legítima defensa y violencia de género privilegiada", *Revista Pensamiento Penal* (409), 12.

53 Luzón Peña, D.M. (2016), *Lecciones de Derecho Penal. Parte General,* 3ª, 287, nm. 37-38; Molina Fernández, F. (2012), "La legítima defensa del Derecho Penal", *RJUAM* (25), 30, afirma que la agresión es actual desde el momento en que empieza a desarrollarse el proceso que desembocaría, en su caso, en lesión, pero solo puede intervenirse cuando la actuación pública planificada sea ineficaz (sobre este aspecto volveré más adelante) y, por otro lado, cuando la demora implique un aumento del riesgo de lesión relevante. En sentido parecido afirma Mir Puig, S. (2015), *Derecho Penal Parte General,* 10ª, 450 nm.52-53 que para que la agresión sea actual es necesario que ya haya o todavía haya posibilidad de defensa o lo que es lo mismo que sea posible evitar la lesión del bien jurídico amenazado. En este sentido, afirma Mir que se exige que la agresión suponga un peligro próximo.

debe entenderse únicamente un acto de fuerza, sino que puede incluirse el peligro/amenaza para el bien jurídico, y ello porque el CP incluye en la legítima defensa el "impedir la agresión"[54].

Pues bien, partiendo de lo anterior, en mi opinión, se puede afirmar que el delito de violencia habitual implica una situación antijurídica que se prolonga en el tiempo, y en ese sentido produce el mismo efecto que el delito permanente. A la cuestión de cuándo se consuma el delito de violencia habitual se podrá afirmar que el delito se está consumando (se sigue consumando) mientras dure la situación de violencia (situación antijurídica). Está aceptado de forma unánime por la doctrina que lo que dota de autonomía a este tipo penal es la situación de dominio o poder sobre la víctima, que se genera a partir de la repetición de actos violentos perpetrados de forma sistemática, generando, un clima de violencia que menoscaba la integridad moral y la libertad de la víctima, dando lugar a un injusto específico que rebasa el correspondiente a cada una de las acciones individuales que integran el comportamiento habitual. Por tanto, es incorrecto afirmar que, cada vez que termina una paliza, ha cesado la agresión, lo que se consuma es el posible delito de lesiones, pero no ha cesado la situación antijurídica generada por el delito de violencia habitual, porque precisamente la violencia habitual se caracteriza por la repetición de los actos violentos. Así que cuando termina la paliza se mantiene el peligro de que pueda repetirse. La pregunta no es si volverá a haber una paliza (porque con total seguridad la habrá), sino cuándo se producirá. La cuestión es si este peligro es suficiente para que sea necesario e inaplazable actuar[55].

---

54 Luzón Peña, D.M. (2016), *Lecciones de Derecho Penal. Parte General*, 3ª, 287, nm. 37; Molina Fernández, F. (2012), "La legítima defensa del Derecho Penal", *RJUAM* (25), 32; afirma Mir Puig, S. (2015), *Derecho Penal Parte General*, 10ª, 450, nm.53.

55 Conviene volver a recordar en este punto el "ciclo de la violencia" Walker, L.E. (1979), *The battered women*, 45 y s.

Unido a los actos violentos reiterados, otro patrón de conducta característico de la violencia habitual es el aislamiento de la mujer. Esta situación, puede calificarse en buena parte de los casos como un delito de detención ilegal, porque, aunque no haya barreras físicas, sí que hay barreras psicológicas derivadas del control ejercido por el hombre (Encierro sin paredes físicas)[56].

Por su parte la jurisprudencia también se separa en su STS 1216/2000, de 7 de julio[57] del criterio cuantitativo que había seguido hasta entonces para definir la habitualidad (número de actos agresivos) y apuesta por un concepto de violencia permanente ejercida por el acusado sobre su pareja, que permite su consideración como habitual cuando se genere un clima de violencia. La violencia habitual, afirma la sentencia, es la violencia permanente caracterizada por el ejercicio del control coercitivo que consiste en el uso de tácticas y estrategias sistemáticas utilizadas por el agresor para controlar, aislar, degradar y deshumanizar a la mujer. Es muy relevante en este sentido la STS 247/2018 de 24 de mayo[58], en la que el Tribunal expone que: "Se trata de un tipo con sustantividad propia que sanciona la consolidación por parte de sujeto activo de un clima de violencia y dominación; de una atmósfera psicológica y moralmente irrespirable, capaz de anular a la víctima e impedir su libre desarrollo como persona, precisamente por el temor, la humillación y la angustia inducidos. Un estado con autonomía propia y diferenciada, que se vertebra sobre la habitualidad, pero en la que los distintos actos que lo conforman sólo tienen el valor de acreditar la actitud del agresor. Por ello ha dicho de manera reiterada esta Sala que el maltrato familiar del art. 173

---

56 Extensamente Correa Florez, C. (2016), *Legítima defensa en situaciones sin confrontación: la muerte del tirano de casa,* 343 y s.

57 STS 1216/2000, de 7 de julio (**TOL 4.360.728**).

58 STS 247/2018, de 24 de mayo (**TOL 6.630.740**).

CP se integra por la reiteración de conductas de violencia física y psíquica. La jurisprudencia de esta Sala se ha apartado de la que vinculaba la habitualidad con un número de acciones violentas, que por establecer un paralelismo con la habitualidad que describe el art. 94 CP a afectos de sustitución de penas, se fijó en más de dos, es decir, a partir de la tercera acción violenta. Gana terreno y se consolida en la doctrina de esta Sala la línea que considera que lo relevante no es el número de actos violentos o que estos excedan de un mínimo, sino la relación entre autor y víctima, más la frecuencia con que ello ocurre, esto es, la permanencia del trato violento, de lo que se deduce la necesidad de considerarlo como delito autónomo. La habitualidad así configurada responde a un concepto criminológico-social más que jurídico-formal. Será conducta habitual la del que actúa repetidamente en la misma dirección con o sin condenas previas, que, de existir, son prueba de aquella, aunque no la única vía para su acreditación. El maltrato habitual produce un daño constante y continuado del que la víctima, o víctimas tienen la percepción de no poder salir, con la circunstancia agravante en cuanto al autor, de que éste es, nada menos, que la pareja de la víctima, lo que provoca situaciones de miedo, incluso, y una sensación de no poder denunciar.

Continúa la sentencia indicando que "la conducta típica viene integrada por una forma de actuar y de comportarse de manera habitual en la que la violencia está constantemente presente, creando una situación permanente de dominación sobre las víctimas, que las atemoriza impidiéndoles el libre desarrollo de su vida. La habitualidad no es un problema aritmético de número mínimo de comportamientos individualizados que han de sumarse hasta alcanzar una determinada cifra. Menos aún puede exigirse un número concreto de denuncias. Responde más a un clima de dominación o intimidación, de imposición y desprecio sistemático que los hechos probados describen de forma muy plástica y viva. La apreciación de ese elemento de habitualidad no depende de la acreditación de un número específico de actos violentos o intimidatorios. Lo determinante es crear una atmósfera general de esa naturaleza, que trasluzca un afianzado instrumento de superioridad y de dominio hacia la víctima, lo que sería producto de una reiteración de actos de violencia psíquica o física de diversa entidad, a veces nimia, pero cuya repetición provoca esa situación que permite hablar de habitualidad".

Reconoce el TS por tanto que la violencia habitual genera un daño permanente que se mantiene en el tiempo de forma sistemática, constante y continuada, generando una situación de dominación sobre las víctimas, que las atemoriza impidiéndoles el libre desarrollo de su vida[59]. El delito afirma la jurisprudencia del TS, va más allá de los concretos actos violentos, reconociéndose que no implica una suma aritmética de dichos actos, sino reconociendo la presencia de un clima de violencia que genera un peligro constante para la mujer maltratada.

Sin embargo, el TS no es consecuente con estas afirmaciones cuando se enfrenta a supuestos en los que la mujer responde violentamente a supuestos de maltrato. En este sentido destaca el exhaustivo estudio jurisprudencial realizado por Varona Gómez respecto a la respuesta que ofrecen los tribunales

---

[59] En la misma línea, STS 765/2011 de 19 de julio **(TOL 2.198.783)**; 701/2013 de 30 de septiembre **(TOL 3.984.884)**; 981/2013 de 23 de diciembre **(TOL 4.065.834)** y 856 /2014 de 26 de diciembre **(TOL 4.634.203)**; 232/2015, de 20 de abril **(TOL 4.984.856)**; STS 280/2015, de 12 de mayo **(TOL5.005.246)**; 76/2019, de 12 de febrero **(TOL 7.074.416)**; 409/2019, de 19 de septiembre **(TOL 7.074.416)**; 658/2019, de 8 de enero de 2020 **(TOL 7.316.013)**; 98/2020, de 5 de marzo **(TOL 7.316.013)**; 257/2020, de 28 de mayo **(TOL 7.671.760)**; 180/2020, de 19 de mayo **(TOL 8.023.948)**; 2/2021, de 13 de enero **(TOL 8.290.538)**; 125/2021, de 11 de febrero **(TOL 8.337.389)**; STS 483/2021, de 3 de junio **(TOL 8.473.177)**; 684/2021, de 15 de septiembre **(TOL 8.594.924)**.

en estos supuestos[60]. Este autor no localiza ninguna sentencia en la que se haya apreciado legítima defensa como forma de eximir de responsabilidad a la mujer. Antes, bien al contrario, los tribunales se muestran reacios a su aplicación incluso, como ya se ha analizado, en supuestos de confrontación directa. Así, como ya se ha indicado, aluden para no apreciarla a cuestiones de proporcionalidad de males (a pesar de reconocer palizas constantes, golpes con la hebilla del cinturón, no queda acreditado que los ataques pusieran en peligro la vida de la mujer)[61]. Cabe recordar en este punto que la legítima defensa no exige la proporcionalidad de males[62]. En otras ocasiones se exige proporcionalidad en los medios de defensa y son reiteradas las sentencias que, ante la respuesta de la mujer con un cuchillo, se alude a que el hombre estaba desarmado y ello a pesar de reconocer el desequilibrio físico[63]. Confunden los tribunales el requisito de "necesidad racional del medio" con la exigencia -no requerida por el CP- de pro-

---

60 Varona Gómez, D. (2021) *¿Juez o Jurado? Un análisis a partir de los casos de mujeres maltratadas que se rebelan contra su tirano.* En el estudio este autor compara las respuestas que dan a estos casos los tribunales con jurado frente a las respuestas de los jueces profesionales, concluyendo que los primeros son mucho más proclives a atenuar incluso a eximir a las mujeres que reaccionan de forma violenta frente a su maltratador.

61 Varona Gómez, D. (2021) *¿Juez o Jurado? Un análisis a partir de los casos de mujeres maltratadas que se rebelan contra su tirano,* 39 y s.

62 Luzón Peña, D.M. (2016), *Lecciones de Derecho Penal. Parte General,* 3ª, 287, nm. 37. Este autor, a partir de la 2ª de su manual considera que la excesiva desproporción de males puede excluirse de la legítima defensa por no ser ni social ni jurídicamente causar un daño absolutamente desproporcionado. En los casos que nos ocupan no hay tal desproporción al estar en juego la vida, la integridad física y moral, la libertad sexual y la libertad de la mujer.

63 Varona Gómez, D. (2021) *¿Juez o Jurado? Un análisis a partir de los casos de mujeres maltratadas que se rebelan contra su tirano,* 45 y s.

porcionalidad de medios. El requisito exigido por el CP exige que el medio utilizado sea el menos lesivo posible, siempre que con él se garantice la defensa eficaz[64].

En mi opinión, los casos de violencia habitual se conforman por ataques físicos y psíquicos reiterados y por el aislamiento de la mujer y en consecuencia implican un peligro continuado para su integridad física y psíquica y un atentado permanente a la libertad. Por tanto, considero que de forma similar a los delitos permanentes se puede afirmar, igual que la doctrina citada más arriba, que la respuesta en estos casos será una respuesta ante una agresión actual. El peligro no es remoto, sino constante, cercano y concreto. No es coherente afirmar, como hace el TS, que este delito genera un daño permanente y luego negar la concurrencia de la actualidad de la agresión. La situación antijurídica se mantiene en el tiempo, y en tanto en cuanto no cese, se podrá afirmar que hay una agresión actual.

Algunos autores han defendido que la situación de peligro, aunque continuo es latente o intermitente lo que puede avalar una defensa anticipada y por tanto la apreciación de un estado de necesidad defensivo, pero no una legítima defensa por no concurrir una agresión actual. En su opinión, en el caso del tirano doméstico hay una situación amenazante que va creciendo en intensidad, existe un peligro previo e identificable que crece de forma permanente en el tiempo y que puede desencadenar a futuro de forma probable

---

64 Destaca en este punto la STS 699/2019, de 8 de enero (**TOL 6.989.828**) en la que el TS afirma que la necesidad racional del medio ha de ser medida colocándonos en la posición de la mujer agredida y contando con todas las circunstancias del caso. En la sentencia el TS tiene en cuenta, entre otras cosas, la menor fortaleza física de la mujer. Se trata de una sentencia que cambia la perspectiva de las AP y debe valorarse muy positivamente, así lo hace Varona Gómez, D. (2021) *¿Juez o Jurado? Un análisis a partir de los casos de mujeres maltratadas que se rebelan contra su tirano*, 58.

una agresión. Sin embargo, no procede la aplicación de la legítima defensa, porque el requisito de agresión actual exige confrontación[65]. Sería una suerte de defensa anticipada -legítima defensa preventiva-en la que la defensa se adelanta a la existencia de la agresión, porque, aunque no hay una agresión actual, se afirma la necesidad actual de defensa. Hay peligro de agresión futura y sólo adelantando la defensa cabe salvaguardar el bien jurídico amenazado. La legítima defensa preventiva es una suerte de legítima defensa adelantada que permite defenderse anticipadamente de la agresión porque los indicios llevan a creer que se va a producir una agresión, derivada de un peligro continuado.

En esta línea, Roxin, aunque sin referirse específicamente a estos supuestos, indica que en el estado de necesidad posee especial relevancia el hecho de que la actualidad del peligro comprende periodos de tiempo sustancialmente mayor, más grandes que en la actualidad de la agresión, esto rige sobre todo para el peligro permanente, en el que la situación que amenaza con un peligro se puede convertir en cualquier momento en un daño, sin que se pueda decir exactamente cuándo sucederá tal cosa[66].

A mi modo de ver, la situación, en los casos de violencia habitual no pueden definirse como peligro latente y mucho menos intermitente. El peligro para la integridad física y

---

65 Sierra Campos, C. (2022), "Aproximación a la defensa preventiva en el caso del tirano familiar: ¿necesitamos una teoría del control coercitivo? *Ius et Praxis 28* (2022), 175 s.; En el mismo sentido, Guerrera Espinosa, R.A. (2014), "Estado de necesidad exculpante: a propósito de actos de defensa por efectos del maltrato a partir de un caso emblemático", *Revista de Derecho Universidad de San Sebastián,* (20), 42; Cruz Bolivar, L. (2025), *Fundamento y necesidad del estado de necesidad defensivo en el Derecho penal actual,* 353 y s.

66 Roxin, K. (1997), *Derecho Penal. Parte General,* 903.

psíquica[67] es continuo (no aparece y desaparece) y está activo (no latente) en tanto en cuanto el maltratador continúe cerca. El propio maltratador representa el peligro y este peligro es actual, no futuro. Por otro lado, el delito de violencia habitual implica una situación de dominio y control que lesiona la libertad de la mujer y tal y como se ha indicado, este delito lleva aparejado en muchas ocasiones un aislamiento de la mujer que también afecta y lesiona su libertad de forma equivalente a como se lesionaría, por ejemplo, en un delito de secuestro. Por todo ello en mi opinión puede afirmarse la concurrencia del requisito de agresión actual exigido en la legítima defensa, tanto por el peligro concreto y próximo como por la lesión continuada a la libertad y a la dignidad[68].

---

67 Incluso la lesiona. El Síndrome de la Mujer Maltratada se reconoce por la Organización Mundial de la Salud y está incluido en el DSM-V-(2014) como una subcategoría del trastorno de estrés postraumático. Se define el Síndrome de la Mujer maltratada (SMM), desarrollado por Walker, L.E. (1979), *The battered women,* Harper & Row, 42 y s. como un síndrome derivado de los continuos maltratos físicos y psicológicos que pueden producir un estado patológico que se traduce en un conjunto de síntomas físicos o psicológicos. Este síndrome es tan intenso que ha sido denominado como el síndrome de Estocolmo doméstico, en el que la mujer acaba justificando a su agresor, a quien ella misma obliga a que la maltrate por incumplir sus reglas y defraudar sus expectativas; todo ello producido por la constante manipulación psicológica del maltratador. La mujer en esta situación se abandona en su situación, renuncia a luchar y simplemente siente que está condenada a sufrir esta situación (estado de indefensión aprendida).

68 Estoy de acuerdo con Correa Florez, C. (2016), *Legítima defensa en situaciones sin confrontación: la muerte del tirano de casa,* 272, en que aplicar en estos casos el estado de necesidad defensivo es equipararlos a quienes viviendo en un barrio peligroso instalan rejas electrificadas para repeler un posible ataque. Estos supuestos son diferentes a los de las mujeres maltratadas, que conviven con su agresor y que

b. Necesidad de defensa

A partir del reconocimiento de la concurrencia de agresión actual se debe analizar la concurrencia del siguiente requisito esencial esto es, de la necesidad abstracta de defensa (diferente de la necesidad concreta de defensa más relacionada con la necesidad racional del medio empleado). El CP exige que se obre "en defensa" lo que presupone que haya necesidad de defensa en abstracto o genérica, esto implica que frente a la agresión hay que actuar para impedir que el riesgo se realice, es decir para impedir o repeler la agresión. Será inaplazable la defensa en la medida en que estemos ante una agresión. El debate sobre si resulta excesiva es un debate que corresponde hacer al definir la racionalidad del medio empleado para la defensa.[69]. En mi opinión, atendiendo a que hay agresión actual, habrá en consecuencia necesidad abstracta de defensa y la conducta de la mujer tendrá que ser apta para defenderse[70].

saben con certeza que el ataque se va a producir, además de sufrir de manera constante el ataque a su libertad y a su dignidad.

69 Mir Puig, S. (2015), *Parte General*, 10ª, 450, nm.52.

70 Es importante recalcar que no se exige proporcionalidad de males para aplicar la legítima defensa. Sorprende la Sentencia de la AP Alicante 129/2010 **(TOL 5.286.256)**, citada por Varona Gómez, D. (2021) *¿Juez o Jurado? Un análisis a partir de los casos de mujeres maltratadas que se rebelan contra su tirano*, 39 s. En dicha sentencia se reconoce la existencia de malos tratos continuados, en algunos casos especialmente vejatorios. La sentencia rechaza la apreciación de legítima defensa porque para aplicarla "es necesario acreditar la existencia de un ataque que ponga en peligro grave, real e inminente la vida de la persona". En ningún caso cabe deducir del art. 20.4 CP la necesidad de que el bien jurídico que se defienda sea únicamente la vida.

c. Necesidad racional del medio empleado

Este requisito, como ya se ha indicado es inesencial, puesto que su concurrencia o ausencia no impide que el grado de injusto sea menor al concurrir los dos requisitos anteriores, que son el fundamento de la legítima defensa, por lo que de no concurrir este requisito podría apreciarse la eximente incompleta de legítima defensa.

Habrá de tenerse en cuenta la situación concreta, las circunstancias concurrentes y las condiciones personales tanto del agresor como de la defensora. Ya se ha indicado más arriba que este requisito no implica que los medios que utilicen agresor y defensora deban ser proporcionales y que la utilización de armas frente a un sujeto desarmado puede ser necesaria atendiendo a las circunstancias del caso. Con esta premisa, necesitaremos saber sobre todo las condiciones personales del agresor y de la defensora. Cuanto mayor sea la diferencia de fuerza entre el agresor y la defensora mayor necesidad habrá de acudir a medios más lesivos[71].

En los supuestos sin confrontación se plantea concretamente la duda de si el modo de proceder (defensa mientras el sujeto está de espaldas o dormido) supone un exceso intensivo. Parece lógico pensar que la mujer no tiene por qué esperar a que su maltratador se despierte o esté de frente para defenderse si ello lleva a una defensa ineficaz e insegura. Frente a la imposibilidad de defenderse cuerpo a cuerpo, la mujer busca un momento más idóneo que asegure su actuación.

Se plantea, sin embargo, si la mujer debe huir o avisar a las autoridades como medios de defenderse.

Aceptar la fuga, como medio de defensa sería, según la mayoría de la doctrina, aceptar, no impedir, una segunda agresión

---

71 V. apartado 1.

antijurídica a la libertad de movimientos y posiblemente a la dignidad[72]. Es verdad, que, como afirma Mir Puig, la Jurisprudencia tradicional no consideraba la huida como medio de defensa por considerarla deshonrosa, y es verdad también que en nuestra sociedad no se mantiene esta concepción. De manera, afirma Mir Puig, que podría negarse una legítima defensa, cuando se lesione gravemente a otro, si hubiera sido posible impedir la agresión inicial asumiendo el coste poco grave que supone la huida[73].

Es posible que en términos generales tenga razón Mir Puig, sin embargo, en los casos de violencia habitual, la fuga no es un medio eficaz para impedir la agresión. Precisamente la seña diferencial en los supuestos de violencia habitual es que la víctima de la violencia no tiene donde esconderse. La eficacia de la huida en estos casos es muy diferente a la de la huida cuando se trata de un agresor desconocido. Lo normal para una víctima que tiene riesgo de sufrir una agresión es que, si puede huir, huya hacia su casa, lugar en el que las personas se sienten más seguras. Precisamente el lugar al que las víctimas de malos tratos no pueden acudir en muchas ocasiones porque es el lugar en el que se desarrolla la agresión. Además, el agresor conoce el entorno de la víctima ¿dónde puede esconderse? Es verdad que hay casas de acogida que protegen a las mujeres víctimas de maltrato, pero la entrada en una casa de acogida no se produce de forma inmediata. Todo ello se complica mucho más atendiendo a, por ejemplo, si la víctima del maltrato

---

72 Luzón Peña, D.M. (2016), *Lecciones de Derecho Penal. Parte General,* 3ª, 287, 296, nm.64; Molina Fernández F. (2012), "La legítima defensa del Derecho Penal", *RJUAM* (25), 35 s; Larrauri Pijoan, E./ Varona Gómez, D. (1995), *Violencia doméstica y legítima defensa,* 46 s.; Roa Avella, M. (2012), "Mujer maltratada y exclusión de responsabilidad. Una mirada de género a la legítima defensa y al estado de necesidad exculpante", *Nova et Vetera,* (21), 54.

73 Mir Puig, S. (2015), *Parte General,* 10ª, 454 nm.69.

tiene hijos, o si dispone o no de autonomía económica. Por ello, afirmar en estos casos que podía haber huido supone desconocer la realidad de la violencia de género y hace que la pregunta siguiente sea a qué sitio seguro puede huir la víctima para hacer de la huida un medio eficaz de defensa[74]. Por otra parte, además, no creo que sea exigible que la mujer, víctima de maltrato, abandone su hogar.

La otra posible opción de defensa es la petición de auxilio a terceros. La posibilidad de pedir ayuda a terceros, o a agentes de autoridad, a diferencia de la fuga, se reconoce unánimemente como medio de defensa. La cuestión es si en los casos de violencia habitual supone un medio seguro y eficaz para impedir la agresión.

En los supuestos de violencia habitual es complejo afirmar que la petición de ayuda suponga un medio de defensa seguro y eficaz para impedir la agresión. Es importante resaltar que cuando la mujer denuncia, el hombre maltratador pierde parte de su poder y su reacción puede ser más virulenta[75]. Destaca

---

[74] En el mismo sentido, Larrauri Pijoan, E./ Varona Gómez, D. (1995),*Violencia doméstica y legítima defensa,* 47; Correa Florez, C. (2016), *Legítima defensa en situaciones sin confrontación: la muerte del tirano de casa,* 365 s. Olaizola Nogales, I. (2020), "Dar muerte al maltratador: posible aplicación de la legítima defensa", *LH-Profesor Luzón Peña con motivo de su 70ª aniversario,* 870; Dova, M. (2018), "Defenderse del tirano doméstico: problemas y perspectivas", *Revista Electrónica de Estudios Penales y de la Seguridad* (3),15; Tomás Pla, A.S. (2023), Legítima defensa en un contexto de violencia de género: ¿es posible su apreciación en situación de no confrontación?, *Revista de Derecho aragonés,* 158.

[75] Conviene recordar las características de esta violencia, así, Handl, M. N. (2020) "Mujeres abusadas que matan: una mirada de género a la legítima defensa y al 'síndrome de la mujer golpeada' en el Derecho canadiense desde el caso Rv.Lavallee", *Revista Jurídica Austral* (2),729. explica que la violencia coercitiva implica un patrón de supervisión, dominación, degradación, intimidación y

en este sentido un reciente estudio de Teruelo Fernández que señala la denuncia como un factor que incrementa el riesgo de reacción violenta por parte del maltratador. Señala este autor una interesante paradoja: "Una de las estrategias de protección a la mujer que sufre violencia es el fomento de la denuncia del maltrato, lo que, paradójicamente, incrementa el riesgo de feminicidio en este tipo de relaciones de dominio, en la medida en que la denuncia es interpretada por el agresor como una forma de ruptura (principal elemento desencadenante de la reacción violenta extrema). El maltrato permanente y continuado, puede no alcanzar formas extremas de violencia (feminicidio) si la víctima permanece sumisa a su agresor. Es fundamental entonces -continúa este autor- que se proteja especialmente a la mujer que denuncia e incluso que se busquen mecanismos previos a la denuncia que sirvan para fortalecer y acompañar a la mujer en el proceso y la prepare para la denuncia"[76].

El TS en la sentencia citada anteriormente 247/2018, de 24 de mayo[77] deja constancia de esta idea: "Ello va unido a que cuando la víctima se decide a denunciar, o a querer romper su relación ante el carácter insoportable del que se ejerce sobre ella y sus hijos se incrementa el riesgo de que los actos de maltrato pasen a un escenario de "incremento grave del riesgo de la vida de la víctima", ya que, si ésta decide comunicar la

---

control emocional con o sin presencia de violencia física y sexual. Son conductas aislantes y controladoras, denominada por algunas autoras como terrorismo íntimo, así, Rueda Martín, M.A. (2023) "La legítima defensa de la mujer frente a la violencia habitual en su relación de pareja o expareja con un hombre", *RGDP* (40), 7 s.

76 Teruelo Fernández, J. (2024), "Análisis de los factores concurrentes y su evolución en los feminicidios de pareja y expareja en España a lo largo de las dos últimas décadas. Estrategias preventivas y propuestas de intervención", *RGDP,* (42), 25.

77 STS 247/2018, de 24 de mayo **(TOL 6.630.740)**.

necesidad de una ruptura de la relación, o le denuncia por esos hechos, el sentimiento de no querer aceptar esa ruptura el autor de los mismos provoca que pueda llegar a cometer un acto de mayor gravedad, y que puede dar lugar, incluso, a actos de la denominada violencia vicaria ".

Tiene razón Roa Avella cuando afirma que hay mitos sociales que rodean este tipo de violencia que colaboran a que se afirme la existencia de un sinfín de posibilidades para las mujeres para salir de la violencia que no pasan de ser soluciones hipotéticas carentes de efectividad en la realidad[78]. Por ello, y, en conclusión, entiendo que habrá que valorar el caso concreto y analizar hasta qué punto la mujer tenía posibilidades reales de pedir ayuda. Por ejemplo, en los supuestos de aislamiento, en supuestos de anulación de la autonomía de la mujer o en supuestos de amenazas graves será complicado que la mujer pueda solicitar protección de forma eficaz para defenderse. También será relevante el hecho de que la mujer ya haya intentado pedir ayuda con anterioridad y el resultado de dicha petición[79]. Debe insis-

---

78 Roa Avella, M. (2012), "Mujer maltratada y exclusión de responsabilidad. Una mirada de género a la legítima defensa y al estado de necesidad exculpante", *Nova et Vetera,* (21), 58.

79 Pérez Manzano, M. (2016), "Algunas claves del tratamiento penal de la violencia de género: acción y reacción", *RJUAM* (34), 59. Afirma esta autora en la misma línea: "No obstante, el hecho de que se haya acudido ya en otras ocasiones a la policía y ello no haya sido suficiente o eficiente e, incluso, que se sepa que la violencia se intensifica cuando la víctima del maltrato intenta poner fin a la relación, como afirman las estadísticas, o que la víctima haya padecido amenazas graves de muerte de su maltratador si intenta acabar con la relación, son todos ellos datos que deben ponderarse para valorar si la víctima tenía o no necesidad de defensa y si disponía de otros medios posibles para hacer cesar la violencia en el caso concreto. Y estas circunstancias también avalan que, en muchos casos, aunque se exigiera la subsidiariedad de la defensa, sería posible apreciar la legítima defensa completa, ya que este requisito concurriría".

tirse que en todo caso, para considerarse una defensa apta, debe ser segura y eficaz para repeler la agresión.

Es importante por otra parte indicar que no cabe en mi opinión, aludir a las restricciones de defensa que la mujer pudiera tener por su posición de garante. Roxin argumenta que las limitaciones al derecho de defensa no se aplican en el caso de una mujer golpeada, ya que no se le puede exigir a ella un deber que su pareja no ha cumplido y por eso puede hacerle frente con un arma de fuego si no puede defenderse[80].

Estoy de acuerdo con Correa Florez en que la violencia, incluso si es ocasional no puede estar entre los supuestos en los que la acción defensiva está restringida ético socialmente. Alude la autora a tres razones 1) porque los lazos de solidaridad de los que se despende la posición de garante se rompen cuando un miembro de la pareja agrede al otro; 2) Porque será dar una especie de salvoconducto al maltratador y 3) porque se afianza la idea de que la mujer tiene que aguantar, reforzando el rol de sumisión femenina[81].

A mayor abundamiento se puede indicar que en España, la conducta lleva aparejada la circunstancia mixta de parentesco, que en caso de ataques personales actúa como agravante, precisamente porque se considera especialmente grave la ruptura de ese deber de garantía. Es absurdo considerar que frente a esta actitud de maltrato, la víctima (mujer golpeada) debe seguir respetando dicho deber de garante.

---

80 Roxin, K. (1997), *Derecho Penal. Parte General*, 905; Igual, Pérez Manzano, M. (2016), “Algunas claves del tratamiento penal de la violencia de género: acción y reacción”, *RJUAM* (34), 60; Handl, M. N. (2020) “Mujeres abusadas que matan: una mirada de género a la legítima defensa y al ‘síndrome de la mujer golpeada’ en el Derecho canadiense desde el caso Rv.Lavallee”, *Revista Jurídica Austral* (2),706 s.

81 Correa Florez, C. (2016), *Legítima defensa en situaciones sin confrontación: la muerte del tirano de casa*, 330 y s.

Desde posiciones críticas con la aplicación de la legítima defensa se han alegado razones de política criminal. Concretamente se indica que la posibilidad de otorgar a la mujer, que reacciona frente al tirano doméstico, la justificación de la legítima defensa implica reconocer que las medidas preventivas para una protección efectiva no son efectivas y por otra se corre el peligro de una regresión del Estado de Derecho hacia la defensa de la justicia privada[82]. No estoy en absoluto de acuerdo con dicho argumento, porque, se está admitiendo la posibilidad de apreciar la legítima defensa aplicando los requisitos recogidos en el artículo 20.4, por tanto exigiendo lo mismo que en cualquier otra situación de legítima defensa. Admitir dicho argumento implicaría reconocer que la inclusión de la legítima defensa en el CP supone reconocer la justicia privada, lo que es claramente absurdo. En mi opinión, además, no creo que se corra dicho riesgo. No hay datos que lo avalen, antes bien al contrario la violencia habitual produce en muchas ocasiones en la mujer el Síndrome de la Mujer Maltratada. Este síndrome es tan intenso que ha sido denominado como el síndrome de Estocolmo doméstico, en el que la mujer acaba justificando a su agresor, a quien ella misma obliga a que la maltrate por incumplir sus reglas y defraudar sus expectativas; todo ello producido por la constante manipulación psicológica del maltratador. La mujer en esta situación se abandona en su situación, renuncia a luchar y simplemente siente que está condenada a sufrir esta situación (estado de indefensión aprendida)[83].

---

[82] Cruz Bolivar, L (2025), *Fundamento y necesidad del estado de necesidad defensivo en el Derecho penal actual,* 49.

[83] El Síndrome de la Mujer maltratada, se ha utilizado en algunos casos para eximir de responsabilidad la a la mujer, así, Handl, M. N. (2020) "Mujeres abusadas que matan: una mirada de género a la legítima defensa y al 'síndrome de la mujer golpeada' en el Derecho canadiense desde el caso Rv.Lavallee", *Revista Jurídica Austral* (2), 710 s. A mi modo de ver puede ser contraproducente acudir a un

4. Miedo insuperable

Es indudable que la situación de violencia habitual puede provocar en la mujer una situación de miedo o temor que haga posible plantear la posible aplicación de la eximente de miedo insuperable, recogida en el art. 20.6 CP para eximir de responsabilidad a la mujer que reacciona violentamente contra su maltratador[84]. Tal y como se ha defendido en este trabajo, los malos tratos continuados pueden dar lugar a una agresión que permite aplicar la legítima defensa. Sin embargo, sería posible apreciar esta eximente en aquellos supuestos en los que por ejemplo no pueda apreciarse la legitima defensa de manera completa por considerar que hay un exceso en el medio empleado.

Al tratarse de una causa de exculpación los parámetros de valoración para apreciarla deben ser subjetivos, pero no es esta la posición seguida por el TS, que en muchas ocasiones opta por un criterio puramente objetivo[85].

---

síndrome que refleja cierta patología, cierto estrés postraumático, porque da la idea de que la mujer actúa con "cierto juicio nublado". En los supuestos que se han estudiado la mujer actúa de forma racional, como lo haría cualquier mujer media ideal colocada en la posición de la mujer maltratada y con los conocimientos de esta". En este sentido, Dova, M. (2018), "Defenderse del tirano doméstico: problemas y perspectivas", *Revista Electrónica de Estudios Penales y de la Seguridad* (3),17.

84 Luzón Peña, D.M. (2016), *Lecciones de Derecho Penal. Parte General,* 3ª., 542 nm.47. Este autor, sin referirse expresamente a los supuestos estudiados en este trabajo, sí que indica que la eximente de miedo insuperable puede ser adecuada para las situaciones de amenazas, vejaciones o malos tratos prolongados en el tiempo.

85 Para valorar si el miedo es insuperable o no se manejan tres posibles criterios. El criterio objetivo, este es el criterio del hombre medio ideal, de manera que será insuperable únicamente el caso en el que se pudiera afirmar que para el "hombre medio ideal también sería insuperable. Este criterio ha sido el seguido

Además, tal y como señala Varona Gómez, los tribunales no aplican la eximente completa de miedo insuperable a estos supuestos básicamente por dos motivos. En primer lugar, por la exigencia de "anulación de facultades", mezclando esta eximente con la eximente de trastorno mental recogida en el art. 20.1 CP y en segundo lugar porque exige una suerte de inexigibilidad utópica (la mujer podía irse de casa; pedir auxilio a las autoridades)[86].

---

por algunas sentencias. Así, STS 150132/2019, de 9 de marzo (**TOL 7.317.155**); 805/2021, de 20 de octubre (**TOL 8.628.080**); 150/2022, de 22 de febrero (**TOL 8.830.662**); 246/2022, de 16 de marzo (**TOL 8.881.185**); 897/2022, de 16 de noviembre (**TOL 9.296.653**); 4113/2023, de 5 octubre (**TOL 9.741.614**). Frente a esta posición, destaca la posición mixta, según la cual para valorar la insuperabilidad habrá que utilizar el criterio del "hombre medio ideal", pero siempre colocado en la posición del sujeto, así Mir Puig, S. (2015), *Parte General,* 10ª, 625 nm.25. En tercer lugar, algunos autores defienden la posición subjetiva, entendiendo que el miedo debe resultar insuperable para el sujeto concreto con sus personalísimas condiciones individuales y situacionales, así Luzón Peña, D.M. (2016), *Lecciones de Derecho Penal. Parte General,* 3ª, 545 nm. 50. También defiende la posición subjetiva, Varona Gómez, D. (2001), "El miedo insuperable: ¿una eximente necesaria? Reconstrucción de la eximente desde una teoría de la justicia", *RDPC,* (7), 164. Este autor, critica la posición mixta porque no permite tomar en consideración todas las características individuales relevantes en el juicio de la insuperabilidad del miedo, así los defensores del criterio mixto previenen contra el hecho de que esta eximente se convierta en un "privilegio para los pulsilánimes" y añade que "la tarea de discernir entre una condición individual valorable y la mera sustitución por un auto-interés censurable, plantea uno de los retos que la eximente de miedo insuperable lleva consigo, pero la resolución de este problema no puede llevarse a cabo mediante la exigencia de un baremos generalizante como el del hombre medio".

86 Varona Gómez, D. (2021) *¿Juez o Jurado? Un análisis a partir de los casos de mujeres maltratadas que se rebelan contra su tirano,* 22 y s. y 59 y s.

La exigencia de perturbación causada por el miedo, llegando a anular las facultades de la mujer, supone convertir la eximente de miedo insuperable en una modalidad de trastorno mental transitorio. El miedo insuperable no es una causa de inimputabilidad sino una causa de inexigibilidad, esto es, la razón de la exculpación es normativa-valorativa e implica que la valoración de la conducta no es negativa, sino que es comprensible, razonable[87]. La mujer que se defiende frente a la agresión realiza una conducta completamente racional.

Por otra parte, la exigencia de poder optar por otros medios para defenderse debe interpretarse subjetivamente, es decir, lo que importa es si la mujer entiende que no puede actuar de otro modo[88]. No lo hacen así los tribunales que exigen igual que en la legítima defensa una valoración objetiva respecto a las posibilidades de la mujer, similar a la que se sigue para la aplicación de la legítima defensa[89].

Además, los tribunales exigen que el mal sea inminente, por lo que encontrarán las mismas dificultades para la aplicación de esta eximente que para la aceptación de agresión actual -de la legítima defensa- en los supuestos sin confrontación. Estoy de acuerdo con Luzón Peña en que el mal puede

---

87 Luzón Peña, D.M. (2016), *Lecciones de Derecho Penal. Parte General,* 3ª, 539 nm. 35; Igual, Varona Gómez, D. (2001), "El miedo insuperable: ¿una eximente necesaria? Reconstrucción de la eximente desde una teoría de la justicia", *RDPC,* (7), 154; Mir Puig, S. (2015), *Parte General,* 10ª, 624 nm.21, este autor considera inadmisible (con razón) la corriente jurisprudencial que considera superable el miedo cuando el que lo sufre se defiende a acometer al causante (626 nm. 26).

88 Luzón Peña, D.M. (2016), *Lecciones de Derecho Penal. Parte General,* 3ª, 545 nm. 51.

89 Vid. las sentencias que cita Varona Gómez, D. (2021) *¿Juez o Jurado? Un análisis a partir de los casos de mujeres maltratadas que se rebelan contra su tirano,* 59 s.

ser inminente o futuro y que ello puede, en su caso incidir en la insuperabilidad del miedo y a que debe tenerse en cuenta que el CP no exige actualidad ni inminencia del mal[90].

En conclusión, las dificultades para apreciar a los supuestos estudiados en este trabajo la eximente de miedo insuperable, conforme a la interpretación que de ella hacen los tribunales son muy similares a las que se plantean para la apreciación de la legítima defensa[91]. En mi opinión, la aplicación del miedo insuperable no debe plantearse como primera opción para resolver estos supuestos, porque como ya se ha indicado, considero que estas conductas pueden ser justificadas. Apreciar una causa de exculpación implica que la conducta de la mujer está prohibida (es delito) y por lo tanto contra ella cabrá reaccionar justificadamente. Así, por ejemplo, en la SAP Granada de 29 de enero de 2014, la mujer mata a su marido cuando este se dirigía hacia ella con una cinta para asfixiarla[92]. La Sentencia reconoce la eximente completa de miedo insuperable, indicando que la mujer sufrió de una alteración psíquica provocada por el miedo que anuló su capacidad para comprender la ilicitud del hecho y provocándole una situación de terror invencible. La pregunta es qué hubiera pasado si el marido, ante la defensa de la mujer, hubiera reaccionado matándola ¿estaría eximido por legítima defensa?

---

90 Luzón Peña, D.M. (2016), *Lecciones de Derecho Penal. Parte General,* 3ª, 543 nm. 46. Igual Varona Gómez, D. (2001), "El miedo insuperable: ¿una eximente necesaria? Reconstrucción de la eximente desde una teoría de la justicia", *RDPC,* (7), 166.

91 Así lo pone también de manifiesto, Correa Florez, C. (2016), *Legítima defensa en situaciones sin confrontación: la muerte del tirano de casa,* 195 y s. y 276.

92 Llama la atención que no se plantee la aplicación de la legítima defensa.

III. CONCLUSIONES

A lo largo del trabajo se ha ido tomando posición sobre las distintas cuestiones planteadas, por lo que en este apartado solo procede resumir las principales conclusiones.

La primera conclusión es que se puede afirmar que la interpretación que realizan los tribunales del Derecho penal no es neutral. La neutralidad es sólo aparente. Así para la aplicación de la agravante de alevosía se tiene en cuenta el modo o los medios utilizados en la ejecución del hecho, sin tener en cuenta si este modo o los medios utilizados son los únicos posibles para dicha ejecución. Ello hace que la parte más débil salga siempre perjudicada. O tampoco en los casos de violencia mutua entre el hombre y la mujer los tribunales distinguen si se trata de un conflicto recíproco o si se trata, por el contrario, de una reacción defensiva frente a una agresión.

En el trabajo se han analizado distintos supuestos en los que la mujer reacciona violentamente contra su maltratador y se concluye que, en los cuatro supuestos estudiados, cabe la aplicación de la legítima defensa sin necesidad de cambiar los requisitos legales, sino interpretándolos con perspectiva de género.

Considero criticable la interpretación que los tribunales hacen de los requisitos de la legítima defensa. Son reacios a la aplicación de esta causa de justificación en los supuestos de violencia de género (incluso en los supuestos en los que hay confrontación directa) aludiendo a cuestiones como la no proporcionalidad de males (requisito no exigido por el CP), a la desproporción en los medios empleados, confundiendo el requisito de necesidad racional del medio con la supuesta exigencia de proporcionalidad de medios (sin tener en cuenta la diferencia física que puede haber entre la mujer y el hombre que hace que en ocasiones sea necesaria la utilización de un arma para defenderse). Por otro lado, se alude a la posibilidad de acudir a otros medios de defensa como la huida o la petición de auxilio sin analizar en el caso concreto si dichos medios son suficientes y eficaces para la defensa. Por su parte, el requisito de "actualidad de la agresión" también se interpreta de forma muy restringida, negando, por ejemplo, tal requisito en los supuestos en los que no haya acometimiento físico o en los supuestos que he denominado de agresión interrumpida.

Como última conclusión, considero que en los supuestos en los que la reacción violenta de la mujer se produce mientras el hombre está dormido "supuestos sin confrontación" se puede apreciar la legítima defensa. El delito de violencia habitual implica una situación antijurídica que se prolonga en el tiempo, equivalente a un delito permanente, puesto que se puede afirmar que el delito se está consumando en tanto en cuanto dure la situación de violencia. Es incorrecto afirmar que cuando termina una paliza ha cesado la agresión, porque la violencia habitual se caracteriza por la repetición de actos violentos y por tanto se mantiene el peligro de que en cualquier momento vuelva a repetirse, por lo que hay un peligro permanente para la integridad física y psíquica de la mujer. Además, se produce un atentado constante a la libertad que supondrá que se pueda afirmar la actualidad de la agresión. A partir de ahí deberá valorarse cuál es el medio de defensa menos lesivo, pero seguro y eficaz para impedir la agresión.

REFERENCIAS BIBLIOGRÁFICAS

Correa Florez, C. (2016). *Legítima defensa en situaciones sin confrontación: la muerte del tirano de casa,* Tesis Doctoral, Universidad Autónoma de Madrid.

Cruz Bolivar, L. (2025). *Fundamento y necesidad del estado de necesidad defensivo en el Derecho penal actual,* tesis doctoral inédita, Universidad de León.

Dova, M. (2018). "Defenderse del tirano doméstico: problemas y perspectivas", *Revista Electrónica de Estudios Penales y de la Seguridad* (3), 1-21.

Erice Mártinez, E. (2018). "Perspectiva de género y derecho penal", *Boletín penal JJpDem,* (10-1), 21-26.

Francés Lecumberri, P. (2015). "El encierro y el destino de las mujeres presas en Navarrra, *Iura Vasconiae,* (12), 441-498.

Gimbernat Ordeig, E (2004), *Prólogo a la 10ª CP,* Tecnos, 2004.

Guerrera Espinosa, R.A. (2014). "Estado de necesidad exculpante: a propósito de actos de defensa por efectos del maltrato a partir de un caso emblemático", *Revista de Derecho Universidad de San Sebastián,* (20), 18-76.

Handl, M. N. (2020). "Mujeres abusadas que matan: una mirada de género a la legítima defensa y al 'síndrome de la mujer golpeada' en el Derecho canadiense desde el caso Rv.Lavallee", *Revista Jurídica Austral* (2), 671-769.

Iñigo Corroza, E. (2005). "Comentario a la Ley Orgánica de Protección Integral contra la violencia de género", *Comentario a la Ley orgánica de protección integral contra la violencia de género: aspectos jurídicos penales, procesales y laborales,* Aranzadi, 20-30.

Jericó Ojer, L. (2019). "Perspectiva de género, violencia sexual y Derecho penal", *Mujer y derecho penal: ¿necesidad de una reforma desde una perspectiva de género?,* Bosch, 285-387.

Larocca Rees, M.O. (2022). "Legítima defensa y violencia de género privilegiada", *Revista Pensamiento Penal* (409), 1-21.

Larrauri Pijoan, E./Varona Gómez, D. (1995). *Violencia doméstica y legítima defensa,* EUB.

Larrauri Pijoan, E. (2008). *Mujeres y sistema penal,* BdF.

Laurenzo Copello, P. (2020). "En los límites de la legítima defensa: mujeres que matan a sus parejas violentas", *LH-Profesor Luzón Peña con motivo de su 70º aniversario,* Reus, 731-740.

Luzón Peña, D.M. (2016). *Lecciones de Derecho penal. Parte General,* 3ª, Tirant lo Blanch.

Mir Puig, S. (2015). *Derecho Penal Parte General,* 10ª, Reppertor.

Molina Fernández, F. (2012), "La legítima defensa del Derecho Penal", *RJUAM* (25), 19-48.

Nakada Castro, R. (2022). "Legítima defensa con perspectiva de género y prisión preventiva. Comentario a la Sentencia de la Corte de Apelaciones de Rancagua de fecha de 17 de junio de 2021, Rol 1062-2021", *Nuevo Foro Penal* (98), 195-207.

Olaizola Nogales, I. (2020). "Dar muerte al maltratador: posible aplicación de la legítima defensa", *LH-Profesor Luzón Peña con motivo de su 70ª aniversario,* REUS, 863-874.

Ortubay Fuentes, M. (2015). "Cuando la respuesta penal a la violencia sexista se vuelve contra las mujeres: las contradenuncias", *Oñati Socio-Legal Series,* 5(2), 645-668.

Peñaranda Ramos, E. (2014). *Estudios sobre el delito de asesinato,* BdF.

Pérez Manzano, M. (2016). "Algunas claves del tratamiento penal de la violencia de género: acción y reacción", *RJUAM* (34), 17-65.

Roa Avella, M. (2012). "Mujer maltratada y exclusión de responsabilidad. Una mirada de género a la legítima defensa y al estado de necesidad exculpante", *Nova et Vetera* (21), 49-70.

Roxin, K. (1997). *Derecho Penal. Parte General,* Civitas.

Rueda Martín, M.A. (2023). "La legítima defensa de la mujer frente a la violencia habitual en su relación de pareja o expareja con un hombre", *RGDP* (40), 1-47.

Sierra Campos, C. (2022). "Aproximación a la defensa preventiva en el caso del tirano familiar: ¿necesitamos una teoría del control coercitivo? *Ius et Praxis,* (28), 160-181.

Teruelo Fernández, J. (2024). "Análisis de los factores concurrentes y su evolución en los feminicidios de pareja y expareja en España a lo largo de las dos últimas décadas. Estrategias preventivas y propuestas de intervención", *RGDP* (42), 1-37.

Tomás Pla, A.S. (2023). "Legítima defensa en un contexto de violencia de género: ¿es posible su apreciación en situaciones de no confrontación?, *Revista de Derecho aragonés,* (29), 133-165.

Varona Gómez, D. (2001), "El miedo insuperable: ¿una eximente necesaria? Reconstrucción de la eximente desde una teoría de la justicia", *REDPC,* (7), 139-175.

Varona Gómez, D. (2021). *¿Juez o Jurado? Un análisis a partir de los casos de mujeres maltratadas que se rebelan contra su tirano,* Atelier.

Villegas Díaz, M. (2010). "Homicidio de la pareja en violencia intrafamiliar. Mujeres homicidas y exención de responsabilidad penal". *Revista de Derecho* (2), 149-174.

Walker, L.E. (1979), *The battered women,* Harper & Row.

Walker Martínez, A. (2021), "Violencia de género y legítima defensa: consideraciones a partir de la sentencia rol 648-2021 de la Corte de Apelaciones de Antofagasta". *Revista de Estudios de la Justicia* (35), 143-160.

La atenuante de reparación del daño (art. 21.5 CP): una defensa a ultranza de su aplicación también en el ámbito de la violencia de género y en los delitos contra la libertad sexual

LETICIA JERICÓ OJER
Profesora Titular de Derecho Penal.
Universidad Pública de Navarra
Tutora Uned Pamplona

I. INTRODUCCIÓN

El debate en torno a la delimitación y aplicación de la atenuante de reparación del daño, prevista en el art. 21.5 CP, ha sido un tema recurrente en el ámbito jurídico, resurgiendo con intensidad en momentos clave de su evolución legislativa y aplicación jurisprudencial. Esta discusión ha cobrado nueva relevancia a raíz del caso Alves, que ha devuelto el protagonismo a la problemática de la reparación del daño a la víctima en delitos tan graves como son los delitos contra la libertad sexual. Así, se ha resaltado que la aplicación de la atenuante de reparación del daño como consecuencia de la compensación económica a la víctima puede generar una percepción de desigualdad ante la ley, favoreciendo a quienes tienen más recursos. Dicho de otro modo: el reproche penal en los delitos de cierta gravedad puede ser, en cierto modo, mitigado si el agresor tiene los recursos suficientes para compensar a la víctima. Esto ha dividido a la opinión pública, provocando debates sobre si el sistema penal es demasiado indulgente o aplica el CP de forma equitativa. El impacto de esta disociación es evidente, dado que si la ciudadanía percibe que las decisiones judiciales están influidas por factores económicos o sociales o que son injustas, esto puede generar una creciente desconfianza en la capacidad del sistema penal para castigar de manera proporcional y justa.

Todo este contexto ha llevado nuevamente a plantear la conveniencia de aplicar la atenuante de reparación del daño a tipologías delictivas en donde las dinámicas de poder y control ejercidas por el agresor sobre la víctima adquieren una dimensión especialmente compleja. Un debate, el del caso Alves, que parece atribuir el insuficiente reproche penal única y exclusivamente a la aplicación de la atenuante de reparación del daño, obviando otras consideraciones jurídicas de importancia y que desarrollaré en apartados siguientes.

Ahora bien, conviene recordar que esta cuestión no es nueva: ya la propuesta del Pacto de Estado contra la Violencia de Género de 2017 planteó expresamente la posibilidad de suprimir la atenuante de reparación del daño y, con ello, la aplicación de beneficios penológicos en los delitos de violencia de género. Esta misma propuesta ha sido recogida nuevamente en el Pacto de Estado de 2025, lo que pone de manifiesto que la objeción a la aplicación de dicha atenuante en este ámbito sigue plenamente vigente. La polémica ha resurgido alcanzando una nueva dimensión, precisamente debido a la reciente propuesta de reforma legislativa del art. 21.5 CP impulsada en el Congreso por el Grupo Mixto. Esta iniciativa ha provocado un intenso debate jurídico, poniendo de manifiesto las tensiones entre quienes abogan por una aplicación más restrictiva de esta atenuante en los casos de violencia de género y quienes defienden su mantenimiento bajo ciertas condiciones. En este contexto resulta crucial analizar con detenimiento los argumentos a favor y en contra de la aplicación de la atenuante de reparación del daño en los delitos de violencia de género y contra la libertad sexual, así como las posibles implicaciones de la reforma legislativa propuesta, que podría marcar un punto de inflexión en la forma en la que el sistema jurídico aborda la respuesta penal en este tipo de delitos.

II. ALGUNAS CONSIDERACIONES SOBRE LA ATENUANTE DE REPARACIÓN DEL DAÑO (ART. 21.5 CP)

1. ¿Qué justifica la reducción de la pena? De la propuesta utilitarista de la reparación del daño a la víctima a la consecución de los fines preventivos del Derecho penal

La atenuante de reparación del daño (art. 21.5 CP) se enmarca en la orientación político criminal que busca colocar a la víctima en el centro del proceso penal, reflejando con ello un cambio significativo respecto al enfoque tradicional basado casi exclusivamente en el castigo al delincuente. Efectivamente, el reconocimiento de la crisis de legitimación de la pena privativa de libertad como instrumento resocializador[1] aparece

---

1 Tamarit Sumalla, J.J. (1994). *La reparación a la víctima en el Derecho Penal (Estudio y crítica de las nuevas tendencias político-criminales),* 115 y s.; Roig Torres, M. (2000). *La reparación del daño causado por el delito (aspectos civiles y penales),* 441; Alcácer Guirao, R. (2001). "La reparación en Derecho Penal y la atenuante del art. 21.5 CP. Reparación y desistimiento como actos de revocación", *RPJ,* (63), 84 y s.; Domínguez Izquierdo, E. (2023). "La reparación del daño a la víctima como el elemento de individualización de la pena: la atenuante del art. 21.5 CP desde una perspectiva restaurativa", *CPC,* (140), 65.

acompañado de un renovado interés por la víctima y por la reparación del daño que le ha generado el delito[2]. Son premisas de justicia las que abogan por fomentar los actos de reparación a las víctimas del delito[3] y evitar con ello su revictimización[4].

El análisis jurisprudencial de la apreciación de la atenuante de reparación del daño revela un aumento en su aplicación, lo que no necesariamente va unido con un mayor interés del infractor por reparar a la víctima. Más bien, este incremento parece responder a pretensiones de carácter pragmático por parte del infractor que ve reducida su pena, pero que también benefician a la Administración de Justicia, puesto que se consigue una evidente agilización del proceso al operar la atenuante como instrumento clave para alcanzar la conformidad entre las partes[5].

Tradicionalmente han sido dos los fundamentos que se han esgrimido para dotar de legitimación a la atenuante de reparación del daño y la rebaja penológica que esta implica (art. 66.1.1ª CP). Frente a una corriente que políticocriminalmente

---

2 Alastuey Dobón, M.C. (2000). *La reparación a la víctima en el marco de las sanciones penales*, 2000, 36 y s.

3 Cid Moliné, J. (2007). "Medios alternativos de solución de conflictos y Derecho Penal", *AFDUAM*, (11), 157.

4 De Vicente Remesal, J. (1997). "La consideración de la víctima a través de la reparación del daño en el Derecho penal español: Posibilidades actuales y perspectivas de futuro", *LH-Roxin*,176; Martínez Escamilla, M. (2008). "Justicia reparadora, mediación y sistema penal: Diferentes estrategias, ¿los mismos objetivos?", *EP en Homenaje a Enrique Gimbernat*, Vol. I, 470 y s.

5 Asúa Batarrita, A. (2008). "Atenuantes postdelictivas: Necesidad de reformulación desde una racionalidad jurídico-penal y consecuencias en la individualización de la pena", *Atenuantes de reparación y de confesión. Equívocos de la orientación utilitarista (A propósito de una controvertida sentencia del Juzgado de lo Penal núm. 8 de Sevilla)*, 145 y s., 149 y s.

concibe la atenuante como un instrumento útil para promover la reparación del daño causado a la víctima[6], otro sector se inclina hacia un modelo distinto que legitima la apreciación de la circunstancia atendiendo a los fines perseguidos por el Derecho penal y a la menor necesidad de castigo[7]. Han sido varias las razones que han impulsado a sostener un fundamento distinto al interés político criminal de dar satisfacción a la víctima. Al margen de consideraciones que sustentan que la reparación del daño a la víctima no es en sí mismo un fin propio del Derecho penal (aunque pueda ser asumido por este desde una perspectiva preventiva)[8], la principal objeción que se dirige contra la concepción utilitarista se apoya críticamente en la excesiva patrimonialización de la atenuante, teniendo en cuenta la tendencia de los tribunales a apreciar esta circunstancia cuando el infractor, antes de la celebración del juicio oral, consigna una cantidad destinada al pago de la responsabilidad civil derivada

---

6 De esta opinión, entre otros, Álvarez García, J. (1997). "Sobre algunos aspectos de la atenuante de reparación a la víctima (art. 21.5 CP)", *CPC,* (61), 253 y s.; Mir Puig, S. (2011). *Derecho Penal Parte General,* 9ª, 623 y s.; Muñoz Conde F./García Arán, M. (2022). *Derecho Penal Parte General,* 11ª, 454; Mir Puig, S./Gómez Martín, V. (2024). "Capítulo III. De las circunstancias que atenúan la responsabilidad criminal", *Comentarios al Código Penal Reformas LLOO 1/2023, 3/2023 y 4/2023,* 2ª, 2024, 166.

7 Por lo que respecta a los diversos fundamentos que legitimarían la apreciación de la atenuante, v. ampliamente citando numerosa doctrina García Pérez O. (1997). *La punibilidad en el Derecho Penal,* 187 y s.; Palma Herrera, J.M. (2002). "Atenuante de reparación del daño causado o disminución de sus efectos, e intervención reparadora de terceros", *El CP de 1995, 5 años después,* 122 y s.

8 Díaz y García Conlledo, M. (1995), "Consecuencias jurídicas económicas del delito. Naturaleza jurídica de la responsabilidad civil derivada de delito o falta. La reparación del daño como alternativa a determinadas penas", *Derecho Penal y Criminología,* (57-58), 29 y s.; Silva Sánchez, J.M. (1997). "Sobre la relevancia jurídico-penal de la realización de actos de reparación", *RPJ,* (45), 188 y s., 199.

del delito en caso de una eventual condena. En primer lugar, este automatismo provocaría, en opinión de este sector, un tratamiento privilegiado para aquellos sujetos con mayor capacidad económica y supondría una vulneración del principio de igualdad (se podría consignar para obtener la atenuante, mientras que las personas con menos recursos no tendrían esta posibilidad). Esto conduciría a una especie de prefabricación de la atenuante, que nada tiene que ver con una posible disminución del injusto o de la culpabilidad que se debería acreditar en el momento de la realización del hecho, y que favorecería postdelictualmente la construcción de la atenuante a modo de comportamiento valioso, especialmente para los sujetos que gozan de cierta capacidad económica. Por otro lado, debilitaría la finalidad preventivo general de la pena, dado que los individuos con mayor capacidad económica podrían no sentirse suficientemente intimidados al ser conscientes de la posibilidad de reducir la pena si llevan a cabo dicha consignación[9]. Además, se evidencia la necesidad de superar esta visión privatista de la atenuante de reparación del daño[10], al considerar que el daño penalmente relevante es algo distinto a la noción de daño civil y no necesariamente vinculado con el concepto de responsabilidad civil[11]. Finalmente se insiste en el hecho de que en la

---

9 Garro Carrera, E. (2008). "La atenuante de reparación del daño", *Atenuantes de reparación y de confesión. Equívocos de la orientación utilitarista (A propósito de una controvertida sentencia del Juzgado de lo Penal núm. 8 de Sevilla)*, 52 y s.

10 Cervelló Donderis, V. (2021). "La aplicación de la atenuante de reparación del daño desde una vertiente restaurativa", *Estudios penales en homenaje al profesor José Manuel Lorenzo Salgado*, 350 y s.

11 Faraldo Cabana, P. (1997). "La aplicación analógica de las atenuantes de comportamiento postdelictivo positivo (los números 4º y 5º en relación con el número 6º del artículo 21 del Código Penal de 1995)", *AFDUC*, (1), 250 y s.; Cervelló Donderis, V. (2013). "Principios y garantías de la mediación penal desde un enfoque resocializador y victimológico", *RP*, (31), 36; Domínguez Izquierdo, E.

esfera penal el daño tampoco se identifica necesariamente con el que se ha originado a la concreta víctima, sino que adquiere unas dimensiones mucho más amplias vinculadas también con el daño generado a las víctimas potenciales del delito[12].

Sin desconocer que el objetivo de reparación a la víctima es en sí loable al margen de las disfunciones evidentes que plantea la propia tesis utilitarista[13], se ha propuesto vincular el fundamento de la atenuante de reparación del daño con los fines preventivos perseguidos por el Derecho Penal y, por lo tanto, con la menor necesidad de penar[14]. Ello implica que la apreciación de la atenuante se condicione al hecho de que la reparación a la víctima se valore como un *actus contrarius*. Es decir, para beneficiarse de la aplicación de la atenuante, el in-

---

(2023). "La reparación del daño a la víctima como el elemento de individualización de la pena: la atenuante del art. 21.5 CP desde una perspectiva restaurativa", *CPC*, (140), 80 y s.; Múrtula Lafuente, V. (2024). *Mujeres mayores víctimas de violencia de género y tutela civil de sus derechos fundamentales,* 66.

12 Alcácer Guirao, R. (2011). "La mediación penal y la atenuante de reparación. Similitudes y criterios de aplicación", *Justicia restaurativa, mediación penal y penitenciaria: Un renovado impulso,* 120 y s.

13 Garro Carrera, E. (2021). "Atenuante de reparación del daño y límite a su virtualidad como instrumento de satisfacción a la víctima del delito", Contra la política criminal de tolerancia cero, *Homenaje al Profesor Dr. Ignacio Muñagorri Laguía,* 373 y s.

14 Alcácer Guirao, R. (2011). "La mediación penal y la atenuante de reparación. Similitudes y criterios de aplicación", *Justicia restaurativa, mediación penal y penitenciaria: Un renovado impulso,* 96; Asúa Batarrita, A. (2008). "Atenuantes postdelictivas: Necesidad de reformulación desde una racionalidad jurídico-penal y consecuencias en la individualización de la pena", *Atenuantes de reparación y de confesión. Equívocos de la orientación utilitarista (A propósito de una controvertida sentencia del Juzgado de lo Penal núm. 8 de Sevilla)*, 165; Domínguez Izquierdo, E. (2023). "La reparación del daño a la víctima como el elemento de individualización de la pena: la atenuante del art. 21.5 CP desde una perspectiva restaurativa", *CPC,* (140), 80.

fractor debe realizar un acto que sea contrario al delito cometido y que demuestre en cierta medida su voluntad de enmendar el daño causado. Este acto de reparación debe ser un gesto valorado positivamente que tienda a restaurar la situación a su estado anterior al delito o, al menos, a mitigar sus consecuencias. Si la reparación del daño es valorada como un *actus contrarius,* desde una óptica preventivo especial positiva esto puede indicar que, sin llegar a exigir su arrepentimiento o un acto de constricción[15], el infractor reconoce el daño causado con el delito y asume su responsabilidad, lo que puede tener efectos a la hora de reiterar el comportamiento delictivo[16]. Del mismo modo refuerza la idea de que el sistema penal no sólo castiga, sino que también premia comportamientos alineados con valores sociales tales como la responsabilidad y la reparación del daño. Al promover la reparación del daño como un acto valorado y necesario para la reducción de la pena se transmite el mensaje de que la justicia penal no sólo es punitiva, sino que también integra una finalidad restaurativa y orientada hacia la evitación de comportamientos delictivos por parte del infractor, lo que contribuye a que la sociedad contemple el Derecho penal como un mecanismo justo que no sólo castiga, sino que también persigue reparar y restaurar el orden social[17]. Ello

---

15 Faraldo Cabana, P. (1997). "La aplicación analógica de las atenuantes de comportamiento postdelictivo positivo (los números 4º y 5º en relación con el número 6º del artículo 21 del Código Penal de 1995)", *AFDUC,* (1), 244; Palma Herrera, J.M. (2002). "Atenuante de reparación del daño causado o disminución de sus efectos, e intervención reparadora de terceros", *El CP de 1995, 5 años después,* 121.

16 Faraldo Cabana, P. (1997). "La aplicación analógica de las atenuantes de comportamiento postdelictivo positivo (los números 4º y 5º en relación con el número 6º del artículo 21 del Código Penal de 1995)", *AFDUC,* (1), 244.

17 García Pérez O. (1997). *La punibilidad en el Derecho Penal,* 190 y s.; Alcácer Guirao, R. (2001). "La reparación en Derecho Penal y la atenuante del art. 21.5 CP. Reparación y desistimiento como actos

contribuye a la fortalecer la confianza de la sociedad en el sistema penal y en su eficacia, mostrando desde una perspectiva preventivo general positiva que se valora y se incentiva el comportamiento ético y reparador. Implica, además, como sostiene Asúa Batarrita, que la apreciación de la atenuante no puede estar condicionada por la opinión de la víctima, aunque sí que habrá que atender a una lógica de racionalidad subjetiva que aconseje analizar la situación desde la posición de las potenciales víctimas[18]. Esto permite apreciar la atenuante, por ejemplo, en aquellos casos en los que la víctima se niega a ser reparada o la reparación no hubiera sido completa por insolvencia del infractor, siempre y cuando se exteriorice un comportamiento postdelictivo valioso[19].

---

de revocación", *RPJ,* (63), 92 y s.; Asúa Batarrita, A. (2008). "Atenuantes postdelictivas: Necesidad de reformulación desde una racionalidad jurídico-penal y consecuencias en la individualización de la pena", *Atenuantes de reparación y de confesión. Equívocos de la orientación utilitarista (A propósito de una controvertida sentencia del Juzgado de lo Penal núm. 8 de Sevilla),* 169 y s.; Garro Carrera, E. (2008). "La atenuante de reparación del daño", *Atenuantes de reparación y de confesión. Equívocos de la orientación utilitarista (A propósito de una controvertida sentencia del Juzgado de lo Penal núm. 8 de Sevilla),* 43 y s.; Cervelló Donderis, V. (2021). "La aplicación de la atenuante de reparación del daño desde una vertiente restaurativa", *Estudios penales en homenaje al profesor José Manuel Lorenzo Salgado,* 355; Domínguez Izquierdo, E. (2023). "La reparación del daño a la víctima como el elemento de individualización de la pena: la atenuante del art. 21.5 CP desde una perspectiva restaurativa", CPC, (140), 77 y s.

18 Asúa Batarrita, A. (2008). "Atenuantes postdelictivas: Necesidad de reformulación desde una racionalidad jurídico-penal y consecuencias en la individualización de la pena", *Atenuantes de reparación y de confesión. Equívocos de la orientación utilitarista (A propósito de una controvertida sentencia del Juzgado de lo Penal núm. 8 de Sevilla),* 152.

19 Garro Carrera, E. (2021). "Atenuante de reparación del daño y límite a su virtualidad como instrumento de satisfacción a la víctima del delito", *Contra la política criminal de tolerancia cero, Homenaje al Profesor Dr. Ignacio Muñagorri Laguía,* 376.

En mi opinión, la legitimación de la atenuante de reparación de daño aparece indiscutiblemente unida a la disminución de la necesidad de penar, sin que, como comentaré más adelante, se deba rechazar la opción utilitarista pues ambas pueden integrarse plenamente. La rebaja penológica que implica la atenuante no se legitima porque se repare a la víctima (no es una pretensión del Derecho penal) sino que debe explicarse teniendo en cuenta otra serie de planteamientos. Para disminuir el reproche penal debe existir necesariamente un fundamento que lo justifique que, a mi juicio, pasa necesariamente por el hecho de que el sujeto realice un comportamiento con posterioridad al delito que pueda ser considerado jurídicamente valioso. La realización de un *actus contrarius* no sólo reduce el daño social generado por el delito ya que parte del daño originado ya ha sido subsanado, sino que el infractor demuestra una disposición a reintegrarse positivamente en la sociedad lo que reduce a su vez la necesidad de imponer una pena tan severa. Por último, al premiar la reparación con una disminución en la pena lo que se pretende es fomentar comportamientos que están alineados principalmente con el valor de la responsabilidad y del restablecimiento del orden alterado, lo que reduce la necesidad de recurrir a penas severas para mantener el orden social, sin que ello afecte a las pretensiones preventivo general intimidatorias que también se deriva como fin de la pena[20].

---

[20] Debemos tener en cuenta, en primer lugar, que la reducción de la pena en la atenuante simple como consecuencia de las reglas penológicas establecidas en el art. 66.1.1ª CP (aplicación de la pena en la mitad inferior) no suele ser tan significativa como para alterar la percepción de la severidad del sistema penal. Por el contrario, la severidad del castigo se mantiene con carácter general para cumplir con el objetivo de la disuasión. Además, en muchos casos la pena impuesta de conformidad con la atenuante podría mantenerse incluso sin su apreciación, al poderse aplicar la pena en toda la extensión del marco penal. Es cierto que la aplicación de la atenuante

Para que el acto de reparación cumpla con los objetivos preventivos y justifique la reducción de la pena se introducen ciertas restricciones: la inclusión del elemento subjetivo de la voluntariedad[21] y, por otro lado, la exigencia de un esfuerzo[22]. Aunque el art. 21.5 CP no requiere en su redacción la

---

muy cualificada o la aplicación conjunta de dos atenuantes simples conduce a la reducción en uno o dos grados de la pena a imponer (art. 66.1.2ª CP) puede tener un impacto más significativo y afectar al efecto intimidatorio. Sin embargo, considero que el fomento de conductas reparadoras y el restablecimiento del orden alterado permiten lograr alcanzar cierto equilibrio y que esta medida pueda ser sostenible dentro del sistema penal.

21 Faraldo Cabana, P. (1997). "La aplicación analógica de las atenuantes de comportamiento postdelictivo positivo (los números 4º y 5º en relación con el número 6º del artículo 21 del Código Penal de 1995)", *AFDUC*, 245 y s.; Pozuelo Pérez, L. (1998). "Las atenuantes 21.4 y 21.5 del actual Código Penal", *CPC*, (65), 416; Alcácer Guirao, R. (2001). "La reparación en Derecho Penal y la atenuante del art. 21.5 CP. Reparación y desistimiento como actos de revocación", *RPJ*, (63), 72; Palma Herrera, J.M. (2002). "Atenuante de reparación del daño causado o disminución de sus efectos, e intervención reparadora de terceros", *El CP de 1995, 5 años después*, Universidad de Córdoba, Servicio de Publicaciones, 121 y s.; Garro Carrera, E. (2008). "La atenuante de reparación del daño", *Atenuantes de reparación y de confesión. Equívocos de la orientación utilitarista (A propósito de una controvertida sentencia del Juzgado de lo Penal núm. 8 de Sevilla)*, 71 y s.

22 Silva Sánchez, J.M. (1997). "Sobre la relevancia jurídico-penal de la realización de actos de reparación", *RPJ*, (45), 196, 191; Alcácer Guirao, R. (2001). "La reparación en Derecho Penal y la atenuante del art. 21.5 CP. Reparación y desistimiento como actos de revocación", *RPJ*, (63), 114 y s: Garro Carrera, E. (2008). "La atenuante de reparación del daño", Atenuantes de reparación y de confesión. Equívocos de la orientación utilitarista (A propósito de una controvertida sentencia del Juzgado de lo Penal núm. 8 de Sevilla), 62 y s.; Cervelló Donderis, V. (2021). "La aplicación de la atenuante de reparación del daño desde una vertiente restaurativa", *Estudios penales en homenaje al profesor José Manuel Lorenzo Salgado*, 360; Domínguez Izquierdo, E. (2023). "La reparación del daño a la víctima como el

presencia de dichos elementos[23], lo que en principio abona una interpretación utilitarista de la atenuante, estos requisitos valorativos se consideran esenciales desde la perspectiva preventiva[24]. De este modo, la voluntariedad requiere que el infractor decida libremente reparar el daño causado a la víctima y asuma su responsabilidad por el hecho, sin que esta acción sea impuesta o forzada. Se valora, por lo tanto, la iniciativa del infractor como un acto genuino de rectificación y responsabilidad, que muestra un deseo de enmendar el daño causado. En este sentido, se plantea la cuestión de si la consignación de una cantidad dineraria realizada por el infractor antes del juicio oral, no con la pretensión de reparar incondicional e irrevocablemente los perjuicios causados sino dando cumplimiento al auto de prestación de una fianza, podría ser valorado como acto voluntario. La jurisprudencia considera que mientras la entrega dineraria a las partes colmaría el requisito de la voluntariedad para poder aplicar la atenuante simple, el ingreso de la consignación no cumpliría con esta exigencia, aunque este hecho sí podría dar lugar a la apreciación de la atenuante analógica[25].

---

elemento de individualización de la pena: la atenuante del art. 21.5 CP desde una perspectiva restaurativa", *CPC,* (140), 93.

23 De Vicente Remesal, J. (1997). "La consideración de la víctima a través de la reparación del daño en el Derecho penal español: Posibilidades actuales y perspectivas de futuro", *LH-Roxin,*204, quien entiende que este requisito se incorpora tácitamente en la redacción; Mir Puig, S. (2011). *Derecho Penal Parte General,* 9ª, 623 y s., de manera intencionada por parte del legislador, para eliminar cualquier obstáculo que dificulte la satisfacción de la víctima.

24 Asúa Batarrita, A. (2008). "Atenuantes postdelictivas: Necesidad de reformulación desde una racionalidad jurídico-penal y consecuencias en la individualización de la pena", *Atenuantes de reparación y de confesión. Equívocos de la orientación utilitarista (A propósito de una controvertida sentencia del Juzgado de lo Penal núm. 8 de Sevilla),* 158.

25 STS 754/2018 de 12 de marzo **(TOL7.118.794),** STS 757/2018 de 12 de marzo **(TOL6.619.805),** STS 126/2020 de 6 de abril **(TOL7.880.261)** y STS 683/2023 de 21 de septiembre **(TOL9.731.890).**

Por su parte, la exigencia de esfuerzo implica que la reparación del daño que realiza el infractor no debe ser una acción trivial, sino que requiere de un sacrificio significativo por su parte. Un esfuerzo que, por otro lado, puede ser económico o simbólico, o también en términos de tiempo y dedicación, reflejando su compromiso real con la reparación a la víctima. Esta consideración debilita, sin duda alguna, la premisa de que sólo las personas con elevada capacidad económica pueden beneficiarse de la atenuante. Es cierto que la capacidad económica permitirá abarcar más modalidades de reparación del daño que cuando aquella es menor, pero se deberá exigir la presencia de un esfuerzo en la modalidad reparadora, sea cual sea está, y siempre graduable a las circunstancias del caso y a las personales del infractor. De lo que se trata es, precisamente, de evitar que la imposición de la pena se convierta en una doble vara de medir atendiendo a la capacidad económica del infractor[26]: ni que los que tienen poder adquisitivo puedan beneficiarse fácilmente de la atenuante, pero tampoco que no puedan hacerlo quienes se encuentran en una situación de insolvencia. Se podrá apreciar, por lo tanto, la atenuante de reparación del daño si el infractor realiza un comportamiento positivo de naturaleza simbólica, aunque no podemos obviar que la reparación económica del daño debe tener carácter preferente. De ahí que difícilmente se pueda aplicar la atenuante a un infractor que, siendo solvente, se niegue a reparar el daño a través de esta vía dado que con ello se puede presumir que su voluntad de reparar no es creíble[27].

---

26 Garro Carrera, E. (2021). "Atenuante de reparación del daño y límite a su virtualidad como instrumento de satisfacción a la víctima del delito", *Contra la política criminal de tolerancia cero, Homenaje al Profesor Dr. Ignacio Muñagorri Laguía*, 378.

27 Garro Carrera, E. (2008). "La atenuante de reparación del daño", *Atenuantes de reparación y de confesión. Equívocos de la orientación utilitarista (A propósito de una controvertida sentencia del Juzgado de lo Penal núm. 8 de Sevilla)*, 71 y s.

En definitiva, con los requisitos de la voluntariedad y el esfuerzo no se premiaría cualquier forma de reparación, sino aquella que verdaderamente refleje un cambio de actitud en el delincuente, una acción decidida e irrevocablemente comprometida con la minoración del daño[28], alineándose así con los fines preventivos del Derecho penal de rehabilitación, disminución de la reincidencia y el reforzamiento de la confianza en el sistema de justicia penal[29]. Por ello, si la pretensión reside no sólo en reparar el daño generado a la víctima sino también que esta finalidad tenga una proyección adecuada desde los fines preventivos entiendo que se deberá ser flexible a la hora de favorecer en la medida de lo posible la realización de comportamientos reparadores. Por eso, comparto la opinión de quienes sostienen que incluso el acto de reparación puede llevarse a cabo durante el juicio oral[30], concretamente hasta el

---

[28] Garro Carrera, E. (2021). "Atenuante de reparación del daño y límite a su virtualidad como instrumento de satisfacción a la víctima del delito", *Contra la política criminal de tolerancia cero, Homenaje al Profesor Dr. Ignacio Muñagorri Laguía*, 374.

[29] La correlación entre los fines preventivos asignados al Derecho penal y la valoración de la reparación del daño como *actus contrarius* es interdependiente, siendo éste una herramienta para la consecución de los fines preventivos. La reparación del daño a la víctima valorada como *actus contrarius* se alinea con los fines del Derecho penal, dado que si el infractor repara el daño de manera voluntaria y con esfuerzo ello puede indicar que está en proceso de rehabilitación y, al mismo tiempo, reforzar la confianza social en el sistema de justicia penal. El fin preventivo es lo que proporciona, por lo tanto, la justificación para valorar el *actus contrarius* en la reducción de la pena. A diferencia, por lo tanto, de las tesis utilitaristas o políticocriminales, que se centran más en el resultado práctico de la reparación, sin dar tanta relevancia a la motivación o al esfuerzo del infractor, siempre y cuando se logren los objetivos deseados de manera eficaz.

[30] Cervelló Donderis, V. (2013). "Principios y garantías de la mediación penal desde un enfoque resocializador y victimológico", *RP*, (31), 38.

trámite de las conclusiones definitivas[31]. Entiendo que es posible defender esta postura desde una perspectiva sistemática, atendiendo a que en otros preceptos del CP el legislador sí que establece de manera clara el límite temporal en el momento anterior al *inicio* del juicio oral (arts. 31 quater y 434 CP).

Defender el modelo preventivo de la atenuante de reparación del daño cuando la redacción del art. 21.5 CP no exige explícitamente una reparación voluntaria y con esfuerzo presenta algunos desafíos. Quizás el primero de ellos esté relacionado con la interpretación de la propia letra de la ley, dado que esta exégesis conduce a planteamientos más restrictivos de los previstos en la redacción de la circunstancia. Por otro lado, la falta de requisitos específicos en la letra de la ley puede conducir a una aplicación inconsistente de la atenuante, dado que los operadores jurídicos gozarían de cierta libertad para interpretar la voluntariedad y el esfuerzo, lo que puede desembocar en la disparidad de decisiones y en la falta de certeza por parte de los infractores acerca de cómo se valorará su reparación.

Si bien considero más acertada la interpretación de la atenuante de reparación del daño basada en consideraciones preventivas por las razones expuestas, ello no implica desconocer las bondades del fundamento utilitarista ni que esta tesis deba ser excluida. Ambas perspectivas, lejos de ser incompatibles,

---

[31] Muñoz Cuesta, J. (2004). "Reparación del daño causado: ¿puede aplicarse la atenuante cuando la reparación se hace una vez iniciado el juicio oral?", *RJA,* (1), 2 y s. Una postura que no es compartida por la jurisprudencia, al entender que la reparación realizada en el transcurso del juicio en su caso podría dar lugar a la atenuante analógica, así, STS 125/2018 de 15 de marzo **(TOL6.547.983).** En mi opinión, la posibilidad de reparar hasta el trámite de conclusiones provisionales no colisionaría con las exigencias de legalidad que marca la interpretación literal del precepto, pues se puede entender que el juicio oral no se ha celebrado hasta que el juicio se declara visto para sentencia.

puede integrarse[32]. Optar por un fundamento preventivo no significa descuidar a la víctima. Si el infractor realiza un esfuerzo para el reparar el daño, esto puede reflejar una actitud de reconocimiento y responsabilidad por el hecho. Al mismo tiempo a la víctima se le repara (o se le compensa el daño en la medida de lo posible), lo que cumple con el objetivo utilitarista. Al integrar la reparación en el enfoque preventivo se obtiene un beneficio doble: se avanza hacia la rehabilitación del infractor y se cumple con la función de reparar el daño causado. De esta manera se asegura que el sistema penal no sólo castiga y busca la asunción de responsabilidad del infractor, sino que también responde a las necesidades de las víctimas de manera eficiente.

No debe premiarse cualquier forma de reparación, sino aquella que demuestre genuinamente un cambio de actitud, una acción decidida y orientada de manera irrevocable a mitigar el daño, lo que vendría a impedir que la mera compensación económica del daño ameritara la apreciación de la atenuante. Sin embargo, se debe reconocer que esta exigencia encuentra ciertas resistencias con las reglas penológicas de individualización de la pena que establece nuestro CP. Porque conforme a las directrices establecidas en el art. 66 CP y la tendencia jurisprudencial a imponer la pena mínima cuando no concurren circunstancias modificativas de la responsabilidad criminal, procedería la imposición de idéntica pena con independencia de los esfuerzos reparadores o de las actitudes comprometidas del infractor.

---

32 Así, por ejemplo, Cervelló Donderis, V. (2021). "La aplicación de la atenuante de reparación del daño desde una vertiente restaurativa", *Estudios penales en homenaje al profesor José Manuel Lorenzo Salgado*, 349 s y 355; Garro Carrera, E. (2021). "Atenuante de reparación del daño y límite a su virtualidad como instrumento de satisfacción a la víctima del delito", *Contra la política criminal de tolerancia cero, Homenaje al Profesor Dr. Ignacio Muñagorri Laguía*, 375. En la jurisprudencia, v. STS 3278/2024 de 6 de junio **(TOL10.052.538).**

La exigencia de ese cambio de actitud en el delincuente y, por consiguiente, la realización de una acción dirigida a disminuir el daño generado por el delito, es decir, el esfuerzo reparador, debería verse reflejada en una ventaja penológica considerable que no permite actualmente la apreciación de la atenuante simple (art. 66.1.1º CP). Por ejemplo, siguiendo el modelo establece el CP italiano en su art. 65 que prevé una disminución de la pena en la medida máxima de un tercio para el infractor que ha participado en un programa de justicia reparadora con la víctima del delito, finalizado con un resultado reparador. Ello implicaría probablemente una nueva redacción de la atenuante que incluyera la exigencia de esfuerzo por parte del infractor como acción comprometida con la reparación del daño y, consecuentemente, un ajuste del reproche punitivo acorde a dicho esfuerzo. Posiblemente en la línea de una propuesta de configuración autónoma de la atenuante de reparación del daño, diferenciada del resto, que ya apuntó Asúa Batarrita en el año 2008 y que plantea la posibilidad de, siempre que exista esfuerzo reparador por parte del infractor, rebajar la pena en uno o dos grados atendiendo a la naturaleza de la infracción, la intensidad del esfuerzo reparador y las posibilidades de reparación[33].

2. *La reparación del daño en los delitos contra la libertad sexual y violencia de género: la postura de la jurisprudencia*

El análisis jurisprudencial sobre la aplicación de la atenuante de reparación del daño implica asumir, como primera conclusión, que el TS adopta los dos fundamentos que

---

[33] Asúa Batarrita, A. (2008). "Atenuantes postdelictivas: Necesidad de reformulación desde una racionalidad jurídico-penal y consecuencias en la individualización de la pena", *Atenuantes de reparación y de confesión. Equívocos de la orientación utilitarista (A propósito de una controvertida sentencia del Juzgado de lo Penal núm. 8 de Sevilla)*, 186 y s.

tradicionalmente han pretendido dotar de sentido a la circunstancia[34]. De este modo se integran en sus pronunciamientos tanto la óptica utilitarista[35] como el fundamento preventivo vinculado con el *actus contrarius*[36]. Sin embargo, es necesario poner de manifiesto dos consideraciones: en primer lugar, el diverso tratamiento que dispensa el TS a la atenuante de reparación del daño atiendo a la naturaleza jurídica del bien jurídico objeto reparación, bien sea de carácter patrimonial o esencialmente se trate de bienes jurídicos personales y, en segundo lugar, el hecho de que la exigencia de *actus contrarius* generalmente aparece unida a la posible apreciación de la atenuante muy cualificada. Todo ello unido a cómo se interpreta la consignación a efectos de apreciar o no la atenuante[37].

Por lo que respecta a los delitos de naturaleza patrimonial, el TS considera que la mera consignación por el acusado al efecto de garantizar el pago de la eventual responsabilidad civil en absoluto equivale ni remotamente a la efectiva reparación a la víctima o a la disminución del daño causado a la misma[38]. De este modo, no cabrá atenuar la responsabilidad penal por la simple consignación de cantidades que suponen

---

34 Reconoce el TS que todavía no se ha perfilado cuál de los dos fundamentos principales debe reputarse como predominante, STS 3278/2024 de 6 de junio **(TOL10.052.538).**

35 V. entre otras STS 1352/2003, de 21 de octubre **(TOL327.728),** STS 536/2006, de 3 de mayo **(TOL964.478),** STS 1137/2010 de 22 de diciembre **(TOL2.028.150),** STS 3264/2022 de 15 de septiembre de 2022 **(TOL9.221.827).**

36 V. STS 319/2009 de 23 de marzo (**TOL1.499.111**), STS 3706/2022 de 13 de octubre de 2022 (T**OL9.270.552**).

37 A juicio del TS, la reparación simbólica resulta ser algo absolutamente excepcional y conectada, en la mayor parte de los casos, con la atenuante de confesión de la infracción (art. 21.4 CP). Así, v. STS 520/2019 de 30 de octubre **(TOL7.571.535).**

38 STS 5274/2023 de 29 de noviembre **(TOL9.802.547).**

una reducida compensación. Para poder aplicar la atenuante simple en este tipo de delitos deberá justificarse que la víctima ha sido resarcida completa o significativamente[39] o que su resarcimiento constituye un objetivo serio y prioritario para la persona acusada. Por su parte, el TS también aclara que la reparación completa del perjuicio sufrido no conlleva necesariamente la apreciación de la atenuante como muy cualificada[40]. La apreciación de la cualificación y, consecuentemente, la considerable rebaja penológica exigiría es "algo más" ese "mucho más", lo que implicaría, además de la reparación íntegra del daño, la realización de un comportamiento valorado como *actus contrarius*[41]. Para la especial cualificación de esta circunstancia se requiere que el esfuerzo realizado por el culpable sea particularmente notable, en atención a sus circunstancias personales (posición económica, obligaciones familiares y sociales, especiales circunstancias coyunturales, etc.) y al contexto global en que la acción se lleve a cabo.

Por el contrario, la interpretación que hace la jurisprudencia de la atenuante de reparación del daño en delitos que no presentan una naturaleza esencialmente patrimonial es más restrictiva. La razón reside en asumir que en delitos de naturaleza no estrictamente patrimonial, como los delitos de naturaleza

---

39 STS 94/2017, de 16 de febrero **(TOL5.973.214)**, STS 753/2017 de 23 de noviembre **(TOL6.441.579)**, STS 3122/2024 de 5 de junio **(TOL10.046.905)**.

40 V. ampliamente STS 125/2018 de 15 de marzo **(TOL6.547.983)**.

41 Así, entre otras muchas STS 15/2010 de 22 de enero **(TOL1.788.405)**, STS 87/2010 de 17 de febrero **(TOL1.898.732)** y STS 1156/2010 de 28 de diciembre **(TOL2.037.704)**, para evitar una objetivación de la atenuante que sería insostenible y contraria al fin preventivo general de la pena con una rebaja tan sustancial. La cualificación también se produciría, por ejemplo, en aquellos casos en los que el infractor asumiera su responsabilidad o aceptara expresamente las conclusiones definitivas propuestas por la Fiscalía.

sexual o lo que atentan contra el honor y la dignidad de las personas, la compensación económica sería la del daño moral sufrido por la víctima, lo que por otro lado es particularmente difícil de delimitar[42]. Atendiendo a esta difícil cuantificación, la jurisprudencia rechaza en estos casos que exista una reparación del daño, sino que simplemente se trata de la realización de acciones tendentes a compensar. Además, el TS reconoce que cuando se trata de daños morales, la reparación nunca es completa ni verdaderamente compensatoria, dado que bienes jurídicos como la dignidad, la libertad sexual o el honor no pueden ser plenamente restaurados a través del pago de una cantidad dineraria[43]. La compensación económica, en estos casos, se considera más como una ficción legal o un remedio subsidiario, que, si bien es útil, no tiene la capacidad de reparar íntegramente el daño causado. Por su parte, el hecho de que existan bienes jurídicos que no puedan patrimonializarse, como es el caso de los delitos contra la vida o contra la libertad sexual y que, por lo tanto, la indemnización económica sólo pueda adquirir un valor compensatorio que sirve para mitigar de una manera muy poco significativa la grave lesión del bien jurídico es lo que conduce al TS a considerar extremadamente excepcional a posibilidad de aplicar la atenuante muy cualificada de reparación del daño en los delitos contra la libertad sexual[44].

Frente a estos planteamientos, creo que hay que situar el foco de atención en el hecho de que esta extrema excepcionalidad debilita el incentivo al infractor a realizar actos que igualmente puedan contribuir al resarcimiento de la víctima, sobre todo en el plano emocional. Una excesiva rigidez en la aplicación

---

42 STS 1112/2007 de 27 de diciembre (**TOL1.235.274**) y STS 125/2018 de 15 de marzo (**TOL6.547.983**).

43 STS 419/2023 de 31 de mayo (**TOL9.595.381**).

44 STS 273/2023 de 19 de abril (**TOL9.517.293**).

de los criterios de interpretación de la atenuante puede conducir a resultados disfuncionales. Es importante tener en cuenta que cada víctima y situación son diferentes. Debe existir un margen para valorar si el infractor ha realizado esfuerzos significativos para resarcir el daño o ha mostrado un comportamiento reparador, lo que dependiendo de sus circunstancias, podría llevar a una atenuación considerable de su responsabilidad penal. En este sentido, la flexibilidad y el análisis caso por caso resultan esenciales para garantizar que la justicia no sea puramente punitiva, sino también proporcional y reparadora, adaptada a las circunstancias de cada delito y cada víctima. El riesgo de que el infractor "simule" realizar un *actus contrarius* con el fin de obtener una rebaja significativa de la pena es un desafío importante para el Derecho penal, pues puede que forme parte de una estrategia defensiva que no lleve aparejada un verdadero reconocimiento de la responsabilidad ni el deseo de enmendar el daño originado. Para en la medida de lo posible mitigar estos riesgos habría que atender, por ejemplo, no sólo a las acciones formales que lleva a cabo el infractor, sino también el contexto, el momento o las circunstancias en las que se produce. Una expresión de reconocimiento en estado muy avanzado del proceso, sin acciones previas que lo respalden, puede ser insuficiente para valorar el hecho como *actus contrarius*. Además, los procesos de mediación, vedados actualmente en nuestra legislación, pueden ser una herramienta útil para garantizar que los actos del infractor sean genuinos, como así lo ha previsto el CP italiano en la nueva regulación de la atenuante de reparación del daño (art. 62.6 CP)[45]. Estos procesos que promueven el

---

[45] Al incluir desde 2022 en la redacción de la atenuante de reparación del daño como forma de reparación, junto con el resarcimiento-restitución y la eliminación o atenuación del daño causado, haber participado el infractor en un programa de justicia restaurativa con la víctima del delito con resultado restaurativo. En aquellos casos en los

diálogo entre la víctima y el infractor en un entorno contralado y facilitado por una persona mediadora imparcial pueden ser escenarios óptimos, en donde se valore la verificación real del compromiso, la implicación emocional o la participación voluntaria y sincera, evidentemente siempre y cuando se cuente con el consentimiento de la víctima[46].

que el acuerdo restaurativo implique la asunción de compromisos de comportamiento sólo se apreciará la atenuante cuando los compromisos se hayan respetado. Más ampliamente, D´Amato, F. (2023). "La nuova circostanza di cui all'art. 62", n. 6, ultima parte, c.p.: l'aver partecipato ad un programa di giustizia riparativa conclusosi con esito positivo, *Rivista penale,* (149-3), 238, quien considera que salvo en los casos de reparación simbólica, esta tercera modalidad de reparación englobaría a las dos anteriores ya previstas. Destaca igualmente el autor que, a diferencia de las dos modalidades anteriores, no se ha previsto un límite temporal para la modalidad restaurativa, sin que en ningún caso deba exigirse el arrepentimiento; Mantovani, F./Flora, G. (2023), *Diritto Penale Parte Generale,* 12ª, 434, al calificar la previsión como una concepción revolucionaria por la que el castigo no es simplemente sufrido sino que, más bien, existe una participación activa por parte del condenado; Rizzuto, S. (2023). "In tema di circostanze attenuanti", *Il foro italiano,* (12), 694; Marinucci, G./ Dolcini, E./ Gatta, G.L. (2024), *Manuale di Diritto Penale Parte Generale,* 13ª, 713 y s., 978, quienes plantean la posibilidad de que los compromisos asumidos por el acusado sean públicos o dirigidos a la comunidad, como por ejemplo rendir testimonio en actos organizados por asociaciones de lucha contra la violencia hacia las mujeres o el crimen organizado. Agradezco al prof. Dr. Francesco Viganò y sobre todo, al prof. Dr. Tommasso Trinchera, ambos de la Universidad Bocconi de Milán, las sugerencias y observaciones realizadas al respecto.

46 Posibilidad no obstante excluida para los supuestos de violencia de género, lo que elimina una de las vías para visibilizar un *actus contrarius* por parte del infractor.

3. Reviviendo la discusión sobre la atenuante de reparación del daño en delitos graves: el caso Alves como catalizador del debate

El resurgimiento del debate sobre la aplicación de la atenuante de reparación del daño a los casos de violencia de género y sexual ha estado claramente vinculado a la controversia generada por la sentencia del caso Alves[47]. La AP de Barcelona condenó al acusado como autor de un delito de violación (arts. 178 y 179 CP), imponiéndole la pena de 4 años y 6 meses de prisión, casi la mínima prevista en el marco legal para este delito[48], que oscilaba entre los 4 y 12 años de prisión. Esta decisión se basó, entre otros factores, en la aplicación de la circunstancia atenuante simple de reparación del daño (art. 21.5 CP). Dicha atenuante se consideró relevante dado que, antes de la celebración del juicio oral, el acusado consignó la cantidad de 150.000 euros para que fueran entregados a la víctima incluso en el supuesto de fallo absolutorio, indemnización que inicialmente fue rechazada hasta en tres ocasiones por ésta[49].

Por lo que respecta a la aplicación de la atenuante de reparación del daño, la sentencia distingue claramente dos cuestiones: el motivo que lleva al tribunal a considerar adecuada la concurrencia de la circunstancia y, en segundo lugar, la determinación de si dicha circunstancia atenuante ha de tener la consideración de simple o, por el contrario, debe apreciarse como muy cualificada. No puede obviarse la relevante repercusión que genera esta cuestión, atendiendo a la posibilidad de rebajar la pena en un grado con relación al marco penal previsto si concurriera la atenuante muy cualificada (art. 66.1. 2ª CP).

---

47 SAP Barcelona 14/2024 de 22 de febrero **(TOL9.900.579).**

48 Aplicando la LO 10/2022, de 6 de septiembre, por ser la más favorable.

49 Aunque finalmente dicha indemnización fue solicitada por la víctima.

Con relación a la primera de las cuestiones, esto es, la que implica dirimir si realmente existió una voluntad reparadora por parte del acusado, la AP consideró que, si bien en el auto de procesamiento se estableció la obligación del procesado de abonar una fianza de 150.000 euros, el hecho de que aquel indicara su deseo de que la cantidad fuera entregada a la víctima, con independencia del resultado del juicio, expresaba una voluntad reparadora que justificó la aplicación de la atenuante. Por otro lado, la AP motivó la apreciación de la atenuante simple y no de la cualificada atendiendo al hecho de que el abono de la responsabilidad civil (150.000 euros) era una cantidad pequeña que no supuso para el autor demasiado esfuerzo reparador y, además, que en los delitos contra la libertad sexual el daño no es reparable económicamente, sino que compensa en parte el perjuicio causado. Frente al fallo condenatorio, la Fiscalía interpuso recurso oponiéndose a la aplicación de la atenuante de reparación del daño alegando, entre otros motivos el hecho de que la consignación como fianza para el aseguramiento de la responsabilidad civil se realizó a requerimiento del Tribunal, no presentando por lo tanto el carácter incondicional por parte del acusado y, seguidamente, argumentando que en los delitos contra la libertad sexual es necesario acreditar que el acusado tiene una voluntad de reparar el daño causado a la víctima, sin que el perjuicio ocasionado se pueda compensar de manera completa con la entrega de una cantidad dineraria.

Teniendo en cuenta las limitaciones de espacio, me centraré en tres cuestiones que, a mi juicio son fundamentales: 1. El mejorable proceso de individualización de la pena finalmente impuesta; 2. La importancia de la valoración de la voluntad reparadora y 3. La renuncia de la víctima al abono de la indemnización.

1. Se ha sostenido que el motivo principal del insuficiente reproche penal ha sido la incorrecta interpretación de la atenuante de reparación del daño en el caso, que entre otras llevó a la imposición de una pena de 4 años y 6 meses de prisión.

Al margen de considerar, a mi juicio, que nos encontramos ante una pena elevada, creo necesario indicar que la acreditación en los hechos probados de la existencia de violencia como medio comisivo debería haberse visto reflejada en el proceso de individualización de la pena posiblemente en una sanción de mayor gravedad (en todo caso siempre en la mitad inferior, entre los 4 y 8 años menos 1 día de prisión). Probablemente las críticas a la lenidad de la pena se hayan sustentado exclusivamente en la aplicación de la atenuante de reparación del daño y en los efectos penológicos que trae consigo, obviando que incluso con la aplicación de la atenuante se hubiera podido imponer una pena de mayor gravedad (Art. 66.1.1ª CP). La aplicación de la atenuante de reparación del daño exige la imposición de una pena en la mitad inferior del marco penal pero en donde habrá que tener también en cuenta otras consideraciones, como la modalidad comisiva o la gravedad del hecho. Es posible que la existencia de violencia, tal y como se acreditó en los hechos probados, debería haber modulado el quantum de la pena a imponer, incrementándola sensiblemente.

2. La SAP aplicó la atenuante de reparación del daño al considerar que existió, por parte del infractor, una voluntad reparadora. Fundamentó esta consideración precisamente por el hecho de que el deseo del infractor era precisamente que la cuantía económica fuera entregada a la víctima con independencia del sentido del fallo. Una actitud que, al menos como estrategia defensiva, resulta impecable y que se alinea con la interpretación jurisprudencial de apreciación de la atenuante en el ámbito de la violencia sexual: la posibilidad de aplicar la atenuante simple cuando la consignación económica sea significativa, en este caso coincidente con la responsabilidad civil solicitada por el Ministerio Fiscal. Si se asocia la apreciación de la atenuante simplemente con la consignación suficiente, resulta evidente que la mayor capacidad económica del infractor no asegura, pero sí favorece

la aplicación de la circunstancia. Como señalaba en páginas anteriores, nada impide que infractores con menores recursos económicos se beneficien de la atenuante, teniendo en cuenta que se puede reparar el daño a la víctima mediante comportamientos no necesariamente de índole económica, aunque debamos subrayar la necesidad de valorar esta consideración desde una perspectiva realista, atendiendo a su carácter excepcional. Una apreciación utilitarista de la atenuante que realiza la jurisprudencia y que, como he señalado con anterioridad, plantea diversas disfunciones. Una interpretación distinta de la atenuante simple, desde un prisma preventivo, que hubiera exigido en el infractor un comportamiento realmente valioso, como por ejemplo el de asumir su responsabilidad por el hecho y por el daño causado, lo que probablemente hubiera llevado a una individualización de la pena totalmente distinta.

3. La renuncia a la indemnización por parte de la víctima es un acto que subraya la importancia del estereotipo de género en torno al perfil que se espera de una víctima para que su testimonio sea considerado creíble. Muchas víctimas de delitos sexuales se enfrentan a una cultura de incredulidad y culpabilización, donde el deseo de ser creídas se convierte en una preocupación fundamental. Existe un cliché que sugiere que una víctima será menos juzgada si no busca compensación económica, ya que se teme que el dinero pueda "contaminar" su testimonio, alimentando la idea de que una compensación monetaria podría estar asociada con el ejercicio de la prostitución (es decir, si se te paga, eres accesible). Renunciar a la indemnización se convierte entonces en una estrategia que algunas víctimas adoptan para reforzar la autenticidad de su denuncia y evitar que su testimonio sea cuestionado por supuestos intereses económicos. Este acto también refleja el peso del juicio social al que la víctima cree que será sometida; en muchos casos, la renuncia se hace para protegerse del escrutinio público y preservar su dignidad ante

la creencia de que ningún dinero podrá resarcir el daño sufrido. Sin embargo, esta renuncia representa un perjuicio adicional para la víctima, quien no solo debe lidiar con las secuelas del delito, sino también con la necesidad de sacrificar una posible reparación económica en favor de ser tomada en serio.

III. EL PACTO DE ESTADO CONTRA LA VIOLENCIA DE GÉNERO: LA PROPUESTA DE SUPRESIÓN DE LA ATENUANTE DE REPARACIÓN DEL DAÑO A LAS VÍCTIMAS DE VIOLENCIA DE GÉNERO

El Pacto de Estado contra la Violencia de Género, aprobado por el Congreso de los Diputados en septiembre de 2017 y renovado en el año 2025, surgió con la finalidad de erradicar la violencia de género y, fundamentalmente, mejorar los mecanismos de protección y apoyo a las víctimas. Al margen de sus objetivos de prevención de la violencia a través de la implementación de medidas educativas y de sensibilidad, de asistencia y protección a las víctimas, de coordinación institucional y de visibilización y sensibilización social sobre la gravedad de la violencia de género, se introdujeron igualmente unas propuestas dirigidas a endurecer la respuesta penal frente a este tipo de violencia[50], así como a mejorar la eficacia en la persecución y condena de los agresores. Una de estas propuestas es la supresión de la atenuante de reparación del daño a las víctimas de violencia de género en una medida (nº 89/107 en el Pacto de 2017, nº 162 en el Pacto de 2025)[51], que se enmarca

---

[50] Sanz Mulas, N. (2019). *Violencia de género y pacto de estado: la huida hacia adelante de una norma agotada (LO 1-2004)*, 39 y s.

[51] Medida núm. 89/107 (2017) nº 162 (2025): Suprimir la atenuante de reparación del daño en los casos de violencia de género.

dentro del carácter punitivista del Pacto de Estado[52], dirigida, por lo que aquí respecta, a reducir la impunidad y sobre todo la sensación de indulgencia de los agresores. Como ya ha sostenido un sector doctrinal, una de las críticas que se pueden dirigir a esta medida es que el Pacto de Estado no incorpora ninguna razón que venga a justificar aunque sea de manera aproximada este veto[53]. Ante esta carencia argumentativa, con una finalidad que no pretende ir más allá de la mera elucubración, entiendo que se pueden encontrar motivos de distinta naturaleza que pueden haber conducido a la incorporación de esta medida. Así, se podría sostener que la violencia de género implica la existencia de una dinámica de poder y control que transciende a la mera reparación del daño y que la eliminación de la atenuante en este ámbito refleja la gravedad del daño infligido a la víctima, que en ningún caso puede ser reparado completamente con una compensación de carácter material. Igualmente, con este veto el legislador estaría fortaleciendo su mensaje de "tolerancia cero" hacia cualquier forma de violencia basada en el género, evitando al mismo tiempo minimizar la gravedad, el impacto y la reprobación jurídica ante este tipo de violencia que resultaría de la imposición de una pena reducida por la aplicación de la atenuante. En todo caso, lo que no resulta convincente es apoyar la supresión de la atenuante de reparación del daño en todos los casos de violencia contra la mujer por el hecho de que automáticamente se aplique esta atenuante cuando el delincuente cumple con la obligación de indemnizar a la víctima, lo que en principio no merecería ninguna atenuación de la pena.

---

52 Villacampa Estiarte, C./Torres Ferrer, C. (2023). "Pacto de Estado y Política Criminal en materia de violencia de género", *Violencia de género, justicia penal y pacto de Estado,* 615.

53 Boldova Pasamar, M.A. (2021). "Algunas reflexiones sobre los aspectos jurídico-penales contenidos en el Pacto de Estado contra la Violencia de Género", *RAAP,* (56), 303.

La doctrina penalista (con razón) se ha mostrado especialmente crítica con la supresión de la atenuante de reparación del daño en los casos de violencia de género[54]. Los argumentos utilizados rechazan la medida atendiendo al hecho de que excede claramente de las propuestas dirigidas a eliminar la violencia de género previstas en el Convenio de Estambul[55], por la falta de delimitación del ámbito de su aplicación[56] y por la posible vulneración del principio de igualdad[57].También se ha esgrimido que suprimir la aplicación de la atenuante en estos casos no solo podría ir en contra del espíritu reparador que

---

54 Por el contrario, a favor de la medida, Bastarreche Bengoa, T. (2018). "La dispensa de la obligación de declarar en el caso de violencia contra la mujer. ¿Una paradoja irresoluble?". *Estudio integral de la violencia de género: Un análisis teórico-práctico desde el derecho y las ciencias sociales,* 549, al entender que en los casos de violencia de género es difícil entender que la violencia sufrida pueda repararse por el agresor.

55 Sanz Morán, A. (2023). "El Pacto de Estado contra la Violencia de Género: ¿es necesario intensificar la respuesta jurídico-penal?", *Violencia de género, justicia penal y pacto de Estado,* 550.

56 Boldova Pasamar, M.A. (2021). "Algunas reflexiones sobre los aspectos jurídico-penales contenidos en el Pacto de Estado contra la Violencia de Género", *RAAP,* (56), 303, indicando que no quedaría claro si la propuesta de eliminación de la atenuante se circunscribe únicamente a los delitos de violencia de género, en su mayor parte delitos leves y ocasionales o también a cualquier otro delito, de mayor gravedad, en el que se aprecie la concurrencia de la agravante por razón de género (art. 22.4 CP). Entendiendo que sería de aplicación a los supuestos de violencia de género referidos en el Convenio de Estambul, v. Acale Sánchez, M. (2018). "Aspectos penales del Pacto de Estado Español contra la violencia de género de 2017", *Diritto Penale Contemporaneo,* (1), 19.

57 Acale Sánchez, M. (2018). "Aspectos penales del Pacto de Estado Español contra la violencia de género de 2017", *Diritto Penale Contemporaneo,* (1), 18 y s.

recoge el Estatuto de la Víctima[58], sino que también generaría ciertas disfunciones en el ámbito de la ejecución penal[59].

Además de estar de acuerdo con estos argumentos, considero que se podrían añadir otras razones para rechazar la medida recogida en el Pacto de Estado que paso a detallar.

1. La prohibición de aplicar la atenuante de reparación del daño en los delitos de violencia de género supondría, en primer lugar, un posible desincentivo para la cooperación del agresor atendiendo al hecho de que desaparecería el beneficio penológico que le asegura la imposición de la pena en la mitad inferior del marco penal[60] o incluso considerable rebaja penológica para los supuestos en los que la atenuante simple se apreciara conjuntamente con otra o concurriera la atenuante muy cualificada. A nadie se le escapa el hecho de que la eliminación de este beneficio supondría un aumento de las reticencias a la hora de reparar a la víctima, ya que el acto

58 Romo Sabando, B. (2018). "Análisis de las implicaciones legislativas penales de las medidas adoptadas en el Pacto de Estado contra la Violencia de Género", *REDUR*, (16), 147, aplicación de los presupuestos restauradores que es una propuesta lícita en los casos de violencia de género, a excepción de la prohibición de mediación penal.

59 Rodríguez Yagüe, C. (2018). "La ejecución de las penas de prisión en los delitos de violencia de género: ¿una asignatura pendiente?", *Estudio Integral de la Violencia de Género: un análisis teórico-práctico desde el Derecho y las Ciencias Sociales*, 462 y s., atendiendo al hecho de que una de las indicaciones para la clasificación o progresión al tercer grado y para la obtención de la libertad condicional es reparar el daño a la víctima e indemnizar perjuicios materiales y morales.

60 Sí que es cierto que, atendiendo a las reglas penológicas previstas en el art. 66 CP, teóricamente hay un marco penal, el de la mitad inferior del intervalo, que también podría ser de aplicación en los casos en los que no se apreciara la atenuante simple. La aplicación de la atenuante simple de reparación del daño garantizaría que se no pudiera imponer la pena en su mitad superior.

de reparación dejaría de ofrecerle una ventaja tangible por lo que se refiere a la pena a imponer. El sistema penal tiene, entre otros objetivos, la reinserción del infractor en la sociedad. La atenuante de reparación del daño puede ser un indicador de que el agresor está en un camino hacia la rehabilitación, mostrando responsabilidad y voluntad de enmendar sus actos. Si se prohíbe esta atenuante, se podría perder una oportunidad importante para fomentar la rehabilitación del agresor, ya que no se reconocerían sus esfuerzos por reparar el daño. Este veto, en mi opinión, originaría un doble impacto que no puede ser obviado en la práctica: en primer lugar, la merma en el derecho de la víctima a ser reparada y, en segundo lugar, la consiguiente revictimización de la mujer, una vez más, en el seno del proceso penal.

Por lo que respecta a la primera de las consideraciones, creo que no debemos olvidar que la reparación del daño es un derecho fundamental reconocido a las víctimas del delito a nivel internacional[61]. La legislación nacional también reconoce este derecho a la reparación. Al margen de este reconocimiento que se realiza en el art. 3.1 del Estatuto de la Víctima, es importante tener presente que la propia LO 1/2004, de 28 de diciembre, de Medidas de Protección Integral contra la Violencia de Género, reformada en el año 2022, reconoce en su art. 28 bis el derecho de las víctimas de violencia de género a la reparación,

---

61 Así, art. 8 Declaración Universal de Derechos Humanos, arts. 2, 3, 9.5, 14.6 del Pacto Internacional de Derechos Cívicos y Políticos, art. 2 de la Convención Internacional sobre la Eliminación de todas las Formas de Discriminación contra la Mujer, art. 39 de la Convención sobre los Derechos del Niño y de la Niña Resolución 60/147 de la Asamblea General de las Naciones Unidas sobre los Principios y directrices básicos sobre el derecho de las víctimas de violaciones manifiestas de las normas internacionales de derechos humanos y de violaciones graves del derecho internacional humanitario a interponer recursos y obtener reparaciones, de 2005, entre otros.

lo que comprende entre otras la compensación económica por los daños y perjuicios derivados de la violencia y las acciones de reparación simbólica[62]. A mayor abundamiento, el art. 28 ter establece la obligación de las administraciones públicas de velar porque las víctimas tengan acceso efectivo a la indemnización que corresponda por daños y perjuicios. La propuesta del Pacto de Estado tendente a prohibir la aplicación de la atenuante de reparación del daño a la víctima debilitaría las posibilidades de que la víctima fuera reparada, en los términos que plantea la Ley Integral o el Estatuto de la Víctima.

Considero igualmente que la prohibición de apreciar la atenuante de reparación del daño a los casos de violencia de género generaría un efecto revictimizador que incidiría nuevamente sobre las mujeres. Al daño que genera a la víctima el delito se le añaden indirectamente otra serie de perjuicios, provocando que el sistema se vuelva contra ella, revictimizándola. A la tan denunciada merma de la credibilidad de la víctima en los procesos por violencia de género, heredera de los múltiples estereotipos que se asocian a la mujer víctima[63], se introduce con la propuesta del Pacto de Estado un impedimento que dificulta que la mujer sea reparada por el daño causado. Un nuevo ejemplo de violencia institucional que evidencia una discriminación en el ejercicio de los derechos por parte de las mujeres que son afectadas por la falta de reparación, lo que profundiza en la desigualdad. Si en otros delitos, incluso de mayor gravedad, la reparación del daño puede motivar la aplicación de la atenuante, para las víctimas de violencia de género el veto

---

62 Por lo que respecta a las víctimas de violencia sexual, v. arts. 1.3. e), 2 b y 52 de la LO 10/2022, de 6 de septiembre, de garantía integral de la libertad sexual.

63 Larrauri Pijoan, E. (2008). "Cinco tópicos sobre las mujeres víctimas de violencia…y algunas respuestas desde el feminismo oficial", *Género, Violencia y Derecho,* 312-324.

podría percibirse como una negación de la oportunidad de recibir algún tipo de compensación por el daño sufrido, lo que podría ser visto como una forma de revictimización. En definitiva, podría interpretarse como una falta de reconocimiento de sus derechos y necesidades, en comparación con otras víctimas que sí pueden beneficiarse de la reparación del daño. Esto podría generar críticas sobre la coherencia y la equidad del sistema penal en su conjunto. Además, podría conducir razonablemente a abrir el debate sobre si otros tipos de delitos deberían recibir un trato similar al planteado en el Pacto de Estado.

Al eliminar la posibilidad de que la reparación del daño sea apreciada como atenuación en la pena, se podría disuadir a los agresores de realizar esfuerzos por compensar a la víctima. Sin el incentivo de una posible reducción de la pena, algunos agresores podrían optar por no asumir la responsabilidad económica o moral de sus acciones, lo que podría privar a las víctimas de una reparación que, aunque no elimina el daño sufrido, podría ayudar en su proceso de recuperación. Mujeres víctimas que, al ver materialmente reducidas sus posibilidades de ser reparadas, pueden sentirse desamparadas y desprotegidas, lo que puede agravar su sufrimiento emocional y enfrentarse a las dificultades económicas derivadas de delito, como los daños o la pérdida de ingresos. Esto puede conllevar igualmente una sensación de desconfianza en la percepción que la propia víctima tiene de la justicia y del propio sistema judicial. Además, en muchos casos, las víctimas buscan una reparación que no solo sea económica, sino que también represente un reconocimiento del daño sufrido. La reparación puede tener un impacto simbólico importante, ayudando a la víctima en su proceso de recuperación.

Del mismo modo, la prohibición de aplicar la atenuante de género en los delitos de violencia de género podría reducir sensiblemente los procedimientos que se resuelven a través de la conformidad, debido a la eliminación del incentivo penológico para el agresor. La conformidad, en muchos casos, se logra porque el acusado está dispuesto a aceptar su responsabilidad y reparar a la víctima a cambio de una reducción en la pena, lo que suele incluir la aplicación de atenuantes, como la reparación del daño. El veto a la atenuante implicaría perder la posibilidad de obtener una rebaja en la condena, lo que podría hacer disminuir el interés del acusado en llegar a un acuerdo. Incluso en aquellos casos en los que existe una verdadera voluntad de reparar a cambio del beneficio penológico, la víctima se vería obligada por falta de conformidad, a enfrentarse a juicios prolongados lo que podría aumentar su sufrimiento emocional y psicológico, prolongando su exposición al sistema judicial y a su agresor.

2. La prohibición de la aplicación de la atenuante de reparación del daño podría suponer una vulneración del principio de proporcionalidad, que persigue equilibrar la gravedad del delito con una respuesta punitiva adecuada. La propuesta de eliminar la atenuante en el ámbito de la violencia de género, a través nuevamente de una prohibición que viene a sumarse al veto de la mediación en este ámbito[64], obvia la necesidad de construir una respuesta penal que sea flexible y que atienda las circunstancias individuales de cada caso y, consecuentemente, puede llevar a la imposición de penas más severas de manera automática, sin considerar las circunstancias específicas del caso. Podrían sucederse situaciones en donde, por ejemplo, el

---

[64] A propósito de la prohibición de mediación penal v. acertadamente Alonso Rimo, A. (2024). "¿No tiene derecho a una reparación integral las víctimas de violencia de género y de delitos sexuales? La prohibición de mediación penal en esas infracciones a la luz de los estándares europeos", *RGDE,* (64), 106-120, quien sostiene que los tradicionales argumentos basados en el riesgo de privatización del conflicto y victimización secundaria no fundamentan suficientemente la prohibición de mediación (y también conciliación en el ámbito de los delitos contra la libertad sexual) en el ámbito de la violencia de género.

agresor hubiera realizado esfuerzos considerables para reparar el daño a la víctima, sin que tuviera la posibilidad de atenuación en la respuesta penal. Esa menor necesidad de pena, atendiendo precisamente a criterios de preventivo especiales, no podría verse reflejada en la atenuación del reproche penal, lo que podría ser calificada como reacción desproporcionada y generar un sentimiento de injusticia tanto en el agresor como en su entorno. Esto, sin duda alguna, podría suponer un debilitamiento de la confianza en el sistema judicial y en la capacidad del sistema penal de responder equitativamente.

IV. BREVE ANÁLISIS DE LA PROPUESTA LEGISLATIVA DE REFORMA DEL ART. 21.5 DEL CP EN LOS DELITOS DE VIOLENCIA DE GÉNERO Y CONTRA LA LIBERTAD SEXUAL

Como he señalado al comienzo, el revuelo social originado como consecuencia de la sentencia del caso Alves fue probablemente el detonante que ha cristalizado en una proposición de ley, presentada por el Grupo Mixto en el Congreso en marzo de 2024, tendente a modificar la actual redacción de la atenuante de reparación del daño (art. 21.5 CP) y su aplicación en los delitos de violencia de género y contra la libertad sexual[65]. De la lectura de su Exposición de Motivos se pueden extraer las tres razones que impulsan esta reforma penal: el recelo que suscita la tendencia a la aplicación de la pena mínima por parte de los tribunales en los delitos contra la libertad sexual, la necesidad de implementar una protección integral a las víctimas y, por último "garantizar, en la línea de la medida n° 107 del pacto de Estado contra la Violencia

[65] https://www.congreso.es/public_oficiales/L15/CONG/BOCG/B/BOCG-15-B-80-1.PDF

de Género suscrito por todas las fuerzas políticas parlamentarias en 2017, que se garantice que la reparación del daño sea también integral, conforme a lo previsto en el artículo 52 de la LO 10/2022[66], que a su vez modificó en idéntico sentido la LO 1/2004". En la Exposición de Motivos se desarrolla esta última consideración atendiendo al hecho de que en los casos de violencia machista, como la violencia de género, la vicaria o la sexual, tal y como aparecen definidas en la LO 1/2004, de 28 de diciembre, contra la violencia de género o en la LO 10/2022, de 6 de septiembre de garantía integral de la libertad sexual, no se puede entender reparado o disminuido el daño con el ofrecimiento o pago de una indemnización económica. Por el contrario, tal y como considera el legislador en la Exposición de Motivos, dicha reparación deberá realizarse teniendo en cuenta todos los conceptos incluidos en el art. 28 ter 2) de la LO 1/2004[67]

---

66 Art. 52 LO 10/2022: Alcance y garantía del derecho a la reparación. Las víctimas de violencias sexuales tienen derecho a la reparación, lo que comprende la indemnización a la que se refiere el artículo siguiente, las medidas necesarias para su completa recuperación física, psíquica y social, las acciones de reparación simbólica y las garantías de no repetición. Para garantizar este derecho, y sin perjuicio de las competencias autonómicas en la materia, se elaborará un programa administrativo de reparación a las víctimas de violencias sexuales que incluya medidas simbólicas, materiales, individuales y colectivas.

67 Art. 28 ter LO 1/2004. Medidas para garantizar el derecho a la reparación. 1. Las víctimas de violencia de género tienen derecho a la reparación, lo que comprende la indemnización a la que se refiere el apartado siguiente, las medidas necesarias para su completa recuperación física, psíquica y social, las acciones de reparación simbólica y las garantías de no repetición. 2. Las administraciones públicas asegurarán que las víctimas tengan acceso efectivo a la indemnización que corresponda por los daños y perjuicios, que deberá garantizar la satisfacción económicamente evaluable de, al menos, los siguientes conceptos: a) El daño físico y psicológico, incluido el daño moral y el daño a la dignidad. b) La pérdida de oportunidades, incluidas las oportunidades de educación, empleo y prestaciones sociales. c) Los

y 53.2 de la LO 10/2022[68] (cabe destacar que probablemente la referencia debiera haberse realizado con relación al art. 53.1). Concluye la propuesta indicando que con esta modificación normativa se da cumplimento a la medida nº 107 del Pacto de Estado cuyo literal instaba a "suprimir la atenuante de reparación del daño en los casos de violencia de género". Así, el nuevo art. 21.5 CP quedaría redactado como sigue:

> "5. La de haber procedido el culpable a reparar el daño ocasionado a la víctima, o disminuir sus efectos, en cualquier momento del procedimiento y con anterioridad a la celebración del acto del juicio oral. No obstante, en los delitos de violencia de género y contra la libertad sexual, la reparación deberá comprender todos los conceptos contenidos en las leyes integrales".

---

daños materiales y la pérdida de ingresos, incluido el lucro cesante. d) El daño social, entendido como el daño al proyecto de vida. e) El tratamiento terapéutico, social y de salud sexual y reproductiva.

68 Art. 53 LO 10/2022. Indemnización. 1. La indemnización por daños y perjuicios materiales y morales que corresponda a las víctimas de violencias sexuales de acuerdo con las leyes penales sobre la responsabilidad civil derivada del delito, deberá garantizar la satisfacción económicamente evaluable de, al menos, los siguientes conceptos: a) El daño físico y psicológico, incluido el daño moral y el daño a la dignidad. b) La pérdida de oportunidades, incluidas las oportunidades de educación, empleo y prestaciones sociales. c) Los daños materiales y la pérdida de ingresos, incluido el lucro cesante. d) El daño social, entendido como el daño al proyecto de vida. e) El tratamiento terapéutico, social y de salud sexual y reproductiva. 2. La indemnización será satisfecha por la o las personas civil o penalmente responsables, de acuerdo con la normativa vigente. Por lo que respecta al análisis de ambos preceptos, v. ampliamente Aguado Correa, T. (2023). "El derecho a la reparación a las víctimas de violencias sexuales y violencia de género tras la Ley Orgánica de Garantía Integral de la Libertad Sexual: un punto de inflexión", *RP*, (52), 10-13, quien pone de manifiesto la desigual regulación del derecho a la reparación de las víctimas de violencia de género y violencia sexual por lo que respecta a la técnica legislativa, lo que puede inducir a confusión.

Como se puede analizar a simple vista, la reforma planteada en la redacción del precepto no supone una modificación sustancial de los requisitos generales exigidos para poder apreciar la circunstancia, sino que la propuesta consiste en, lo que podríamos denominar, incorporar una doble adición, formal y material: la que constituye el apartado segundo de la atenuante y la exigencia de que en los delitos de violencia de género y contra la libertad sexual la reparación del daño no se entienda conseguida con el pago de la indemnización, sino que se requiera además atender a otra serie de consideraciones para lograr la reparación.

Genera sorpresa la identificación, a mi modo de ver equivocada, entre el principal motivo que conduce a la reforma de la redacción de la atenuante y el texto finalmente propuesto. De este modo, a pesar de que se insiste en la Exposición de Motivos en que la propuesta se alinea con la medida recogida en el Pacto de Estado[69], lo cierto es que poco o nada tiene que ver. Así, debemos recordar que el Pacto de Estado insta a la eliminación de la atenuante para los casos de violencia de género, mientras que la propuesta del grupo parlamentario Mixto, lejos de suprimirla, lo que plantea es mantener la atenuante de reparación del daño en el ámbito de la violencia de género y de los delitos contra la libertad sexual, eso sí, con requisitos adicionales. Quizás no haya contribuido a clarificar la cuestión la difusión pública de la propuesta que llevó en su día el del grupo parlamentario, al insistir específicamente en la necesidad de eliminar la atenuante de reparación del daño en estos ámbitos[70].

---

69 Probablemente precedida por el Estudio Prácticas de reparación de violencias machistas. Análisis y propuestas, elaborado en el año 2021 por el Ministerio de Igualdad https://violenciagenero.igualdad.gob.es/wp-content/uploads/Estudio_Reparaciones_TSR_def.pdf

70 https://www.elperiodico.com/es/sociedad/20240311/podemos-atenuante-indemnizacion-victimas-genero-99327845

Como se indica en la propuesta, no se pretende suprimir la atenuante de reparación del daño, sino exigir que en los delitos de violencia de género y contra la libertad sexual la reparación comprenda todos los conceptos contenidos en las leyes integrales. Parece ciertamente difuso el reenvío que hace la nueva redacción a las leyes integrarles y que podría comprometer ciertamente la exigencia de taxatividad o certeza, por mucho que en la Exposición de Motivos se haga mención expresa a la referida normativa. Por otro lado, en estas leyes se hace referencia al daño físico y psicológico, la pérdida de oportunidades, los daños materiales y la pérdida de ingresos, el daño social (entendido como el daño al proyecto de vida) y al tratamiento terapéutico, social y de salud sexual y reproductiva[71]. Es decir, aluden a una reparación integral del daño.

Es decir, la aplicación de la atenuante de reparación del daño en el ámbito de la violencia de género y sexual aparece condicionada por el hecho de que las mujeres víctimas sean indemnizadas no solo por el daño directo que sufren, sino también (y al menos, tal y como aparece redacta la propuesta) por las repercusiones colaterales que pueden afectar a su bienestar, desarrollo personal, económico y social. Se amplía con ello el contenido integrable dentro de la indemnización, como así se interpreta del art. 28 ter 1 (indemnización a la que se refiere el apartado siguiente) y del art. 53.1, al aludir a la indemnización por daños y perjuicios materiales y morales. Sin embargo, el interrogante que se abre es el siguiente: ¿responde verdaderamente esta propuesta a la necesidad de evitar que el abono de una cantidad dineraria suponga la aplicación automática de la atenuante? Aunque la propuesta amplía la reparación

---

71 Resulta además llamativo que en el ámbito de la LO 1/2004 se inste a las administraciones públicas a asegurar el acceso de las víctimas a la indemnización, cuando en la LO 10/2022 no se hace ninguna referencia a ello.

a aspectos como el daño social, la pérdida de oportunidades y el tratamiento terapéutico, la capacidad del infractor para cumplir con estas reparaciones seguirá dependiendo, en gran medida, de sus recursos económicos. Es importante tener en cuenta cómo se aplicarían estas disposiciones en la práctica. Si no se especifican más criterios para evaluar la atenuante, el hecho de que el agresor indemnice a la víctima podría ser utilizado para argumentar que esto ya merece la aplicación de la atenuante. Para evitar esta interpretación, sería necesario definir en la norma que la indemnización por sí sola no basta para justificar la aplicación de la atenuante y que debe haber una valoración más profunda del comportamiento del agresor y su actitud hacia el daño causado.

Al margen de esta consideración, creo que exigir una reparación integral en todos los delitos y no sólo en delitos de violencia de género y contra la libertad sexual sería razonable desde una perspectiva de justicia y equidad. Si bien este tipo de delitos presentan características especiales que requieren una atención específica, es importante tener presente que muchos de los daños que sufren las víctimas de otros delitos también son amplios y van más allá de lo puramente económico. Los delitos graves como el homicidio, las lesiones graves o las privaciones ilegítimas de la libertad suelen tener un impacto profundo en las víctimas y limitar la exigencia de reparación integral al ámbito de la violencia de género y sexual crearía una evidente desigualdad.

V. REFLEXIONES FINALES

La medida consistente en eliminar la atenuante de reparación del daño para los casos de violencia de género prevista en el Pacto de Estado es en mi opinión rechazable, puesto que supone un desincentivo a la reparación del daño que es un derecho reconocido a las víctimas, generaría un efecto revictimizador sobre las mujeres víctimas de violencia de género, podría suponer una vulneración del principio de proporcionalidad, debilitaría las posibilidades de reintegración del infractor y, en cierto modo, tendría un impacto en la posibilidad de llegar a conformidades dentro del proceso.

Por su parte, la propuesta de reforma legislativa de la atenuante de reparación del daño no se alinea con la medida propuesta por el Pacto de Estado, sino que postula el mantenimiento de la atenuante también para el ámbito de la violencia de género y sexual, al que añade requisitos adicionales. La modificación del art. 21.5 CP intenta alinearse con las demandas de una reparación más completa y ajustada a las necesidades de las víctimas. Se exige una reparación integral que abarque otros aspectos como los daños psicológicos, la pérdida de oportunidades y el tratamiento terapéutico. Esto refleja una visión multidimensional del daño sufrido por las víctimas, pero persiste la duda de si esta propuesta evitaría los automatismos asociados con la capacidad económica del infractor. El interrogante es si la propuesta evita que el pago de la indemnización implique automáticamente la apreciación de la atenuante. Para evitar esto sería necesario además evaluar el comportamiento y la actitud del infractor.

Considero que la atenuante de reparación del daño debe justificarse desde una perspectiva preventiva sin despreciar por ello su finalidad utilitarista. Aunque la reparación a la víctima es un objetivo loable, es importante tener presente que la reparación del daño en el ámbito penal no puede identificarse con la responsabilidad civil. La disminución de la intensidad del reproche penal no debe depender de la satisfacción de la víctima, sino de la realización de un acto postdelictivo valioso por parte del infractor, un *actus contrarius*, que justifique desde planteamientos preventivos la menor necesidad de penar. Ello implica sobre todo la exigencia de un esfuerzo por parte del infractor para disminuir las consecuencias del delito, demostrando así una disposición a asumir su responsabilidad, debilitando con ello la posibilidad de comisión de nuevos delitos. Al recompensar la actitud con una reducción de la pena se transmite el mensaje de que el sistema pena no solo castiga, sino que también premia comportamientos restaurativos.

En conclusión, la reforma de la redacción de la atenuante de reparación del daño debería aplicarse no sólo en los casos de violencia de género y sexual, sino extenderse a todos los delitos. Este enfoque garantizaría un tratamiento más equitativo entre todas las víctimas y evitaría desigualdades en el sistema penal. La exigencia de una reparación integral y genuina, que vaya más allá de una compensación económica, debe considerarse en todo tipo de delitos, promoviendo un esfuerzo activo y restaurativo por parte del infractor. Para lograrlo, sería necesario concebir de manera distinta la cuantificación penológica para que el esfuerzo reparador tenga un impacto significativo en la reducción de la pena, atendiendo a la naturaleza del delito y la intensidad del compromiso reparador.

REFERENCIAS BIBLIOGRÁFICAS

Acale Sánchez, M. (2018). "Aspectos penales del Pacto de Estado Español contra la violencia de género de 2017". *Diritto Penale Contemporaneo,* (1), 5-36.

Aguado Correa, T. (2023). "El derecho a la reparación a las víctimas de violencias sexuales y violencia de género tras la Ley Orgánica de Garantía Integral de la Libertad Sexual: un punto de inflexión". *RP,* (52), 3-22.

Alastuey Dobón, M.C. (2000). *La reparación a la víctima en el marco de las sanciones penales,* Tirant lo Blanch.

Alcácer Guirao, R. (2001). "La reparación en Derecho Penal y la atenuante del art. 21.5 CP. Reparación y desistimiento como actos de revocación". *RPJ,* (63), 71-121.

Alcácer Guirao, R. (2011). "La mediación penal y la atenuante de reparación. Similitudes y criterios de aplicación". *Justicia restaurativa, mediación penal y penitenciaria: Un renovado impulso,* Reus, 109-126.

Alonso Rimo, A. (2024). "¿No tiene derecho a una reparación integral las víctimas de violencia de género y de delitos sexuales? La prohibición de mediación penal en esas infracciones a la luz de los estándares europeos". *RGDE,* (64), 106-120.

Álvarez García, J. (1997). "Sobre algunos aspectos de la atenuante de reparación a la víctima (art. 21.5 CP)". *CPC,* (61), 241-277.

Asúa Batarrita, A. (2008). "Atenuantes postdelictivas: Necesidad de reformulación desde una racionalidad jurídico-penal y consecuencias en la individualización de la pena". *Atenuantes de reparación y de confesión. Equívocos de la orientación utilitarista (A propósito de una controvertida sentencia del Juzgado de lo Penal nº 8 de Sevilla),* Tirant lo Blanch, 145-196.

Bastarreche Bengoa, T. (2018). "La dispensa de la obligación de declarar en el caso de violencia contra la mujer. ¿Una paradoja irresoluble?". *Estudio integral de la violencia de género: Un análisis teórico-práctico desde el derecho y las ciencias sociales,* 547-571.

Boldova Pasamar, M.A. (2021). "Algunas reflexiones sobre los aspectos jurídico-penales contenidos en el Pacto de Estado contra la Violencia de Género". *RAAP,* (56), 292-303.

Cervelló Donderis, V. (2013). "Principios y garantías de la mediación penal desde un enfoque resocializador y victimológico". *RP,* (31), 22-51.

Cervelló Donderis, V. (2021). "La aplicación de la atenuante de reparación del daño desde una vertiente restaurativa". *Estudios penales en homenaje al profesor José Manuel Lorenzo Salgado,* Tirant lo Blanch, 347-366.

Cid Moliné, J. (2007). "Medios alternativos de solución de conflictos y Derecho Penal". *AFDUAM,* (11), 151-168.

D´Amato, F. (2023). "La nuova circostanza di cui all'art. 62, n. 6, ultima parte, c.p.: l'aver partecipato ad un programa di giustizia riparativa conclusosi con esito positivo". *Rivista penale,* (149-3), 233-245.

De Vicente Remesal, J. (1997). "La consideración de la víctima a través de la reparación del daño en el Derecho penal español: Posibilidades actuales y perspectivas de futuro". *LH-Roxin,*173-206.

Díaz y García Conlledo, M. (1995), "Consecuencias jurídicas económicas del delito. Naturaleza jurídica de la responsabilidad civil derivada de delito o falta. La reparación del daño como alternativa a determinadas penas". *Derecho Penal y Criminología,* (57-58), 27-41.

Domínguez Izquierdo, E. (2023). "La reparación del daño a la víctima como el elemento de individualización de la pena: la atenuante del art. 21.5 CP desde una perspectiva restaurativa". *CPC,* (140), 63-104.

Faraldo Cabana, P. (1997). "La aplicación analógica de las atenuantes de comportamiento postdelictivo positivo (los números 4º y 5º en relación con el número 6º del artículo 21 del Código Penal de 1995)". *AFDUC,* (1), 237-258.

García Pérez O. (1997). *La punibilidad en el Derecho Penal,* Aranzadi.

Garro Carrera, E. (2008). "La atenuante de reparación del daño". *Atenuantes de reparación y de confesión. Equívocos de la orientación utilitarista (A propósito de una controvertida sentencia del Juzgado de lo Penal núm. 8 de Sevilla)*, Tirant lo Blanch, 21-77.

Garro Carrera, E. (2021). "Atenuante de reparación del daño y límite a su virtualidad como instrumento de satisfacción a la víctima del delito", *Contra la política criminal de tolerancia cero, Homenaje al Profesor Dr. Ignacio Muñagorri Laguía,* Aranzadi, 367-379.

Larrauri Pijoan, E. (2008). "Cinco tópicos sobre las mujeres víctimas de violencia...y algunas respuestas desde el feminismo oficial". *Género, Violencia y Derecho,* Tirant lo Blanch, 311-328.

Mantovani, F./Flora, G. (2023). *Diritto Penale Parte Generale,* 12ª, Wolters Kluwer.

Marinucci, G./Dolcini, E./ Gatta, G.L. (2024). *Manuale di Diritto Penale Parte Generale,* 13ª, Giuffrè.

Martínez Escamilla, M. (2008). "Justicia reparadora, mediación y sistema penal: Diferentes estrategias, ¿los mismos objetivos?". *EP en Homenaje a Enrique Gimbernat,* Vol. I, 465-498.

Mir Puig, S. (2011). *Derecho Penal Parte General,* 9ª, Reppertor.

Mir Puig, S./Gómez Martín, V. (2024). "Capítulo III. De las circunstancias que atenúan la responsabilidad criminal". *Comentarios al Código Penal Reformas LLOO 1/2023, 3/2023 y 4/2023,* 2ª, 2024, Tirant lo Blanch, 162-171.

Muñoz Conde F./García Arán, M. (2022). *Derecho Penal Parte General,* 11ª, Tirant lo Blanch.

Muñoz Cuesta, J. (2004). "Reparación del daño causado: ¿puede aplicarse la atenuante cuando la reparación se hace una vez iniciado el juicio oral?". *RJA,* (1), 23-27.

Múrtula Lafuente, V. (2024). *Mujeres mayores víctimas de violencia de género y tutela civil de sus derechos fundamentales,* Tirant lo Blanch.

Palma Herrera, J.M. (2002). "Atenuante de reparación del daño causado o disminución de sus efectos, e intervención reparadora de terceros". *El CP de 1995, 5 años después,* Universidad de Córdoba, Servicio de Publicaciones, 121-131.

Pozuelo Pérez, L. (1998). "Las atenuantes 21.4 y 21.5 del actual Código Penal". *CPC*, (65), 403-434.

Rizzuto, S. (2023). "In tema di circostanze attenuanti". *Il foro italiano*, (12), 692-694.

Rodríguez Yagüe, C. (2018). "La ejecución de las penas de prisión en los delitos de violencia de género: ¿una asignatura pendiente?". *Estudio Integral de la Violencia de Género: un análisis teórico-práctico desde el Derecho y las Ciencias Sociales*, Tirant lo Blanch, 443-546.

Roig Torres, M. (2000). *La reparación del daño causado por el delito (aspectos civiles y penales)*, Tirant lo Blanch.

Romo Sabando, B. (2018). "Análisis de las implicaciones legislativas penales de las medidas adoptadas en el Pacto de Estado contra la Violencia de Género". *REDUR*, (16), 143-156.

Sanz Morán, A. (2023). "El Pacto de Estado contra la Violencia de Género: ¿es necesario intensificar la respuesta jurídico-penal?". *Violencia de género, justicia penal y pacto de Estado*, Tirant lo Blanch, 533-554.

Sanz Mulas, N. (2019). *Violencia de género y pacto de estado: la huida hacia adelante de una norma agotada (LO 1-2004)*, Tirant lo Blanch.

Silva Sánchez, J.M. (1997). "Sobre la relevancia jurídico-penal de la realización de actos de reparación". *RPJ*, (45), 183-202.

Tamarit Sumalla, J.J. (1994). *La reparación a la víctima en el Derecho Penal (Estudio y crítica de las nuevas tendencias político-criminales)*, Sociedad de Educación Atenas.

Villacampa Estiarte, C./Torres Ferrer, C. (2023). "Pacto de Estado y Política Criminal en materia de violencia de género". *Violencia de género, justicia penal y pacto de Estado*, Tirant lo Blanch, 611-655.

Penalismo mágico y violencia de género. ¿Puede la prisión acabar con la violencia de género?

JORGE OLLERO PERÁN
Consultor y formador en justicia restaurativa.
Ex-director del Servicio de Reinserción, Mediación y Justicia Restaurativa del Gobierno de Navarra.

I. INTRODUCCIÓN

La LO 1/2004, de 28 de diciembre, de Medidas de Protección Integral contra la Violencia de Género, marcó un importante hito al establecer como objetivo la erradicación de la violencia que los hombres ejercen sobre las mujeres por el hecho mismo de serlo, es decir, "por ser consideradas, por sus agresores, carentes de los derechos mínimos de libertad, respeto y capacidad de decisión"[1]. Veinte años después de su aprobación, este ambicioso objetivo desgraciadamente se encuentra muy lejos de alcanzarse. En este artículo planteo que, si bien considero que la misma existencia de la LO 1/2004 ya ha sido una contribución positiva para acabar con esta violencia, es necesario replantearse su enfoque y reforzar la búsqueda de soluciones no basadas principalmente en el derecho penal y la prisión para acabar con la violencia de género. Nuestro Estado Social y Democrático de Derecho tiene el deber de articular políticas

---

[1] Exposición de motivos de la LO 1/2004.

públicas eficaces que, en aplicación del principio de intervención mínima, utilicen los medios penales como *ultima ratio.*

Este artículo se divide en cuatro apartados. En primer lugar destacaré que la existencia de políticas públicas contra la violencia de género es una gran conquista democrática en la que es necesario perseverar. En segundo lugar mostraré las limitaciones inherentes al derecho penal, que es el enfoque primordial que han tenido y tienen las políticas de lucha contra la violencia de género. Considero que la primacía del enfoque penal se enmarca dentro de lo que he llamado *penalismo mágico,* la creencia irracional en que el derecho penal es una herramienta capaz de solucionar cualquier problema social. En el apartado tercero presentaré algunos aspectos de la aplicación de la Ley que sustentan el argumento anterior. Mostraré cómo las medidas sociales que contiene la LO 1/2004 siempre han estado supeditadas a las medidas penales, que han sido y son prioritarias. Finalmente, concluiré señalando el principio de intervención mínima como elemento orientador que puede ayudar a revertir la primacía de lo penal.

II. LA LO 1/2004 COMO CONQUISTA CIVILIZATORIA

Que veinte años después de su aprobación estemos evaluando la LO 1/2004, de 28 de diciembre, de Medidas de Protección Integral contra la Violencia de Género, es una buena noticia.

Es una buena noticia, en primer lugar, porque la aprobación de la Ley en su momento fue una importante victoria democrática. Creo que haber establecido una política de Estado contra la violencia de género es uno de los mayores logros sociales y democráticos de este país. Definir como objetivo prioritario de las políticas públicas que las mujeres no sufran violencia a manos de sus parejas o exparejas es, en mi opinión, un avance civilizatorio notable, que debe enorgullecernos. Frente a épocas que consideraban normal que los hombres pudieran ejercer cualquier tipo de control sobre las mujeres, incluyendo el control sobre la vida o la muerte, hemos decidido como sociedad, impulsados por las mujeres feministas, un axioma: que las mujeres son seres libres en todos los aspectos de sus vidas, incluido el afectivo-sexual. Un axioma tan aparentemente evidente que, sin embargo, la realidad nos muestra que estamos lejos de alcanzar.

Considero que esta ley supone un avance civilizatorio en el sentido dado por Immanuel Wallerstein al concepto de civilización. Wallerstein afirma que "el término civilización se refiere a un grupo de características sociales que contrastan con el primitivismo o la barbarie" y, en este sentido, la civilización busca "reducir la esfera de la violencia legítima y ampliar la definición de crueldad"[2]. Podemos afirmar que considerar la violencia de género como cruel e inaceptable, frente a épocas que la consideraban legítima y necesaria, es una mejora de los parámetros civilizatorios de nuestra sociedad.

Evaluar hoy la LO 1/2004 es una buena noticia, en segundo lugar, porque es muy destacable que veinte años después se mantenga un amplio consenso social y político sobre la magnitud del problema, solo amenazado por las estridentes y minoritarias voces de la ultraderecha negacionista. Ahora que crece una ola reaccionaria que idolatra la crueldad y la violencia y que desdeña la democracia, hay que reforzar la convicción de que reducir las esferas de crueldad y de violencia legítimas es un loable objetivo político. Considero que trabajar por el fin de la violencia de género es una contribución muy notable en dicha dirección.

La LO 1/2004 nos ha permitido avanzar mucho, situando este problema como prioridad y generando una política pública de apoyo a las víctimas pero, desgraciadamente, la violencia no cesa. Desde luego que no es razonable pretender que una

---

2 Wallerstein, I. (2001). "El eurocentrismo y sus avatares: Los dilemas de las ciencias sociales". *Revista de Sociología,* (15), 31.

ley acabe en veinte años con una concepción machista arraigada durante milenios, pero también es cierto que las esperanzas puestas en la LO 1/2004 eran muy altas. Se aspiraba de forma específica a acabar con las muertes de las mujeres a manos de sus parejas, como manifestación más insoportable de esta violencia machista. Si bien hay una tendencia decreciente en el número de fallecimientos, estos no se han logrado disminuir de forma significativa y el goteo de muertes sigue siendo descorazonador.

Quizás una de las razones de este frustrante fracaso es que nos hemos equivocado en el medio principal que hemos buscado para acabar con la violencia. Quizás hemos acertado en los fines pero nos hemos equivocado en los medios. Quizás la concepción del problema y de su solución está mal planteada.

Considero que la elección de los medios penales como la herramienta principal para acabar con la violencia de género es una decisión errónea debido a las limitaciones inherentes del derecho penal. Considero que es vital dejar de pensar en el derecho penal y, en cambio, atender de forma primordial los aspectos sociales y económicos de las políticas de erradicación de la violencia de género.

En el siguiente apartado expondré algunas de estas limitaciones del derecho penal, enmarcando su uso expansivo en lo que he llamado penalismo mágico.

III. EL PENALISMO MÁGICO Y SUS LIMITACIONES

Desde hace algunas décadas se ha identificado en la literatura sociológica y criminológica una tendencia a expandir el uso de las medidas penales[3]. Esta tendencia se ha llamado

---

3 Wacquant, L. (2010). *Castigar a los pobres: el gobierno neoliberal de la inseguridad social.*

populismo punitivo y consiste en la rearticulación de las políticas públicas para privilegiar aquellas basadas en aumento de los recursos policiales, judiciales y penitenciarios frente al uso alternativo de medios sociales o sanitarios.

Wacquant afirma que, ante un problema determinado, las sociedades contemporáneas cuentan con tres estrategias diferentes: socializarlas, medicalizarlas o penalizarlas. La socialización de los problemas consiste en "actuar en el nivel de las estructuras y los mecanismos colectivos que las producen y reproducen (...). Ese camino implica (re) afirmar la responsabilidad y (re) construir las capacidades del Estado social". La medicalización, por su parte, busca una solución sanitaria para un problema que se "define, desde el inicio, como una patología individual que deben tratar profesionales de la salud". Esta estrategia sanitaria individualiza problemas que tienen, en muchos casos, una clara raíz social. Si bien descuida las causas sociales del problema, puede ser una estrategia positiva en el sentido de que se basa, en principio, en cuidar y atender las necesidades de los que sufren las consecuencias del problema. Resulta obvio que hay problemas que requieren una solución principalmente sanitaria, como por ejemplo, la pandemia del Covid-19 o el VIH, sin embargo, no hay que olvidar los determinantes sociales que impactan sobre las poblaciones afectadas y que determinan las posibles soluciones. La tercera estrategia es la penalización: "en este caso no se trata de comprender una situación de sufrimiento individual ni de contrarrestar una falencia social"[4]. La problemática se etiqueta como delictiva y se piensa que puede solucionarse mediante la aplicación de penas. Wacquant utiliza como ejemplo el problema de sinhogarismo. Este problema puede verse como un problema social, que requiere la construcción de viviendas asequibles

---

4 Wacquant, L. (2010). *Castigar a los pobres: el gobierno neoliberal de la inseguridad social,* 25.

y la promoción de empleo protegido, o bien como un problema médico, debido a la alta prevalencia del alcoholismo entre las personas sin hogar, por ejemplo, que debe ser solucionado actuando de forma individualizada sobre las personas adictas que viven en la calle. Finalmente, puede criminalizarse a los sintecho, declarando directamente ilegal el sinhogarismo o considerando que las conductas molestas que pudieren llevar a cabo son delictivas. En ese caso, el medio de actuación para "solucionar" el problema será el encarcelamiento de las personas que viven en la calle[5]. En este sentido, "la penalización funciona como una técnica para la invisibilización de los "problemas" sociales que el Estado, como palanca burocrática de la voluntad colectiva, ya no puede o no quiere tratar desde sus causas, y la cárcel actúa como un contenedor judicial donde se arrojan los desechos humanos de la sociedad de mercado"[6].

Como he señalado al inicio de este apartado, la tendencia de los últimos cincuenta años es la penalización de cualquier problema social. Ante cualquier situación nociva que se quiera tratar de solucionar, la primera respuesta es el uso del CP. En el caso de España hay datos empíricos que sustentan esta afirmación de manera contundente. Según las estadísticas oficiales, el aumento de la población penitenciaria desde 1975 hasta finales de 2024 ha sido de un 700 por cien (de 8.440 presos a 59.513). Este aumento no se ha debido a un aumento de la criminalidad sino al aumento de la duración de las penas y al aumento de las conductas criminalizadas.

---

5 En España podríamos ver una dinámica similar con el problema genérico de acceso a la vivienda: el foco trató de ponerse en los "okupas", criminalizándose la cuestión, pero se ha conseguido revertir parcialmente ese marco y explicitar que el problema reclama soluciones políticas de carácter social y económico.

6 Wacquant, L. (2010). *Castigar a los pobres: el gobierno neoliberal de la inseguridad social*, 26.

Castigamos más. Castigamos más conductas durante más tiempo. La duración media de las penas era de 9,7 meses en 1996 pasando a más de 20 meses en 2020[7]. El CP de 1995, llamado "CP de la democracia", supuso un aumento generalizado de las penas, al eliminar la redención de penas por el trabajo. Las cincuenta reformas que ha tenido el CP desde su aprobación han sido mayoritariamente endurecedoras.

Esta tendencia al endurecimiento penal se debe a distintas razones políticas, económicas y culturales. Resumiendo mucho la tesis que he desarrollado en otro lugar[8], podríamos decir que las crisis económicas (entrelazadas con crisis ecológicas y de legitimación política) reducen la base fiscal y operativa de los Estados de bienestar, optándose políticamente por reconfigurar su acción hacia las respuestas penales, lo cual es posible porque existe una base cultural que lo permite. De esta forma, se refuerza un sentido común que considera que las políticas de "mano dura" son eficaces ante cualquier tipo de problema ya sea la adicción a las drogas[9], la inmigración[10], el independentismo[11] o la violencia de género[12].

---

7 Aebi, M. F./Tiago, M.M. (2021). *SPACE I–2020 – Council of Europe Annual Penal Statistics: Prison populations.* Council of Europe; ROSEP (2015). *Estudio de la realidad penal y penitenciaria: una visión desde las entidades sociales.* Disponible online en: https://www.solidarios.org.es/wp-content/uploads/Estudio-de-la-realidad-penal-y-penitenciaria.-Una-visi%C3%B3n-desde-las-entidades-sociales.pdf

8 Ollero, J. (2021). *Penalismo mágico. Cómo transformar la creencia de que el castigo solucionará todos nuestros problemas sociales y políticos.*

9 Ditrych, O./Sánchez-Avilés, C. (2023). *Governing Human Life. (Bio) politics, Knowledge and Borders in Global Drug Policy.*

10 Wacquant, L. (2009). "Extirpar y expulsar: sobre la gestión penal de los inmigrantes postcoloniales en la Unión Europea". *Anales de la Cátedra Francisco Suárez,* (43), 141-149.

11 Juliana, E. (2024). *España, el pacto y la furia.*

12 Larrauri, E. (2011). "La intervención penal para resolver un problema social". *Revista de pensamiento penal.*

Esto conlleva una reconfiguración del Estado, bautizado ahora como Estado Penal, que se construye sobre el populismo punitivo (castigar es popular) que, a su vez, se basa en el penalismo mágico, la creencia irracional de que los castigos producen efectos mágicos solucionadores de cualquier problema.

Resumiendo de nuevo: las políticas sociales del Estado Social se sustituyen por políticas penales. Se instala un populismo punitivo en el que castigar es popular, castigar da votos. Cualquier opción política que no abrace la penalización de los problemas sociales será penalizada, valga la redundancia, y perderá opción de ser acogida por la mayoría. Como base cultural de todo ello se sitúa el penalismo mágico, la creencia irracional pero realmente existente de que cualquier problema puede ser solucionado mediante medidas penales. Es, en el fondo, la creencia en la eficacia instituyente de la violencia, pues el derecho penal es el derecho a utilizar la violencia de forma pautada. El penalismo mágico es, por tanto, una creencia bárbara escondida en el corazón de la civilización. Si el progreso de la civilización se define por su búsqueda de la reducción de las esferas de violencia legítima, la reducción del derecho penal y no su expansión, debe ser su objetivo. Así lo entiende la doctrina mayoritaria cuando coloca el principio de intervención mínima como uno de los principios fundamentales del derecho penal[13].

No solo hay razones éticas y civilizadoras para preferir el uso de medidas sociales frente a las penales, también hay razones prácticas. El derecho penal tiene enormes limitaciones para resolver problemas sociales. A continuación presentaré algunas de las más evidentes.

---

13 Fernández-Pacheco, C. (2024). "La aplicación del principio de intervención mínima en la jurisprudencia ante supuestos de menor entidad". *InDret,* (1), 349-387.

(1) En primer lugar, el derecho penal es fundamentalmente reactivo y no preventivo. Si bien las teorías de la pena señalan que sus funciones principales son la prevención general y la prevención especial, el modo y el éxito en que esta prevención supuestamente se produce nunca han recibido suficiente sustentación empírica. De hecho, si analizamos separadamente los dos tipos de prevención, solo la prevención general sería auténticamente previa a la comisión del delito, pues, recordemos, la prevención especial se aplica a individuos que ya han cometido un hecho delictivo. La prevención general supuestamente se dirige al conjunto de la ciudadanía, intimidándola bajo la amenaza de la pena para que no cometa delitos, o bien, reforzando las convicciones no delictivas de la mayoría, en el caso de la prevención general positiva. Pese a la aparente lógica de este planteamiento preventivo, numerosos estudios han demostrado que aumentar las penas no reduce los delitos[14]. En parte, ello se debe a que esta concepción se basa en la creencia de que la racionalidad instrumental es la característica principal de los seres humanos, lo cual no siempre es así. Los seres humanos actúan, en muchas ocasiones, de forma impulsiva, sin medir las consecuencias de sus acciones o ignorándolas por completo. En casos extremos, como vemos en la violencia de género, los autores se suicidan tras cometer el crimen, con lo cual es evidente que ninguna consecuencia penal posterior puede ejercer ningún efecto intimidatorio. Por todo ello, creo que carácter preventivo del derecho penal es muy discutible y, en todo caso, muy limitado. Medidas preventivas serían aquellas que se centraran en evitar que fuera posible la comisión del delito. En ese sentido, las medidas de protección a las víctimas, fundamentalmente policiales, que son otro de los pilares de las políticas de lucha contra la violencia de género,

---

14 Doob, A./Webster. CM. (2003). "Sentence Severity and Crime: Accepting the Null Hypothesis". *Crime and Justice,* (30),143-195.

también tienen sus limitaciones. Estas medidas tampoco son auténticamente preventivas, pues, al estar centralizadas en el aparato judicial y policial no pueden responder a las raíces profundas de los problemas.

(2) El aparato jurídico penal, incluyendo a estos efectos al policial, individualiza problemas que son complejos y colectivos, lo cual es ineficaz para solucionarlos. Las medidas individuales de protección de las mujeres ante la violencia de género requieren que se haya detectado un riesgo de violencia (principalmente mediante la interposición de una denuncia) por lo que deja fuera aquellas situaciones de riesgo no detectadas. Aún muchos años después de su entrada en vigor y pese a la insistente promoción de la denuncia como medio de ser protegidas, en 2024 un 70,8% de las víctimas no había denunciado[15]. Además, la denuncia supone que se ha producido ya un delito o al menos una conducta indiciaria de delito. En este sentido, la denuncia se produce con posterioridad al delito, con lo cual no es realmente preventiva. Con todo esto no estoy negando que las medidas de protección activadas tras las denuncias no hayan salvado vidas. De lo que estoy advirtiendo es de su inherente limitación. Ello es conocido y, por eso se ha argumentado que lo más importante es el cambio cultural que puede producirse con la aplicación continuada de las medidas penales.

(3) Sin embargo, y esta es la tercera limitación, el derecho penal no produce los efectos pedagógicos deseados. El derecho penal no es una buena forma de educar a la sociedad. Además de lo criticable que es el uso simbólico del derecho penal, por usar la herramienta más restrictiva de derechos para educar al conjunto de la sociedad, lo cierto es que no funciona. Las medidas educativas se han de implementar de

---

15 Ministerio de Igualdad (2024). *Estadística de Víctimas Mortales por Violencia de Género. Delegación del Gobierno contra la Violencia de Género.*

forma continuada no en el sistema *penal*, sino en el sistema *educativo* en sentido amplio, incluyendo escuelas, institutos, universidades, así como en los centros de formación de las empresas y en la Administración Pública. El papel de los medios de comunicación y las redes sociales también es clave. Sin embargo, los recursos públicos destinados al aparato penal han sido muy superiores a los dedicados a medidas educativas. Por desgracia, la socialización machista que lleva a cometer un delito de violencia de género no se puede cambiar a través del derecho penal. Ello tiene que ver, entre otras razones, con que el derecho penal refuerza una concepción violenta de la sociedad. Podría decirse que patriarcado y castigo van de la mano[16].

(4) Finalmente, el derecho penal no solo no acaba con la violencia de género porque no intimida ni "educa" lo suficiente a los hombres que la cometen, sino que tampoco protege ni repara adecuadamente a las víctimas que la sufren. El derecho penal, desde sus orígenes, no está hecho para las víctimas, que son una simple pieza probatoria de cara a fundamentar la culpabilidad del reo. Ello hace que sean necesarias, en mi opinión otras vías, como la justicia restaurativa, para poner las necesidades de las víctimas en el centro de la respuesta pública al problema.

Todas estas críticas ya fueron hechas por distintas asociaciones y expertas feministas[17] y, de hecho, considero que se ha producido una cierta reorientación de las políticas de prevención de la violencia de género, especialmente desde el Pacto de Estado contra la Violencia de Género de 2018. Sin embargo, desde sus comienzos el enfoque prioritario de la LO 1/2004 fue el enfoque punitivo-judicial y, en mi opinión, sigue siéndolo.

---

16 Davis, A. (2016). *Democracia de la abolición*.

17 Larrauri, E. (2011). "La intervención penal para resolver un problema social". *Revista de pensamiento penal*; Ortubay, M. (2015). "Diez años de la Ley integral contra la violencia de género. Luces y sombras". *Revista Ventana Jurídica*.

Este artículo no pretende ser una crítica a la totalidad de las políticas realizadas, incluyendo el trabajo de juzgados y fuerzas y cuerpos de seguridad que, sin duda, han protegido a víctimas concretas mediante un ímprobo esfuerzo. En este artículo tampoco pretendo ignorar las políticas educativas, sociales y de sensibilización que se han hecho y que, como he dicho antes, creo que van en la buena dirección. En este artículo pretendo argumentar que, pese a todo, el enfoque penal sigue recibiendo la atención prioritaria y que, en mi opinión, es necesaria una reorientación para que lo judicial-penal-policial-penitenciario deje de ser el centro de las políticas de prevención de la violencia de género.

En el siguiente apartado mostraré algunos ejemplos que sustentan la tesis de que lo social se ha supeditado a lo penal.

IV. PRIMERO LOS CASTIGOS, DESPUÉS LOS CUIDADOS

La LO 1/2004, de 28 de diciembre, de Medidas de Protección Integral contra la Violencia de Género trató de ser, como su propio nombre indica, una ley integral. En su preámbulo declara que pretende dar una "respuesta global" a la violencia que se ejerce contra las mujeres y se sostiene que se opta por un enfoque "integral y multidisciplinar, empezando por el proceso de socialización y de educación". La Ley abarca "tanto los aspectos preventivos, educativos, sociales, asistenciales y de atención posterior a las víctimas", como la normativa civil y la "respuesta punitiva" (...) "firme y contundente" para este tipo de agresiones.

Si analizamos la totalidad de la LO 1/2004 observamos que se organiza en un título preliminar y cinco títulos. De ellos, los dos primeros se refieren a las medidas de sensibilización, prevención y detección, (Título I) y a los derechos sociales y laborales de las mujeres víctimas (Título II). El Título III, referido a la "Tutela institucional", crea la Delegación del Gobierno contra la Violencia de Género y el Observatorio Estatal de Violencia contra la Mujer, instituciones ambas extremadamente útiles, cuya creación y dotación económica es muy positiva. El Título IV, por su parte, se refiere a la "Tutela Penal" y el Título V a la "Tutela Judicial". Pese a este aparente equilibrio, a efectos cuantitativos, más de la mitad de los artículos de la ley se refieren a medidas de carácter judicial y penal. Pero no es solo el número de artículos lo que hace girar la LO 1/2004 en torno a la tutela penal, sino es que a efectos prácticos, de desarrollo, ese ha sido sin duda el enfoque predominante.

Ello se ha debido, principalmente, a que la puerta de entrada a todo el sistema de protección y asistencia fue la denuncia penal, que se mantuvo como único medio de acreditar las situaciones de violencia de género y de acceder a los derechos reconocidos en la Ley hasta 2018. Por tanto, la clave de bóveda de todo el sistema de prestaciones económicas, laborales y psicológicas era la denuncia. El artículo 23 de la LO 1/2004, referido a la acreditación de situaciones de violencia de género tenía el siguiente tenor literal en su primera versión:

> "Artículo 23. Acreditación de las situaciones de violencia de género ejercida sobre las trabajadoras.
>
> Las situaciones de violencia que dan lugar al reconocimiento de los derechos regulados en este capítulo se acreditarán con la orden de protección a favor de la víctima. Excepcionalmente, será título de acreditación de esta situación, el informe del Ministerio Fiscal que indique la existencia de indicios de que la demandante es víctima de violencia de género hasta tanto se dicte la orden de protección".

Nótese cómo en un principio solo la medida cautelar de protección o, excepcionalmente, un informe del Ministerio Fiscal daba pie a la atención integral que la LO 1/2004 propugnaba como un derecho de las mujeres. Es decir, la asistencia psicológica, las prestaciones económicas o las posibilidades de traslado de centro de trabajo estaban condicionadas a la interposición de una denuncia ante instancias jurídico-penales. Una situación de necesidad social tenía que ser reconocida por instituciones de carácter penal.

Esta obligatoriedad de presentar denuncia fue criticada desde el inicio por numerosas voces feministas[18] y, de hecho, algunas comunidades autónomas desligaron las prestaciones asistenciales del sistema penal, como Navarra, por ejemplo. Sin embargo, la ley estatal, la que fijó el enfoque en todo el sistema, no se modificó hasta catorce años después.

Como he señalado antes, la entrada en vigor del RD-Ley 9/2018, de 3 de agosto, de medidas urgentes para el desarrollo de Pacto de Estado contra la violencia de género, modificó este artículo: "También podrán acreditarse las situaciones de violencia de género mediante informe de los servicios sociales, de los servicios especializados, o de los servicios de acogida destinados a víctimas de violencia de género de la Administración Pública competente; o por cualquier otro título, siempre que ello esté previsto en las disposiciones normativas de carácter sectorial que regulen el acceso a cada uno de los derechos y recursos ".

Es decir, que se tardaron catorce años en modificar lo que ya reconocía el Convenio del Consejo de Europa sobre prevención y lucha contra la violencia contra la mujer, que exige que no se podrá supeditar la protección de las víctimas al ejercicio de acciones legales ni a la declaración contra el autor. En mi opinión, esto demuestra lo difícil que es variar las premisas "mágico-penalistas" una vez que se concibe el problema desde ese enfoque: si la violencia de género es un problema de seguridad, la respuesta tiene que estar en las fuerzas y cuerpos

---

18 Ortubay, M. (2015). "Diez años de la Ley integral contra la violencia de género. Luces y sombras". *Revista Ventana Jurídica.*

de seguridad y en los juzgados penales. Por tanto, seguiría el argumento, las instancias penales son las que deben acreditar que la mujer necesita protección y ayuda. Por consiguiente, para ser ayudada la mujer ya tiene que haber sufrido violencia, aunque sea leve y de forma indiciaria.

V. ALGUNAS IDEAS PARA AVANZAR EN DIRECCIÓN CONTRARIA AL PENALISMO

El planteamiento de la LO 1/2004, por tanto, fue nominativamente integral pero efectivamente penal. Es decir, que se priorizaron y se siguen priorizando las medidas penales como herramientas principales para abordar el problema. Creo que el principio de intervención mínima puede ser un buen punto de partida para cambiar este enfoque

La doctrina española nombra con carácter general el principio de intervención mínima como uno de los principios limitadores del *ius puniendi*[19], siendo Muñoz Conde su postulador inicial[20]. La influencia que este principio ha tenido y tiene en la doctrina es muy destacable, siendo acogido por la mayoría de los manuales académicos y formando parte incluso de los temarios de las oposiciones a judicatura y fiscalía.

El principio de intervención mínima puede definirse cómo un principio de política criminal que busca limitar el uso del derecho penal, de forma que se aplique sólo cómo último recurso y sólo para atajar las conductas dañinas más graves[21].

---

19 Fernández-Pacheco, C. (2024). "La aplicación del principio de intervención mínima en la jurisprudencia ante supuestos de menor entidad". *InDret,* (1), 349-387.

20 Muñoz Conde, F. (1975). *Introducción al Derecho penal.*

21 Muñoz Conde, F. (1975). *Introducción al Derecho penal.*

La idea de que el derecho penal debe aplicarse como último recurso se ha conocido como subsidiariedad del derecho penal. Es decir, el derecho penal es subsidiario frente a otras políticas públicas que deben actuar en primer lugar.

La idea de que el derecho penal solo ha de intervenir frente a los ataques más graves a los bienes jurídicos más importantes se ha conocido como fragmentariedad del derecho penal.

Por tanto, el principio de intervención mínima, conformado por los subprincipios de subsidiariedad y fragmentariedad, es un límite de carácter político, esto es, dirigido fundamentalmente al legislador, que debería tender a garantizar un derecho penal mínimo.

Si las políticas públicas contra la violencia de género hubieran partido del principio de intervención mínima, habrían considerado que el problema de la violencia de género es un problema social y habrían actuado en el "nivel de las estructuras y los mecanismos colectivos que la producen y reproducen"[22], de forma que no hubieran estado condicionadas a la interposición de denuncia. Las políticas públicas de prevención de la violencia de género se hubieran centrado, entonces, en la pregunta ¿cómo evitar que se den las condiciones que hacen posible que una mujer sea víctima de violencia? Esa pregunta, sin duda, conlleva respuestas de carácter redistributivo, que deben articular medidas de "reparación política de la desigualdad material"[23] que avancen hacia la igualdad real entre hombres y mujeres[24].

---

22 Wacquant, L. (2010). *Castigar a los pobres: el gobierno neoliberal de la inseguridad social.*

23 Srinavasan, A. (2022). *El derecho al sexo,* 275.

24 Ortubay, M. (2015). "Diez años de la Ley integral contra la violencia de género. Luces y sombras". *Revista Ventana Jurídica.*

Considero, en este sentido, que en el ámbito de la lucha contra la violencia de género son necesarias más políticas sociales dirigidas a incidir en las causas estructurales del problema, que tienen que ver, entre otros factores, con la falta de independencia económica y vital de muchas mujeres. Por ello, ha de ponerse el foco en las políticas públicas de vivienda, para lograr la posibilidad real de acceder a viviendas sociales asequibles; y en las políticas de reparto de los cuidados, para socializar estas tareas que se siguen nutriendo de la explotación del trabajo gratuito de las mujeres. Además, deben reforzarse las políticas educativas dirigidas hacia los hombres, potenciando en todos los espacios de socialización y de educación las masculinidades igualitarias. En este sentido, es significativo que solo aquellos hombres que han cometido delitos de violencia de género son los que reciben formación especializada en relaciones igualitarias (mediante los programas de tratamiento penitenciario), mientras que los programas de educación en igualdad en colegios e institutos sufren retrocesos.

Sin embargo, estas medidas de carácter social, dirigidas a actuar al nivel de las estructuras y mecanismos colectivos que producen y reproducen la violencia de género, tuvieron y siguen teniendo un lugar casi testimonial en la LO 1/2004. Podemos poner de ejemplo el caso del acceso a la vivienda. Solo un artículo, el 28, estipula que las mujeres víctimas de violencia de género serán un colectivo prioritario en el acceso a viviendas protegidas, lo cual obviamente es una medida muy positiva. Pero, teniendo en cuenta, las conocidas carencias de vivienda pública asequible que existían y existen en España, no parece que esta medida pueda tener ninguna efectividad. Si solo el 2,5 por ciento de las viviendas en España son públicas[25], ¿de qué sirve tener acceso prioritario a ese ínfimo porcentaje? Solo

---

25 Ministerio de Transportes, Movilidad y Agenda Urbana (2020). *Boletín especial Vivienda Social del Observatorio de Vivienda y Suelo.*

ahora, que se ha conseguido poner en el centro de la agenda política el problema de la vivienda, parece que van a tomarse medidas para que el derecho a la vivienda, clave en la posibilidad de desarrollar un proyecto de vida independiente y de desligarse de situaciones de riesgo de maltrato, sea una realidad.

Mi impresión es que, aunque se haya producido esa reforma legal en 2018, la denuncia sigue siendo el foco principal de las políticas. De hecho, cuando una mujer es asesinada, los medios de comunicación siempre ofrecen el dato de si la mujer había denunciado o no, pero no dan el dato de si, por ejemplo, había accedido a una vivienda social, había obtenido una prestación económica o había podido cambiar de centro de trabajo. Tampoco se da el dato, por ejemplo, de si el asesino había asistido a algún curso de masculinidades igualitarias.

Lo que demuestra esto es que los castigos han ido siempre antes de los cuidados. Ello se debe, en mi opinión, al penalismo mágico y a que castigar es más fácil que cuidar. Cuidar requiere generar estructuras nuevas de protección de la vida, mientras que el aparato penal ya está construido y es de los pocos mecanismos estatales de "acceso" universal.

Seguir poniendo el foco en cuántas mujeres denuncian, en si retiran o mantienen su denuncia o en si se debe endurecer aún más la respuesta penal solo desvía el foco de atención de las soluciones reales, que pasan por políticas sociales redistributivas que garanticen la igualdad real entre hombres y mujeres.

REFERENCIAS BIBLIOGRÁFICAS

Aebi, M. F./Tiago, M.M. (2021). *SPACE I–2020 – Council of Europe Annual Penal Statistics: Prison populations.* Council of Europe.

Davis, A. (2016). *Democracia de la abolición.* Trotta.

Ditrych, O./Sánchez-Avilés, C. (2023). *Governing Human Life. (Bio)politics, Knowledge and Borders in Global Drug Policy.* Palgrave Macmillan.

Doob, A./Webster. CM. (2003). “Sentence Severity and Crime: Accepting the Null Hypothesis”. *Crime and Justice,* (30),143-195.

Fernández-Pacheco, C. (2024). “La aplicación del principio de intervención mínima en la jurisprudencia ante supuestos de menor entidad”. *InDret,* (1), 349-387.

Juliana, E. (2024). *España, el pacto y la furia.* Arpa.

Larrauri, E. (2011). “La intervención penal para resolver un problema social”. *Revista de pensamiento penal.*

Muñoz Conde, F. (1975). *Introducción al Derecho penal.* Bosch.

Ministerio de Igualdad (2024). *Estadística de Víctimas Mortales por Violencia de Género. Delegación del Gobierno contra la Violencia de Género.*

Ministerio de Transportes, Movilidad y Agenda Urbana (2020). *Boletín especial Vivienda Social del Observatorio de Vivienda y Suelo.*

Ollero, J. (2021). *Penalismo mágico. Cómo transformar la creencia de que el castigo solucionará todos nuestros problemas sociales y políticos.* Aconcagua.

Ortubay, M. (2015). “Diez años de la Ley integral contra la violencia de género. Luces y sombras”. *Revista Ventana Jurídica.*

ROSEP (2015). *Estudio de la realidad penal y penitenciaria: una visión desde las entidades sociales.* Disponible online en: https://www.solidarios.org.es/wp-content/uploads/Estudio-de-la-realidad-penal-y-penitenciaria.-Una-visi%C3%B3n-desde-las-entidades-sociales.pdf

Srinavasan, A. (2022). *El derecho al sexo.* Anagrama.

Wacquant, L. (2009). “Extirpar y expulsar: sobre la gestión penal de los inmigrantes postcoloniales en la Unión Europea”. *Anales de la Cátedra Francisco Suárez,* (43), 141-149.

Wacquant, L. (2010). *Castigar a los pobres: el gobierno neoliberal de la inseguridad social.* Gedisa.

Wallerstein, I. (2001). “El eurocentrismo y sus avatares: Los dilemas de las ciencias sociales”. *Revista de Sociología,* (15), 27-39.

Intersecciones entre la violencia de género y la ejecución de la pena de prisión. Especial referencia a las mujeres presas

LORENA ALEMÁN ARÓSTEGUI
Profesora Ayudante Doctora de Derecho penal.
Universidad Pública de Navarra

I. VIOLENCIA DE GÉNERO Y EJECUCIÓN DE LA PENA DE PRISIÓN

La LO 1/2004, de 28 de diciembre, de Medidas de Protección Integral contra la Violencia de Género ha cumplido recientemente veinte años. La relevancia de esta ley en nuestro ordenamiento jurídico y, también, en la sociedad española es indiscutible. Gracias a ella, se reconoció, por fin, una forma de violencia invisibilizada, normalizada y tolerada: la que sufrían —y sufren— las mujeres por el hecho de serlo como consecuencia de conductas llevadas a cabo por hombres con quienes tenían o habían tenido una relación de pareja. Constituye una ley integral por medio de la que —siguiendo las recomendaciones internacionales— se aprobaron medidas, no exclusivamente penales, sino de diversa índole, con las que se pretendió abordar este fenómeno desde una perspectiva global.

Junto al reconocimiento de los logros que supuso la aprobación de esta ley, también procede señalar que en ella se aborda solo una parte del fenómeno social de la violencia de género, la que tiene como escenario la relación de pareja, actual o pasada. Esta constituye una concepción reduccionista de la violencia por razón de género y se trata de una de sus limitaciones. Otra cuestión que es importante subrayar es que, a pesar de que se trata de una ley integral, y en ella se incluyeron medidas sociales, educativas, asistenciales, etc., en el desarrollo de esta ley, la respuesta penal ha sido la protagonista y, desde la consideración del Derecho penal como la solución a todos los problemas sociales, la política criminal que se ha desplegado ha sido de corte punitivista[1], y, por tanto, contraria al principio de intervención mínima, como principio fundamental del Derecho penal[2].

El aumento del uso de la cárcel y de la duración de las penas de prisión ha sido una de sus consecuencias. Ello se refleja en las estadísticas publicadas anualmente por el CGPJ, en las que se comprueba que, al menos desde el año 2012[3] y hasta la actualidad, los delitos de violencia de género constituyen la tercera categoría delictiva —después de los delitos contra el patrimonio y el orden socioeconómico, y los delitos contra la salud pública— por la que más personas se encuentran en prisión cada año. Concretamente, la Estadística Penitenciaria de 2023 muestra que más del 11% de las personas presas en cárceles dependientes del Estado cumplen condena por delitos de violencia de género[4]. Además, el número de personas en prisión

---

1 Puente Aba, L.M. (dir.)/Ramos Vázquez, J.A./Souto García E.M. (coords.) (2010). *La respuesta penal a la violencia de género: lecciones de diez años de experiencia de una política criminal punitivista.*

2 Muñoz Conde, F./García Arán, M. (2022). *Derecho Penal. Parte general*, 85.

3 Hasta el año 2012, en la Estadística de la Población Reclusa del CGPJ, la categoría de los delitos de violencia de género no se encontraba entre aquellas por las que se discriminaban los datos de la población penitenciaria.

4 Debe tenerse en cuenta que estos datos solo incluyen los delitos cometidos por un hombre sobre una mujer que sea o haya sido su

condenadas por delitos de violencia de género no ha hecho sino incrementarse de manera constante cada año[5]. Si bien no puede afirmarse que el punitivismo sea el único factor explicativo de estos datos, debe subrayarse que la estrategia para abordar la violencia de género ha derivado en esta realidad y que es necesario afrontarla.

En este sentido, la LO 1/2004 incluyó una única previsión respecto de la ejecución de la pena de prisión: el art. 42, en el que se establece que la Administración penitenciaria se encargará de elaborar programas específicos para los condenados por delitos de violencia de género y que las Juntas de Tratamiento de los centros penitenciarios valorarán su seguimiento y aprovechamiento cuando tomen decisiones ampliatorias de la libertad. Por tanto, con la aprobación de la LO 1/2004, se incorporó una obligación de la Administración penitenciaria en su intervención con los condenados y, también, un requisito

---

cónyuge o que haya estado ligada a él por una relación análoga de afectividad aun sin convivencia. Por tanto, aquí no se encuentran incluidos los delitos contra la libertad sexual —el siguiente tipo delictivo por el que más personas se encontraban en prisión en el año 2023 (el autor era un hombre en el 98,5% de los casos)— en los que no existiera o hubiera existido dicha relación de pareja. A pesar de que estos delitos queden fuera de la violencia de género en esta estadística, en muchos casos, estos son sin duda también una manifestación de la discriminación por razón de género. Por lo que es posible intuir que el porcentaje de personas encarceladas por delitos en los que el sujeto ha actuado motivado por una discriminación por razón de género es todavía superior al que ofrecen las estadísticas.

5 Desde el año 2012 hasta el 2023, permanece invariable la posición que ocupan en la estadística los delitos de violencia de género (tercera). Sin embargo, lo que sí ha variado desde entonces ha sido el número de personas presas por estos delitos. Se constata un aumento constante, año tras año, pasando de 3.901 personas (7,02% de la población total), en el año 2012, a 5.074 personas (11,16% de la población total), en el año 2023.

específico exigible a estos para su acceso a los permisos de salida, al tercer grado y a la libertad condicional.

Así, en estos veinte años, la respuesta penitenciaria a la violencia de género se ha traducido, fundamentalmente, en la puesta en marcha de programas de tratamiento penitenciario para condenados con incidencia en el cumplimiento de la pena de prisión. El elevado número de personas encarceladas por estos delitos señala la necesidad de prestar especial atención a esta respuesta penitenciaria, y a hacerlo desde una perspectiva crítica.

1. Condenados por violencia de género y ejecución penitenciaria

Entre 2004 y 2011, la SGIP[6] llevó a cabo una serie de acciones para impulsar la implementación de programas de tratamiento en las cárceles. En relación con la violencia de género, en 2001-2002, se aplicó por primera vez un programa de tratamiento específico como experiencia piloto. En 2004, Instituciones Penitenciarias trabajó en la revisión y actualización de aquel programa y, fruto de ello, en 2005, se creó el "Programa de Tratamiento en Prisión para Agresores en el Ámbito Familiar"[7]. Se trataba de un programa que orientaba la intervención con condenados por violencia de género desde una perspectiva clínica y cognitivo-conductual. En 2010, se puso en

---

6 En esta contribución, me refiero únicamente al modelo penitenciario que rige en las cárceles dependientes de la Administración General del Estado. Catalunya y País Vasco han asumido la competencia en materia penitenciaria y, en consecuencia, en estos territorios rigen modelos penitenciarios parcialmente distintos.

7 Sordi Stock, B. (2015). "¿Nuevos horizontes? en los programas de rehabilitación para agresores de violencia de género". *InDret*, (1), 4: interpreta que la LO 1/2004 sirvió "de catalizador de una mayor concienciación por parte del legislador acerca de la idoneidad de estos programas como respuesta penal a los casos de violencia de género".

marcha el "Programa de Intervención para Agresores" (PRIA). El PRIA es el programa que actualmente se sigue aplicando en las cárceles dependientes de la Administración General del Estado para los condenados por delitos de violencia de género. Se trata de un programa de corte cognitivo conductual que introduce aspectos relacionados con la perspectiva de género. Consiste en una intervención grupal de entre 25 y 50 sesiones, con una duración total que puede oscilar entre los seis meses y un año, y cuyo objetivo es "la extinción de cualquier tipo de conducta violenta dirigida hacia la pareja, así como la modificación de todo tipo de actitudes y creencias de tipo sexista"[8].

El abordaje de la violencia de género en el ámbito penitenciario a través de la implementación de programas de tratamiento específicos resulta coherente con el sistema de individualización científica vigente desde la aprobación en 1979 de la LOGP. En el marco de este modelo, merece una valoración positiva el hecho de que, gracias al impulso de la LO 1/2004[9], se hayan incorporado programas que específicamente se orientan a atajar la violencia de género. Así lo defiende particularmente Sordi Stock, quien, si bien reconoce que, desde una perspectiva crítica, no deben obviarse las limitaciones del entorno penitenciario en la consecución de objetivos de reinserción social, reivindica un "debate constructivo" al respecto[10]. Esta autora sostiene que estos programas "no tienen otro propósito que poner en marcha estrategias que mejoren las posibilidades del sujeto para vivir en libertad sin cometer

---

8 SGIP (2010). "Violencia de género. Programa de Intervención para Agresores (PRIA)". *Documentos Penitenciarios,* (7), 7.

9 Sordi Stock, B. (2016). "Programas para agresores de violencia de género en prisión: ¿avanzamos o caminamos en círculos?". *EPC,* (XXXVI), 128.

10 Sordi Stock, B. (2016). "Programas para agresores de violencia de género en prisión: ¿avanzamos o caminamos en círculos?". *EPC,* (XXXVI), 81.

delitos"[11] y que "el trabajo con los hombres es parte del proceso de trasformación social en la disminución de la violencia de género"[12]. En todo caso, defiende que el objetivo debe ser el refuerzo de una política criminal que reduzca el uso de la prisión y la apuesta por "intervenciones rehabilitadoras desarrolladas en medio abierto"[13].

Por otra parte, en cuanto a la implementación de los programas de tratamiento para condenados por violencia de género en la práctica y sus consecuencias, después de llevar a cabo una revisión de los estudios disponibles, Sordi Stock, concluye, en primer lugar, en relación con su alcance y aplicabilidad, que hay un considerable porcentaje de condenados que entran a cumplir penas de prisión y, sin embargo, "acaban sin poder participar en una intervención"[14]. Y, en segundo lugar, concluye que, si bien el conjunto de las investigaciones apunta que estos programas "son prometedores para la reducción de las actitudes abusivas y la violencia entre íntimos", en relación con su eficacia preventiva, "los datos empíricos disponibles sobre los resultados de los programas intramuros

---

11 Sordi Stock, B. (2016). "Programas para agresores de violencia de género en prisión: ¿avanzamos o caminamos en círculos?". *EPC*, (XXXVI), 125.

12 Sordi Stock, B. (2015). "Victimología y violencia de género: diálogos en favor de un abordaje no reduccionista de la violencia". *Revista de Victimología*, (1), 167.

13 Sordi Stock, B. (2015). "¿Nuevos horizontes? en los programas de rehabilitación para agresores de violencia de género". *InDret*, (1), 22-23.

14 Sordi Stock, B. (2015). "Programas para agresores de violencia de género en prisión: ¿De qué evidencia disponemos?". *REIC*, (13), 19-20. En el estudio, "El delincuente de género en prisión", elaborado por la SGIP, se señala que, del total de la muestra, el 19% cumplían penas de entre seis meses y un año y el 21% de entre uno y dos años, lo que hace que en torno al 40% no accediese al programa por el tiempo de la condena.

no ofrecen resultados concluyentes"[15]. En este sentido, el elevado número de condenados en prisión por estos delitos y su tendencia ascendente pueden tomarse —al menos— como un *indicio* de que la respuesta penal y penitenciaria que se está dando al fenómeno delictivo de la violencia de género no está resultando eficaz en términos preventivos.

Desde mi punto de vista, junto al cuestionamiento de su eficacia, resulta criticable que el seguimiento de estos programas y la evaluación de su desempeño pueda erigirse en un requisito para acceder a mayores cuotas de libertad en el cumplimiento de la pena de prisión. El sistema de individualización científica, como eje vertebrador de la ejecución penitenciaria, genera una serie de problemáticas, relacionadas especialmente con la voluntariedad del tratamiento[16], que, en este caso, como consecuencia de la previsión del apartado 2 del art. 42, se intensifican. La obligación de valorar, por parte de la Junta de Tratamiento, el seguimiento y aprovechamiento de estos programas cuando se plantee la concesión de permisos, progresiones de grado o la libertad condicional, torna preceptiva la realización de estos programas si no se quiere cumplir la condena sin ningún contacto con la libertad. A pesar de que no se prevea expresamente dicha obligatoriedad —y que evidentemente, en última instancia, siempre sea posible rechazar el tratamiento—, la vinculación mencionada puede generar "coacciones indirectas"[17] que ponen en cuestión su voluntariedad[18], y esto, a su vez, puede mermar su

---

15 Sordi Stock, B. (2015). "Programas para agresores de violencia de género en prisión: ¿De qué evidencia disponemos?". *REIC,* (13), 21-22.

16 Alemán Aróstegui, L. (2025). *La ejecución de la pena de prisión desde la perspectiva de los límites al ius puniendi,* 307-334.

17 Gallego Díaz, M. (2013). "Tratamiento penitenciario y voluntariedad". *REP,* (Extra 2), 102-103.

18 Cervelló Donderis, V. (2022). *Derecho penitenciario,* 255.

eficacia. La promoción de una participación verdaderamente voluntaria en estos programas es necesaria para que sea posible una asunción de responsabilidad por el daño causado y para evitar su instrumentalización[19].

Además, hay que tener en cuenta que no disponemos de resultados concluyentes en cuanto a la eficacia preventiva de los programas de tratamiento en prisión. Sin embargo, de lo que sí existe evidencia empírica es de que los índices de reincidencia se reducen cuando las personas encarceladas acceden a la libertad de forma progresiva[20]. Por tanto, lo que desde luego resulta conveniente es que el cumplimiento de las condenas incluya estos contactos progresivos con la vida en libertad. Sin embargo, los condenados por delitos de violencia de género, en comparación con otras tipologías delictivas, suelen disfrutar de un menor número de permisos de salida y es menos

---

19 Solar Calvo, P. (2018). "¿Es el tratamiento penitenciario voluntario? Valoración de la cuestión a la luz de la prisión permanente revisable". *ADPCP*, (LXXI), 314-315.

20 Por ejemplo, el *Centre d'Estudis Jurídics i Formació Especialitzada* de la *Generalitat de Catalunya* que, de manera periódica, realiza estudios sobre reincidencia, muestra, en su informe del año 2015 (*Tasa de reincidencia penitenciaria 2014*), los siguientes porcentajes de reincidencia en función del acceso o no a mayores cuotas de libertad: si se ha disfrutado de permisos de salida (20,5%) o no (38,6%); o si el alcance de la libertad definitiva ha sido desde la libertad condicional (11,6%), desde el tercer grado (18,1%), desde el segundo grado (34,3%) o desde el primer grado (44%). En el informe publicado en 2019 (*Tasa de reincidencia en la libertad condicional y de inactividad delictiva en tercer grado en Cataluña*), se mostraba que las personas que acaban su condena en libertad condicional son las que tienen una tasa de inactividad delictiva más elevada. Y, en el informe del año 2023 (*Tasa de reincidencia penitenciaria 2020*), se concluye que "los análisis estadísticos nos confirman que la salida desde medio abierto y lo más escalonada posible es la mejor solución para reducir la reincidencia".

frecuente su clasificación en tercer grado[21]. Aunque no hay ninguna norma que restrinja su acceso a estas ampliaciones de la libertad, el excesivo margen de discrecionalidad que existe en la toma de estas decisiones[22] permite que, en la práctica, los órganos decisores reduzcan estas posibilidades en el caso de los condenados por violencia de género.

Como apunta Sordi Stock, se ha "acreditado que la cárcel no contribuye, por sí misma a reducir la ocurrencia de actos de violencia de género" y que, "en algunos casos, el paso por la prisión incrementa el riesgo de la ocurrencia de agresiones más graves"[23]. Por tanto, mientras se sigue trabajando en la mejora de programas de intervención específicos para la prevención de la violencia de género, es fundamental que no se bloqueen las posibilidades que ofrece el modelo de ejecución penitenciaria de contacto con la libertad y de liberación progresiva. Más allá de los programas que puedan implementarse, la cárcel y sus dinámicas refuerzan y reproducen los modelos de masculinidad hegemónicos, esto es, las masculinidades "basadas en la violencia, la agresividad, la misoginia y la homofobia, (re)produciendo las desigualdades de género y la subordinación"[24], y, en el marco de la prevención de la violencia de género, esto no puede ni debe obviarse[25].

---

21 Sordi Stock, B. (2016). "Programas para agresores de violencia de género en prisión: ¿avanzamos o caminamos en círculos?". *EPC*, (XXXVI), 114.

22 Alemán Aróstegui, L. (2025). *La ejecución de la pena de prisión desde la perspectiva de los límites al ius puniendi*, 536.

23 Sordi Stock, B. (2015). "Programas para agresores de violencia de género en prisión: ¿De qué evidencia disponemos?". *REIC*, (13), 20.

24 Alonso Merino, A. (2023). *Feminismo anticarcelario: el cuerpo como resistencia*, 176-177.

25 Así lo entienden: De Miguel Calvo, E. (2014). "Encarcelamiento de mujeres. El castigo penitenciario de la exclusión social y la desigualdad de género". *Zerbitzuan*, (56), 84; Sordi Stock, B. (2015). "Victimología y violencia de género: diálogos en favor de un abordaje no reduccionista de la violencia". *Revista de Victimología*, (1), 160.

2. *Víctimas de violencia de género y ejecución penitenciaria*

En el análisis de la violencia de género y la ejecución de la pena de prisión también debe tenerse en cuenta a las víctimas. La LO 1/2004 no introdujo ninguna medida específica en relación con las víctimas de violencia de género y la fase penitenciaria. Posteriormente, la LEVD (Ley 4/2015, de 27 de abril) incorporó novedades importantes respecto de la atención y las posibilidades de actuación de las víctimas de los delitos. Mayoritariamente, la aprobación de esta ley fue valorada positivamente. Sin embargo, hubo algunas cuestiones que fueron particularmente criticadas. Aunque no se trata de una regulación específica para las víctimas de violencia de género, su análisis es interesante en relación con la prevención de la violencia de género, puesto que en ella se recogen dos preceptos que, si se analizan conjuntamente, resultan ilustrativos de que la opción preferente en este ámbito es la punitiva.

2.1. La participación de las víctimas en la ejecución penitenciaria (art. 13 LEVD)

El art. 13 LEVD constituye uno de los preceptos más controvertidos de esta norma legal. Hasta 2015, las víctimas no disponían de vías legales para participar en la ejecución de la pena de prisión. Sin embargo, con esta ley, se introdujeron nuevas posibilidades para las víctimas: aportar información relevante para la toma de determinadas decisiones (art. 13.2, b) LEVD), interesar la imposición de medidas o reglas de conducta en el régimen de libertad condicional (art. 13.2, a) LEVD), y, también, recurrir algunas decisiones del JVP que pueden conducir a ampliaciones de la libertad ambulatoria (art. 13.1 LEVD)[26].

[26] Habilita a la víctima para recurrir, en el caso de condenas por una serie de delitos, las siguientes resoluciones judiciales: 1) la concesión de

La participación de la víctima en la ejecución penitenciaria no tiene precedentes ni en nuestra legislación ni en nuestro entorno jurídico cultural[27] y, por este y otros motivos, se han vertido diversas críticas en relación con esta novedosa previsión. Así, por ejemplo, en el Voto particular al Informe del CGPJ del Anteproyecto de la Ley[28], se criticó porque altera "de forma sustancial el ámbito subjetivo y sustantivo de decisión en esta materia", a pesar de que, hasta aquel momento, había sido una cuestión pacífica. También se ha criticado, desde la perspectiva de los fines de la pena, que es contraria al mandato resocializador[29] y que se alinea con teorías que afirman que la satisfacción de la víctima constituye un fin de la pena y reconocen una especie de derecho de la víctima al castigo penal[30]. Otra de las críticas realizadas es que esta participación puede afectar al monopolio estatal para la ejecución de las penas. De hecho, en el Preámbulo de la LEVD, se apunta expresamente que dicha

---

la libertad condicional; 2) la vuelta al régimen general de clasificación en tercer grado (art. 36.2 CP); y 3) la vuelta al régimen general para el cómputo de los plazos para el acceso a mayores cuotas de libertad (art. 78.3 CP).

27 Renart García, F. (2015). "Del olvido a la sacralización. La intervención de la víctima en la fase de ejecución de la pena (Análisis del art. 13 de la Ley 4/2015, de 27 de abril, del Estatuto de la víctima del delito, a la luz de la L.O. 1/2015, de 30 de marzo, de modificación del Código Penal)", *Revista Electrónica de Ciencia Penal y Criminológica*, (17), 54.

28 Voto particular, de 3 de febrero de 2014, de las magistradas Roser Bach Fabregó y María Concepción Sáez Rodríguez al Informe del CGPJ, de 31 de enero de 2014, al que se adhirieron otros/as cinco vocales del CGPJ.

29 Solar Calvo, P. (2021). "En busca del lugar de la víctima. Análisis de situación y propuestas". *RGDP*, (36), 5. Cervelló Donderis, V. (2022). *Derecho penitenciario*, 178.

30 Barber Burusco, S. (2020). "La intervención de la víctima en el cumplimiento de la pena de prisión", *LH al profesor Diego-Manuel Luzón Peña con motivo de su 70° aniversario*, vol. II, 1239.

participación *no* es incompatible con que el Estado conserve el monopolio absoluto sobre la ejecución de las penas. La participación de la víctima del delito en la ejecución penitenciaria conecta con el protagonismo político-criminal que se ha otorgado a las víctimas en los últimos años. Y, en mi opinión, ni su participación ni su protagonismo generan una amenaza al monopolio del *ius puniendi* por parte del Estado, sino que más bien crean un riesgo de instrumentalización de las víctimas para la legitimación de un incremento punitivo constante y sin límites. En este sentido, la crítica más importante a esta previsión normativa es que, a pesar de que su introducción se ha justificado para favorecer a las víctimas, resulta muy cuestionable que con ella se les brinde una mejor atención.

Por varios motivos. En primer lugar, es cuestionable que el art. 13.1 LEVD favorezca a las víctimas, dado que el papel que les asigna "no hace más que prolongar el enfrentamiento entre víctima e infractor al momento de la ejecución de la condena"[31], y esto puede tener efectos contraproducentes en el proceso de recuperación de la propia víctima[32]. En segundo lugar, frente a la idea de que la posibilidad de recurrir determinadas decisiones penitenciarias contribuirá a la "dignificación" de las víctimas y que, con ella, se conseguirá el incremento de su confianza y de su colaboración con la justicia, se ha sostenido que, probablemente, "redundará en todo lo contrario"[33].

---

31 Solar Calvo, P. (2021). "En busca del lugar de la víctima. Análisis de situación y propuestas". *RGDP*, (36), 5.

32 Barber Burusco, S. (2020). "La intervención de la víctima en el cumplimiento de la pena de prisión", *LH al profesor Diego-Manuel Luzón Peña con motivo de su 70º aniversario*, vol. II, 1240.

33 Tomás-Valiente Lanuza, C. (2021). "El interés de la víctima en la pena del delito", *El papel de la víctima en el Derecho Penal*, 69. Asimismo, en el voto particular del Informe del CGPJ, las magistradas firmantes también cuestionan dicho efecto de la legitimación impugnatoria, y afirman que lo que sí contribuiría a la mencionada

Primero, porque este precepto permite el recurso de la víctima, pero evidentemente no asegura que se vaya a acceder a sus peticiones. Por eso, existe el riesgo de que se genere una expectativa que, seguidamente, se vea defraudada y esto, desde la perspectiva de la víctima, puede dar lugar a que se sienta "doblemente frustrada o humillada"[34]. Y, segundo, porque a esto se añade que, a pesar de que, con esta innovación se anuncian grandes posibilidades para las víctimas, en realidad, su participación es muy limitada y, además, desde la perspectiva de una víctima lega en Derecho, difícilmente se alcanzará a comprender por qué son recurribles determinadas decisiones y no otras, de tal forma que puede generarse un "efecto contraproducente y perverso"[35].

Solar Calvo/Lacal Cuenca afirman que esto ocurre porque la forma en que se ha configurado esta nueva posibilidad "responde a los intereses de un Derecho penal que busca medidas efectistas ante la opinión pública", de manera que, con esta regulación, no se ha tratado tanto de crear un sistema que atienda a los intereses de las víctimas en concreto, sino sobre todo de "hacer creer a cualquier ciudadano que se sienta potencialmente víctima de un delito en su poder de intervención frente a

---

"dignificación" de la víctima "es atenderla, escucharla, informarla y protegerla, no generarle cargas innecesarias o inmoderadas expectativas. Es, en fin, acompañarla y apoyarla en el camino de la recuperación del equilibrio perdido a consecuencia del delito sufrido" (11).

34 Tomás-Valiente Lanuza, C. (2021). "El interés de la víctima en la pena del delito", *El papel de la víctima en el Derecho Penal,* 69.

35 Renart García, F. (2015). "Del olvido a la sacralización. La intervención de la víctima en la fase de ejecución de la pena (Análisis del art. 13 de la Ley 4/2015, de 27 de abril, del Estatuto de la víctima del delito, a la luz de la L.O. 1/2015, de 30 de marzo, de modificación del Código Penal)", *Revista Electrónica de Ciencia Penal y Criminológica,* (17), 58.

aquellas resoluciones que puedan beneficiar al delincuente"[36]. Además, Barber Burusco señala que la pretensión de satisfacer los derechos de la víctima con el cumplimiento de la pena del autor entraña el riesgo de instrumentalización de la víctima y dificulta que se atiendan sus necesidades desde otros ámbitos no penales[37].

Estoy de acuerdo con estas críticas que cuestionan la participación de las víctimas en la ejecución penitenciaria y reclaman la derogación del art. 13.1 LEVD. El castigo penal no constituye el medio adecuado para atender a las víctimas, sino que, más bien, cerca de él corren un alto riesgo de ser instrumentalizadas y de sufrir victimizaciones secundarias. Al mismo tiempo, también es importante apuntar que, a pesar de la escasa incidencia práctica que parece haber tenido este precepto —al menos, hasta ahora—, esta novedad "no constituye un islote en el océano jurídico-penal, esto es, un acontecimiento aislado e inconexo, sino que se enmarca en una política criminal continuista de la corriente de neo-conservadurismo"[38], que ha contribuido al fortalecimiento de una nueva retórica de legitimación del *ius puniendi*, sobre la base de la lógica del "juego de suma cero"[39] entre los derechos de las víctimas y los de los victimarios, y que tiene un fuerte potencial expansivo.

---

36 Solar Calvo, P./Lacal Cuenca, P. (2018). "Consecuencias penitenciarias del estatuto de la víctima", *La Ley*, (9179), 7.

37 Barber Burusco, S. (2020). "La intervención de la víctima en el cumplimiento de la pena de prisión", *LH al profesor Diego-Manuel Luzón Peña con motivo de su 70° aniversario*, vol. II, 1240.

38 Renart García, F. (2015). "Del olvido a la sacralización. La intervención de la víctima en la fase de ejecución de la pena (Análisis del art. 13 de la Ley 4/2015, de 27 de abril, del Estatuto de la víctima del delito, a la luz de la L.O. 1/2015, de 30 de marzo, de modificación del Código Penal)", *Revista Electrónica de Ciencia Penal y Criminológica*, (17), 52.

39 Garland, D. (2001). *La cultura del control. Crimen y orden social en la sociedad contemporánea*, 241.

La oposición a este tipo de participación de la víctima en la fase penitenciaria no se traduce en la negativa a cualquier forma de participación ni mucho menos implica volver a ignorar a las víctimas. Es necesario articular otras vías para su correcta atención por parte de los poderes públicos. En este sentido, se ha propuesto configurar la participación de la víctima en la fase penitenciaria desde una perspectiva restaurativa[40]. Así, en el voto particular al Informe del CGPJ, las magistradas propusieron una redacción alternativa del art. 13.1 LEVD, de tal forma que este se remitiera al art. 15 LEVD, es decir, a las medidas y procesos restaurativos. Esta alternativa de participación restaurativa de la víctima, siempre y cuando se articule correctamente, puede constituir una vía más adecuada y fructífera[41]. Sin embargo, en el caso de las víctimas de violencia de género, esta vía se encuentra vetada.

2.2. El acceso a la justicia restaurativa (art. 15 LEVD)

El art. 15 LEVD es la previsión legal con la que se introdujo la posibilidad de que las víctimas de los delitos accedan a servicios de justicia restaurativa y participen en procesos de mediación. Si bien este precepto ha sido valorado positivamente porque con él por fin se previó expresamente la justicia restaurativa en el ámbito penal, también se ha criticado la carencia de un marco conceptual claro de justicia restaurativa y su reducción de un modelo de justicia a un mero servicio para

---

40 Gómez-Escolar Mazuela, P. (2018). "Derechos del condenado versus derechos de la víctima en la ejecución penitenciaria", *Derechos del condenado y necesidad de pena,* 309.

41 Son de esta opinión: Francés Lecumberri, P. (2018). "La justicia restaurativa y el art. 15 del Estatuto de la víctima del delito ¿un modelo de justicia o un servicio para la víctima?". *Eguzkilore,* (3), 35; Solar Calvo, P. (2021). "En busca del lugar de la víctima. Análisis de situación y propuestas". *RGDP,* (36), 8-9.

las víctimas[42]. Desde una mirada crítica, también es importante tener en cuenta que, para su implementación efectiva, requiere de un despliegue de recursos que difícilmente tiene visos de producirse a través de una ley en cuya disposición adicional segunda se contempla que "Las medidas incluidas en esta Ley no podrán suponer incremento de dotaciones de personal, ni de retribuciones ni de otros gastos de personal", y que, además, aún en la actualidad, carece del desarrollo reglamentario ordenado por la propia norma.

En relación con la violencia de género, el aspecto más relevante de este precepto es que se excluye la justicia restaurativa cuando esté prohibida por la ley para el delito cometido, y el art. 3 LEVD prevé que "En todo caso estará vedada la mediación y la conciliación en supuestos de violencia sexual y de violencia de género". La prohibición de la mediación en los delitos de violencia de género se remonta, precisamente, a la LO 1/2004, cuyo art. 44 introdujo este veto. Se ha interpretado que esta prohibición respondió a la necesidad que existía en aquel momento de mandar a la sociedad el mensaje de que la violencia de género no era un asunto privado y que nunca más iba a quedar relegado al ámbito del *hogar*. Sin embargo, para el 2015, se puede considerar que la percepción de la sociedad en materia de violencia de género había cambiado sensiblemente[43] y, no obstante, se mantuvo la exclusión.

En favor de este veto se argumenta que, con él, se da cumplimiento a una de las recomendaciones contenidas en el Convenio de Estambul[44]. Pero esta afirmación parte de una

---

42 Francés Lecumberri, P. (2018). "La justicia restaurativa y el art. 15 del Estatuto de la víctima del delito ¿un modelo de justicia o un servicio para la víctima?". *Eguzkilore*, (3), 1-39.

43 Borges Blázquez, R. (2017). "La prohibición de mediación en violencia de género, ¿éxito o fracaso?". *La Ley*, (9100), 1-6.

44 Convenio del Consejo de Europa sobre prevención y lucha contra la violencia contra las mujeres y la violencia doméstica (Estambul, 2011).

interpretación equivocada. El art. 48.1 de este texto internacional ordena a los Estados que tomen las medidas legislativas necesarias para prohibir "los modos alternativos obligatorios de resolución de conflictos, incluidas la mediación y la conciliación" en el ámbito de las violencias de género y doméstica. Por tanto, no prohíbe estas técnicas en los casos de violencia de género, sino su imposición obligatoria a las partes. Sin embargo, con base en esta errónea interpretación, las normas legales españolas han instaurado ese veto y lo han extendido a la violencia sexual[45].

En la doctrina penal, hay posiciones tanto a favor como en contra de este veto, basadas en diversos argumentos a los que no me referiré en este texto por la extensión a la que debo atenerme[46]. En cualquier caso, me interesa recalcar que una de las objeciones más alegadas es que, en el contexto de la violencia de género, existe una desigualdad entre el agresor y la víctima que impide que se dé uno de los fundamentos esenciales de la mediación: la equidad entre las partes[47]. Y, por ello, se entiende que no es posible ni recomendable emprender este tipo de procesos.

---

[45] Más allá de la LEVD, también, por ejemplo, en el caso de Navarra, la Ley Foral 4/2023, de 9 de marzo, de justicia restaurativa, mediación y prácticas restaurativas comunitarias, excluye de su ámbito de aplicación "todos los asuntos de violencia de género ya sean violencia en la relación de pareja, violencia sexual o cualquier otra conducta considerada como violencia de género por el Convenio del Consejo de Europa sobre prevención y lucha contra la violencia contra las mujeres y la violencia doméstica, celebrado en Estambul el 11 de mayo de 2011" (art. 1.2).

[46] Para ello, véase: Álvarez Suárez, L. (2019). "La mediación penal y su prohibición en supuestos de violencia de género: modelo español". *Revista Brasileira de Direito Processual Penal,* (5-2), 1087 y s.

[47] Álvarez Suárez, L. (2019). "La mediación penal y su prohibición en supuestos de violencia de género: modelo español". *Revista Brasileira de Direito Processual Penal,* (5-2), 1089-1090.

2.3. Entre la posibilidad (punitivista) y el veto (paternalista)

A las víctimas de violencia de género, por un lado, se les permite participar en la ejecución penitenciaria recurriendo decisiones de los JVP para tratar de bloquear vías para que el sujeto disfrute de un mayor grado de libertad, y, por otro lado, se les prohíbe acceder a los servicios de justicia restaurativa y, por tanto, también a procesos de mediación en fase penitenciaria. Esta dualidad es particularmente representativa de que la opción preferente frente a la violencia de género es la punitiva y de que la consideración de la mujer víctima es profundamente paternalista. A la mujer víctima de violencia de género se le reconoce agencia, siempre y cuando actúe en el marco punitivo y bajo la tutela del órgano judicial penal, presumiendo que es débil y está indefensa, y que lo que necesita es el castigo de su agresor.

La posibilidad (punitivista) y el veto (paternalista) abocan a las mujeres víctimas de violencia de género a un marco muy estrecho en el que actuar y en el que interpretar su victimización y su proceso de recuperación. Si bien debe reconocerse la desigualdad estructural que subyace en toda victimización de género, ello no puede llevar a negar la agencia de las mujeres, por defecto, de forma generalizada y de manera automática, sino que deberían ponerse los medios para que, si ambas partes desean llevar a cabo un proceso de mediación, las y los profesionales de la justicia restaurativa —necesariamente formados/as en perspectiva de género— traten de compensar esa desigualdad. De hecho, se considera que la mediación puede favorecer el empoderamiento y la autonomía de las mujeres, y puede ayudar a dejar atrás "la imagen de ser dependiente e incapaz que subyace de la legislación vigente en violencia de género"[48].

---

[48] Álvarez Suárez, L. (2019). "La mediación penal y su prohibición en supuestos de violencia de género: modelo español". *Revista Brasileira de Direito Processual Penal*, (5-2), 1093.

La participación de las víctimas de violencia de género en la ejecución penitenciaria a través de la justicia restaurativa podría ser la manera de volver *encuentro* el *desencuentro*[49]. De un lado, se suprimiría una intervención muy cuestionable de las víctimas en la ejecución penitenciaria, tanto desde la perspectiva de los derechos del condenado como desde la perspectiva de la atención a las necesidades de las víctimas; y, de otro, se habilitaría un espacio de agencia de las mujeres y una vía para el trabajo sobre lo que subyace en toda forma de violencia contra las mujeres: la discriminación por razón de género.

3. De la violencia a la discriminación por razón de género

Las cuestiones abordadas en el epígrafe anterior me remiten a una reflexión que considero fundamental, y que trasciende la ejecución penitenciaria y se refiere al sistema penal en su conjunto. Sin duda, la LO 1/2004, en la que se reconoció la especificidad de la victimización por razón de género y la necesidad de atenderla, constituyó un avance fundamental para el reconocimiento de la discriminación que sufrimos las mujeres por el hecho de ser mujeres y la violencia a la que estamos expuestas como consecuencia de dicha discriminación. Sin embargo, después de dos décadas, el balance sobre el abordaje de esta problemática social arroja un saldo que evidencia que la prioridad es siempre la respuesta punitiva, frente a otras posibles.

Pitch explica que los feminismos de los años 70 denunciaban la discriminación de las mujeres utilizando la categoría de

---

[49] Gómez-Escolar Mazuela, P. (2018). "Derechos del condenado versus derechos de la víctima en la ejecución penitenciaria", *Derechos del condenado y necesidad de pena*, 309: critica que la LEVD "contempla la participación de la víctima en la ejecución penitenciaria desde una perspectiva fundamentalmente vindicativa, olvidando la perspectiva restaurativa".

la *opresión*. Con ella, se hacía referencia a la condición estructural de la discriminación, se apuntaba al contexto social y cultural, se criticaba fuertemente al Estado y a su herramienta de ordenación, el Derecho —por producir y perpetuar la subordinación de las mujeres en la sociedad—, y, así, se configuraba un sujeto colectivo en estrecha analogía con la clase, que permitía también tener en cuenta el resto de los ejes estructurales de opresión (raza, etnia, etc.) y que reclamaba cambios igualmente estructurales. La autora italiana continúa explicando que, sin embargo, en el marco del paso del Estado del bienestar a la época neoliberal, se ha sustituido la categoría de la *opresión* por la de la *violencia*, utilizando esta categoría para abarcar las distintas formas de discriminación de las mujeres. El feminismo hegemónico o institucional ha propuesto un enfoque de lucha contra la discriminación de las mujeres centrado en la *violencia de género*. Y esto ha hecho posible que se haya erigido al sistema penal como la principal vía para atajar la discriminación de las mujeres; y, con ello, que el prisma desde el que se mira el fenómeno de la discriminación de las mujeres sea el punitivo[50].

El señalamiento de la violencia específica que sufrimos las mujeres por el hecho de ser mujeres era y sigue siendo necesario. El reconocimiento de la victimización por razón de género constituye un logro social, político y jurídico con respecto a la invisibilización y negación de la violencia que operaba en el pasado. Sin embargo, el ensalzamiento de la categoría de la *violencia* y, con ello, la centralidad del sistema penal para abordar esta problemática social nos aleja de la posibilidad de operar verdaderas transformaciones sociales. Esta centralidad de la respuesta penal ante la discriminación de género, además, se alinea perfectamente con las tendencias político-criminales de

50 Pitch, T. (2014). "La violencia contra las mujeres y sus usos políticos". *ACFS*, (48), 20-21.

las últimas décadas. El neoliberalismo, que ha puesto el Estado social en crisis, activa una política criminal de corte securitario y, así, otorga centralidad al aparato punitivo y trata de legitimarse ahora como Estado penal[51].

Este cambio de categorías supone la asunción de una visión subjetivista o individualista del problema estructural de la discriminación, en este caso, por razón de género. De esta forma, se recurre al uso prioritario del sistema penal como vía de solución y se desdibuja la crítica a lo estructural. La consideración del Derecho penal como la solución a todos los problemas sociales es un fenómeno que viene siendo ampliamente criticado por la doctrina penal. Especialmente, porque aboca a un punitivismo exacerbado que pone en riesgo las bases garantistas de un Derecho penal propio de un Estado social y democrático de Derecho. Pero no es solo esto lo que debe preocuparnos. Opino, junto a otras autoras[52], que debe atenderse a los efectos negativos que puede tener esta apuesta por la solución penal respecto de las propias víctimas de violencia de género y respecto de la discriminación por razón de género. Por un lado, la vía penal lleva la atención al caso concreto, crea chivos expiatorios y, con ello, favorece la invisibilización de las condiciones estructurales discriminatorias y juega en contra de la búsqueda de una transformación social para la emancipación de las mujeres. Y, por otro lado, el tratamiento penal lleva al reconocimiento de las mujeres de su condición de *víctimas*. Es cierto que la adquisición del estatus de víctima ha servido para

---

51 Wacquant, L. (2000), *Las cárceles de la miseria*, 88: se refirió al paso del Estado social al Estado penal, especialmente en Estados Unidos, pero también como un fenómeno incipiente en Europa.

52 Laurenzo Copello, P. (2015). "¿Hacen falta figuras género específicas para proteger mejor a las mujeres?". *EPC*, (XXXV), 795 y s. Maqueda Abreu, M.L. (2014). *Razones y sinrazones para una criminología feminista*, 106.

la visibilización, el reconocimiento y la responsabilización por la violencia contra las mujeres. Sin embargo, la condición de víctima en el marco del sistema penal comporta una serie de riesgos, que pueden dar lugar a victimizaciones derivadas del propio funcionamiento del sistema penal: a procesos de victimización secundaria.

En este sentido, en primer lugar, hay que tener en cuenta que el sistema penal no tiene como objetivo o fin principal la satisfacción de las necesidades de las víctimas, sino que se dirige a la criminalización, persecución e imposición del castigo penal. Por eso, a pesar de que en los últimos años las víctimas se han convertido en protagonistas del debate político-criminal, en realidad, esto no ha supuesto que verdaderamente se las haya priorizado. Desde mi punto de vista —como ya he mencionado anteriormente—, la alusión a las víctimas en el discurso político-criminal se ha utilizado más para legitimar reformas penales que han endurecido la respuesta punitiva que para colocarlas en una mejor situación en cuanto a la protección y el ejercicio de sus derechos. En la práctica, las víctimas han ganado mucho menos de lo prometido, y esto implica un elevado riesgo de generación de graves perjuicios como consecuencia de la frustración de sus expectativas.

En segundo lugar, la condición de víctima se encuentra atravesada por otro fenómeno al que denomino *selectividad victimal* por analogía con la idea de la *selectividad penal* apuntada tradicionalmente desde la criminología crítica. El concepto de la *selectividad penal* sirve para apuntar que el sistema penal no funciona de forma neutra, sino que está condicionado por los factores estructurales de discriminación. Así, se criminaliza, persigue y castiga más a quienes pertenecen a determinados colectivos que se encuentran atravesados por los distintos ejes de opresión que operan en nuestra sociedad. Lo mismo ocurre con las víctimas, pero en sentido inverso: el sistema penal tiende a buscar la "víctima ideal"[53], de manera que *no* selecciona a las víctimas que no cumplen con la imagen o el estereotipo de "buena víctima" o de "víctima selecta"[54]. La *selectividad victimal* es un mecanismo de selección que funciona tanto en positivo como en negativo: reconoce y ensalza a determinadas víctimas o victimizaciones, y cuestiona, niega o, incluso, culpa a otras[55]. Así, esta selectividad es otro de los factores generadores de victimización secundaria.

En el caso de la violencia contra las mujeres, la *selectividad victimal* activa y potencia todos los factores discriminatorios por razón de género. La "buena víctima" de violencia de género remite a la "buena mujer", a la mujer que *se debe ser*, de acuerdo con los mandatos de género. Y, de esta forma, de nuevo, se vuelve a decir a las mujeres cómo deben reaccionar, qué tienen que hacer y cuál es la correcta forma de comportarse, sin reconocer su capacidad de agencia y su autonomía[56]. E, incluso, aunque el sistema penal considere a la mujer-víctima *ideal* y la *seleccione*, se

---

53 Christie, N. (1986). "The Ideal Victim", *From Crime Policy to Victim Policy*, 18-21.

54 Herrera Moreno, M. (2014). "¿Quién teme a la victimidad? El debate identitario en victimología", *Revista de Derecho Penal y Criminología*, (12), 356.

55 Bodelón, E. (2014). "Violencia institucional y violencia de género". *ACFS*, (48), 143.

56 Sordi Stock, B. (2015). "Victimología y violencia de género: diálogos en favor de un abordaje no reduccionista de la violencia". *Revista de Victimología*, (1), 154: "al buscarse el poder transformador en la ley, esta ha acabado por generar una imagen determinista y calculada de las mujeres". Restrepo Rodríguez, D./ Francés Lecumberri, P. (2016). "Rasgos comunes entre el poder punitivo y el poder patriarcal". *Revista colombiana de sociología*, (39-1), 31: "que las mujeres asuman la posición de víctimas y no salgan de ella, lo que nos incapacita (o al menos limita) a través de la infantilización y desresponsabilización propias de la condición de víctima".

producen supuestos de victimización secundaria que provienen de las propias características y dinámicas del sistema penal[57].

Esta victimización secundaria es fruto de la violencia institucional de género, que también forma parte del fenómeno de la violencia de género[58], y que consiste en "actos que muestran una pauta de discriminación o de obstáculo en el ejercicio y goce de los derechos"[59]. La violencia institucional de género no se encuentra contemplada en la LO 1/2004 ni en ninguna de las restantes leyes de violencia de género[60]. Se trata de una forma de violencia que, al ser realizada por el propio Estado y sus agentes, encuentra dificultades para su reconocimiento, y, para prevenirla, es necesario que la intervención jurídica se realice "partiendo de la consideración de que el Estado mismo es un agente que puede producir y reproducir violencia hacia las mujeres"[61].

Con todo ello, se puede afirmar que el enfoque centrado en la intervención penal entraña un elevado riesgo de hacernos retroceder[62]. Con él, de nuevo, se infantiliza y se niega la agencia

---

57 Así lo muestran: Tamarit Sumalla, J.M./Aizpitarte Gorrotxategi, A./ Hernández Hidalgo, P./Arantegui Arràez, L. (2020). "La impotencia de la justicia penal ante la violencia de género: visiones de los profesionales y de las víctimas". *REC*, (3), 1-16.

58 Bodelón, E. (2014). "Violencia institucional y violencia de género". *ACFS*, (48), 131.

59 Bodelón, E. (2014). "Violencia institucional y violencia de género". *ACFS*, (48), 133.

60 Constituye una excepción la *Llei 5/2008, de 24 d'abril, del dret de les dones a erradicar la violència masclista*, vigente en Catalunya, en la que, si bien no se incluye la violencia institucional, en su art. 3, i), contiene el concepto de *victimización secundaria* o *revictimización*.

61 Bodelón, E. (2014). "Violencia institucional y violencia de género". *ACFS*, (48), 138.

62 No obstante, como advierten Restrepo Rodríguez, D./Francés Lecumberri, P. (2016). "Rasgos comunes entre el poder punitivo y el poder patriarcal". *Revista colombiana de sociología*, (39-1), 43, ello "no implica que no pensemos que las mujeres que hoy sufren violencia

de las mujeres por parte del Estado. Y, con él, de nuevo, se invisibiliza la discriminación estructural por razón de género. Los medios penales no son capaces de hacer tambalear ni siquiera mínimamente el patriarcado porque no apuntan a lo estructural y porque, de hecho, reproducen los ejes de opresión[63]. Es necesario recuperar la *opresión* o *discriminación* por razón de género como categoría de análisis frente a la *violencia* de género, y al mismo tiempo, es fundamental señalar que las distintas formas de discriminación de las mujeres son las condiciones de posibilidad de dicha forma de violencia.

En este sentido, la situación en la que están y el tratamiento que se da a las mujeres encarceladas resultan paradigmáticos, y merecen una atención especial cuando se tratan de abordar las intersecciones entre la violencia de género y la ejecución penitenciaria.

II. MUJERES PRESAS Y DISCRIMINACIÓN POR RAZÓN DE GÉNERO

El análisis de los puntos de intersección entre la prisión y la violencia de género conducen indefectiblemente a las mujeres presas. No solo porque esta forma de violencia está

---

patriarcal no puedan y deban usar todos los instrumentos que tengan a su alcance para defenderse, y esto muchas veces incluirá el consejo de que pongan denuncias, pidan detenciones, etc., pues desafortunadamente en algunos casos es lo único que el Estado y la sociedad ofrecen, y a veces puede tener alguna utilidad para protegerse".

63 Sobre los puntos en común entre el poder patriarcal y el poder punitivo, que hacen que uno y otro se alineen y se alimenten mutuamente, y que evidencian que la estrategia para la emancipación de las mujeres debe ser otra, véase el brillante texto: Restrepo Rodríguez, D./Francés Lecumberri, P. (2016). "Rasgos comunes entre el poder punitivo y el poder patriarcal". *Revista colombiana de sociología,* (39-1), 21-46.

proporcionalmente más presente en las mujeres encarceladas que en las que viven en libertad, sino también —y especialmente— porque en las cárceles se discrimina a las mujeres, que cumplen la pena en peores condiciones que los hombres, y porque, históricamente, con la privación de libertad de las mujeres se ha procurado un determinado *encarrilamiento,* precisamente, hacia la asunción de su rol de género. En definitiva, porque la cárcel contribuye a la perpetuación de la discriminación por razón de género.

1. La discriminación de las mujeres y la privación de libertad

Entre la discriminación de las mujeres y la privación de libertad es posible advertir una especie de vínculo por el que, históricamente, ambas se han retroalimentado mutuamente.

La privación de libertad ha constituido una práctica de represión de las mujeres cuyo comienzo y escenario principal se sitúa en el *hogar*. Las mujeres han sido encerradas —antes que en ningún otro sitio— en sus propias casas. En coherencia con esto, las primeras que fueron privadas de libertad en términos punitivos fueron también las mujeres. Si bien, hasta el siglo XVIII, no comienza a utilizarse la privación de libertad como pena para los hombres, a las mujeres, ya en el siglo XVII se las privaba de libertad como forma de castigo[64]. En una época en la que el utilitarismo dictaba que los hombres fueran castigados a remar en galeras o al trabajo en arsenales o presidios, se creó para las mujeres una penalidad específica que implicaba la privación de libertad en un lugar de encierro *propio*: las *casas galera*[65]. La reclusión de las mujeres en las casas galera estaba

---

[64] Cervelló Donderis, V. (2006). "Las prisiones de mujeres desde una perspectiva de género". *REP*, (Extra), 129.

[65] Almeda Samaranch, E. (2002). *Corregir y castigar. El ayer y hoy de las cárceles de mujeres*, 29-30: Sor Magdalena de San Jerónimo creó en

prevista tanto para aquellas que delinquían como para las que pecaban. En general, para todas las consideradas "malas mujeres" o mujeres "de mala vida"[66]. En ellas, se imponía un régimen de vida muy severo, con unas condiciones materiales de subsistencia mínimas, absolutamente reglamentado, y marcado por una disciplina férrea en el trabajo, la instrucción y las prácticas religiosas, y la vigilancia de su cumplimiento con el máximo rigor[67]. La orientación de esta forma de reclusión femenina era "marcadamente moralizadora", y tenía como objetivos la corrección de la desviación o el "vicio" de las mujeres[68] y el logro de su "*domesticación*"[69].

Durante el siglo XIX, las casas galera fueron sustituidas por casas de corrección[70], en las que se perseguían iguales finalidades[71]. En aquella época, Concepción Arenal llevó a cabo una

---

1604 en Valladolid la Casa de Probación y, en 1608, publicó "la Obrecilla": "*Razón y forma de la Galera y casa Real que el Rey nuestro Señor manda hacer en estos Reynos para castigo de las mujeres vagantes, ladronas, alcahuetas y otras semejantes*"; lo que originó las casas galera (1622).

66 Burillo Albacete, F.J. (1999). *El nacimiento de la pena privativa de libertad*, 81: cuestión que "se cifraba en una sola señal, la de vivir sin amo conocido, sin sujeción a ningún varón".

67 Almeda Samaranch, E. (2002). *Corregir y castigar. El ayer y hoy de las cárceles de mujeres*, 34-35.

68 Almeda Samaranch, E. (2002). *Corregir y castigar. El ayer y hoy de las cárceles de mujeres*, 26.

69 Burillo Albacete, F.J. (1999). *El nacimiento de la pena privativa de libertad*, 82.

70 Cervelló Donderis, V. (2006). "Las prisiones de mujeres desde una perspectiva de género". *REP*, (Extra), 131: en 1847, se aprueba el Reglamento para las casas de corrección del Reino y se prevé que en la colaboración de órdenes religiosas (Adoratrices, Oblatas, etc.).

71 Almeda Samaranch, E. (2002). *Corregir y castigar. El ayer y hoy de las cárceles de mujeres*, 83.

fuerte crítica al esencialismo en el que se basaba la diferenciación entre hombres y mujeres condenadas, y denunció la peor consideración del comportamiento delictivo de las mujeres, simplemente por el hecho de ser mujeres[72]. Ya entrado el siglo XX, en la época de la República, con Victoria Kent, se crearon oficialmente cárceles de mujeres y se expulsó a las órdenes religiosas. Sin embargo, tras la guerra civil, "las prisiones de mujeres se cubren de un alto contenido religioso ya que las funcionarias son auxiliadas por comunidades religiosas especializadas en la regeneración de mujeres donde se les iba a inculcar sentimientos de piedad, religión y arrepentimiento"[73], y esta fue la tónica con la que se desarrolló el encarcelamiento femenino hasta la democracia[74].

Por tanto, puede afirmarse que "las prisiones modernas tienen sus antecedentes inmediatos en centros de encierro que se institucionalizaron para controlar ciertas poblaciones femeninas"[75], y que las primeras formas de encierro punitivo de las mujeres son fundamentales para entender el posterior dominio de la ideología y las prácticas correccionalistas en el sistema penitenciario español[76]. Incluso, se podría considerar que, en la génesis de la privación de libertad como práctica punitiva, se encuentra la discriminación por razón

---

72 Arenal, C. (1991). *El visitador del preso* [1891], 113.

73 Cervelló Donderis, V. (2006). "Las prisiones de mujeres desde una perspectiva de género". *REP*, (Extra), 131-132.

74 Mapelli Caffarena, B./Herrera Moreno, M./Sordi Stock, B. (2013). "La *exclusión* de las *excluidas*. ¿Atiende el sistema penitenciario a las necesidades de género?: una visión andaluza". *EPC*, (XXXIII), 62-66.

75 Restrepo Rodríguez, D./Francés Lecumberri, P. (2016). "Rasgos comunes entre el poder punitivo y el poder patriarcal". *Revista colombiana de sociología*, (39-1), 25.

76 Almeda Samaranch, E. (2002). *Corregir y castigar. El ayer y hoy de las cárceles de mujeres*, 58.

de género. Al mismo tiempo, la significación social de la conducta delictiva[77] y el castigo penal de las mujeres tuvo desde sus orígenes, y ha mantenido hasta la actualidad, unos contornos particulares, diferenciables de los de los hombres, y, nuevamente, la discriminación por razón de género es el elemento de análisis que permite señalarlos y entenderlos. Así, la idea de corrección está presente en el sistema penitenciario español en su conjunto, pero, en el caso de las mujeres, su peso específico es todavía mayor y no se limita a la desviación delictiva, sino que pretende el encauzamiento hacia su rol de género.

2. La situación de las mujeres presas en la actualidad

Lo primero que se puede señalar de la situación de las mujeres presas es que son una minoría. En el Estado español, de acuerdo con la Estadística de la Población Reclusa que se publica cada año por el CGPJ, las mujeres penadas en las cárceles dependientes de la Administración General del Estado representan en torno al 7-7,5% de la población penitenciaria[78]. Se vaticinó que la creciente participación de las mujeres en el ámbito público implicaría un incremento de la comisión de delitos y, a su vez, de su castigo y encarcelamiento. Sin embargo, esto no ha ocurrido y se apunta que el motivo principal es que

---

[77] Almeda Samaranch, E./Camps Calvet, C./Ortiz Monera, R.M. (2022). "Mujeres, cárceles y feminismos". *REIC*, (20-2), 3: las mujeres que delinquen "Rompen 'doblemente' más roles que los hombres en una sociedad que sigue siendo estructuralmente y culturalmente patriarcal".

[78] Se han consultado las estadísticas desde 2012 hasta la actualidad y los porcentajes son los siguientes: 7,4% (2012); 7,4% (2013); 7,5% (2014); 7,6% (2015); 7,4% (2016); 7,4% (2017); 7,4% (2018); 7,5% (2019); 7,5% (2020); 7,4% (2021); 7,2% (2022); 7,3% (2023).

"los mecanismos de control social informal hacia las mujeres siguen siendo mucho más rígidos que los de los hombres"[79].

Esta posición minoritaria ha contribuido a aumentar su invisibilización y a la falta de atención a sus necesidades específicas[80], las cuales ya venían sustentadas en la discriminación de género que opera estructuralmente. Torres Rosell apunta que los inconvenientes que implica ser una minoría en una institución como la cárcel requieren ser contrarrestados con la adopción de políticas públicas con perspectiva de género[81]. En este sentido, a partir de 2004 y, especialmente, después de 2008, se inició una etapa en la que se emprendieron políticas penitenciarias con perspectiva de género[82]. El hito más importante fue la aprobación en 2008 del "Programa de acciones para la igualdad entre hombres y mujeres en el ámbito penitenciario"[83], con el que se implementó una estrategia para erradicar las discriminaciones de género en el ámbito penitenciario. Entre las medidas de este programa destaca la elaboración del "Programa de prevención de violencia de

---

79 Almeda Samaranch, E./Camps Calvet, C./Ortiz Monera, R.M. (2022). "Mujeres, cárceles y feminismos". *REIC*, (20-2), 3.

80 Ballesteros Pena, A./Almeda Samaranch, E. (2015). "Políticas de igualdad en las cárceles del siglo XXI. Avances, retrocesos y retos en la práctica del encarcelamiento femenino". *Praxis Sociológica*, (19), 166.

81 Torres Rosell, N. (2022). "Dona i presó: balanç de les polítiques de gènere en l'àmbit de l'execució penal a Catalunya". *REAF-JSG*, (36), 243.

82 Mapelli Caffarena, B./Herrera Moreno, M./Sordi Stock, B. (2013). "La *exclusión* de las *excluidas*. ¿Atiende el sistema penitenciario a las necesidades de género?: una visión andaluza". *EPC*, (XXXIII), 73 y s.

83 Ballesteros Pena, A./Almeda Samaranch, E. (2015). "Políticas de igualdad en las cárceles del siglo XXI. Avances, retrocesos y retos en la práctica del encarcelamiento femenino". *Praxis Sociológica*, (19), 163.

género para las mujeres en Centros Penitenciarios. Ser mujer. es", que sigue desarrollándose en la actualidad.

A nivel internacional, en 2011, se aprobaron las Reglas de las Naciones Unidas para el Tratamiento de las Reclusas y Medidas no Privativas de la Libertad para las Mujeres Delincuentes, más conocidas como Reglas Bangkok. Hasta entonces, la normativa internacional propugnaba la igualdad de trato de mujeres y hombres, incorporando únicamente especificidades para las mujeres en relación con la maternidad. Las Reglas Bangkok constituyen recomendaciones no vinculantes que reconocen que las mujeres tienen necesidades específicas que no son atendidas en las cárceles porque están hechas para hombres[84]. Si bien se las considera un "impulso para la reivindicación de los derechos de las mujeres presas", también han sido criticadas porque "no han sabido alejarse del discurso tradicional y estereotipado de la mujer como ser vulnerable y necesitado de protección, ni abordar la necesidad de programas específicos tanto en la prisión como en las alternativas"[85]. Cervelló Donderis apunta que el aspecto más negativo de estas Reglas es que siguen poniendo el foco en "el papel débil y dependiente de la mujer al centrar las diferencias en su mayor victimización y sus responsabilidades al cuidado de otras personas, sin promover su igualdad con el hombre a través de actuaciones que desarrollen su autonomía personal"[86].

---

[84] Cervelló Donderis, V. (2021). "Mujer, prisión y no discriminación: del legado de Concepción Arenal a las Reglas de Bangkok". *EPC*, (XLI), 553.

[85] Cervelló Donderis, V. (2021). "Mujer, prisión y no discriminación: del legado de Concepción Arenal a las Reglas de Bangkok". *EPC*, (XLI), 572.

[86] Cervelló Donderis, V. (2021). "Mujer, prisión y no discriminación: del legado de Concepción Arenal a las Reglas de Bangkok". *EPC*, (XLI), 574.

Junto a estos cambios en las políticas públicas y en la normativa internacional, en estos años también han proliferado los estudios criminológicos y sociológicos sobre el encarcelamiento de las mujeres. Almeda Samaranch muestra el desarrollo de las investigaciones sobre la ejecución penal femenina desde la criminología feminista y señala que estos estudios constituyen avances en este ámbito, pero lo que en ellos se constata es que las cárceles de mujeres continúan siendo un "agente discriminador de género"[87]. Las mujeres cumplen la pena de prisión en peores condiciones que los hombres. En primer lugar, porque, por el hecho de ser una minoría, no tienen acceso a espacios de encierro que permitan su separación en función de determinadas características o necesidades de convivencia, sino que forzosamente conviven todas juntas y, si se generan problemas, existe un elevado riesgo de aislamiento o de traslado y alejamiento del entorno familiar y social[88]. En segundo lugar, porque la oferta de actividades de ocio, formativa o laboral es escasa, de menor cualificación[89] y, a menudo, sexista[90]. En

---

87 Almeda Samaranch, E. (2017). "Criminologías feministas, investigación y cárceles de mujeres en España". *Papers,* (102-2), 151-181. Mapelli Caffarena, B./Herrera Moreno, M./Sordi Stock, B. (2013). "La *exclusión* de las *excluidas.* ¿Atiende el sistema penitenciario a las necesidades de género?: una visión andaluza". *EPC,* (XXXIII), 60-62.

88 Viedma Rojas, A./Revigiero Picón, F. (2012). "Ejecución penal y punitividad. La convivencia cotidiana con el castigo", *Condenadas a la desigualdad. Sistema de indicadores de discriminación penitenciaria,* 189. Torres Rosell, N. (2022). "Dona i presó: balanç de les polítiques de gènere en l'àmbit de l'execució penal a Catalunya". *REAF-JSG,* (36), 267.

89 Viedma Rojas, A./Frutos Balibrea, L. (2012). "El trabajo en prisión: observando las desigualdades de género", *Condenadas a la desigualdad. Sistema de indicadores de discriminación penitenciaria,* 97 y s.

90 Almeda Samaranch, E. (2003). *Mujeres encarceladas,* 48. Mapelli Caffarena, B./Herrera Moreno, M./Sordi Stock, B. (2013). "La

tercer lugar, porque las mujeres son proporcionalmente más sancionadas que los hombres[91] y en este hecho subyace una discriminación por razón de género: se asume que las mujeres, de acuerdo con su rol de género, deben ser más dóciles y menos violentas[92]. De esta forma, a las mujeres se les exige más que a lo hombres y, si infringen las normas, dicha vulneración es valorada más gravemente, de forma discriminatoria[93]. Por tanto, sobre las mujeres se hace un uso desproporcionado y sexista de las medidas coercitivas[94].

En cuanto a la atención a sus necesidades específicas, la maternidad es el principal elemento diferenciador en la ejecución penitenciaria femenina[95]. Si bien las adaptaciones del sistema penitenciario al ejercicio de la maternidad deben

---

exclusión de las *excluidas.* ¿Atiende el sistema penitenciario a las necesidades de género?: una visión andaluza". *EPC,* (XXXIII), 90: "los Cursos de Formación Profesional ofrecidos para las mujeres, denota significativamente que las mismas se interesan, o bien se les ofrece, actividades que reproducen los roles de género: costura, limpieza y lavandería entre otras". Cervelló Donderis, V. (2021). "Mujer, prisión y no discriminación: del legado de Concepción Arenal a las Reglas de Bangkok". *EPC,* (XLI), 580.

91 Viedma Rojas, A./Revigiero Picón, F. (2012). "Ejecución penal y punitividad. La convivencia cotidiana con el castigo", *Condenadas a la desigualdad. Sistema de indicadores de discriminación penitenciaria,* 199-200: durante el año 2010, las mujeres fueron sancionadas casi el doble de lo que lo fueron los hombres.

92 Almeda Samaranch, E. (2003). *Mujeres encarceladas,* 56.

93 Cervelló Donderis, V. (2021). "Mujer, prisión y no discriminación: del legado de Concepción Arenal a las Reglas de Bangkok". *EPC,* (XLI), 578.

94 Torres Rosell, N. (2022). "Dona i presó: balanç de les polítiques de gènere en l'àmbit de l'execució penal a Catalunya". *REAF-JSG,* (36), 276.

95 Navarro Villanueva, C. (2018). *El encarcelamiento femenino. Especial consideración a las madres privadas de libertad,* 18-20.

mantenerse, protegerse y ampliarse[96], no parece que sea una casualidad que las necesidades de las presas que se atienden sean precisamente las que tienen en tanto que madres y con el objetivo de que desempeñen ese rol. Otra cuestión específica de las mujeres presas es su victimización por razón de género. Los estudios muestran que las mujeres encarceladas sufren violencia de género en mayor proporción que las mujeres que viven en libertad[97]. En los últimos años, se ha observado que el sistema penitenciario se ha propuesto atender a esta circunstancia a través de la implementación de programas. Sin embargo, las medidas tomadas resultan insuficientes para atender a esta compleja realidad. De hecho, en el Informe del CPT de 2021, se indicó que la atención que se da a las mujeres cuando ingresan en prisión no es la adecuada para detectar posibles violencias sufridas previamente[98], y, en 2023, el Comité contra

---

96 Por ejemplo, el arresto domiciliario como alternativa al ingreso en prisión de mujeres embarazadas o que son madres que existe en países como Italia y Argentina. O, también, la Ley colombiana 2292 de 2023 que creó una medida de sustitución de la pena de prisión para mujeres condenadas que sean "cabeza de familia", esto es, que se hagan cargo económica, social y afectivamente de otras personas, sean hijos/as menores o adultos dependientes.

97 Fundación para la Investigación Aplicada en Delincuencia y Seguridad (2023). *Víctimas de violencia de género en prisión. Rompiendo el ciclo de la revictimización,* 8: "los estudios empíricos con muestras de mujeres en prisión ponen de manifiesto el altísimo porcentaje de internas, muy por encima de lo encontrado en la población general, que han sido víctimas de violencia", en algunos estudios, se dice que son hasta el 80%.

98 En el Informe del Comité europeo para la Prevención de la Tortura y tratos o penas inhumanas o degradantes (CPT) al Gobierno español (CPT/Inf (2021) 27) sobre la visita realizada en España del 14 al 28 de septiembre de 2020, en la recomendación número 125, se indica que: "en la actualidad no se realiza un cribado sistemático de los abusos sexuales u otras formas de violencia de género infligidas antes del ingreso. (...) La falta de este enfoque significa que la di-

la Tortura de Naciones Unidas señaló que no se asesora adecuadamente a las víctimas de violencia de género[99].

Todos estos elementos, junto a la mayor estigmatización que sufren las mujeres encarceladas[100], demuestran que la cárcel constituye un castigo más severo para las mujeres y que, por tanto, "las cárceles españolas discriminan a las mujeres encarceladas"[101]. Por eso, no sorprende que en las mujeres se observe una mayor dependencia de la medicación[102] y un

---

rección no puede tomar las medidas adecuadas para garantizar que las víctimas de abusos sexuales no vuelvan a ser traumatizadas en el transcurso de su encarcelamiento".

99 Observaciones finales, de 24 de agosto de 2023, del Comité contra la Tortura de Naciones Unidas sobre el séptimo informe periódico de España (CAT/C/ESP/CO/7), núm. 21: "El Comité, si bien toma nota de las explicaciones ofrecidas por la delegación sobre las normas que regulan el régimen de privación de libertad en instalaciones penitenciarias para mujeres, mantiene su preocupación por las informaciones que indican que la administración penitenciaria no tomaría suficientemente en consideración las necesidades especiales de las reclusas en todos los centros penitenciarios, y en particular en el caso de aquellas que se encuentran internadas en módulos reservados para mujeres en establecimientos polivalentes. Entre los asuntos señalados a la atención del Comité figuran carencias en los servicios de salud sexual y reproductiva y falta de asesoramiento apropiado para víctimas de violencia de género".

100 Torres Rosell, N. (2022). "Dona i presó: balanç de les polítiques de gènere en l'àmbit de l'execució penal a Catalunya". *REAF-JSG,* (36), 269: ".

101 Almeda Samaranch, E. (2002). *Corregir y castigar. El ayer y hoy de las cárceles de mujeres,* 251.

102 Si bien la medicalización es un rasgo de las cárceles del siglo XXI, tanto en hombres como en mujeres, en el caso de las mujeres es todavía más acusada. Así lo señalan: Almeda Samaranch, E. (2003). *Mujeres encarceladas,* 56. Almeda Samaranch, E./Camps Calvet, C./Ortiz Monera, R.M. (2022). "Mujeres, cárceles y feminismos". *REIC,* (20-2), 8.

número más elevado de intentos de suicidio[103]. Y todo lo mencionado se agrava, aún más si cabe, en el caso de las mujeres extranjeras y de las mujeres gitanas[104], que están sobrerrepresentadas en prisión[105]. Ello evidencia la necesidad de abordar los procesos de criminalización y de castigo desde una perspectiva interseccional. Como explican Almeda, Camps y Ortiz, "la categoría género no opera de manera unidimensional en los diferentes contextos, sino que se encuentra atravesada por otras variables que determinan realidades sociales específicas"[106]. La selectividad penal por la clase social, el origen o la etnia opera también en el caso de las mujeres y es necesario visibilizarla[107].

3. Los Módulos de Respeto

La última cuestión que quiero abordar es la especificidad del tratamiento penitenciario previsto para las mujeres. Concretamente, su destino prioritario a los llamados Módulos de Respeto.

El "Programa de Acciones para la Igualdad entre Mujeres y Hombres en el ámbito penitenciario" de 2008 previó, como una de sus medidas más importantes, la generalización de los

---

103 Torres Rosell, N. (2022). "Dona i presó: balanç de les polítiques de gènere en l'àmbit de l'execució penal a Catalunya". *REAF-JSG*, (36), 270.

104 Sobre la discriminación que sufren las mujeres gitanas en el sistema penal y penitenciario, véase: Equipo Barañí (2001). *Proyecto Barañí. Mujeres gitanas y sistema penal.*

105 Se muestra, entre muchos otros, en el siguiente estudio: Mapelli Caffarena, B./Herrera Moreno, M./Sordi Stock, B. (2013). "La *exclusión* de las *excluidas.* ¿Atiende el sistema penitenciario a las necesidades de género?: una visión andaluza". *EPC,* (XXXIII), 83-84.

106 Almeda Samaranch, E./Camps Calvet, C./Ortiz Monera, R.M. (2022). "Mujeres, cárceles y feminismos". *REIC,* (20-2), 5.

107 Almeda Samaranch, E./Camps Calvet, C./Ortiz Monera, R.M. (2022). "Mujeres, cárceles y feminismos". *REIC,* (20-2), 12.

Módulos de Respeto para las mujeres[108]. Es curioso que, si bien estos módulos no fueron creados específicamente para las mujeres[109] —de hecho, ni su manual explicativo ni la Circular 18/2011 hacen ninguna referencia específica a ellas[110]—, se han entendido particularmente adecuados para el tratamiento penitenciario de las mujeres[111].

Para comprenderlo, es necesario conocer cuáles son sus principales características. El rasgo fundamental de los Módulos de Respeto es que son espacios *hiperreglamentados*: están regidos por un número muy elevado de normas que prescriben pautas de higiene personal, de limpieza y de orden, de hábitos, de relaciones personales, etc., y, en ellos, la rutina cotidiana está copada de actividades de tratamiento, laborales, deportivas y de tiempo libre, cuyo cumplimiento y puntualidad se controla escrupulosamente[112]. Así, los Módulos de Respeto

---

108 Ballesteros Pena, A. (2020). "Transformaciones en las formas de ejercicio del poder penal en España en el siglo XXI: el caso de los Módulos de Respeto", *De los controles disciplinarios a los controles securitarios*, 383.

109 Los módulos de respeto fueron creados en el año 2000 en el centro penitenciario de Mansilla de las Mulas (León) para población penitenciaria masculina.

110 Ballesteros Pena, A./Almeda Samaranch, E. (2015). "Políticas de igualdad en las cárceles del siglo XXI. Avances, retrocesos y retos en la práctica del encarcelamiento femenino". *Praxis Sociológica*, (19), 176: "la cantidad de calzado que pueden tener en la celda, la forma en que se hace la cama o se tienen las cortinas, la postura en la que se puede estar en la celda o la forma de caminar en el patio están reguladas".

111 En la cárcel de Pamplona, hay un único módulo de mujeres y, desde el año 2009, es un Módulo de Respeto, lo que implica que si una presa, cuyo entorno social y familiar está en Navarra, no quiere aceptar este tratamiento, debe asumir su traslado. Sobre este caso, véase: Salhaketa Nafarroa (2011). *Mujeres en prisión. Voces desde dentro del Centro Penitenciario de Pamplona*, 53 y s.

112 Ballesteros Pena, A. (2020). "Transformaciones en las formas de ejercicio del poder penal en España en el siglo XXI: el caso de los Módulos de Respeto", *De los controles disciplinarios a los controles securitarios*, 390.

se han considerado especialmente adecuados para las mujeres porque se parte de "ciertas imágenes prototípicas" de las mujeres a las que se considera "más dóciles, serviles, más tendentes a acatar las normas, acordes con los procesos de socialización tradicional de las mujeres"[113]. Además, los Módulos de Respeto sirven para etiquetar a las mujeres presas como "buenas" (las que están en el módulo) y "malas" (las que están fuera), y, por tanto, para que acepten "un determinado modelo normativo de 'ser presa'"[114]. Con todo ello, los Módulos de Respeto de mujeres constituyen una continuidad de las formas de castigo específicas de las mujeres a lo largo de la historia: son parte de la "*estrategia de la redomesticidad*"[115].

Como mencionaba en un apartado anterior, cuando he hecho referencia a la evolución histórica del castigo femenino, las mujeres fueron las primeras encerradas y las primeras a las que se pretendió corregir. Después, a pesar de que la privación de libertad y el correccionalismo se extendieron a los hombres, las mujeres han seguido siendo objeto de formas de intervención específicas orientadas a la asunción de su rol de género. El rasgo esencial de la discriminación por razón de género es la negación de la capacidad de agencia y el mandato de una determinada forma de comportarse y, también, de *ser*. Y esto, hoy en día, se practica en las cárceles de mujeres y, especialmente, en los Módulos de Respeto: el encauzamiento hacia una determinada forma de *ser mujer*.

---

113 Ballesteros Pena, A./Almeda Samaranch, E. (2015). "Políticas de igualdad en las cárceles del siglo XXI. Avances, retrocesos y retos en la práctica del encarcelamiento femenino". *Praxis Sociológica,* (19), 176.

114 Ballesteros Pena, A./Almeda Samaranch, E. (2015). "Políticas de igualdad en las cárceles del siglo XXI. Avances, retrocesos y retos en la práctica del encarcelamiento femenino". *Praxis Sociológica,* (19), 177.

115 Ballesteros Pena, A. (2017). "Redomesticidad y encarcelamiento femenino en el sistema penitenciario español. Los Módulos de Respeto". *Papers,* (102-2), 278.

III. BREVE CONSIDERACIÓN FINAL

El tratamiento penitenciario para los condenados por delitos de violencia de género y las posibilidades de participación en la fase penitenciaria de las víctimas de este tipo de violencia son las intersecciones más evidentes entre la violencia de género y la ejecución de la pena de prisión. En ambas, se aprecian problemáticas en las que subyace la dificultad —e, incluso, la contradicción— de tratar de abordar un fenómeno estructural como la violencia derivada de la discriminación de género por medio del sistema penal y, particularmente, a través de la cárcel. Y esta complejidad se acentúa y se vuelve oxímoron cuando se piensa en las mujeres presas. La violencia de género que sufren las mujeres es la máxima expresión posible de la discriminación de género, y esta forma de discriminación —entre otras— es una condición estructural y vertebradora del castigo penal y de las instituciones punitivas. ¿Verdaderamente es posible pensar que la prisión devolverá a la sociedad hombres menos violentos y mujeres más libres? Definitivamente, la cárcel, como institución violenta, patriarcal, aporofóbica y racista no puede constituir una vía prioritaria en el camino hacia la emancipación de las mujeres.

REFERENCIAS BIBLIOGRÁFICAS

Alemán Aróstegui, L. (2025). *La ejecución de la pena de prisión desde la perspectiva de los límites al ius puniendi,* Aranzadi.

Almeda Samaranch, E. (2002). *Corregir y castigar. El ayer y hoy de las cárceles de mujeres,* Bellaterra.

Almeda Samaranch, E. (2003). *Mujeres encarceladas,* Ariel.

Almeda Samaranch, E. (2017). "Criminologías feministas, investigación y cárceles de mujeres en España". *Papers,* 102(2), 151-181.

Almeda Samaranch, E./Camps Calvet, C./Ortiz Monera, R.M. (2022). "Mujeres, cárceles y feminismos". *REIC,* 20(2), 1-16.

Alonso Merino, A. (2023). *Feminismo anticarcelario: el cuerpo como resistencia,* Zambra.

Álvarez Suárez, L. (2019). "La mediación penal y su prohibición en supuestos de violencia de género: modelo español". *Revista Brasileira de Direito Processual Penal,* 5(2), 1075-1106.

Arenal, C. (1991). *El visitador del preso* [1891], ACOPE.

Ballesteros Pena, A./Almeda Samaranch, E. (2015). "Políticas de igualdad en las cárceles del siglo XXI. Avances, retrocesos y retos en la práctica del encarcelamiento femenino". *Praxis Sociológica,* (19), 161-186.

Ballesteros Pena, A. (2017). "Redomesticidad y encarcelamiento femenino en el sistema penitenciario español. Los Módulos de Respeto". *Papers,* 102(2), 261-285.

Ballesteros Pena, A. (2020). "Transformaciones en las formas de ejercicio del poder penal en España en el siglo XXI: el caso de los Módulos de Respeto", *De los controles disciplinarios a los controles securitarios,* Universidad de Castilla-La Mancha, 381-396.

Barber Burusco, S. (2020). "La intervención de la víctima en el cumplimiento de la pena de prisión", *LH al profesor Diego-Manuel Luzón Peña con motivo de su 70º aniversario,* vol. II, Reus, 1231-1240.

Bodelón, E. (2014). "Violencia institucional y violencia de género". *Anales de la Cátedra Francisco Suárez,* (48), 131-155.

Borges Blázquez, R. (2017). "La prohibición de mediación en violencia de género, ¿éxito o fracaso?". *La Ley,* (9100), 1-6.

Burillo Albacete, F.J. (1999). *El nacimiento de la pena privativa de libertad,* Edersa.

Cervelló Donderis, V. (2006). "Las prisiones de mujeres desde una perspectiva de género". *REP,* (Extra), 129-150.

Cervelló Donderis, V. (2021). "Mujer, prisión y no discriminación: del legado de Concepción Arenal a las Reglas de Bangkok". *EPC,* (XLI), 551-591.

Cervelló Donderis, V. (2022). *Derecho penitenciario* (5ª), Tirant lo Blanch.

Christie, N. (1986). "The Ideal Victim", *From Crime Policy to Victim Policy.* St. Martins Press, 17-30.

De Miguel Calvo, E. (2014). "Encarcelamiento de mujeres. El castigo penitenciario de la exclusión social y la desigualdad de género". *Zerbitzuan,* (56), 75-86.

Equipo Barañí (2001). *Proyecto Barañí. Mujeres gitanas y sistema penal,* Ediciones METYEL.

Francés Lecumberri, P. (2018). "La justicia restaurativa y el art. 15 del Estatuto de la víctima del delito ¿un modelo de justicia o un servicio para la víctima?". *Eguzkilore,* (3), 1-39.

Fundación para la Investigación Aplicada en Delincuencia y Seguridad (2023). *Víctimas de violencia de género en prisión. Rompiendo el ciclo de la revictimización.* FIADYS.

Gallego Díaz, M. (2013). "Tratamiento penitenciario y voluntariedad". *REP,* (Extra 2), 99-118.

Garland, D. (2001). *La cultura del control. Crimen y orden social en la sociedad contemporánea,* Gedisa.

Gómez-Escolar Mazuela, P. (2018). "Derechos del condenado versus derechos de la víctima en la ejecución penitenciaria", *Derechos del condenado y necesidad de pena,* Aranzadi, 285-309.

Laurenzo Copello, P. (2015). "¿Hacen falta figuras género específicas para proteger mejor a las mujeres?". *EPC,* (XXXV), 783-830.

Mapelli Caffarena, B./Herrera Moreno, M./Sordi Stock, B. (2013). "La *exclusión* de las *excluidas.* ¿Atiende el sistema penitenciario a las necesidades de género?: una visión andaluza". *EPC,* (XXXIII), 59-95.

Maqueda Abreu, M.L. (2014). *Razones y sinrazones para una criminología feminista,* Dykinson.

Navarro Villanueva, C. (2018). *El encarcelamiento femenino. Especial consideración a las madres privadas de libertad,* Atelier.

Pitch, T. (2014). "La violencia contra las mujeres y sus usos políticos". *Anales de la Cátedra Francisco Suárez,* (48), 19-29.

Puente Aba, L.M. (dir.)/Ramos Vázquez, J.A./Souto García E.M. (coords.) (2010). *La respuesta penal a la violencia de género: lecciones de diez años de experiencia de una política criminal punitivista,* Comares.

Restrepo Rodríguez, D./Francés Lecumberri, P. (2016). "Rasgos comunes entre el poder punitivo y el poder patriarcal". *Revista colombiana de sociología,* 39(1), 21-46.

Salhaketa Nafarroa (2011). *Mujeres en prisión. Voces desde dentro del Centro Penitenciario de Pamplona.* Asociación Salhaketa Nafarroa Elkartea.

SGIP (2010). "Violencia de género. Programa de Intervención para Agresores (PRIA)". *Documentos Penitenciarios,* (7).

Solar Calvo, P. (2018). "¿Es el tratamiento penitenciario voluntario? Valoración de la cuestión a la luz de la prisión permanente revisable". *ADPCP,* (LXXI), 307-345.

Solar Calvo, P. (2021). "En busca del lugar de la víctima. Análisis de situación y propuestas". *RGDP,* (36), 1-20,

Solar Calvo, P./Lacal Cuenca, P. (2018). "Consecuencias penitenciarias del estatuto de la víctima", *La Ley,* (9179), 1-12.

Sordi Stock, B. (2015). "Victimología y violencia de género: diálogos en favor de un abordaje no reduccionista de la violencia". *Revista de Victimología,* (1), 151-176.

Sordi Stock, B. (2015). "Programas para agresores de violencia de género en prisión: ¿De qué evidencia disponemos?". *REIC,* (13), 1-30.

Sordi Stock, B. (2015). "¿Nuevos horizontes? en los programas de rehabilitación para agresores de violencia de género". *InDret,* (1), 1-31.

Sordi Stock, B. (2016). "Programas para agresores de violencia de género en prisión: ¿avanzamos o caminamos en círculos?". *EPC,* (XXXVI), 79-129.

Tamarit Sumalla, J.M./Aizpitarte Gorrotxategi, A./Hernández Hidalgo, P./Arantegui Arràez, L. (2020). "La impotencia de la justicia penal ante la violencia de género: visiones de los profesionales y de las víctimas". *REC,* (3), 1-16.

Tomás-Valiente Lanuza, C. (2021). "El interés de la víctima en la pena del delito", *El papel de la víctima en el Derecho Penal,* BOE, 31-71.

Torres Rosell, N. (2022). "Dona i presó: balanç de les polítiques de gènere en l'àmbit de l'execució penal a Catalunya". *REAF-JSG,* (36), 241-249.

Viedma Rojas, A./Frutos Balibrea, L. (2012). "El trabajo en prisión: observando las desigualdades de género", *Condenadas a la desigualdad. Sistema de indicadores de discriminación penitenciaria,* Icaria, 87-108.

Viedma Rojas, A./Revigiero Picón, F. (2012). "Ejecución penal y punitividad. La convivencia cotidiana con el castigo", *Condenadas a la desigualdad. Sistema de indicadores de discriminación penitenciaria,* Icaria, 173-214.

Una experiencia de diálogos comunitarios reparadores con víctimas de violencia de género

PAZ FRANCÉS LECUMBERRI
Profesora Titular de Derecho penal. Universidad Pública de Navarra

LIBERTAD FRANCÉS LECUMBERRI
Abogada. Coordinadora de la Asociación Salhaketa Nafarroa

JOSÉ LUIS OTANO LÓPEZ
Psicólogo, Pedagogo y Facilitador

I. INTRODUCCIÓN

El proyecto de "Diálogos reparadores"[1] que pensamos conjuntamente las personas que escribimos este artículo tiene como propósito lanzar un espacio comunitario restaurativo pionero para mujeres víctimas y/o supervivientes de violencia de género en la Comunidad Foral de Navarra, con un doble objetivo. El primero es generar un espacio de sororidad y enriquecimiento formal para mujeres que se encuentren en esta situación, deseen seguir trabajando en su condición y quieran

---

1 La relación entre Gobierno de Navarra y Asociación Salhaketa Nafarroa con la Universidad Pública de Navarra se hizo mediante un contrato OTRI (CÓDIGO: 2023906163) bajo el título "DIÁLOGOS REPARADORES ENTRE VÍCTIMAS DE VIOLENCIA DE GÉNERO. Un espacio comunitario para víctimas y/o supervivientes (FASE 1)".

aportar su vivencia a otros agentes sociales. El segundo objetivo se deriva, precisamente, de esta última pretensión: la creación de distintos espacios restaurativos conformados por estas mujeres y diversos agentes sociales vinculados con la violencia de género, estableciendo también un ámbito formal de enriquecimiento que permita mejorar el abordaje de esta problemática. De estos dos pilares nucleares del proyecto se desprenden otros objetivos complementarios, con los que se espera construir un andamiaje restaurativo sólido para las mujeres participantes, los agentes sociales e, incluso, los infractores, en los términos que se expondrán más adelante.

La propuesta contenida en este proyecto fue inicialmente planteada para financiación pública al Departamento de Políticas Migratorias y Justicia del Gobierno de Navarra y constaba de tres fases. La primera de ellas, desarrollada durante el año 2023, fue la Fase 1: selección y evaluación individual, etapa necesaria para llevar a cabo un mapeo y análisis de la pertinencia del proyecto. Esta fase, financiada por el Gobierno de Navarra[2], permitió configurar el escenario posible para el desarrollo y testeo del proyecto, activar la búsqueda, selección y evaluación individual de las posibles participantes y, finalmente, realizar la selección de las personas que formarían parte de las subsiguientes Fases 2 y 3. Estas fases se centran, respectivamente, en desplegar el núcleo fundamental de la propuesta y realizar su posterior seguimiento.

---

2 Orden Foral 18/2023, de 16 de mayo, del consejero de Políticas Migratorias y Justicia, por la que se aprueba la convocatoria de subvenciones a entidades sin ánimo de lucro para el fomento de proyectos de prácticas restaurativas comunitarias para el año 2023. Identificación BDNS: 694529. Resolución 238/2023, 1 de agosto, del Director General de Justicia, por la que se resuelve la convocatoria de subvenciones a entidades sin ánimo de lucro para el fomento de proyectos de prácticas restaurativas comunitarias para el año 2023. Identificación BDNS: 694529.

En este artículo se presentan los resultados más relevantes derivados del desarrollo de la Fase 1, que es, hasta el momento, la única fase completada. Sin embargo, para comprender el alcance total del proyecto, es necesario considerar que la Fase 2, denominada "fase de trabajo grupal", constituye el núcleo principal de esta propuesta. Se trata de una iniciativa genuina, inédita hasta la fecha, que se encuentra abierta a la constante reflexión y mejora, con la esperanza de llevarla a cabo en un futuro próximo.

La Fase 2 se estructura, en primer lugar, como un taller dirigido exclusivamente a las mujeres participantes y, en una etapa posterior, como encuentros restaurativos que involucren a la comunidad formal, informal y a los infractores. Esta fase está compuesta por un total de 10 sesiones formales, complementadas por entrevistas individuales y llamadas telefónicas en momentos estratégicos (como se detallará más adelante). Las 10 sesiones grupales están organizadas de la siguiente manera:

Tabla 1.

Bloque	Sesión y Descripción
BLOQUE 1: Sesiones iniciales con las mujeres participantes	Sesión 1: Conociéndonos-reconociéndonos
	Sesión 2: ¿Cómo he llegado yo hasta aquí?
	Sesión 3: Los años, los daños ¿Qué estoy necesitando? ¿Qué necesito de la comunidad?
	Sesión 4: Conociendo y preparando un círculo de diálogo restaurativo con las mujeres.
BLOQUE 2: Los encuentros restaurativos	Sesión 5: Intermedia de preparación de los círculos ÚNICAMENTE con la sociedad formal e informal
	Sesión 6: Círculo de las mujeres con la sociedad informal
	Sesión 7: Círculo de las mujeres con la sociedad formal
	Sesión 8: Círculo de recogida con la sociedad formal e informal y encuentro con la persona infractora

	Sesión 9: Círculo de las mujeres con la sociedad informal, formal y persona infractora
	Sesión 10: Cierre con las mujeres

Fuente de elaboración propia

La Fase 3 corresponde a la fase de seguimiento. Es la última etapa del proyecto, en la cual se llevará a cabo un monitoreo detallado de los itinerarios de las mujeres participantes, así como del impacto más amplio en el resto de las personas involucradas.

Se trata de una propuesta exclusivamente comunitaria, independiente de cualquier marco procesal penal, que se fundamenta en la filosofía restaurativa. Su objetivo es atender a víctimas de violencia de género en un sentido amplio, no restringido únicamente a los supuestos contemplados en la LO 1/2004, sino alineado con las disposiciones del Convenio de Estambul. Este instrumento define la "violencia contra las mujeres" como toda violación de los derechos humanos y una forma de discriminación que abarca "todos los actos de violencia basados en el género que implican o puedan implicar para las mujeres daños o sufrimientos de naturaleza física, sexual, psicológica o económica, incluidas las amenazas de realizar dichos actos, la coacción o la privación arbitraria de libertad, en la vida pública o privada" (art. 3).

Consideramos que el abordaje intrajudicial de estos conflictos es insuficiente, tanto para las víctimas como para la comunidad. A pesar de los avances en la creación de espacios institucionalizados para atender las violencias que sufren las mujeres (como los recursos ofrecidos por el Gobierno de Navarra, el Ayuntamiento de Pamplona y la Oficina de Atención a la Víctima), sigue faltando un espacio comunitario que fomente la sororidad entre mujeres que estén viviendo situaciones de violencia o sean supervivientes. Asimismo, resulta necesario crear un ámbito de encuentro y diálogo con diversos agentes sociales que permita explorar otras vías, orientadas a la prevención y al abordaje material de estas violencias desde, en y para la sociedad.

Es importante subrayar que el proyecto no contempla la participación directa de víctimas e infractores relacionados. En otras palabras, los infractores nunca serán autores de las violencias sufridas por las víctimas participantes. Además, la metodología empleada no es la de mediación tradicional (es decir, un encuentro cara a cara entre víctimas e infractores), sino la del círculo restaurativo (junto con otras prácticas afines)[3]. De hecho, como se indicará, se trabaja primero con la comunidad formal e informal e infractor el encuentro con las víctimas, tratando de garantizar al máximo, por parte de la facilitación, el éxito del encuentro para todas las partes y especialmente para las víctimas.

II. EL CONTEXTO SOCIAL DE LA PROPUESTA

La violencia de género es una problemática social profundamente arraigada en nuestra cultura. Gracias a los movimientos de mujeres y/o feministas, esta problemática ha ido ocupando, de forma gradual, un lugar prioritario en las agendas políticas. Así, se han desarrollado diversas medidas orientadas a reconocer la existencia de esta violencia específica contra las mujeres, sustentada en la cultura patriarcal y el machismo.

Según el "Informe Anual sobre denuncias policiales por violencia contra las mujeres en Navarra" elaborado por el Instituto

---

[3] Para una descripción de la herramienta v.: Francés Lecumberri, P. (2022). "¿Qué género en la intervención restaurativa? Claves para la aplicación de la perspectiva de género en procesos restaurativos". *Crítica penal y poder,* (23), 7-30.

Navarro para la Igualdad (INAI), durante el año 2023 (el último publicado hasta la fecha), se interpusieron 2.091 denuncias por violencia contra las mujeres, lo que supone un incremento del 8,4% respecto a 2022 y del 27,58% respecto a 2021. De estas 2.091 denuncias, el 52,6 % correspondían a violencia física y psíquica, el 14,11% a violencia exclusivamente psíquica, el 16,26% a quebrantamientos de órdenes de alejamiento y el 17,03% a violencia sexual. El informe señala que el 75,13% de las denuncias provienen de mujeres entre 18 y 49 años. Asimismo, el 54,47% de estas mujeres habían nacido en España, y en el 36,59 % de los casos el agresor era su pareja, mientras que en el 37,21% era su expareja. En cuanto al lugar de las denuncias, Pamplona (37,64%) y su comarca (20,28%) concentraron el 57,92% del total.

Por otro lado, respecto a los agresores, el 76,38% se encontraban también en la franja de 18 a 49 años, y el 46,96% de ellos eran nacidos en España.

La "Memoria de la Fiscalía de Navarra" de 2023 (correspondiente al ejercicio 2022) reflejaba que, durante ese año, se incoaron un total de 2.527 procedimientos de diligencias previas en los Juzgados de Violencia sobre la Mujer de los partidos judiciales de Navarra, lo que representa un incremento respecto al año anterior. En relación con los delitos de violencia de género, se dictaron 821 sentencias condenatorias (206 de conformidad), de las cuales, en 50 se aplicó la agravante de reincidencia.

Estos datos evidencian que la violencia de género sigue siendo una realidad presente en la Comunidad Foral de Navarra, territorio donde incidirá este proyecto. La complejidad de esta problemática social requiere ser atendida desde todas las dimensiones posibles. Una de esas dimensiones es precisamente el abordaje comunitario a través de las prácticas restaurativas, que, a nuestro juicio, ofrecen la oportunidad de realizar un enfoque más integral de la violencia de género. Estas prácticas, además, permiten ofrecer a la sociedad navarra un marco para desarrollar políticas más amplias en el tratamiento del delito desde un paradigma de alternativas.

La perspectiva integral e integradora resulta fundamental, especialmente si consideramos que, según la "Macroencuesta de violencia contra la mujer" del año 2019, elaborada por la Delegación del Gobierno contra la Violencia de Género (Ministerio de Igualdad), "los datos corroboran que una abrumadora mayoría de las violencias machistas no se denuncia". Entre los datos que recoge dicha encuesta se destacan los siguientes:

- El 93,40% de las mujeres que habían sufrido violencia física, sexual, emocional o miedo a sus parejas actuales no denunciaron los hechos. En casos de violencia física o sexual, este porcentaje se reducía al 87,5%.
- El 74,20% de las mujeres que habían sufrido violencia física, sexual, emocional o miedo a sus parejas pasadas no denunciaron los hechos. En casos de violencia física o sexual, el porcentaje se reducía al 65,7%.
- El 88,9% de las mujeres que habían sufrido violencia sexual fuera del ámbito de la pareja no denunciaron los hechos (84 % en casos de violación).
- El 97,5% de las mujeres que habían sufrido acoso sexual no denunciaron los hechos.
- El 87,9% de las mujeres que habían sufrido acoso sexual reiterado (*stalking*) no denunciaron los hechos.

Tabla 2.

Tipo de violencia	Porcentaje de mujeres que NO denunciaron
Violencia (física, sexual, emocional o miedo) por parte de la pareja actual	93,4%
Violencia física o sexual por parte de la pareja actual	87,5%

Tipo de violencia	Porcentaje de mujeres que NO denunciaron
Violencia (física, sexual, emocional o miedo) por parte de la expareja	74,2%
Violencia física o sexual por parte de la expareja	65,7%
Violencia sexual fuera del ámbito de la pareja	88,9%
Violación fuera del ámbito de la pareja	84,0%
Acoso sexual	97,5%
Acoso sexual reiterado (stalking)	87,9%

Fuente: Macroencuesta de Violencia contra la Mujer (Ministerio de Igualdad)

Esta encuesta recoge, entre otros datos de elevado valor, los motivos por los que las mujeres no denuncian dichas violencias y el apoyo que reciben de su entorno, así como en qué casos, este entorno, aconseja o no denunciar. Creemos importante señalar, de un lado, cómo en un elevado porcentaje de casos las mujeres manifiestan no haber denunciado los hechos por haber resuelto solas la situación o por no dar importancia a los hechos. La primera de las respuestas pone de relieve la capacidad de agencia de las mujeres que hay que poner en valor (por ser esta cuestionada de forma histórica y recurrente). La segunda de las respuestas evoca dos posibles escenarios. El uno, que los hechos en sí mismo no han tenido especial trascendencia para las mujeres y lo han resuelto. El otro, como la problemática de la violencia machista está tan enraizada en nuestra cultura que las propias afectadas restan importancia a los hechos.

En cualquiera de estos escenarios parece muy relevante la intervención desde el ámbito comunitario sea en forma de futura prevención o en forma de necesaria cohesión social.

III. POR QUÉ UNA METODOLOGÍA RESTAURATIVA

El documento de líneas Estratégicas del Modelo de Ejecución Penal en Navarra, que se presentó en febrero de 2021, y que fue el germen de la Ley Foral 4/2023, de 9 de marzo, de justicia restaurativa, mediación y prácticas restaurativas comunitarias a la que posteriormente se hará referencia expresa, señala como principio básico el de "incorporación de la perspectiva restaurativa" y aboga por "la asunción de una perspectiva restaurativa moderna" basada en "el planteamiento equilibrado de los conceptos de reparación, responsabilización y participación de las personas y comunidades afectadas, como aspecto transversal a todo el modelo de ejecución penal". Además, se establece como Línea Estratégica 2ª, la promoción de la justicia restaurativa intrajudicial y comunitaria. Por otro lado, el impulso de la justicia restaurativa coincide perfectamente con el Plan Justicia 2030 del Ministerio de Justicia, que tiene entre sus medidas "la promoción de servicios alternativos de resolución de controversias para contribuir a disminuir la litigiosidad de juzgados y tribunales".

La justicia restaurativa tiene como finalidad primera la de cambiar la propia concepción de pena y propende ser un modelo filosófico penal distinto y "alternativo" a la idea de pena de los últimos tres siglos, entendiendo que el cambio aporta mejoras para la persona infractora, la víctima y la sociedad[4]. Como afirma el preámbulo de la Ley Foral de justicia restaurativa, mediación y prácticas restaurativas comunitarias "Hacer justicia en la segunda década del siglo XXI requiere complementar la labor de Juzgados y Tribunales con un conjunto de

---

[4] Sobre Justicia Restaurativa la bibliografía es extensísima. V. entre otros como relativamente recientes y en castellano: Varona Martínez, G. (2018). *Justicia Restaurativa desde la criminología: Mapas para un viaje inicial*; Miguel Barrio, R. (2019). *Justicia restaurativa y justicia penal: nuevos modelos: mediación penal, conferencing y sentencing circles.*

servicios, técnicas y medidas organizativas que permitan profundizar en la raíz democrática que la Constitución atribuye a la potestad jurisdiccional cuando señala que ésta "emana del pueblo" (art. 117). El enfoque restaurativo, como paradigma más fructífero y afianzado, y la mediación, como herramienta más popular y extendida, se sitúan en el centro de la construcción de una justicia más democrática y cercana a las necesidades de las personas tal y como señalan numerosos instrumentos jurídicos europeos y estatales". Precisamente porque una justicia social y democrática debe contar con la participación de la ciudadanía, propiciando la resolución pactada de sus propios conflictos, se plantea este proyecto comunitario.

Siguiendo con el preámbulo de esta Ley, en lo referido a las prácticas restaurativas comunitarias, en las que se enmarca esta propuesta, se definen como herramientas de prevención y resolución de conflictos no judicializados, así como de promoción de la cohesión social, que buscan generar condiciones colectivas de confianza, respeto y cuidado, de forma que los conflictos que puedan surgir se gestionen en sus estadios iniciales de forma espontánea por la comunidad. Su ámbito de aplicación se ciñe a los conflictos que se desarrollan fuera del procedimiento judicial y no pretenden tener efectos jurídicos vinculantes. Lo que sí tiene es una fuerte incidencia en la vida de las personas y sus comunidades[5].

---

[5] En la Ley Foral 4/2023, de 9 de marzo, de justicia restaurativa, mediación y prácticas restaurativas comunitarias se define en el art. 44 "Las prácticas restaurativas comunitarias son herramientas de prevención y resolución de conflictos no judicializados, así como de promoción de la cohesión social, que buscan generar condiciones colectivas de confianza, respeto y cuidado, de forma que los conflictos que puedan surgir se gestionen en sus estadios iniciales de forma espontánea por la comunidad". En el art. 45 se establece el ámbito de aplicación "Las prácticas restaurativas comunitarias se desarrollan fuera del procedimiento judicial y no pretenden tener efectos

Por otro lado, el Estatuto de la Víctima del delito, dice el preámbulo, tiene la vocación de ser el catálogo general de los derechos, procesales y extraprocesales, de todas las víctimas de delitos. Por tanto, el estatuto viene a establecer un concepto de víctima omnicomprensivo, por cuanto se extiende a toda persona que sufra un perjuicio físico, moral o económico como consecuencia de un delito independientemente de que interponga una denuncia o no. Precisamente, como nuevamente afirma el Preámbulo de la Ley de Justicia Restaurativa de Navarra, la atención a las víctimas desde un punto de vista restaurativo ha sido objeto de legislación europea vinculante mediante la Directiva 2012/29/UE del Parlamento Europeo y del Consejo de 25 de octubre de 2012 por la que se establecen normas mínimas sobre los derechos, el apoyo y la protección de las víctimas de delitos, y por la que se sustituye la Decisión marco 2001/220/JAI del Consejo. Esta Directiva, que ha sido traspuesta al ordenamiento jurídico español a través de la LEVD, en su preámbulo, adopta un concepto amplio de Justicia Restaurativa incluyendo la mediación, los círculos y las conferencias familiares, que es el enfoque que además rige el funcionamiento

---

jurídicos vinculantes. Las prácticas restaurativas se podrán llevar a cabo en cualquier ámbito social, incluyendo el familiar, vecinal, escolar, sanitario, de consumo, organizacional y penitenciario." y los principios se reúnen en el art. 46. "Principios. Además de los principios contenidos en el título preliminar las prácticas restaurativas comunitarias siguen los siguientes principios: a) Participación de la ciudadanía: se promoverá la participación solidaria de la ciudadanía a través de fórmulas de voluntariado, sin excluir la participación de personas facilitadoras profesionales; b) Prevención y resolución de conflictos sociales: los procesos irán dirigidos a la prevención y resolución de conflictos sociales, así como a debatir enfoques diversos sobre la mejor manera de abordar las necesidades sociales; c) Aumento de la cohesión social: los procesos buscarán fortalecer el sentido de responsabilidad compartida y de pertenencia a la comunidad cívica, desde una mirada positiva a la diversidad e interculturalidad".

del Servicio de Justicia Restaurativa de Navarra. Tiene sentido por tanto que estás mismas técnicas sean las empleadas en el ámbito comunitario. En el articulado de la Ley Foral 4/2023, de 9 de marzo, de justicia restaurativa, mediación y prácticas restaurativas se recoge una definición de qué son círculos restaurativos (art. 23) y de la cobertura de la ley a los talleres comunitarios y programas restaurativos respectivamente (art. 24).

En este marco más concreto y determinado de la mediación comunitaria extrajudicial y desde estas dos metodologías mencionadas (círculos restaurativos y programas restaurativos) encaja nuestro proyecto para el abordaje de la compleja cuestión de la violencia de género, un espectro amplio e híbrido entre distintas prácticas restaurativas.

IV. EL CONCRETO ABORDAJE DE LA VIOLENCIA DE GÉNERO MEDIANTE ESTE TALLER RESTAURATIVO

Ninguna ley prohíbe la intervención restaurativa en el ámbito de la violencia de género[6], creando nuevas posibilidades de abordaje de un conflicto posiblemente inconcluso para las personas implicadas y las comunidades, a pesar del

---

6 Es más, el Título VII de la Ley de garantía integral de la libertad sexual, recoge el derecho a la reparación de las víctimas de violencias sexuales. Este reconocimiento se ha incluido también en la LO 1/2004 de Medidas de Protección Integral contra la Violencia de Género modificada en este, y otros, sentidos por la LO 10/2022. Este derecho a la reparación se recoge en los términos establecidos por la doctrina internacional de Derechos Humanos que señala que este derecho a la reparación tiene cuatro componentes: la compensación económica, la recuperación más completa posible, las garantías de no repetición y la verdad. Entendemos que, de nuevo aquí, las prácticas restaurativas comunitarias tienen cabida como herramientas que contribuyen a la recuperación de las víctimas y que favorecen las garantías de no repetición y verdad.

enjuiciamiento y debido fundamentalmente a la complejidad del fenómeno que trasciende lo judicial. Es decir, no se prohíben encuentros restaurativos comunitarios entre víctimas de violencia de género (reconocidas o no), infractores (directos o no) y con otros agentes sociales, en el que se sitúa nuestra propuesta. Bajo la idea de que es necesario seguir indagando con distintas propuestas el abordaje de la violencia de género y que se trata este proyecto de una apuesta novedosa atenta a víctimas y toda la comunidad, así como la valoración realmente positiva recibida de la FASE 1, fue lo que, entre otras cosas, nos animó a continuar con la iniciativa.

Por lo demás, son abundantes los trabajos teóricos[7] que abordan las posibilidades de la justicia restaurativa en la violencia de género y especialmente en la violencia sexual. En todos ellos se destacan que las intervenciones producen resultados muy positivos en términos de satisfacción de víctimas e infractores y en clave de reducción de la reincidencia. Además, contrariamente a como suele ser considerada, las investigaciones sugieren que la justicia restaurativa parece reducir la delincuencia de forma más eficaz en los delitos más graves que en los menos graves y en los delitos en los que hay una víctima concreta, un daño personal concreto. No obstante, los estudios también concuerdan en las dificultades de la evaluación de los programas y en la necesidad de su extensión en número y territorios. Además, existen exitosos programas restaurativos como los Circles of Support & Accountability (CoSa) y el programa RESTORE. Se tratan estos de dos programas institucionalizados pero con fuertes implicaciones de la comunidad, que tratan de abrir pequeñas betas de abordaje de los conflictos distintos dentro del sistema penal tradicional en el ámbito de la violencia sexual.

---

7 Francés Lecumberri, P. (2022). "Feminisms in the challenge of alternatives to punitivism: The necessary synergies in a path to be explored". *Oñati Legal Series,* 12(6), 1-37.

Con todo lo anterior, centrándonos en el marco en el que nos encontramos en España, y a pesar de estas referencias internacionales, este programa pretende cubrir algunas importantes lagunas comunitarias que se encuentran en el abordaje de la violencia de género por fuera de lo judicial pero cuyos resultados pueden tener también incidencia en el largo plazo en el abordaje de este fenómeno en el aparato penal formal. Las lagunas se concretan en: reconocimiento y atención a mujeres víctimas de violencia de género que no han denunciado; atención a mujeres víctimas de violencia de género que no han sentido en otros recursos su espacio para poder trabajar lo que ha sucedido en sus vidas; trabajo de las implicaciones que tiene la violencia de género en las mujeres en el largo plazo, no inmediatamente después de lo sucedido sino años después. La atención a las secuelas y ayudar a procesar esa parte también es importante; trabajo de la violencia de género y sus implicaciones en la comunidad; creación de espacios de diálogo entre víctimas, infractores y agentes sociales. Se muestra gráficamente en esta tabla:

Tabla 3.

Aspecto	Descripción
Atención Personalizada	Atención a mujeres víctimas que no han encontrado en otros recursos un espacio adecuado para trabajar lo sucedido en sus vidas.
Secuelas a Largo Plazo	Abordar las implicaciones de la violencia de género en el largo plazo, ayudando a procesar secuelas y emociones años después de los hechos.
Impacto Comunitario	Analizar y trabajar las implicaciones de la violencia de género en la comunidad, fomentando la concienciación social.
Espacios de Diálogo	Promover espacios de diálogo entre víctimas, infractores y agentes sociales para facilitar el entendimiento y la restauración.

Fuente de elaboración propia

Pero además quisiéramos hacer específica mención a que en este proyecto la atención a la no-revictimización ha sido extrema. En este sentido, se han tomado las siguientes medidas. En primer lugar, que la derivación de las personas ha sido por recursos que ya conocían el trabajo previo de las participantes. En el caso de las mujeres, las entidades derivadoras han de entender que desde ese conocimiento profundo de las personas el proyecto puede ser valioso para ellas, para lo que han de estar preparadas y puedan beneficiarse. En el caso de los hombres, (agresores-victimarios) también son derivados a través de recursos que ya están trabajando con ellos, que estaban haciendo un trabajo y que se valoraba su participación positiva para el grupo y para él. En segundo lugar, la entrevista en profundidad con esa mujer por parte del equipo antes de ser seleccionada como potencial participante ha sido muy cuidadosa. En tercer lugar, la preparación en el primer bloque de la propuesta, en forma de taller y trabajando distintos temas nucleares en violencia de género, solamente con las mujeres participantes, darían lugar a una atención personal para cada mujer y poner el foco en la no-revictimización. En cuarto lugar, con la preparación minuciosa de los círculos de modo que se establecen pautas claras para el resto de participantes en relación con la no-revictimización. En quinto lugar, la facilitación del proyecto se hace por personas expertas y con experiencia en trauma. Por último, en sexto lugar, el seguimiento de cada mujer de manera individualizada es un elemento amortiguador de esa eventual revictimización en caso de que en esa fase última se observase algún resquicio. A continuación, se muestra una tabla resumen en la que se reflejan las medidas tomadas para garantizar la No-Revictimización.

Tabla 4.

Medida	Descripción
Derivación Inicial	La derivación inicial de las personas ha sido realizada por recursos que ya conocían a las mujeres y a los hombres.
Entrevista en Profundidad	Entrevista inicial realizada por el equipo con cada mujer antes de seleccionarla como potencial participante.
Preparación en el Primer Bloque	La preparación inicial en talleres aborda temas nucleares en violencia de género, garantizando atención personal para explorar específicamente la cuestión de la revictimización.
Preparación de los Círculos	Minuciosa preparación de los círculos para establecer pautas claras a los participantes en relación con la no-revictimización.
Facilitación por Expertos	El proyecto es facilitado por personas expertas y con experiencia en trauma.
Seguimiento Individualizado	Seguimiento personalizado de cada mujer, funcionando como un amortiguador ante posibles casos de revictimización en las fases finales.

Fuente de elaboración propia

V. RESULTADOS OBTENIDOS DE LA FASE 1

En la Fase 1 del proyecto de selección y evaluación individual, que considerábamos necesario para testear posibilidades y conveniencia del proyecto, así como para poder comenzar a desarrollarlo en la Fase 2, se concretó, como se adelantaba, en la activación de la búsqueda de las personas participantes a través de un mapeo con todas las posibilidades existentes, y posteriores entrevistas en profundidad.

Los objetivos del proyecto se concretaron en dos grupos: principales y secundarios. Los principales se concretaron en: permitir a las víctimas que han sufrido violencia de género encontrar un espacio de escucha, sororidad, acompañamiento y crecimiento; acoger en la comunidad un fenómeno que en el fondo también le pertenece en cuanto se desarrolla en su seno. Cohesión social; permitir la reparación simbólica de distintos infractores en un círculo restaurativo. A su vez, los objetivos secundarios del proyecto, en su despliegue completo, se situaron en: ofrecer a la sociedad navarra un marco donde generar políticas más amplias de abordaje del delito desde el paradigma de las alternativas; con los diálogos que se generen mejora del abordaje judicial de los conflictos atravesados por el género; ser testimonios participantes para ahondar en el trabajo con hombres que han cometido delitos de violencia de género.

No obstante, en esta primera fase, se puede afirmar que ya nos encaminamos al cumplimiento de esos objetivos previstos en el proyecto al menos parcialmente porque:

1º Las víctimas a las que nos dirigimos y entrevistado han sentido en sí mismas, en la entrevista, una forma de atención y escucha gratificante.

2º Las personas de la comunidad formal e informal recibieron el proyecto con entusiasmo en la mayor parte de los casos y han agradecido ser escuchadas en sus valiosas aportaciones.

3º Todas las personas participantes se sintieron partícipes de un espacio novedoso y necesario.

4º Se detectó, como más adelante se mencionará más detalladamente, la necesidad de hacer también un trabajo restaurativo más intenso con hombres que han cometido delitos de violencia de género.

1. Indicadores de cumplimiento

1) Se llevaron a cabo 131 llamadas; 19 reuniones para la explicación del proyecto a los órganos que pueden realizar

derivaciones; 12 reuniones para la explicación del proyecto a entidades de la comunidad informal y formal.

2) Se generó el siguiente documento resumen-final de mapeo:

Gráfico 1.

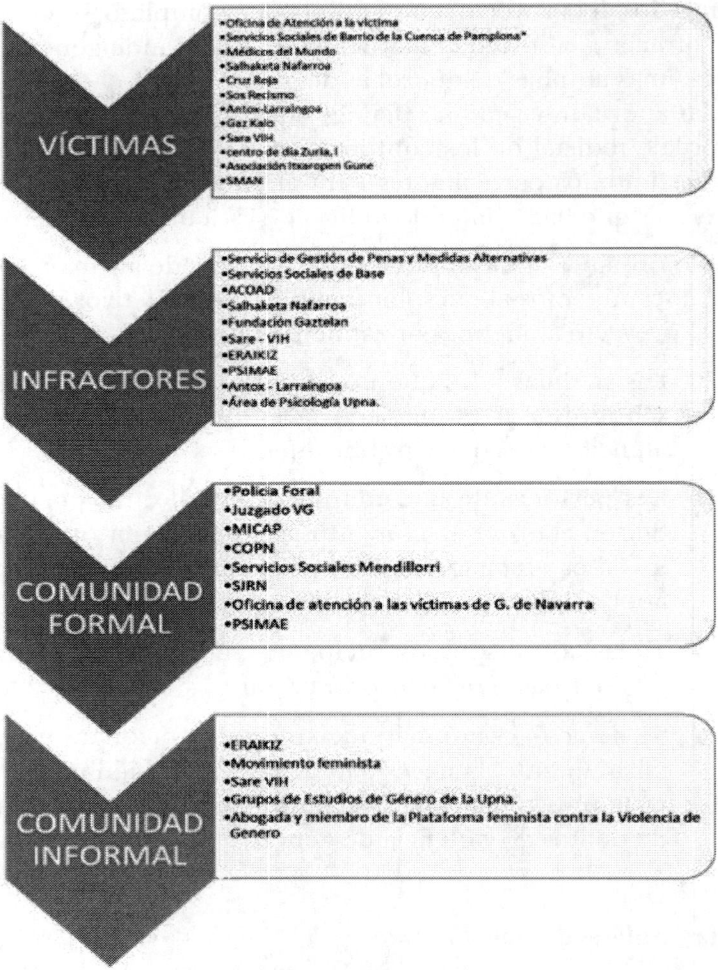

VÍCTIMAS

- Oficina de Atención a la víctima
- Servicios Sociales de Barrio de la Cuenca de Pamplona*
- Médicos del Mundo
- Salhaketa Nafarroa
- Cruz Roja
- Sos Racismo
- Antox-Larraingoa
- Gaz Kalo
- Sara VIH
- centro de día Zuria, I
- Asociación Itxaropen Gune
- SMAN

INFRACTORES

- Servicio de Gestión de Penas y Medidas Alternativas
- Servicios Sociales de Base
- ACOAD
- Salhaketa Nafarroa
- Fundación Gaztelan
- Sare - VIH
- ERAIKIZ
- PSIMAE
- Antox - Larraingoa
- Área de Psicología Upna.

COMUNIDAD FORMAL

- Policía Foral
- Juzgado VG
- MICAP
- COPN
- Servicios Sociales Mendillorri
- SJRN
- Oficina de atención a las víctimas de G. de Navarra
- PSIMAE

COMUNIDAD INFORMAL

- ERAIKIZ
- Movimiento feminista
- Sare VIH
- Grupos de Estudios de Género de la Upna.
- Abogada y miembro de la Plataforma feminista contra la Violencia de Genero

Fuente de elaboración propia

Se quiere precisar que se comenzó con un cuadro general de toda la red que atiende a la violencia de género en Navarra en el ámbito formal e informal, tanto para poder obtener participantes víctimas e infractores como para la conformación de los círculos. En este sentido, son de especial relevancia, por ejemplo, las unidades de barrio o los centros de asistencia primaria. Ante la cantidad de interlocutores posibles se decidió por el equipo reducir el mapa efectivo equilibrando dos elementos. En primer lugar, la importancia de los agentes y la necesidad de cubrir todas las facetas de la comunidad formal e informal que trabajan en torno a la violencia de género. En segundo lugar, basar nuestras interacciones en el conocimiento de los recursos y la confianza en personas clave con las que se tiene un nivel de confianza previo. Esta segunda cuestión nos resultaba crucial en un proyecto tan incipiente y novedoso como este, que requiere de enorme cuidado.

3) Creamos un material informativo para aportar tanto a las entidades facilitadoras de participantes (dípticos) y la creación de material informativo para aportar a las personas directamente participantes (tarjetones). Se crearon uno para cada grupo de interés diferenciados por colores. V. ANEXO 1.

4) Finalmente, se contactó con 12 instituciones y entidades para presentar el proyecto y solicitar la derivación de posibles mujeres participantes. Siete de ellas remitieron posibles personas participantes, lo que resultó en un total de ocho mujeres derivadas. A todas se les brindó atención, tal como consta en los consentimientos firmados, y fueron las ocho seleccionadas.

   Así mismo, se contactó con 10 instituciones y entidades para presentar el proyecto y solicitar la derivación de posibles hombres participantes. Solo una de ellas remitió una posible persona participante, lo que resultó en un total de un hombre derivado. Igualmente, se le brindó atención, obteniendo su consentimiento firmado, y fue la persona seleccionada para participar (si bien la entidad se comprometió a derivar a otro hombre en la segunda fase, pues se estaba interviniendo con un grupo de varones y haciendo un trabajo en materia de violencia de género con ellos.

Para la búsqueda de agentes de la sociedad formal se contactó con 8 instituciones y organismos para presentar el proyecto y solicitar su participación en el proyecto. De ellas 5 aceptaron su participación, siendo que 13 personas de dichas instituciones y organismos solicitaron hacer parte del proyecto. A todas se les brindó atención, tal como consta en los consentimientos firmados, y fueron las ocho seleccionadas.

En cuanto a la participación de la sociedad informal, decidimos contactar con 7 personas que, finalmente, redujimos a tres, que aceptaron participar en el proyecto. A todas se les brindó atención, obtuvieron los consentimientos firmados, y fueron las ocho seleccionadas.

5) En cuanto a las mujeres, se realizó un primer contacto con cada una de ellas para conocerlas y generar la confianza necesaria antes de iniciar la experiencia. Tras recibir la derivación, se las contactó telefónicamente para resolver dudas y concertar una entrevista. Posteriormente, se llevó a cabo una entrevista en profundidad con las ocho mujeres mencionadas.

En las reuniones de equipo se decidió que fueran esas 8 participantes, ya que se consideró que todas estaban preparadas para sostener el proceso y que, además, cada una obtendría beneficios de la propuesta. Aunque inicialmente se había planteado un límite de 6 mujeres, el equipo valoró la posibilidad de acoger a dos más, asumiendo el esfuerzo adicional para evitar rechazos innecesarios. Asimismo, se buscó reducir el riesgo de revictimización, dado que todas relataron historias de violencia de género.

2. Datos de interés tras la conclusión de la Fase 1

En este apartado, se consideran participantes a todas las personas que mostraron su interés en el proyecto y con quienes se mantuvieron entrevistas individuales. Tras el contacto con los cuatro grupos de interés, un total de 25 personas manifestaron su intención de participar. De estas, una finalmente desistió y otra fue descartada debido a la distancia geográfica ponderando el número de personas ya interesadas. Se ofrecen los siguientes datos relativos a las personas que mostraron su interés en participar:

Tabla 5.

RESULTADOS POR GRUPOS DE INTERÉS			
MUJERES			
SEXO	MUJERES	HOMBRES	TOTAL
	8	0	8
MIGRADAS	SI	NO	
	1	7	8
Edad media	42		

INFRACTORES			
SEXO	MUJERES	HOMBRES	TOTAL
	0	1	1
MIGRADAS	SI	NO	
	0	1	1
Edad media	29		

COMUNIDAD FORMAL			
SEXO	MUJERES	HOMBRES	TOTAL
	8	3	11
MIGRADAS	SI	NO	
	1	10	11
Edad media	48,64		

COMUNIDAD INFORMAL			
SEXO	MUJERES	HOMBRES	TOTAL
	2	1	3
MIGRADAS	SI	NO	
	0	3	3
Edad media	47,00		

Fuente de elaboración propia

Tabla 6.

RESULTADOS ENTREVISTADAS			
SEXO	MUJERES	HOMBRES	TOTAL
	18	5	23
MIGRADAS	SI	NO	
	2	21	23
Edad media	37,96		

Fuente de elaboración propia

Tras las entrevistas realizar con todas ellas, se seleccionaron 17 personas, de quienes ofrecemos los siguientes datos de interés:

Tabla 7.

RESULTADOS SELECCIÓN			
GRUPO DE INTERÉS	MUJER	HOMBRE	TOTAL
Víctimas y/ o supervivientes	8	0	8
Infractores	0	1	1
Sociedad formal	4	1	5
Sociedad informal	2	1	3
TOTAL	14	3	17

Fuente de elaboración propia

Los datos que se muestran a continuación se refieren a las personas que finalmente fueron seleccionadas y que hubieran conformado el grupo que realizaría las Fases 2 y 3.

Gráfico 2.

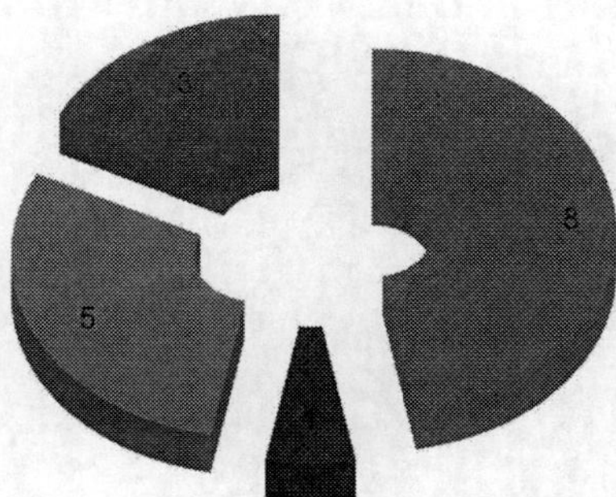

Fuente de elaboración propia

El círculo final con todos los grupos implicados hubiera tenido la siguiente forma:

Gráfico 3.

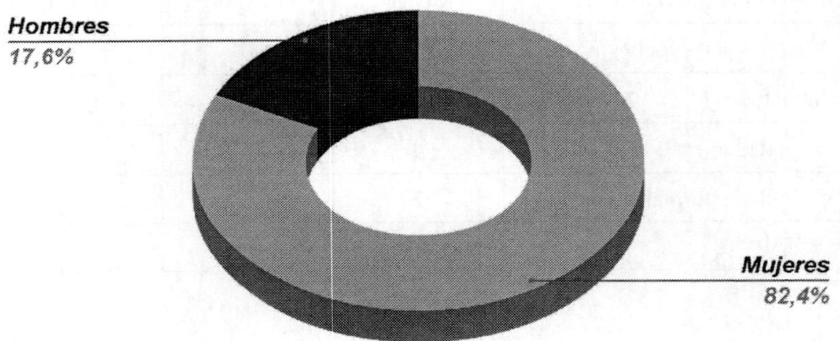

Fuente de elaboración propia

Se ofrece información también sobre elementos de interés más relevantes extraídos de las entrevistas llevadas a cabo.

Gráfico 4. Mujeres víctimas. Tipología delictiva

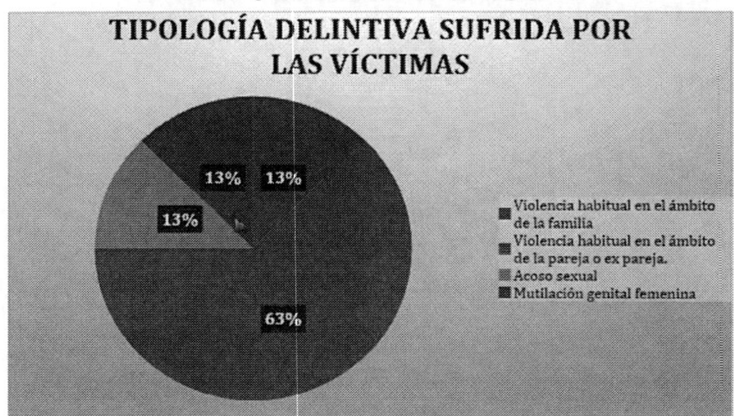

Fuente de elaboración propia

Gráfico 5. Mujeres víctimas. Recepción del proyecto

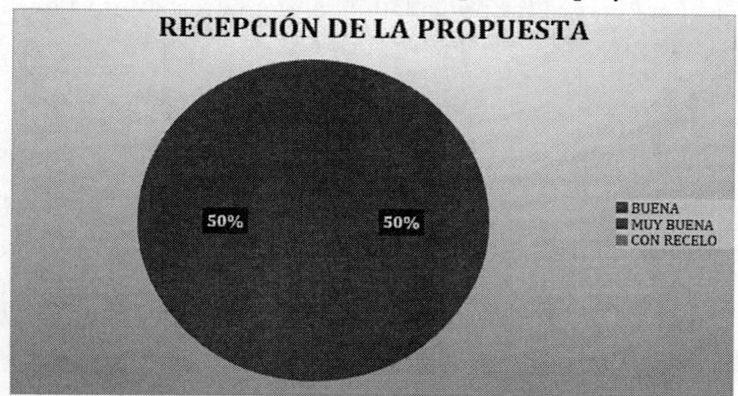

Fuente de elaboración propia

Gráfico 6. Sociedad formal. Contacto previo con prácticas restaurativas

Fuente de elaboración propia

De las personas y/o entidades que habían tenido un contacto previo con prácticas restaurativas, tan solo dos psicólogos y las personas relacionadas con el Servicio de Justicia Restaurativa y la Oficina de Atención a la Víctima lo habían tenido. Sin embargo, de las personas finalmente seleccionadas el 60%, es decir, 3 personas, van a tener experiencia y el 40% no. El 100% de las personas ve sentido a la herramienta restaurativa en violencia de género.

Gráfico 7. Sociedad formal. Recepción del proyecto

Fuente de elaboración propia

Gráfico 8. Sociedad informal contacto previo con prácticas restaurativas

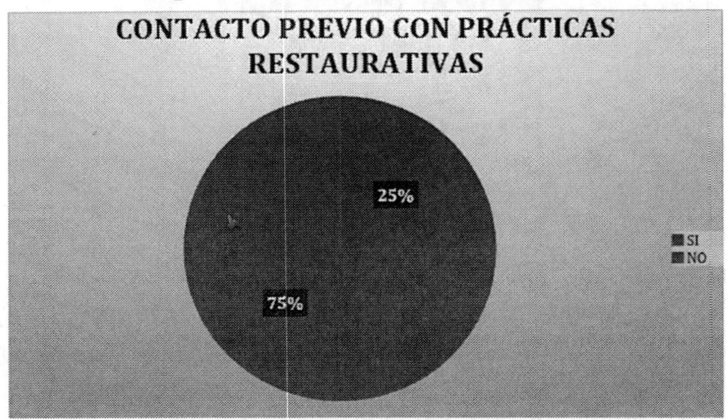

Fuente de elaboración propia

De la sociedad informal solo una persona había participado en prácticas restaurativas previamente, sin embargo, el 100% ven sentido a la herramienta.

Gráfico 9. Sociedad informal. Recepción del proyecto

Fuente de elaboración propia

Gráfico 10. Colectivos de la sociedad formal representados

Fuente de elaboración propia

Gráfico 11. Colectivos de la sociedad informal representados

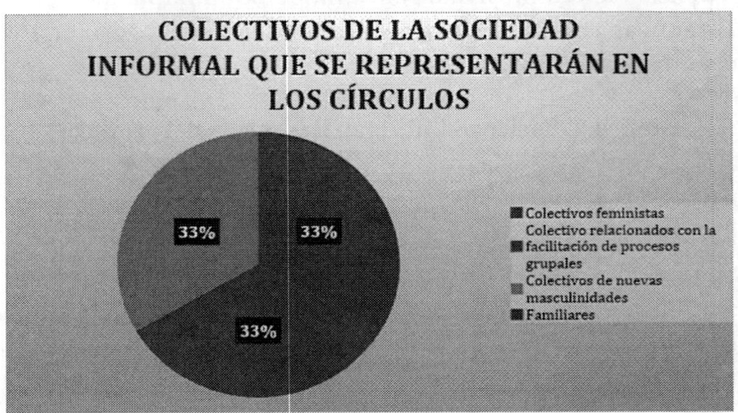

Fuente de elaboración propia

Gráfico 12. Forma del círculo final

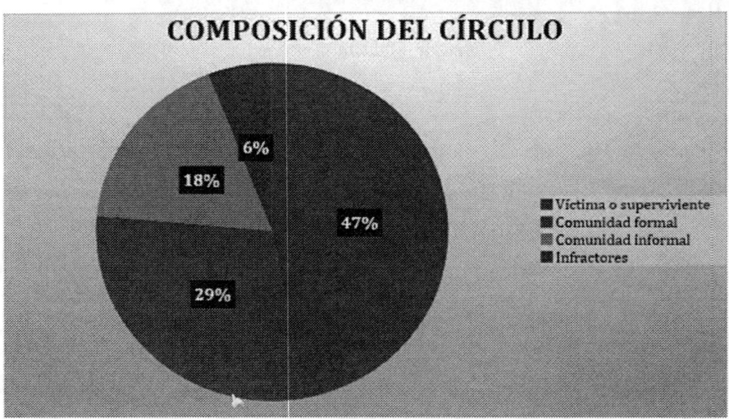

Fuente de elaboración propia

De los datos analizados, podemos extraer varias conclusiones relevantes. En relación con la distribución de los grupos seleccionados, se conformó el círculo final con un total de 17 personas. Este grupo incluía a ocho mujeres como víctimas y/o supervivientes, un hombre como infractor, cinco personas representando a la sociedad formal (cuatro mujeres y un hombre) y tres personas de la sociedad informal (dos mujeres y un hombre). La composición evidenció un claro predominio de mujeres, representando el 82% del total, mientras que la participación masculina fue menor, alcanzando un 18%.

En lo que respecta a las mujeres víctimas y/o supervivientes, se observó un interés más que significativo por participar en el proyecto. La recepción del mismo fue ampliamente positiva, mostrando una disposición favorable hacia el uso de herramientas restaurativas y destacando su potencial para abordar las problemáticas relacionadas con la violencia de género.

Por parte de la sociedad formal, compuesta por profesionales como psicólogos y personal vinculado al Servicio de Justicia Restaurativa y la Oficina de Atención a la Víctima, se identificaron ciertos antecedentes en el uso de prácticas restaurativas. Aunque únicamente dos de ellos contaban con experiencia directa previa, un 60% del grupo había trabajado anteriormente con estas herramientas. Todos los participantes, independientemente de su experiencia, reconocieron el valor de las prácticas restaurativas en el tratamiento de casos de violencia de género y manifestaron una aceptación unánime del proyecto, subrayando su potencial transformador.

En cuanto a la sociedad informal, integrada por personas sin una vinculación profesional directa con el ámbito de la justicia restaurativa pero con interés en la resolución de conflictos, solo una persona había participado previamente en procesos restaurativos. No obstante, todo el grupo valoró positivamente estas herramientas, considerándolas útiles para fomentar la convivencia y la reparación en casos de violencia de género. La recepción del proyecto en este grupo fue también positiva, destacando su potencial para generar un impacto comunitario significativo. En cuanto al hombre participante cabe señalar que él había participado en un proceso previo de justicia restaurativa y conocía la herramienta.

La representación en los círculos finales se estructuró para garantizar un equilibrio entre los diferentes actores implicados. La sociedad formal estuvo representada por profesionales especializados, mientras que la sociedad informal incluyó a individuos sin formación profesional en el tema, pero comprometidos con la resolución restaurativa de conflictos.

Finalmente, la forma del círculo final buscó integrar de manera equilibrada a todos los grupos participantes. Esta estructura representativa permitió incluir a víctimas, infractores y miembros de las sociedades formal e informal, asegurando que todas las perspectivas puedan ser escuchadas y respetadas en el proceso en caso de desplegarse esa Fase.

VI. CONSIDERACIONES FINALES

Prácticamente el 100% de las personas y entidades a quienes nos dirigimos consideraron interesante el proyecto y adecuada su participación. Este dato, por sí solo, resulta muy revelador y avala la continuidad de las siguientes fases con el grupo identificado.

Por otra parte, tanto las mujeres como los infractores valoraron muy positivamente el enfoque restaurativo. Todas las partes coincidieron en la importancia de abordar la violencia de género desde esta perspectiva, profundizando en las causas subyacentes e involucrando a todas las personas afectadas, incluidos los infractores.

Es cierto que PSIMAE (Instituto de Psicología Jurídica) y el MICAP (Muy Ilustre Colegio de Abogados de Pamplona) decidieron no participar en el proyecto. Sin embargo, se trató de dos casos puntuales, frente a numerosas entidades que sí se sumaron, como el Juzgado de Violencia sobre la Mujer de Pamplona, el Colegio de Psicólogos y la Policía Foral, entre otras.

Finalmente, el EAIV (Equipo de Atención Integral a Víctimas) solo pudo derivar a una mujer, mientras que el SGPMAN (Servicio de Gestión de Penas y Medidas Alternativas de Navarra) se comprometió a derivar más hombres infractores en un futuro, una vez concluyan su itinerario de trabajo personal.

El desarrollo de la Fase 2 y 3 fue presentado a financiación por convocatoria pública el 9 de mayo de 2024 por Resolución 137/2024, de 2 de abril, de la directora general de Justicia por la que se aprueba la convocatoria de subvenciones a entidades sin ánimo de lucro para el fomento de proyectos de prácticas restaurativas comunitarias para el año 2024. Sin embargo, el proyecto no fue financiado y por tanto la Fase 2 y 3, que estaba prevista se desarrollase en el último cuatrimestre de 2024, no pudieron llevarse a cabo.

Tras comunicar la interrupción a las personas que habían decidido participar en la propuesta, tanto a las mujeres víctimas, persona infractora, agentes de la comunidad formal e informal, nos comprometimos también a buscar alternativas de financiación para que el mismo grupo humano que comenzamos la iniciativa y ahora firmamos este trabajo podamos llevarlo a cabo.

REFERENCIAS BIBLIOGRÁFICAS

Francés Lecumberri, P. (2022). "Feminisms in the challenge of alternatives to punitivism: The necessary synergies in a path to be explored". *Oñati Socio-Legal Series,* 12(6), 1-37.

Francés Lecumberri, P. (2022). "¿Qué género en la intervención restaurativa? Claves para la aplicación de la perspectiva de género en procesos restaurativos". *Crítica penal y poder,* (23), 7-30.

Miguel Barrio, R. (2019). *Justicia restaurativa y justicia penal: nuevos modelos: mediación penal, conferencing y sentencing circles,* Atelier.

Varona Martínez, G. (2018). *Justicia Restaurativa desde la criminología: Mapas para un viaje inicial,* Dykinson.

ANEXO. MUESTRA DE DÍPTICOS

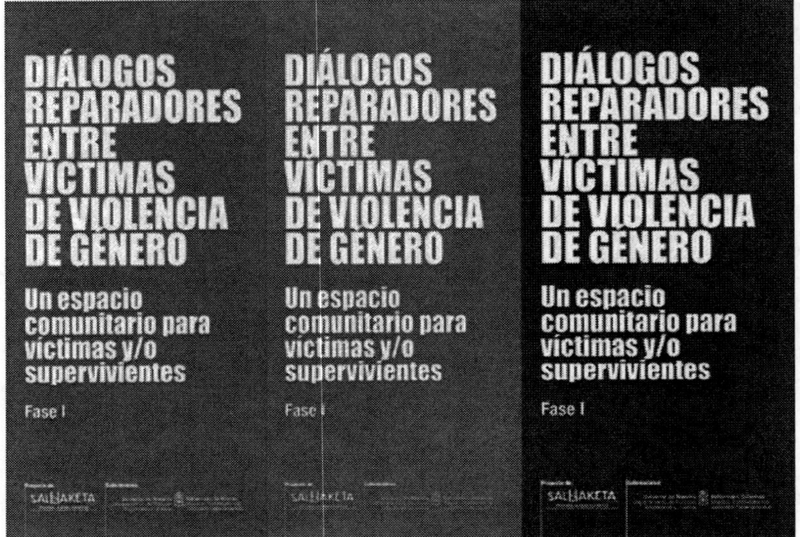

ALGUNAS PREGUNTAS QUE PUEDES HACERTE

¿POR QUÉ ES IMPORTANTE TU PRESENCIA?

¿QUÉ PUEDES APORTAR TÚ AL PROYECTO?

¿QUÉ PUEDE APORTARTE EL PROYECTO A TI?

¿CON QUIÉN VOY A PARTICIPAR EN LOS CÍRCULOS DE DIÁLOGO?

ALGUNAS PREGUNTAS QUE PUEDES HACERTE

¿POR QUÉ ES IMPORTANTE TU PRESENCIA?

¿QUÉ TE PUEDE APORTAR EL PROYECTO?

¿QUÉ PUEDES APORTAR TÚ AL PROYECTO?

¿CON QUIÉN VOY A PARTICIPAR EN EL CÍRCULO DE DIÁLOGO?

ALGUNAS PREGUNTAS QUE PUEDES HACERTE

¿POR QUÉ ES IMPORTANTE TU PRESENCIA?

¿QUÉ PUEDE APORTARTE EL PROYECTO A TI?

¿QUÉ PUEDES APORTAR TÚ AL PROYECTO?

¿CON QUIÉN VOY A PARTICIPAR EN LOS CÍRCULOS DE DIÁLOGO?

Aspectos civiles de la violencia de género

SARA VICENTE COLLADO
Abogada del MICAP

I. INTRODUCCIÓN

Nuestra investigación pretende introducir uno de los aspectos más novedosos de análisis de la LO 1/2004, de 28 de diciembre, de Medidas de Protección Integral contra la Violencia de Género.

La objetivación del daño ocasionado por la violencia de género y su reparación es uno de estos aspectos. No se recogen datos estadísticos anuales sobre los daños producidos a causa de la violencia de género. No se ha realizado un abordaje en profundidad sobre la evolución jurisprudencial ni una comprensión en toda su dimensión. De ahí que haya sido uno de los temas elegidos para estudio en esta ocasión.

Siempre que abordamos el análisis de esta ley lo hacemos desde un punto de vista meramente penal. Sin embargo, conviene hacer hincapié en la necesidad de obtener una visión global del contenido de la ley para atender la violencia de género desde las distintas perspectivas y para tener en cuenta que la violencia de género afecta a todo el entramado de las relaciones familiares, a la construcción misma de las relaciones de amor, al establecimiento de un sistema de creencias en el orden simbólico y de actuaciones en la vida familiar que conllevan desigualdad, discriminación y violencia contra las mujeres. En definitiva, no es inocua la violencia que ocurre o que ha ocurrido con anterioridad a las rupturas en la vida familiar, aunque no sea denunciada o no se logre acreditar en un procedimiento penal.

Por ello, hemos querido centrar nuestro análisis en los aspectos civiles derivados de la violencia: las indemnizaciones fijadas en sentencia con la finalidad de ofrecer a la mujer una reparación del daño ocasionado, así como las medidas que se adoptan en las resoluciones judiciales derivadas de las rupturas matrimoniales y/o de pareja cuando hay o ha habido violencia de género durante la convivencia.

Valorar si se ha garantizado el derecho a la reparación de las víctimas y si se tiene en cuenta la violencia ejercida contra las mujeres en los procesos de rupturas de pareja y/o matrimoniales ha sido el objeto del presente estudio.

Se acota nuestra investigación a las resoluciones judiciales penales dictadas por dos órganos judiciales: el Juzgado de lo Penal núm. 5 de Pamplona (Juzgado penal especializado en el enjuiciamiento de los delitos de violencia de género en Navarra) y la AP de Navarra (Sección 2ª) para aquellas resoluciones judiciales penales dictadas en primera instancia y revisadas en segunda instancia. También ha sido objeto de examen las resoluciones judiciales dictadas en los asuntos civiles dictadas por el JVM nº 1 de Pamplona (Partido Judicial de Pamplona) en su revisión en segunda instancia en las resoluciones dictadas por la Audiencia Provincial de Navarra (Sección 3ª), por ser el que ha incoado el mayor volumen de procedimientos civiles derivados de la violencia de género en la Comunidad Foral de Navarra.

Los datos estadísticos de estos veinte años de aplicación de la LO 1/2004 evidencian que en el partido judicial objeto de estudio se han seguido el 70% de los asuntos penales y civiles derivados de la violencia de género denunciada en la Comunidad Foral de Navarra[1]. De ahí que haya sido el órgano judicial objeto de selección para nuestro estudio.

---

[1] Estadística judicial elaborada por el CGPJ.

II. EL DERECHO A LA REPARACIÓN. LAS INDEMNIZACIONES DERIVADAS DE LOS DELITOS DE VIOLENCIA DE GÉNERO

1. Consideraciones generales

La LO 1/2004 no contempló inicialmente el derecho a la reparación en el articulado de la ley. Ha sido gracias a la evolución del concepto de reparación fijado en el Convenio de Estambul que, tras la aprobación de la LO 10/2022, de 6 de septiembre, de garantía de la libertad sexual, se ha introducido el derecho en la LO 1/2004 en el capítulo V, denominado Derecho a la reparación y en sus arts. 28 bis y 28 ter donde se reconoce legalmente el derecho a la reparación en el más amplio sentido de la palabra y no como una mera transacción económica entre el agresor y la mujer.

Dicho derecho incluye la garantía de una completa recuperación física, psicológica y social, las acciones de reparación simbólica y las garantías de no repetición. Se cumple de este modo con el mandato previsto para los Estados firmantes en el Convenio de Estambul[2].

---

[2] Convenio del Consejo de Europa sobre prevención y lucha contra la violencia contra la mujer y la violencia doméstica. Art. 30. Indemnización. 1. Las Partes tomarán las medidas legislativas u otras necesarias para que las víctimas tengan derecho a solicitar una indemnización por parte de los autores de todo delito previsto en el presente Convenio. 2. El Estado debería conceder una indemnización adecuada a quienes hayan sufrido graves daños contra su integridad física o a la salud, en la medida en que el perjuicio no esté cubierto por otras fuentes, en particular por el autor del delito, los seguros o los servicios sociales y médicos financiados por el Estado. Esto no impide a las Partes requerir al autor del delito el reembolso de la indemnización concedida, siempre que la seguridad de la víctima se tenga en cuenta de manera adecuada. 3. Las medidas tomadas con

Hasta este momento, el derecho a la reparación estaba reconocido por la normativa de carácter genérico, en el art. 116 del CP estableciéndose que "toda persona criminalmente responsable de un delito lo es también civilmente si del hecho se derivaren daños o perjuicios ". Pues bien, en los delitos de violencia de género contemplados en la ley, el derecho a la reparación ha sido reconocido de manera muy restrictiva a lo largo de estos veinte años de aplicación de la ley. Se ha de tener en cuenta que en un número nada desdeñable de asuntos la mujer que ha sufrido la violencia de género renuncia a la indemnización que pudiera fijarse. En Navarra, la muestra objeto de estudio refleja que en el 68% de los procedimientos penales las mujeres renuncian a las indemnizaciones civiles que les pudieran corresponder, aunque haya lesiones físicas.

Los criterios fijados para el cálculo de las indemnizaciones derivadas de los delitos violentos incorporados recientemente por el legislador a la ley son los siguientes[3]:

- El daño físico y psicológico, incluido el daño moral y el daño a la dignidad.
- La pérdida de oportunidades, incluidas las oportunidades de educación, empleo y prestaciones sociales.
- Los daños materiales y la pérdida de ingresos, incluido el lucro cesante.

---

arreglo al apartado 2 deberán garantizar la concesión de la indemnización en un plazo razonable. Art. 31. Custodia, derecho de visita y seguridad. 1. Las Partes tomarán las medidas legislativas u otras necesarias para que, en el momento de estipular los derechos de custodia y visita relativos a los hijos, se tengan en cuenta los incidentes de violencia incluidos en el ámbito de aplicación del presente Convenio. 2. Las Partes tomarán las medidas legislativas u otras necesarias para que el ejercicio de ningún derecho de visita o custodia ponga en peligro los derechos y la seguridad de la víctima y de los niños.

3 Criterios incorporados a la LO 1/2004, en la reforma de octubre de 2022.

- El daño social, entendido como el daño al proyecto de vida.
- El tratamiento terapéutico, social y de salud sexual y reproductiva.

Estos mismos criterios han sido reconocidos por el legislador en la LO 10/2022, de 6 de septiembre de garantía de la libertad sexual.

Los criterios jurisprudenciales han sido fijados en las STS núm. 351/2021, de 28 de abril, núm. 554/2021, de 23 de junio, núm. 650/2021, de 20 de julio, y núm. 437/2022, de 4 de mayo[4], debiéndose tener en cuenta lo siguiente:

- La medición de la indemnización por daños morales puede realizarse mediante la ponderación del hecho delictivo mismo del que éstos son su consecuencia o resultado causal, de tal suerte que la propia descripción del hecho puede constituir la base que fundamente el 'quantum' indemnizatorio.
- No es preciso que los daños morales tengan que concretarse en alteraciones patológicas o psicológicas sufridas por las víctimas, sino que pueden surgir de la mera significación espiritual que tiene el delito para la víctima y de la necesidad de integrarlo en su experiencia vital, sin más parámetro para la evaluación de su alcance —cuando no hay alteraciones médicamente apreciables— que la gravedad de la acción que lesionó al perjudicado, la importancia del bien jurídico protegido y las singulares circunstancias de la víctima (…).

La STS de 28 de abril de 2010 fijó como criterio que no existen razones objetivas por las que las lesiones causadas

---

4 STS 351/2021, de 28 de abril **(TOL8.422.866),** STS 554/2021, de 23 de junio **(TOL8.505.411),** STS 650/2021, de 20 de julio **(TOL8.539.118)** y STS 437/2022, de 4 de mayo **(TOL8.927.731).**

dolosamente deban ser indemnizadas en una cuantía menor que la prevista para las lesiones ocasionadas de manera culposa[5]. Por su parte, la STS de 2 de julio de 2013 estableció como criterio que la sentencia no debe limitarse a recoger la cuantía de la indemnización sin más, sino que debe fijar las bases para su determinación y actualización, pues de lo contrario, resultará revisable en segunda instancia[6].

2. *Aplicación del derecho en la Comunidad foral de Navarra*

Del examen de la jurisprudencia de estos 20 años de aplicación de la LO 1/2004 (2005-2024) se desprende que el criterio jurisprudencial imperante es el de libertad absoluta de quien ostenta la titularidad del Juzgado o Tribunal para la fijación de la cuantía en concepto de indemnización. En ambos órganos judiciales elegidos como objeto de examen[7], se ha seguido como criterio para objetivar las indemnizaciones:

- La existencia de lesiones físicas objetivables y cuantificables mediante informe forense.
- Las que hayan sido consensuadas entre la defensa y las acusaciones.
- El daño moral se ha comenzado a tener en cuenta siempre y cuando exista acreditación del mismo a través del relato de la mujer o de testigos o mediante informes, cuando haya precisado de atención psicológica, teniendo en cuenta la gravedad de los hechos, el tiempo de exposición a la violencia y los daños ocasionados en la mujer.

---

5 STS 430/2010, de 28 de abril **(TOL1.863.768).**

6 STS 596/2013, de 2 de julio **(TOL3.888.255).**

7 Juzgado de lo penal nº 5 de Pamplona y Audiencia Provincial de Navarra (Sección 2º) para el enjuiciamiento en primera instancia y para la revisión en segunda instancia.

Se ha de hacer una distinción entre las indemnizaciones fijadas por el Juzgado de lo Penal especializado (núm. 5 de Pamplona) y las dictadas en la AP de Navarra. En la mayoría de las resoluciones judiciales dictadas en el Juzgado penal examinado (68%) no se fija cuantía alguna en concepto de indemnización. Una de las razones es que se ha pactado una renuncia a la indemnización como condición de la conformidad con los hechos por el acusado y de la obtención de una sentencia condenatoria por conformidad. Otra es la renuncia de la víctima a la indemnización en los procedimientos contenciosos.

En los casos en los que se fija indemnización en sentencia, el criterio mayoritario mantenido por el Juzgado de lo Penal ha sido la fijación de una cuantía objeto de indemnización del siguiente modo:

- Lesiones físicas según baremo de lesiones temporales incrementado entre un 10% y un 20% para las lesiones que consten acreditadas mediante informe pericial forense[8].
- Daño moral tan solo para condenas por violencia habitual cuando los hechos revistan especial relevancia penal. Dicho daño es equiparado al daño psicológico.
- Resto de daños (social, laboral, material) en función de lo que conste acreditado en el procedimiento siendo decisivo el relato ofrecido por la mujer víctima y personas testigos sobre las consecuencias de los actos.
- Tener en cuenta la precariedad del acusado y la situación económica de la víctima, el gasto ya realizado por la mujer para su recuperación
- Distinguir entre la violencia ocasional y la violencia habitual.

---

8 Ley 35/2015, de 22 de septiembre, de reforma del sistema para la valoración de los daños y perjuicios causados a las personas en accidentes de circulación.

- Acreditar la indemnización solicitada en base a unos parámetros objetivables y exponer las razones por las que se formula la petición de la cuantía en concepto de indemnización en lugar de solicitar una cuantía sin justificación alguna.
- Las cuantías fijadas son las siguientes:
    - Indemnizaciones por delitos de enjuiciamiento rápido fijadas en las sentencias por conformidad lo que acuerden las partes.
    - Maltrato habitual físico el baremo de tráfico incrementado entre un 10% y un 20%.
    - Coacciones, amenazas y maltrato habitual psicológico entre 1.000 y 3.000 euros.
    - Violencia sexual entre 6.000 euros y 8.000 euros.
    - Daño moral no más de 3.000 euros.
    - Otros daños (materiales, social, laboral) según acreditación.

La AP de Navarra, en cambio, establece los siguientes criterios:

- Lesiones físicas, tan solo aplica las tablas de indemnización fijadas en el baremo de la Ley 35/2015 para indemnizaciones derivadas de accidentes de tráfico sin incrementar las mismas para las lesiones que consten acreditadas.
- Para la valoración del daño moral y otros daños se necesitará la acreditación de estos y se tienen en cuenta la gravedad de los hechos, el tiempo de duración del maltrato y la violencia sexual acontecida si la hubiera.
- El daño moral engloba el daño psicológico ocasionado si se acredita la existencia de lesiones psicológicas que se abona según baremo.
- Las secuelas necesitan de informe pericial forense.

- Las cuantías acordadas en sentencia son las siguientes:
  - Agresiones sexuales 30.000 euros.
  - Homicidios, asesinatos 40.000 euros.
  - Tentativa de homicidio con lesiones según baremo de tráfico.
  - Maltrato habitual con lesiones graves según baremo de tráfico.
  - Daño moral según tiempo de relación y gravedad de los hechos
  - Perjuicio laboral por cambio de domicilio según baremo de lucro cesante.

Tabla 1.

AÑO	AP		JUZGADO PENAL		
	NÚM. ASUNTOS	RC	NÚM. ASUNTOS		RC
			Condenas	Conform[9]	
2005	0	0	26	0	8
2006	0	0	60	48	39
2007	1	1	73	79	98
2008	6	5	109	169	155
2009	10	10	91	142	139
2010	0	0	128	111	165
2011	4	4	66	93	91
2012	8	8	68	123	111

9 Sentencias condenatorias por conformidades ante Juzgado de lo Penal.

2013	1	1	80	84	109
2014	6	5	57	84	85
2015	4	4	61	102	95
2016	5	5	37	130	82
2017	7	7	56	177	114
2018	4	4	102	180	160
2019	14	14	100	185	161
2020	5	5	35	112	73
2021	11	11	87	196	148
2022	8	8	92	280	180
2023	5	5	104	191	156
2024	-	-	180	250	236

Elaboración propia. Fuente datos: estadística judicial CGPJ y muestra de sentencias examinadas.

3. Algunas consideraciones de mejora

1.- Ha sido a partir de la LO 10/2022, de 6 de septiembre, de garantía de la libertad sexual cuando se ha incorporado el derecho a la reparación del daño ocasionado también para los delitos de violencia de género reconocidos en la LO 1/2004. Sin embargo, no existe un reconocimiento del derecho a la reparación para las víctimas cuya pretensión debe conllevar también la recuperación integral de la mujer. La falta de reconocimiento en plenitud de este derecho conlleva una victimización secundaria para las mujeres que han sufrido violencia de género.

2.- No se recaban datos estadísticos sobre las cuantías objeto de indemnización en cada caso, ni sobre los conceptos objeto de indemnización, ni sobre las renuncias a las indemnizaciones por parte de las víctimas lo que sería deseable para hacer una valoración del grado de cumplimiento del derecho a la reparación del daño.

3.- No existe un baremo de indemnización de daños ocasionados por delitos dolosos de violencia de género por lo que se aplica el baremo de indemnizaciones por daños ocasionados por accidente de tráfico como orientativo. Todo ello sería muy recomendable pudiendo garantizar el derecho a la reparación de manera proporcional a la gravedad de los hechos, al tiempo de duración de la violencia, al daño ocasionado en todas sus dimensiones (personal, moral, social, laboral…) y más equitativo para todas las víctimas.

De este modo se podría garantizar que las víctimas tengan acceso efectivo a la indemnización que corresponda por los daños y perjuicios y a la completa recuperación física, psíquica, social, laboral y moral a través de la red de recursos de atención integral previstos en la LO 1/2004.

4.- El derecho a la reparación del daño ocasionado no debe reducirse a la mera cuantificación del daño físico, sino a todos los daños y secuelas ocasionadas poniendo la mirada en la recuperación completa de la mujer.

5.- Se evidencia del análisis de las sentencias examinadas que la mayoría de las mujeres renuncian a la indemnización civil. De recabarse datos estadísticos se evidenciaría el escaso interés económico de las mujeres a la hora de acudir a la vía penal por violencia de género.

6.- En todo caso, en Navarra existe un sistema público de atención a las víctimas del delito al que tienen acceso las mujeres que han padecido violencia de género que permite la atención psicológica de manera gratuita a modo de reparación del daño.

7.- Es preciso ahondar en el desarrollo del derecho a la reparación del daño y contemplar las indemnizaciones civiles derivadas del delito dentro de este derecho. Para ello es necesario mejorar en la acreditación de los daños y de los mecanismos que permitirán la recuperación integral de la mujer debiéndose incluir dichos aspectos en los informes periciales forenses.

III. SOBRE EL EJERCICIO DE LA RESPONSABILIDAD PARENTAL

1. Consideraciones generales

La patria potestad denominada así en el derecho común[10], es el conjunto de derechos y deberes de los progenitores con sus hijos menores de edad o mayores de edad incapacitados. Los padres tienen la obligación de proteger a sus hijos y la capacidad de decidir sobre ellos. Concretando, los padres tienen las siguientes facultades:

- Representar y administrar sus bienes.
- Velarlos y teneros en su compañía.
- Concederles alimentación, educación y sanidad.

Todas estas facultades han de realizarse en beneficio de los hijos.

El Fuero Nuevo alude a la responsabilidad parental en las nuevas Leyes 69 y 70 estableciéndose un contenido similar al

---

10 El art. 154 del CC establece que los hijos e hijas no emancipados están bajo la patria potestad de los progenitores.

del derecho común[11]. Las causas para la privación vienen fijadas en el art. 170 del CC y en la Ley 75 del Fuero Nuevo debiéndose hacer por sentencia fundada en el incumplimiento de los deberes inherentes a la responsabilidad parental, pudiendo ser dictada en causa criminal o matrimonial.

El art. 65 de la LO 1/2004 permite la suspensión de la patria potestad permitiendo al juez acordar la suspensión del ejercicio de la patria potestad al padre que haya sido condenado por violencia de género respecto de los menores que dependan de él. El art. 1, en su apartado 2, y los arts. 61.2, 65 y 66 de la LO 1/2004 fueron modificados por la LO 8/2015, de 22 de julio de modificación del sistema de protección de la infancia y adolescencia, con efectos del 12 de agosto de 2015, reconociendo a los hijos menores o sujetos a su tutela o guarda y custodia de las mujeres, que sufran violencia simultáneamente a la de género, una protección y asistencia como si fueran víctimas directas de la protección integral que otorga la LO 1/2004, de forma que los Jueces en estos casos de violencia de género se deberían pronunciar siempre sobre la procedencia de suspender la patria potestad, guarda y custodia, acogimiento, tutela o guarda de hecho respecto de los menores que dependan del investigado.

La jurisprudencia ha matizado esta potestad en aquellos casos en que el incumplimiento de los deberes de los progenitores sea grave y reiterado siempre y cuando dicha suspensión beneficie los intereses de los menores. Por tanto, se articula como una medida de carácter excepcional que se aplica tan solo en aquellos casos en que el padre actúa contra el interés superior de los menores incumpliendo de manera reiterada el régimen de visitas y la obligación de pago de alimentos[12].

---

11 Ley Foral 21/2019, de 4 de abril, de modificación y actualización de la Compilación del Derecho Civil Foral de Navarra o Fuero Nuevo.

12 De este modo, tal y como se establece en la SAP Barcelona 341/2019, de 23 de mayo **(TOL7.267.695),** "Recuerda la Sala en

Será el interés superior del menor el que ha de tenerse en cuenta a la hora de examinar si concurren los requisitos para acordarse la privación de la patria potestad en cada supuesto.

Interés que se ha visto potenciado y desarrollado por la LO 8/2015. "Aplicando tales criterios la STS 998/2004, de 1 de octubre, confirmaba una sentencia de privación de la patria potestad porque el padre sólo había pagado algunas mensualidades de pensión y ello porque la madre las había reclamado, o cuando el padre entregó a su hija a la administración por no poder atenderla (STS núm. 384/2005, de 23 mayo)."

Tras la llegada de la Ley 8/2021, de 2 de junio, por la que se reforma la legislación civil y procesal para el apoyo a las perso-

---

la sentencia de 6 junio 2014, rec. 718/2012 , que "la institución de la patria potestad viene concedida legalmente en beneficio de los hijos y requieren por parte de los padres el cumplimiento de los deberes prevenidos en el art. 154 del Código Civil , pero en atención al sentido y significación de la misma, su privación, sea temporal, parcial o total, requiere, de manera ineludible, la inobservancia de aquellos deberes de modo constante, grave y peligroso para el beneficiario y destinatario de la patria potestad, el hijo, en definitiva, lo cual supone la necesaria remisión al resultado de la prueba practicada (SSTS de 18 octubre 1996 y de 10 noviembre 2005)". "A la hora de valorarse alcance y significado del incumplimiento de los referidos deberes también tiene sentado la sala (STS de 6 febrero 2012, rec. 2057/2010) que se exige una amplia facultad discrecional del juez para su apreciación, de manera que la disposición se interprete con arreglo a las circunstancias del caso, "[...] sin que pueda prevalecer una consideración objetiva exclusivamente de su supuesto de hecho" (STS 523/2000, de 24 mayo). Como afirmábamos antes la patria potestad constituye un officium que se atribuye a los padres para conseguir el cumplimiento del interés del menor, formulándose las causas de su privación en forma de cláusula general en el art. 170 CC, requiriendo que se apliquen en cada caso en atención a las circunstancias concurrentes".

nas con discapacidad en el ejercicio de su capacidad jurídica, se ha ampliado el marco de actuación sobre los menores como víctimas de la violencia de género. De hecho, entre las modificaciones del CC se destaca el régimen de visitas y su suspensión para el "progenitor que esté incurso en un proceso penal iniciado por atentar contra la vida, la integridad física, la libertad, la integridad moral o la libertad e indemnidad sexual del otro cónyuge o sus hijos. Tampoco procederá cuando la autoridad judicial advierta, de las alegaciones de las partes y las pruebas practicadas, la existencia de indicios fundados de violencia doméstica o de género" (art. 94 CC).

Asimismo, cabe destacar la LO 8/2021, de 4 de junio, de protección integral a la infancia y la adolescencia frente a la violencia, la cual entiende que cualquier forma de violencia ejercida sobre un menor es injustificable, lo que lleva a la suspensión no ya de la patria potestad, sino de la custodia compartida al establecer que, en el art. 92.7 CC "no procederá la guarda conjunta cuando cualquiera de los padres esté incurso en un proceso penal iniciado por intentar atentar contra la vida, la integridad física, la libertad, la integridad moral o la libertad e indemnidad sexual del otro cónyuge o de los hijos que convivan con ambos. Tampoco procederá cuando el juez advierta, de las alegaciones de las partes y las pruebas practicadas, la existencia de indicios fundados de violencia doméstica o de género".

Por tanto, los criterios establecidos por la jurisprudencia del TS para acordar la privación de la patria potestad requieren que el progenitor paterno esté incurso en un procedimiento penal por actuar contra la vida de la madre o de los hijos o bien el incumplimiento de los deberes inherentes a la patria potestad de manera grave y reiterada, debiéndose acreditar que el padre está ocasionando un perjuicio a los menores.

2. La aplicación de la ley en Navarra

En Navarra, del examen de los asuntos de familia enjuiciados en el JVM adscrito al partido judicial de Pamplona desde 2005 hasta 2024 se constata que es una medida de carácter excepcional que se solicita cuando el padre ha ocasionado un perjuicio a los menores y ha ejercido violencia hacia ellos y se concede tan solo cuando existe una sentencia condenatoria por violencia de género y/o doméstica, siempre que se acredite el perjuicio a los menores. En todo este tiempo se han acordado privaciones de la patria potestad en casos de asesinatos de la madre y en casos en los que se ha acreditado la existencia de perjuicios graves en los menores (19 casos).

No opera igualmente el criterio de nuestro más alto Tribunal cuando existe un incumplimiento grave y reiterado de los deberes inherentes a la patria potestad, cuando se impaga la pensión de alimentos de manera sistemática o cuando se incumple el régimen de visitas fijado en sentencia por culpa achacable al padre. En estos casos se suele optar por otorgar el ejercicio en exclusiva de la patria potestad a la madre sobre todo si se acredita que los padres obstaculizan las decisiones que han de adoptarse en beneficio de los menores.

IV. EL DERECHO DE VISITAS, COMUNICACIONES Y ESTANCIAS DE LOS MENORES CON EL PADRE

Otro de los aspectos objeto de interés en estos 20 años de aplicación de la LO 1/2004, es si se prima el derecho del menor al mantenimiento de las relaciones familiares sobre el derecho de los menores a una vida libre de violencia de género, a una educación en igualdad, y a garantizar su integridad física con total seguridad.

1. Evolución legislativa

El art. 66 de la LO 1/2004, estableció inicialmente la posibilidad de suspender o restringir las visitas de los menores con el padre incurso en un procedimiento por violencia de género. Posteriormente y mediante la aprobación de la LO 8/2015, de 22 de julio, de modificación del sistema de protección de la infancia y adolescencia, se modificó contemplándose como una obligación la suspensión, supresión o restricción de las visitas de los menores con el padre incurso en un procedimiento por violencia de género, salvo que se motivara judicialmente y en interés superior del menor que debía fijarse un derecho de visitas.

Es a partir de la aprobación de la LO 8/2015 que se modifica la LO 1/2004, reconociéndose a los menores como víctimas de la violencia de género en el ámbito de las relaciones familiares y estableciéndose la necesidad de articular la protección penal directa de las víctimas menores.

En la LO 8/2015 se concreta el concepto jurídico indeterminado "interés superior del menor" incorporando, tanto la jurisprudencia del TS, como los criterios de la Observación general núm. 14, de 29 de mayo de 2013, del Comité de Naciones Unidas de Derechos del Niño, sobre el derecho del niño a que su interés superior sea una consideración primordial en las resoluciones que les afectan de modo directo.

Se da al concepto un contenido triple: como derecho sustantivo, como principio general de carácter interpretativo y como norma de procedimiento. Se tendrán en cuenta los siguientes criterios generales:

- La satisfacción de las necesidades básicas del menor.
- La consideración de sus deseos, sentimientos y opiniones, articulándose a través del derecho a ser oído.

- La conveniencia de que su vida y desarrollo tenga lugar en un entorno familiar adecuado y libre de violencia donde se garantice su igualdad y no discriminación.

Posteriormente en virtud de la LO 8/2015, de 22 de julio, de modificación del sistema de protección de la infancia y adolescencia, se modifica el art. 94 párrafo 4 del CC —en lo que aquí nos ocupa—, incorporándose la obligación en la norma de no fijación, suspensión o supresión del régimen de visitas, comunicaciones y estancias si el padre estuviera incurso en un procedimiento penal por violencia de género o doméstica.

Dicha legislación fue objeto de una cuestión de inconstitucionalidad[13] interpuesta por el Grupo Parlamentario VOX del Congreso de los Diputados solicitándose la supresión de la redacción dada. El TC en sentencia de Pleno 106/2022, de 13 de septiembre publicada en el BOE de 21 de octubre de 2022 resolvió el recurso rechazándolo y declarando la constitucionalidad de la LO 8/2021, al afirmar que el precepto legal no opera con carácter automático, sino teniendo en cuenta el interés superior del menor en contraposición a los derechos de cada progenitor obligando a la autoridad judicial a ponderar la necesidad y la proporcionalidad de la medida reguladora. Para ello se ha de tener en cuenta el tipo de delito ocasionado en atención a su gravedad o alcance sobre la relación paterno o materno filial, la existencia de violencia ejercida en presencia del menor y/o sobre el menor, el tiempo de duración del maltrato, el perjuicio ocasionado al menor.

Por tanto, la suspensión absoluta del régimen de visitas, comunicaciones y estancias vendrá exigida cuando se persiga garantizar la integridad y seguridad del menor, la suspensión resulte necesaria para el logro de dicha finalidad y sea adecuada y

---

13 STC 106/2022, de 13 de septiembre, Recurso de inconstitucionalidad 5570/2021 **(TOL9.239.683).**

proporcionada para alcanzarla al no existir alternativas menos restrictivas, de menor intensidad, graduación o progresividad para preservar la seguridad y bienestar del menor[14].

Es destacable el voto concurrente particular de la sentencia emitido por tres magistrados que, coincidiendo con el fondo de la sentencia y, por ende, en la constitucionalidad de la norma recurrida, entienden que los argumentos dados por la postura mayoritaria no se corresponden con la realidad de los tiempos y con la protección pretendida por el legislador para la infancia en contextos de violencia de género y/o doméstica. El disenso en la argumentación tiene que ver con la ausencia de un enfoque feminista en la sentencia del Pleno, la cual esquiva y elude la dicción literal del precepto, e ignora que la evolución normativa tiende a reducir el margen de apreciación del órgano judicial para imponer progresivamente medidas más restrictivas del mantenimiento de las relaciones parentales, en aplicación de un principio de precaución y de protección que no es ajeno a la garantía del interés superior de los menores, buscando preservar además la integridad física y moral de sus madres. Y ello habida cuenta de que se constata, estadísticamente, la existencia de una innegable violencia vicaria, que utiliza el maltrato a los hijos como medida de presión y control de sus madres.

La voluntad del legislador no permanece ajena a la protección de la mujer. Si bien la sentencia pone el énfasis en la necesidad de preservar el interés superior del menor, parece situar dicho interés, de manera casi exclusiva, en el mantenimiento de sus relaciones familiares en detrimento de la protección efectiva de las personas menores de edad de las graves y nocivas consecuencias que para su vida, integridad física y moral y para el libre desarrollo de su personalidad deriven de

---

14 Apartado 3 in fine de la STC 106/2022, de 13 de septiembre, Recurso de inconstitucionalidad 5570/2021 **(TOL9.239.683).**

su exposición a conductas de violencia de género o violencia doméstica. Esta última, es la que se sitúa por el legislador por delante del mantenimiento de las relaciones familiares.

Así, la STS de la Sala Primera, número 680/2015, de 26 de noviembre, de la que fue Ponente el Excmo. Sr. Francisco Javier Arroyo Fiestas, el alto tribunal señala en un caso de violencia de género y doméstica, que es extrapolable el concepto de interés del menor desarrollado en la LO 8/2015, y más concretamente que este interés supone que la vida del menor se desarrolle en un entorno libre de violencia, y que en caso de que no puedan respetarse todos los intereses legítimos concurrentes, deberá primar el interés superior del menor sobre cualquier otro interés legítimo que pudiera concurrir[15]. Lo que se pretende es preservar a los menores de un ambiente hostil que puede atentar contra su integridad física y psicológica. La STS, Sala Primera, número 3402/2022 suprime el régimen de visitas, comunicaciones y estancias de la menor de tan solo cuatro años con el padre por estos mismos motivos[16].

Tal y como establece Rivero Hernández, este interés se vincula a la perfección de la educación del menor que se impone al mismo sin considerar su voluntad u opinión[17]. Este interés también está íntimamente relacionado con el desarrollo de su personalidad dirigido a una mayor integración en la sociedad[18]. Los menores son víctimas de violencia psicológica, no sólo porque presencien las palizas o las agresiones a sus madres, sino por el mero hecho de vivir en un entorno en donde esta violencia es una pauta de relación. Viven en un entorno donde las relaciones violentas y el abuso de poder, que justifica, legitima y

---

15 STS 680/2015, de 26 de noviembre **(TOL5.579.444).**

16 STS 625/2022, de 26 de septiembre **(TOL9.246.390).**

17 Rivero Hernández, F. (1997). *El derecho de visita*, 159.

18 Cruz Gallardo, B. (2012). *La guarda y custodia de los hijos en las crisis matrimoniales*, 167.

desencadena esa violencia como parte de las relaciones afectivas y personales son una pauta diaria. Internalizan un modelo negativo de relación que daña su desarrollo[19].

En el ámbito internacional también se reconoce la violencia presenciada por los menores como violencia psicológica. En el año 2010, la resolución 1714 del Consejo de Europa concluye que ser testigos de la violencia perpetrada contra la madre es una forma de abuso psicológico contra los niños. También, el Comité de los Derechos del Niño de las Naciones Unidas publicó la Observación general núm. 13 en el año 2011 sobre el derecho del niño a no ser sujeto a ninguna forma de violencia, donde, en interpretación del art. 19 de la Convención de los Derechos del Niño indicaban que, debido a la gran alarmante cantidad de violencia que se estaba ejerciendo contra los niños, era de vital importancia reforzar las medidas que les protegieran contra la misma.

2. Aplicación en Navarra del apartado 4 del art. 94 CC

En Navarra el Fuero Nuevo no dicta ninguna norma para acordar la supresión, suspensión o reducción del régimen de visitas, comunicaciones y estancias acordado en sentencia. Tan solo para acordar la guarda y custodia compartida o exclusiva. De este modo, nuestros Juzgados y Tribunales se rigen por lo dispuesto en el art. 94.4 CC en lo que corresponde al establecimiento o no de un régimen de visitas en los casos en los que hay violencia de género y/o doméstica.

Del examen de las sentencias dictadas durante estos veinte años de aplicación de la LO 1/2004 en Navarra observamos

---

19 Horno Goicoechea, P. (2006). "Atención a los niños y niñas víctimas de la violencia de género". *Intervención Psicosocial,* (15.3), 311 y s. Igualmente: Informe de *Save the Children,* Madrid, 2006.

que, a pesar de que la misma ya otorgaba a la autoridad judicial la potestad para suspender, suprimir, reducir o no fijar régimen de visitas, comunicaciones y estancias del menor con el padre desde su aprobación, sin embargo, no se ha aplicado dicho criterio hasta la modificación del art. 94.4 CC introducida por la LO 8/2021, de 4 de junio, de protección de la infancia y la adolescencia frente a la violencia. Hasta ese momento se había aplicado de un modo cuasi automático la adopción de un régimen de visitas, comunicaciones y estancias del menor con el progenitor que ha ejercido la violencia de género y/o doméstica sin restricciones.

Se ha aplicado el criterio de omisión de la existencia de un procedimiento penal contra el padre por delitos de violencia de género entendiéndose en la práctica totalidad de las resoluciones judiciales dictadas hasta dicha modificación que el interés superior del menor es siempre equivalente a preservar el derecho a mantener sus relaciones familiares por encima de garantizar el principio de igualdad, de no discriminación y el derecho a una vida libre de violencia para la madre y para el menor.

En la actualidad, se suspende el régimen de visitas, comunicaciones y estancias que se hubiera fijado con anterioridad o se restringe el derecho de visitas siempre que existan indicios racionales de criminalidad contra el padre por haber actuado contra la vida, integridad física o moral del menor, no siendo valorada la violencia que ha sido ejercida contra la madre. En el resto de los casos, puede acordarse un régimen de visitas, comunicaciones o estancias, a través de una resolución motivada en el interés superior del menor.

No opera de forma automática la suspensión, supresión, restricción o no fijación del régimen de visitas, en aquellos supuestos en los que el menor ha presenciado episodios de violencia contra la madre. En los supuestos en los que se tiene en cuenta que el menor ha presenciado episodios de violencia ejercida contra la madre, se valora el tiempo de exposición a la violencia, la gravedad de los hechos y si la misma ha podido ocasionar un perjuicio en el menor o no. De este modo se tiene la consideración de que no siempre es perjudicial para el menor haber presenciado la violencia ejercida por el padre hacia la madre.

Sin embargo, la posibilidad de suspenderse o suprimirse el régimen de visitas, se suple con el establecimiento de modo automático de un régimen de visitas, comunicaciones y estancias del menor con el padre supervisado a través del punto de encuentro familiar.

Del análisis de las sentencias dictadas por el JVM núm. 1 de Pamplona en los procedimientos de familia (separaciones, divorcios y medidas paternofiliales) se desprende que se antepone el derecho del menor a relacionarse con el padre al derecho del menor a una vida libre de violencia y lejos de la persona que le ha enseñado a recurrir a la violencia como sistema de relación en la familia y en la pareja.

Tal y como señala la AP de Navarra, "así las cosas, nos encontramos en consecuencia con que, en puridad, el único motivo por el que se han negado las visitas en el caso que nos ocupa es la voluntad de la menor, de trece años, de no relacionarse con su padre, según expresó en exploración judicial. La parte apelada alude en su escrito de oposición al recurso a la negativa de Verónica a relacionarse con su padre por conocer su carácter violento y dominante, pero ello no es cierto, ya que por el contrario la revisión de la exploración de la menor revela como principal justificación a su negativa el hecho de considerarlo un desconocido por razón de llevar seis años sin verse ni tratarse (con una sola genérica e imprecisa alusión a que tiene algunos recuerdos de que a ella y a sus hermanos les pegaba), que de hecho es el motivo considerado en la sentencia apelada.

Es cierto que no se puede ignorar ese largo transcurso del tiempo (hasta seis años) sin mantenimiento de una relación entre el padre y la hija. Ahora bien, ello no puede traducirse en una suerte de sanción contra el progenitor no custodio por tal motivo, no al menos en un caso como el que nos ocupa en el que, como ha quedado dicho, no consta probado un perjuicio efectivo para la menor, sino por el contrario únicamente una voluntad de esta de no querer relacionarse con su padre por considerarlo un extraño. Siendo ello una reacción lógica y comprensible ante ese largo transcurso del tiempo, consideramos, sin embargo, que no puede erigirse en motivo suficiente para la cancelación definitiva de toda relación padre-hija, dado que no consta probado que ello redunde en el beneficio de la menor, debiendo agotarse los esfuerzos mínimos para intentar una recuperación, en la medida de lo posible, del trato paternofilial. Por lo expuesto, procede la estimación del primer motivo del recurso de apelación, y con ello el establecimiento de un régimen de visitas con el que intentar agotar las posibilidades de recuperación de la relación entre padre e hija. Esta medida, no obstante, debe quedar adaptada a las concretas circunstancias advertidas, singularmente a ese amplísimo lapso temporal de relación inexistente y al hecho de que el padre reside en Marruecos. Por lo tanto, resultará procedente fijar unas visitas de un día al mes y a desarrollar en el punto de encuentro familiar correspondiente al domicilio de la menor, con la asistencia y supervisión de sus profesionales que pueda canalizar y encauzar esas posibilidades de recuperación de la relación. Se fijará una duración de dos horas por la tarde, a salvo de la mejor disponibilidad horaria del centro"[20].

---

20 SAP Navarra 473/2024, de 9 de febrero (**TOL10.070.743**).

V. LA OBLIGACIÓN DEL PADRE DE CONTRIBUIR A LOS GASTOS DE LOS MENORES

1. Consideraciones generales

Estando en la jurisdicción en la que nos encontramos, ante los Juzgados de Violencia sobre la Mujer, hablamos de obligación del padre, porque por imperativo legal la atribución de la guarda y custodia se realizará a la madre en aquellos asuntos en los que existan indicios racionales de criminalidad o meras sospechas. La regla general entonces será que el Juzgado tendrá que valorar las circunstancias económicas del progenitor que tenga obligación de prestar la pensión de alimentos, pero siempre esa valoración estará para acordar cantidades por encima de la pensión mínima o de subsistencia.

Esta pensión mínima o de subsistencia es la cantidad considerada como indispensable para cubrir unos alimentos de manera vital o suficiente para el menor, por lo que por debajo de esa cantidad no se va a fijar la pensión de alimentos. De manera generalizada en España se atiende que puede destinarse por parte del progenitor no custodio (alimentante) un 30 0 35 por ciento del porcentaje de sus ingresos, con un mínimo de 150 euros[21].

Actualmente no hay criterios obligatorios o fijos a seguir por parte de los Juzgados para determinar las cantidades a pagar por parte de los progenitores, sino que atendiendo al caso concreto se valorará cuáles son las posibilidades económicas del progenitor obligado a prestarlas y cuáles son las necesidades de quien tiene derecho a recibirlas.

El CGPJ ante esta situación de falta de criterios homogeneizados y como respuesta a una antigua petición de los

---

21 Art. 146 CC: "La cuantía de los alimentos será proporcionada al caudal o medios de quien los da y a las necesidades de quien los recibe".

operadores jurídicos en materia de Derecho de familia, ha aprobado unas tablas orientadoras para calcular la pensión de alimentos en todo el territorio nacional, las cuales, aunque no son vinculantes, están siendo aplicadas. Se ha de tener en cuenta que dichas tablas no incluyen los gastos de vivienda (hipoteca, alquiler, IBI, suministros), ni los gastos de educación de los hijos (transporte escolar, comedor escolar y alojamiento por motivos de enseñanza) que habrán de añadirse de manera independiente por los operadores jurídicos. Por tanto, la cantidad resultante de conformidad con dichas tablas deberá incrementarse con tales conceptos en función de su importe y criterios de reparto. Tampoco incluyen las tablas índices correctores por Comunidades Autónomas. El índice corrector deberá ser el del municipio de residencia del menor al ser allí donde se efectúa el consumo de la pensión.

Las Tablas no contemplan ingresos del obligado al pago de la pensión por debajo de 700 euros, al considerar que en los tramos de rentas inferiores a dicha cuantía, ha de fijarse la denominada pensión mínima o de subsistencia que jurisprudencialmente varía según las distintas zonas geográficas y poblaciones.

2. Situación en el JVM núm. 1 de Pamplona

De la muestra de estudio realizada en Navarra, se ha observado que no se han aplicado las tablas siendo la pensión media aplicada de 150 euros por hijo, lo que supone una cuantía en muchos casos inferior al mínimo vital. La jurisprudencia fijada por la AP de Navarra (Sección 3ª) ha estipulado que no se deberán fijar pensiones inferiores al mínimo vital fijado en la Comunidad foral en 150 euros[22].

---

[22] Así se estipula en una de sus últimas sentencias, SAP Navarra 206/2024 (Sección 3ª), de 9 de febrero **(TOL10.070.743)**, "por otro lado, una cuantía mensual de cien euros al mes, como propone el

Sin embargo, a pesar de esta consolidada línea jurisprudencial en Navarra, existe un número nada desdeñable de sentencias dictadas por el JVM examinado en los procedimientos de

---

recurrente, resulta por sí misma inviable por cuanto queda por debajo del mínimo vital cifrado en 150 euros al mes como criterio general por esta Sala. Así tenemos dicho que "Correspondiendo dicha obligación de prestar alimentos a ambos progenitores (arts. 110, 143, 144 y 154 CC), cada uno de ellos tiene que contribuir en cantidad proporcional a sus respectivos recursos económicos (art. 145 CC). De ello se deriva que las coberturas de las necesidades esenciales del menor alimentista integran el llamado "mínimo vital" o mínimo imprescindible para el desarrollo de la existencia de este en condiciones de suficiencia y dignidad, y corresponde como contribución dineraria del ajeno a la custodia. Ello al margen de cualquier proporcionalidad con los ingresos del alimentante, puesto que se debe a los efectos de garantizar, al menos y en la medida de lo posible, un mínimo desarrollo físico, intelectual emocional al que deben coadyuvar sus progenitores por razón de las obligaciones asumidas por los mismos por su condición de tales. Y este mínimo vital se tiene establecido por este Tribunal (SAP Navarra -3ª- de 9 de mayo de 2016, Rollo 805/2015) en la cantidad de 150 euros mensuales actualizables: "...puesto que no se está ante una situación que impida absolutamente atenderla". La incondicionalidad de un mínimo vital supone que resulte independiente de la dificultad o sacrificio que suponga para darle cumplimiento el obligado, o el grado de reprochabilidad de su falta de atención (STS de 17 de febrero de 2015 , RJ 2015, 338), y solo se admite con carácter muy excepcional, con criterio restrictivo y temporal, la suspensión de la obligación, por una consolidada condición depauperada del alimentante (SSTS de 2 de marzo de 2015 (RJ 2015/601) o 20 de julio de 2017 (RJ 2017/3385)" (SAP Navarra 785/2022, de 26 de octubre). Se fijará en consecuencia el importe de la pensión de alimentos en 150 euros al mes, por cuanto un importe inferior resultaría insuficiente para cubrir el mínimo vital general y común de la hija menor de edad; y por cuanto un importe de 200 euros mensuales resulta como hemos razonado excesivo y desproporcionado para la capacidad económica acreditada del padre".

familia donde se ha acordado una cuantía en concepto de pensión de alimentos inferior al mínimo vital de 150 euros por hijo.

A continuación, se exponen los datos extraídos de los procesos de familia examinados[23].

AÑO[24]	NÚM. AS.[25]	R. PARENTAL[26]			RÉGIMEN VISITAS[27]			PENSIONES[28]	
		PPP	EEP	PPC	SS	PEF	NORMAL	-MV	+MV
2005	3			100%			100%		100%
2006	57			100%			100%	7%	93%
2007	103	1%		99%	1%		99%	5%	95%
2008	63			100%			100%	6%	94%
2009	54	1%	8%	91%	7%	2%	91%	8%	92%
2010	57			100%			100%	5%	95%

---

23 Fuente datos estadísticos recopilados por el CGPJ y examen de las sentencias dictadas por el JVM núm. 1 de Pamplona entre 2005 y 2024.

24 La muestra examinada se refiere tan solo a sentencias dictadas en procedimientos de rupturas matrimoniales y/o de pareja desde 2005 a 2024 en el JVM núm. 1 de Pamplona. Son datos relativos a procedimientos resueltos que figuran en la estadística judicial que elabora el CGPJ.

25 El número de asuntos es la suma de los procedimientos de divorcio, separaciones y medidas paternofiliales resueltos cada año por el JVM núm. 1 de Pamplona. No se han computado ni examinado los procedimientos de modificación de medidas posteriormente incoados.

26 Se tienen en cuenta tres aspectos: acuerdos de privación de la patria potestad (PPP), ejercicio en exclusiva de la patria potestad (EEP) y patria potestad o responsabilidad parental compartida (PPC).

27 Siglas utilizadas para computar las suspensiones o supresiones del régimen de visitas (SS), las visitas supervisadas en un punto de encuentro familiar (PEF) y las visitas acordadas de manera normalizada con el padre.

28 Se han computado las pensiones fijadas por debajo del mínimo vital (-MV) y por encima del mínimo vital (+MV).

2011	71		3%	97%	2%	1%	97%	4%	96%
2012	124	1%		99%	1%		99%	6%	94%
2013	58	3%	3%	94%	5%	1%	94%	6%	94%
2014	69		5%	95%	5%		95%	5%	95%
2015	73		8%	92%	6%	2%	92%	7%	93%
2016	83		10%	90%	6%	4%	90%	6%	94%
2017	63		9%	91%	6%	3%	91%	7%	93%
2018	73	1%	7%	92%	6%	2%	92%	6%	94%
2019	72		7%	93%	5%	2%	93%	8%	92%
2020	72	1%	8%	91%	6%	3%	91%	9%	91%
2021	86		9%	91%	7%	10%	83%	8%	92%
2022	89		12%	88%		42%	58%	10%	90%
2023	88		8%	92%		54%	46%	8%	92%
2024	70[29]	1%	12%	87%	1%	38%	61%	9%	91%

VI. PROPUESTAS DE MEJORA SOBRE LA RESPONSABILIDAD PARENTAL. EL RÉGIMEN DE VISITAS Y LAS PENSIONES DE ALIMENTOS DE LOS HIJOS COMUNES

1.- Se hace necesario ahondar en el criterio incorporado a la LO 1/2004 a través de las dos leyes relativas al cuidado de la infancia y adolescencia de 2015 y 2021 que la violencia vicaria también es violencia de género, máxime ahora que se ha aprobado su inclusión en la LO 1/2004 y que un maltratador

[29] El número de resoluciones judiciales examinado en el 2024. Al término del presente capítulo no existen datos oficiales totales en la estadística judicial elaborada por el CGPJ.

—especialmente en casos de gravedad, de maltrato de larga duración, de manipulación e instrumentalización de los menores para actuar contra la madre tras las rupturas, de maltrato psicológico a los menores— es perjudicial para los hijos comunes.

2.- Se ha de valorar que un menor que ha vivido en un entorno atravesado por la violencia de modo habitual incorpora un sistema de creencias que contribuye a la normalización de las relaciones de poder y de asimetría con las mujeres.

3.- No existen estudios, ni datos sobre el impacto que ocasiona la violencia en los hijos y las hijas de las mujeres víctimas de violencia de género para seguir generando patrones de sumisión y dominación en nuestra sociedad. Sería adecuado conocer el impacto que la violencia hacia las mujeres supone en los menores.

4.- No existen estudios comprensivos en general de los comportamientos y conductas de los padres que han recurrido a la violencia. Su impacto tiene un reflejo en la reproducción de la violencia con posterioridad a las rupturas en los elementos en los que se obtiene el control de las mujeres y los hijos, tales la alta conflictividad tras las rupturas, el impago de las pensiones de alimentos.

REFERENCIAS BIBLIOGRÁFICAS

Cruz Gallardo, B. (2012). *La guarda y custodia de los hijos en las crisis matrimoniales,* La Ley.

Horno Goicoechea, P. (2006). "Atención a los niños y las niñas víctimas de la violencia de género". *Intervención Psicosocial,* 15(3), 307-316.

Rivero Hernández, F. (1997). *El derecho de visita,* Bosch.

La protección socio laboral de la mujer trabajadora por cuenta ajena víctima de violencia de género

ELISA SIERRA HERNAIZ
Titular (acreditada a Catedrática) de
Derecho del Trabajo y de la Seguridad Social.
Universidad de Zaragoza

I. INTRODUCCIÓN

La violencia contra las mujeres es un mal endémico de nuestra sociedad. Para combatir esta situación, que afecta no solo a la integridad física de las mujeres sino también a su derecho a participar en plenas condiciones de igualdad real en la sociedad en su conjunto, la adopción de medidas para combatir y erradicar sus efectos tiene una trayectoria significativa en nuestro ordenamiento jurídico cuya primera norma de referencia es la LO 1/2004, de 28 de diciembre, de Medidas de Protección Integral contra la Violencia de Género. Desde entonces se han ido aprobando un sinfín de Leyes cuya finalidad principal ha sido proporcionar a las mujeres una protección integral contra la violencia de género y la libertad sexual garantizando al mismo tiempo su derecho a la igualdad de trato y la no discriminación.

Pues bien, el ámbito laboral es uno de los entornos más idóneos para la adopción de este tipo de medidas ya que permiten actuar no solo sobre la trabajadora víctima de violencia de género sino también sobre la situación de vulnerabilidad que la violencia produce, puesto que puede afectar en mayor medida a colectivos de mujeres especialmente sensibles, como inmigrantes, madres solteras, etc., con un conjunto de medidas carácter laboral, de seguridad social y de políticas de empleo y de inserción sociolaboral. Por lo tanto, el ordenamiento jurídico laboral se constituye en un instrumento de referencia para garantizar la igualdad de oportunidades entre hombres y mujeres en los casos de violencia de género, cuya principal finalidad es erradicar, o por lo menos minimizar, los efectos que esta situación tiene sobre la mujer trabajadora. Así delimitada, el tratamiento socio laboral de la violencia de género no puede limitarse a situaciones como el acoso sexual o por razón de sexo sino que debe considerar la situación de violencia de las mujeres como tal en la sociedad y el conjunto de su manifestaciones, lo que permitiría abarcar, a modo de ejemplo, la detección de la violencia doméstica en el trabajo[1].

Es por ello fundamental analizar las finalidades y contenido de las diferentes Leyes de intervención en el mercado laboral hasta el momento, así como las medidas a adoptar y el contenido de las mismas, lo que permitirá, a su vez, una valoración de su eficacia y también identificar sus principales carencias[2].

---

[1] Sobre la importancia de esta cuestión véase Vallejo Dacosta, Ruth (2024). "Prevención, detección e intervención en violencia doméstica (extralaboral) en los lugares de trabajo", *Prevención de riesgos laborales y perspectiva de género,* 365 y s y "La perspectiva de género en la Estrategia española de seguridad y salud en el trabajo 2023-2027: especial referencia a la intervención en la detección de la violencia doméstica en los lugares de trabajo" *IusLabor,* núm. 2, 2023, 1 y s.

[2] En el presente trabajo se estudia solo las medidas a favor de las trabajadoras por cuenta ajena, dejando fuera del mismo las trabajadoras por cuenta propia y funcionarias, dado que son el colectivo más relevante y cuya regulación sirve de referencia para aquéllas.

II. ANÁLISIS DE LA NORMATIVA SOBRE LA PROTECCIÓN SOCIO LABORAL DE LA TRABAJADORA POR CUENTA AJENA VÍCTIMA DE VIOLENCIA DE GÉNERO

El punto de partida es la Ley 1/2004, de 28 de diciembre, de medidas de protección integral contra la violencia de género, en cuyo preámbulo se recuerda que "Si la violencia contra las mujeres es un obstáculo para la igualdad de las mujeres hay que establecer un conjunto de medidas que, además de erradicarla, asegure ese objetivo de igualdad, removiendo todos los obstáculos que la impidan en vida real, incluido el ámbito laboral"[3].

Así, la Ley tiene por objeto "actuar contra la violencia que, como manifestación de la discriminación, la situación de desigualdad y las relaciones de poder de los hombres sobre las mujeres, se ejerce sobre éstas por parte de quienes sean o hayan sido sus cónyuges o de quienes estén o hayan estado ligados a ellas por relaciones similares de afectividad, aun sin convivencia" (art. 1). A su vez, entre sus principios rectores cabe destacar la necesidad de garantizar sus derechos laborales ("art. 2.d). Garantizar derechos en el ámbito laboral y funcionarial que concilien los requerimientos de la relación laboral y de empleo público con las circunstancias de aquellas trabajadoras o funcionarias que sufran violencia de género") y económicos ("art. 2.e). Garantizar derechos económicos para las mujeres víctimas de violencia de género, con el fin de facilitar su integración social"). En cuanto al reconocimiento específico de los derechos laborales y de seguridad social, el art. 21 contiene un elenco de éstos cuyo análisis se realizará en el epígrafe siguiente dada su relevancia.

---

3 En general, sobre el impacto y relevancia de esta Ley véase Fernández López, Mª Fernanda. (2005). *La dimensión laboral de la violencia de género. Comentario a la Ley Orgánica 1/2004, de 28 de diciembre.*

Para finalizar, esta Ley también garantiza para las víctimas de violencia de género, que carezcan de recursos económicos y con problemas de empleabilidad, programas de inserción profesional específicos con la finalidad de facilitar unos recursos mínimos de subsistencia que le permitan independizarse del agresor y que se modularan en función de la edad y responsabilidades familiares de la víctima. En concreto, en el art. 22 se señala que los planes anuales de empleo se desarrollarán programas específicos para las víctimas de violencia de género inscritas como demandantes de empleo[4].

La segunda referencia normativa es la LO 3/2007, de 22 de marzo, para la igualdad efectiva de mujeres y hombres[5]. En su preámbulo se señala la violencia de género como una de las causas que dificultan el pleno reconocimiento de la igualdad formal entre las mujeres y los hombres. Es por ello por lo que, para conseguir esta igualdad plena, es necesario eliminar todos los obstáculos y estereotipos sociales que impiden su consecución, exigencia que se traduce en un genuino derecho de las mujeres.

De su contenido cabe destacar los siguientes aspectos en la cuestión que nos ocupa.

En primer lugar, para lograrlo, el art. 14, dentro de los criterios generales de actuación de los poderes públicos, establece en su apartado 5º “La adopción de las medidas necesarias para la erradicación de la violencia de género, la violencia familiar y todas las formas de acoso sexual y acoso por razón de sexo” y en el 6º “La consideración de las singulares dificultades en que se encuentran las mujeres de colectivos de especial vulnerabilidad

---

4 V., también el art. 39 de la Ley 10/2022, de 6 de septiembre, de garantía integral de la libertad sexual.

5 V., en relación con esta cuestión la Ley 15/2022, de 12 de julio, integral para la igualdad de trato y la no discriminación.

como son las que pertenecen a minorías, las mujeres migrantes, las niñas, las mujeres con discapacidad, las mujeres mayores, las mujeres viudas y las mujeres víctimas de violencia de género, para las cuales los poderes públicos podrán adoptar, igualmente, medidas de acción positiva".

Por lo tanto, del texto legal se deduce la existencia de un mandato al legislador para adoptar medidas no solo para la erradicación de la violencia de género sino también para superar las dificultades a las que las mujeres víctimas de violencia de género como colectivo vulnerable tienen que hacer frente, incluidas las medidas de acción positiva, siendo el ámbito laboral un campo prioritario de actuación.

En segundo lugar, es fundamental llevar a cabo formación en violencia de género para conseguir los objetivos propuestos. Así, el art. 61 fija que "La Administración General del Estado y los organismos públicos vinculados o dependientes de ella impartirán cursos de formación sobre la igualdad de trato y oportunidades entre mujeres y hombres y sobre prevención de la violencia de género, que se dirigirán a todo su personal", siendo de destacar por su finalidad la integración del principio de igualdad en la política de salud del art. 27.1 en cuyo apartado d) se indica "La integración del principio de igualdad en la formación del personal al servicio de las organizaciones sanitarias, garantizando en especial su capacidad para detectar y atender las situaciones de violencia de género". Por lo tanto, la idea clave es detectar y atender dichas situaciones. De nuevo, el ámbito laboral se convierte en un referente de este tipo de actuaciones. Ejemplo de ello son las medidas de formación de los Planes de igualdad.

Y, en tercer lugar, el art. 48, modificado por la disposición final décima de la Ley 10/2022, establece el deber de las empresas de "promover condiciones de trabajo que eviten la comisión de delitos y otras conductas contra la libertad sexual y la integridad moral en el trabajo, incidiendo especialmente en el acoso sexual y el acoso por razón de sexo, incluidos los cometidos en el ámbito digital" para lo cual podrán "establecer medidas que deberán negociarse con los representantes de los trabajadores, tales como la elaboración y difusión de códigos de buenas prácticas, la realización de campañas informativas o acciones de formación". De idéntica manera "Los representantes de los trabajadores deberán contribuir a prevenir la comisión de delitos y otras conductas contra la libertad sexual y la integridad moral en el trabajo, con especial atención al acoso sexual y el acoso por razón de sexo, incluidos los cometidos en el ámbito digital, mediante la sensibilización de los trabajadores y trabajadoras frente al mismo y la información a la dirección de la empresa de las conductas o comportamientos de que tuvieran conocimiento y que pudieran propiciarlo".

Pues bien, al igual que en el apartado de formación, dentro del contenido específico de los planes de igualdad del artículo 46.2. de la LOI se incluye la prevención del acoso sexual y por razón de sexo por lo que será necesaria establecer mecanismos de actuación, fundamentalmente a través de los Protocolos de acoso sexual y por razón de sexo.

En tercer lugar, la Ley 10/2022, de 6 de septiembre, de garantía integral de la libertad sexual[6], en su art. 12, apartado 1°, reproduce en parte el art. 48.1 de la LOI, aunque en el párrafo 2° va un paso más allá al obligar a arbitrar procedimientos específicos para su prevención y para dar cauce a las denuncias o reclamaciones de quienes hayan sido víctimas de estas conductas, incluidas las sufridas en el ámbito laboral, texto que, sin embargo, no aparece en el art. 48.1 de la LOI. En el apartado 2° de dicho precepto establece que las empresas podrán adop-

[6] Acerca de su relevancia véase: Ferreiro, Consuelo (directora, 2023). *Implicaciones jurídico-laborales sobre la garantía integral de la libertad sexual y la igualdad de trato y no discriminación. Ley Orgánica 10/2022 y 15/2022*. Aranzadi.

tar medidas negociadas con los representantes de las personas trabajadoras, como puedan ser la elaboración y difusión de códigos de buenas prácticas, la realización de campañas informativas, protocolos de actuación o acciones de formación. De dichas medidas podrán beneficiarse la totalidad de la plantilla, con independencia del tipo de contrato de trabajo usado, incluidas las personas becarias, el personal de voluntariado y las personas trabajadoras de ETT.

Finalmente, incorpora la importante previsión en materia preventiva de que las empresas tengan que incluir la violencia sexual en la valoración de los riesgos concurrentes del puesto de trabajo ocupados por trabajadoras, informando de ellos a las trabajadoras.

III. LA PROTECCIÓN DE LA TRABAJADORA VÍCTIMA DE VIOLENCIA DE GÉNERO EN EL ESTATUTO DE LOS TRABAJADORES

En primer lugar, en la actual redacción del art. 37.8 se reconocen tres derechos[7]. Por un lado, el derecho a la reducción de jornada, tanto para hacer efectiva su protección como para

---

[7] La actual y última redacción de los preceptos que se analizan a continuación es de la Ley Orgánica 2/2024, de 1 de agosto de representación paritaria y presencia equilibrada de mujeres y hombres, en concreto la Disposición Final Novena, que modifica los art. 37.8, primer párrafo; 40.4; 45.1.n); 49.1.m) y de la de la Ley Orgánica 1/2025, de 2 de enero, de medidas en materia de eficiencia del Servicio Público de Justicia para los art. 53.4.b) y 55.5.b).
Sobre el alcance de estas medidas véase: García Testal, Elena (2024). "Novedades legislativas en la protección laboral de las mujeres frente a la violencia", *Convenio 190 de la OIT sobre violencia y acoso: consecuencias de su ratificación en el ordenamiento laboral español.* Tirant lo Blanch, 147 y s y Gómez García, Francisco (2023). "La incidencia de la violencia contra la mujer en su relación laboral", *Revista de Derecho Laboral vLex,* (10), 22 y s.

garantizar su derecho a la asistencia social integral, con una reducción de su salario proporcional a la misma. Por otro, el derecho a la reordenación de su tiempo de trabajo, mediante diversas fórmulas, como son la adaptación de su horario, un horario flexible o cualquier otra forma de ordenación del tiempo de trabajo que se utilice en la empresa o centro de trabajo. Y, finalmente, el derecho a teletrabajar —o dejar de hacerlo—, de manera total o parcial, siempre que sea compatible con el puesto y funciones desempeñadas por la trabajadora.

En cuanto a su ejercicio, habrá que estar a lo establecido en la negociación colectiva, en los acuerdos entre la empresa y los representantes legales de las personas trabajadoras o por acuerdo entre la empresa y la trabajadora. En defecto de negociación o acuerdo, la concreción de su ejercicio corresponderá a las trabajadoras conforme a lo regulado para los derechos de conciliación en el art. 37.7, que remite de nuevo a los convenios colectivos y reenvían las discrepancias a lo establecido en el art. 139 de la Ley Reguladora de la Jurisdicción Social. De esta regulación cabe destacar que estos derechos están condicionados a su regulación convencional o acuerdos individuales en la empresa y, en el caso de que no sea posible, se regirán por lo dispuesto para los derechos de conciliación de la vida laboral y familiar del Estatuto de los Trabajadores. Por lo tanto, no se trata de derechos autónomos como tal.

En segundo lugar, el art. 40.4 regula la movilidad geográfica si la trabajadora víctima de violencia de género se ve obligada a abandonar su puesto de trabajo para hacer efectiva su protección o su derecho a una asistencia social integral, reconociéndole un derecho preferente a ocupar otro puesto de trabajo, del mismo grupo profesional o categoría equivalente, que la empresa tenga vacante en otros centros de trabajo, estando la misma obligada a comunicar a la trabajadora las vacantes existentes actuales o las que se produzcan en el futuro. La duración del traslado será de entre seis y doce meses con derecho a reserva del puesto de trabajo anterior. Cuando finalice dicho período, la trabajadora podrá regresar a su anterior puesto de trabajo, continuar en el nuevo o extinguir su contrato de trabajo con una indemnización de veinte días de salario con un máximo de doce mensualidades.

En tercer lugar, en el art. 45.1.n) se le reconoce el derecho a la suspensión del contrato de trabajo, según lo dispuesto en el art. 48.8[8], y en el art. 49.1.m) también el derecho a la extinción del contrato de trabajo.

Y, en cuarto lugar, el despido objetivo individual y disciplinario de la trabajadora víctima de violencia de género será declarado nulo, salvo que la calificación sea de procedencia, por el ejercicio de su derecho a la tutela judicial efectiva o por el ejercicio de los derechos reconocidos en el Estatuto de los Trabajadores para hacer efectiva su protección o el derecho a la asistencia social integral (art. 53.4.b y 55.5.b) del ET)[9].

IV. LA PROTECCIÓN EN EL RÉGIMEN GENERAL DE LA SEGURIDAD SOCIAL

En primer lugar, la LO 1/2004, en su versión consolidada de 7 de septiembre de 2022, en el art. 21, reconoce el derecho a la protección por desempleo para la suspensión y extinción del contrato de trabajo de la trabajadora víctima de violencia

---

8 En el supuesto previsto en el art. 45.1.n), el periodo de suspensión tendrá una duración inicial que no podrá exceder de seis meses, salvo que de las actuaciones de tutela judicial resultase que la efectividad del derecho de protección de la víctima requiriese la continuidad de la suspensión. En este caso, el juez podrá prorrogar la suspensión por periodos de tres meses, con un máximo de dieciocho meses.

9 Redacción actual de la disposición final vigesimosexta de la Ley Orgánica 1/2025, de 2 de enero, de medidas en materia de eficiencia del Servicio Público de Justicia.

de género. A su vez, las empresas que lleven a cabo contratos de interinidad con personas desempleadas para sustituir a este colectivo de trabajadoras que hayan tenido que suspender su contrato de trabajo o llevar a cabo una movilidad geográfica o cambio de centro de trabajo tendrán derecho a una bonificación del 100% de las cuotas empresariales a la Seguridad Social por contingencias comunes durante todo el período de suspensión de la trabajadora sustituida o durante seis meses en los supuestos de movilidad geográfica o cambio de centro de trabajo[10].

En segundo lugar, el período de suspensión del art. 48.4 del ET se reconoce como período de cotización efectiva para las prestaciones de jubilación, incapacidad permanente, muerte y supervivencia, nacimiento y cuidado de menor, desempleo y cuidado de menores afectados por cáncer u otra enfermedad grave (art. 165.5 LGSS).

En tercer lugar, ser víctima de violencia de género permite ser beneficiario/a de las prestaciones por cuidado de menores afectados por cáncer u otra enfermedad grave aunque el otro progenitor no trabaje, siempre que se cumplan el resto de requisitos de acceso a la prestación (art. 191.2)[11].

En cuarto lugar, se facilita el acceso a la jubilación anticipada por causa no imputable a la persona trabajadora (art. 207.7ª)[12].

En quinto lugar, se reconoce la pensión de viudedad para los casos de separación, divorcio o nulidad matrimonial, aun

---

10 Art. 38 de la Ley 10/2022, de 6 de septiembre.

11 Art. único 21 del RD-Ley 2/2023, de 16 de marzo, de medidas urgentes para la ampliación de los derechos de los pensionistas, la reducción de la brecha de género y el establecimiento de un nuevo marco de sostenibilidad del sistema público de pensiones.

12 Disposición final 16.2 de la Ley Orgánica 10/2022, de 6 de septiembre.

no siendo acreedoras de la pensión compensatoria, si se acredita la situación de víctima de violencia de género en el momento de la separación o divorcio o archivo de la causa de extinción de la responsabilidad penal por fallecimiento o, en defecto de sentencia, por una orden de protección dictada a su favor o informe del Ministerio (art. 220.1.3º), incluidas las parejas de hecho (art. 221.3.4º).

En sexto lugar, se impide ser beneficiario de las prestaciones por muerte o supervivencia a aquellas personas condenadas por sentencia firme por la comisión de un delito doloso de homicidio en cualquiera de sus formas, cuando la víctima fuera el sujeto causante de la prestación (art. 231.1).

Finalmente, y por lo que respecta a la situación legal de desempleo, se reconoce a las trabajadoras víctimas de género o de violencia sexual que decidan suspender su contrato de trabajo en virtud de lo establecido en el artículo 45.1.n) del ET (art. 267.1.b).2º)[13]. Para estos supuestos, la situación legal de desempleo se acreditará por comunicación escrita del empresario sobre la extinción o suspensión temporal de la relación laboral, junto con la orden de protección a favor de la víctima o, en su defecto, junto con cualquiera de los documentos a los que se refieren el artículo 23 de la LO 1/2004, de 28 de diciembre, de Medidas de Protección Integral contra la Violencia de Género, o el artículo 37 de la LO de garantía integral de la libertad sexual.

---

[13] Disposición final 16.4 de la Ley Orgánica 10/2022, de 6 de septiembre. A su vez, el art. 2.22 del RD 2/2024, de 21 de mayo regula el acceso al subsidio por desempleo por las personas víctimas de violencia de género o sexual.

V. LOS PROGRAMAS ESPECÍFICOS DE EMPLEO Y LAS MEDIDAS DE INSERCIÓN LABORAL

El RD 1917/2008, de 21 de noviembre regula las medidas para la facilitar la inserción laboral de las mujeres víctimas de violencia de género, como son la creación de un itinerario de inserción socio laboral individualizado[14]; programas específicos para el desarrollo del trabajo por cuenta ajena, así como los incentivos para poner en marcha una nueva actividad empresarial; incentivos para las empresas que contraten a mujeres víctimas de violencia de género; para facilitar la movilidad geográfica; compensar diferencias salariales y facilitar la contratación de mujeres víctimas de violencia de género y su movilidad geográfica[15].

En cuanto a las concretas medidas de actuación, en primer lugar, son un colectivo prioritario en las políticas activas de empleo llevadas a cabo por los servicios públicos de empleo, en especial en programas de orientación profesional para el empleo y el autoempleo; de colaboración para las actividades de prospección empresarial e intermediación laboral; de proyectos integrales de empleo; de programas experienciales de empleo y formación, así como otros programas públicos de

---

14 Sobre la importancia de estas medidas véase Castellano Burguillo, Emilia (2021). *La inserción sociolaboral de las víctimas de violencia de género, aspectos laborales y de protección social. Especial referencia a las mujeres doble o triplemente vulnerables.* Bomarzo y Perán Quesada, Salvador (2022). "Mujeres víctimas de violencia de género: mantenimiento del empleo e inserción sociolaboral en el contexto de la transformación tecnológica", *El empleo de los colectivos vulnerables en el marco de la transformación tecnológica: una aproximación jurídico-social.* Comares, 131 y s.

15 Véase al respectohttps://www.mites.gob.es/es/Guia/texto/guia_1/contenidos/guia_1_2_11.htm y https: //violenciagenero.igualdad.gob.es/profesionalesinvestigacion/laboral/realdecreto/, así como el art. 41 Ayudas económicas a las víctimas de violencias sexuales de la Ley 10/2022, de 6 de septiembre.

empleo-formación; de programas de inserción laboral a través de obras o servicios de interés general y social y de integración laboral de personas en riesgo o situación de exclusión social.

En segundo lugar, se podrán beneficiar de las acciones y ayudas previstas en los programas para el apoyo a la movilidad geográfica, programas para la igualdad entre hombres y mujeres, programas para el fomento del empleo autónomo y programas de apoyo a la creación y al empleo en cooperativas y sociedades laborales.

En tercer lugar, las administraciones públicas competentes podrán incrementar hasta un 10 por ciento las cuantías de las subvenciones cuando las personas destinatarias o beneficiarias de las mismas sean mujeres víctimas de violencia de género.

En cuarto lugar, si las políticas activas de empleo suponen incentivos a la contratación indefinida su cuantía será de 7.500 euros si la persona contratada es mujer víctima de violencia de género, que podrá incrementarse en 2000 euros en el supuesto de primera contratación por una persona autónoma.

En cuanto al papel de los servicios públicos de empleo deberán de informar a las mujeres víctimas de violencia de género de las medidas de políticas activas de empleo de las que pueden beneficiarse e igualmente informarán a las empresas de los incentivos a los que pueden acceder por la contratación de este colectivo. Del mismo modo, proporcionarán formación específica a los responsables de realizar funciones de orientación e información laboral a mujeres víctimas de violencia de género en las empresas.

En quinto lugar, los incentivos para las empresas que contraten indefinidamente a mujeres víctimas de violencia de género tendrán derecho a una bonificación mensual de la cuota empresarial a la Seguridad Social de 125 euros/mes (1.500 euros/año), durante cuatro años y a 50 euros/mes (600 euros/año) si el contrato es temporal durante toda su vigencia.

En sexto lugar, se regulan otra serie de incentivos como son los que facilitan la movilidad geográfica de las mujeres que tengan que trasladar su residencia habitual que incluirán los gastos de desplazamiento, de ella y de sus familiares a cargo; los gastos de transporte de mobiliario y enseres; los gastos de alojamiento y los gastos de guardería y atención a personas dependientes.

Finalmente, las mujeres cuyos contratos se han extinguido por verse obligadas a abandonar definitivamente su puesto de trabajo, tendrán derecho a incentivos para compensar la disminución salarial en el siguiente contrato que firme, sea temporal o indefinido, con una duración efectiva igual o superior a seis meses. En estos casos, podrán recibir un máximo de 500 euros al mes durante un tiempo máximo de doce meses.

VI. VALORACIÓN DE LA ACTUAL REGULACIÓN DE LA PROTECCIÓN DE LA TRABAJADORA POR CUENTA AJENA VÍCTIMA DE VIOLENCIA DE GÉNERO

El ordenamiento jurídico laboral es un espacio adecuado para adoptar medidas de apoyo a las trabajadoras víctimas de violencia de género y mitigar sus efectos en un ámbito tan relevante como es el contrato de trabajo, asegurando, en la medida de lo posible, su vida laboral activa o, en el caso de que no lo sea, el acceso a las prestaciones de seguridad social. Con ello se pretende un doble objetivo. Por un lado, garantizar su derecho a la igualdad de trato y de oportunidades y, por otro, evitar situaciones de vulnerabilidad de este colectivo de mujeres con su expulsión del mercado de trabajo. Con todo, no se puede obviar el alcance limitado de estas medidas condicionadas por su ejercicio en un entorno privado como es una empresa, como pasa con los derechos de reducción y suspensión de la relación laboral o la movilidad geográfica.

Es por ello oportuno plantearse si las medidas actuales garantizan los objetivos previstos en el ámbito laboral, más allá de la protección frente a los efectos de la violencia de género una vez que ésta se produce. Cabe recordar que se trata de remover los obstáculos que impidan la igualdad real en el contexto laboral, luchando contra todas las manifestaciones de la violencia que sufren las mujeres, más allá del acoso sexual o por razón de sexo, que sí que cuenta con una protección específica en la relación laboral.

Pues bien, la normativa actual se centra en la protección, facilitando la conciliación de la vida laboral con las medidas de protección frente a la violencia, con la reducción, suspensión o movilidad geográfica, y también se aseguran sus derechos económicos con las prestaciones de la seguridad social y los programas de empleo específicos para combatir situaciones de vulnerabilidad.

Pero también es necesario, en cumplimiento de las previsiones legales, adoptar medidas para la erradicación de los estereotipos sociales que impiden la igualdad real —que es un derecho genuino de las mujeres según reconoce la LOI—; la puesta en marcha de medidas de acción positiva; promover condiciones de trabajo libres de violencia; articular procedimientos específicos para luchar contra este tipo de violencia; la formación específica en violencia de género o incluir la violencia sexual en la valoración de los riesgos concurrentes del puesto de trabajo ocupados por mujeres. En estos aspectos, los representantes de las personas trabajadoras asumen un rol fundamental, ya que deben de contribuir a prevenir estos tipos de comportamientos.

Por lo tanto, hay que determinar y analizar si se están poniendo en marcha este segundo tipo de medidas de fomento de la igualdad en el ámbito de la empresa para combatir la violencia de género. Pues bien, del análisis de las medidas actuales es posible detectar las siguientes carencias.

1.- Los representantes de los trabajadores no tienen atribuida específicamente esta función en el Estatuto de los Trabajadores ni tampoco se indica cómo van a desarrollar su papel para prevenir estos tipos de conductas delictivas en la normativa que la aprueba.

2.- Existen importantes lagunas en la protección laboral, como que no se contemple como una situación de excedencia forzosa con derecho a reserva de puesto de trabajo del art. 46 o que sea uno de los supuestos de fuerza mayor del art. 37.9 del Estatuto de los Trabajadores.

3.- La gran ausente en esta regulación es la Ley de Prevención de Riesgos Laborales, que nada dice al respecto, a pesar de que ya exista la obligación de evaluar los riesgos de violencia sexual, incluida la violencia doméstica, lo que refuerza la necesidad de reformar ficha Ley para adecuarla riesgos actuales, ya que el acoso sexual y por razón de sexo no es la única forma de violencia contra las mujeres en el ámbito laboral.

4.- Es necesaria una referencia explícita a la violencia contra las mujeres en el texto del Estatuto de los Trabajadores, al igual que se hace con el colectivo LGTBI, adecuando el concepto de violencia y acoso por razón de género al Convenio 190 de la OIT[16].

5.- También cabe destacar la falta de concordancia normativa producto de todas las reformas legales llevadas a cabo en la materia y que no ayuda a la consecución de los objetivos previstos.

---

[16] Sobre la importancia de dicho Convenio véase Ramos Quintana, Margarita (2021). "Violencia de género y relaciones de trabajo en el marco del Convenio número 190 de la OIT", *Revista de Derecho Laboral vLex*, núm. 4, 141 y s.

Así, el art. 38.4 de la Ley 10/2022, justifica las ausencias o faltas de puntualidad al trabajo (motivo de despido disciplinario) "4. Las ausencias o faltas de puntualidad al trabajo motivadas por la situación física o psicológica derivada de las violencias sexuales se considerarán justificadas y serán remuneradas cuando así lo determinen los servicios sociales de atención o servicios de trabajadora a la empresa a la mayor brevedad" sin que conste en el Estatuto de los Trabajadores, la norma de referencia en este tema.

A su vez, el contenido del art. 39 de la Ley 10/2022, que regula los programas específicos de empleo, es más amplio —tiene dos apartados— y en cambio el art. 22 de la Ley 1/2004, que también regula los programas específicos de empleo, es más restrictivo —solo tiene un apartado—, pero su redacción actual es precisamente fruto de la Ley 10/2022. En idéntico sentido, el art. 12 de la ley 10/2022, que trata la prevención y sensibilización en el ámbito laboral para evitar la comisión de delitos y otras conductas contra la libertad sexual y la integridad moral, con especial referencia al acoso sexual y por razón de sexo, y que modificó el art. 48 de la LOI, es mucho más amplio el contenido de sus medidas que el propio art. 48 de la LOI, artículo que fue modificado por dicha norma.

6.- Finalmente, la actual redacción del art. 40. 4, último párrafo que regula las medidas de movilidad geográfica, establece que "Terminado este periodo, las personas trabajadoras podrán optar entre el regreso a su puesto de trabajo anterior o la continuidad en el nuevo, decayendo en este caso la obligación de reserva, o la extinción de su contrato, percibiendo una indemnización de veinte días de salario por año de servicio, prorrateándose por meses los periodos de tiempo inferiores a un año y con un máximo de doce mensualidades".

Pues bien, se está introduciendo un supuesto absolutamente novedoso de extinción del contrato de trabajo por voluntad unilateral de la persona trabajadora víctima de violencia de género con derecho a la indemnización prevista para la movilidad geográfica, que es de carácter objetivo por causas económicas, técnicas, organizativas y de producción de la empresa, indemnización que no existe para el supuesto de extinción de la relación laboral por la misma causa del art. 49.1.m) del Estatuto de los Trabajadores, que también es una decisión unilateral de la trabajadora víctima de violencia de género, lo que carece de sentido jurídico y, a su vez, plantea dudas sobre la actual regulación legal y su eficacia para proteger a este colectivo de mujeres, dado el coste social para la empresa.

Por ello, y a modo de conclusión de todo lo expuesto en este apartado, es necesario, por un lado, articular medidas para preservar el derecho genuino de las mujeres a la igualdad real, y, por otro, dotar de un hilo conductor a las regulaciones normativas, coordinando su contenido, dada la dispersión existente, debiendo ser el ET y la LPRL las normas de referencia en esta materia.

REFERENCIAS BIBLIOGRÁFICAS

Castellano Burguillo, E. (2021). *La inserción sociolaboral de las víctimas de violencia de género, aspectos laborales y de protección social. Especial referencia a las mujeres doble o triplemente vulnerables*, Bomarzo.

Fernández López, Mª.F. (2005). *La dimensión laboral de la violencia de género. Comentario a la Ley Orgánica 1/2004, de 28 de diciembre*, Bomarzo.

Ferreiro, C. (2023). *Implicaciones jurídico-laborales sobre la garantía integral de la libertad sexual y la igualdad de trato y no discriminación. Ley Orgánica 10/2022 y 15/2022*, Aranzadi.

García Testal, E. (2024). "Novedades legislativas en la protección laboral de las mujeres frente a la violencia", *Convenio 190 de la OIT sobre violencia y acoso: consecuencias de su ratificación en el ordenamiento laboral español*, Tirant lo Blanch, 147-178.

Gómez García, F. (2023). "La incidencia de la violencia contra la mujer en su relación laboral", *Revista de Derecho Laboral vLex,* (10), 22-31.

Perán Quesada, S. (2022). "Mujeres víctimas de violencia de género: mantenimiento del empleo e inserción sociolaboral en el contexto de la transformación tecnológica". *El empleo de los colectivos vulnerables en el marco de la transformación tecnológica: una aproximación jurídico-social,* Comares, 131-150.

Ramos Quintana, M. (2021). "Violencia de género y relaciones de trabajo en el marco del Convenio número 190 de la OIT", *Revista de Derecho Laboral vLex,* (4), 141-154.

Vallejo Dacosta, R. (2023). "La perspectiva de género en la Estrategia española de seguridad y salud en el trabajo 2023-2027: especial referencia a la intervención en la detección de la violencia doméstica en los lugares de trabajo" *IusLabor,* (2), 2023, 1-7.

Vallejo Dacosta, R. (2024). "Prevención, detección e intervención en violencia doméstica (extralaboral) en los lugares de trabajo". *Prevención de riesgos laborales y perspectiva de género,* Aranzadi, 365-398.

PARTE III
INTERVENCIÓN POLICIAL, PSICOSOCIAL Y EDUCATIVA FRENTE A LA VIOLENCIA DE GÉNERO

Violencia de género y perspectiva policial. Análisis, evolución y retos

EDUARDO SAINZ DE MURIETA GARCÍA DE GALDEANO
Comisario principal de Policía Foral de Navarra

CRISTINA ESEVERRI SOTO
Comisaria de Policía Foral de Navarra

I. INTRODUCCIÓN

La LO 1/2004, de 28 de diciembre, de Medidas de Protección Integral contra la Violencia de Género, está orientada a proteger a las víctimas no solo mediante una tutela penal, sino interviniendo también en distintos ámbitos; educativo, laboral, económico, social y también policial. En el ámbito de la seguridad, la ley promovió la creación de unidades especializadas en las FCS. Tras 20 años desde su aprobación, han sido muchas las policías que han creado unidades especializadas en la atención y protección a la mujer. Un hito importante fue la creación de VioGén una "forma de hacer policía" contra la violencia hacia la mujer, caracterizada por objetivar el riesgo y adoptar medidas específicas de protección a las mujeres en función de la evolución del mismo. Analizaremos en profundidad la contribución de la Ley a la protección de las víctimas durante estos 20 años, la gran transformación que las policías han experimentado y lo que ha supuesto para la atención y protección a las víctimas de violencia de género.

II. REFLEXIONES DESDE LA PERSPECTIVA POLICIAL

Antes de iniciar el análisis de la LO 1/2004 desde la perspectiva policial, procede realizar, como primera reflexión, una afirmación. El gran desarrollo que ha experimentado la función policial, en relación a la atención y protección de las mujeres víctimas de la violencia machista. Resulta incuestionable que, poco o nada tiene que ver, el trabajo que las policías desempeñaban antes de la aprobación de esta innovadora norma, con el servicio que se presta en la actualidad. Y ello no puede afirmarse, al menos, no con la misma rotundidad, en relación a otros ámbitos de actuación, en los que presta servicios la policía.

En sólo dos décadas, se ha pasado de un contexto en el que muy pocos funcionarios policiales comprendían y entendían el fenómeno de la violencia contra las mujeres, muy pocas organizaciones policiales trabajaban de manera especializada, generalmente con escasa formación y sistemática, con mínima coordinación entre la función policial y judicial, a otro escenario en que prácticamente ningún funcionario policial es ajeno a las causas y origen de esta lacra social y cómo realizar un tratamiento adecuado a las víctimas. Y sin lugar a dudas, la LO 1/2004 ha tenido una contribución esencial, en esta necesaria evolución.

Sin embargo y a pesar del fuerte compromiso de los profesionales que tienen responsabilidades en proteger a la sociedad respecto a todo tipo de violencia, no cabe duda que todavía queda mucho camino por recorrer. Desafortunadamente, la violencia contra la mujer, sigue estando muy presente en la cotidianeidad de las tareas policiales.

Ello, nos lleva a plantearnos las siguientes cuestiones: ¿Debemos repensar la "forma de hacer policía" contra la violencia de género? ¿Se puede contribuir más o mejor? ¿Deben reorientarse los servicios que presta la policía contra esta lacra?

Para responder a estas cuestiones, resulta necesario echar la vista atrás y conocer el camino que hemos recorrido, para finalmente ofrecer propuestas que en los próximos años puedan implementarse con el deseo de que las generaciones venideras puedan vivir en una sociedad libre de todo tipo de violencia por razón de género.

III. LOS INICIOS DE LA FUNCIÓN POLICIAL CONTRA LA VIOLENCIA DE GÉNERO

Para abordar esta materia debe partirse de las razones que llevaron al legislador a implicar a las policías a actuar contra la violencia de género, para lo que recurriremos a las primeras referencias documentadas relacionadas con la intervención de las policías en este ámbito de la seguridad.

En este sentido, debe destacarse que la preocupación de los Estados por la violencia contra las mujeres va incrementándose a lo largo de la década de los años 70, debido en gran medida a la visibilidad que las organizaciones feministas dieron al problema de la violencia contra la mujer. De este modo, surgen estudios realizados en algunos países de Europa, Canadá y Estados Unidos, reflejando por primera vez el drama que muchas mujeres vivían en el seno de sus hogares[1].

Los informes elaborados en aquellos años empezaron a cuestionar el hogar como refugio y santuario, tal y como hasta ese momento se había considerado, para concebirlo como lugar en que con frecuencia se producen actos de violencia y humillación contra mujeres, hijos e hijas, por parte de los miembros del sexo masculino. Como respuesta a esta preocupación, la

---

1 Oficina de las Naciones Unidas contra la Droga y el Delito. (2010) *Manual sobre Respuestas policiales eficaces ante la violencia contra la mujer,* 2 y s.

Asamblea General de las Naciones Unidas acordó en 1979, la Convención sobre la eliminación de todas las formas de discriminación contra la mujer.

Pero tuvo que pasar más de una década, para que en 1993, la Organización de las Naciones Unidas, mediante la Declaración sobre la Eliminación de la Violencia contra la Mujer[2] aprobara que "los Estados deben aplicar por todos los medios apropiados y sin demora una política encaminada a eliminar la violencia contra la mujer", contemplando asimismo el deber de los Estados de "adoptar medidas para que las autoridades encargadas de hacer cumplir la ley y los funcionarios que han de aplicar las políticas de prevención, investigación y castigo de la violencia contra la mujer reciban una formación que los sensibilice respecto de las necesidades de la mujer".

En este contexto, debe subrayarse que no era nada inusual en la década de los años ochenta o noventa, que mujeres víctimas de todo tipo de agresiones y vejaciones por razón de género, cuando se dirigían a las Comisarías para denunciar a sus parejas, fueran atendidas por funcionarios de policía que, desconocedores del fenómeno de la violencia, no solo no recogieran la oportuna denuncia que diera inicio al procedimiento penal, sino que, a pesar de las evidentes lesiones presentadas, les invitaran a "regresar a casa y hacer las paces con sus maridos". Así lo describen agentes de policía que en aquellos años atendieron a las primeras mujeres que reclamaban "protección", por las brutales agresiones recibidas.

No obstante, empezaron a surgir en los distintos cuerpos de policía agentes que, por su propia iniciativa, con mucha voluntad y sensibilidad hacia la mujer víctima de maltrato, fueron progresivamente profesionalizando esta función, facilitando

---

2 Oficina de Alto Comisionado de las Naciones Unidas (1993). *Declaración sobre la eliminación de la violencia contra la mujer,* 2 y s.

una atención integral y personalizada, sin contar apenas con formación, ni con los medios necesarios, ni procedimientos de trabajo previamente establecidos.

En 1995, la Cuarta Conferencia Mundial sobre la Mujer, celebrada en Beijing, supuso un importante punto de inflexión para la agenda mundial de igualdad, considerando la violencia contra la mujer como "un obstáculo para el logro del objetivo de la igualdad, el desarrollo y la paz.

Años más tarde, el legislador español, en la propia Exposición de Motivos de la LO 1/2004, ya hizo referencia a que la violencia de género "constituye uno de los ataques más flagrantes a derechos fundamentales como la libertad, la igualdad, la vida, la seguridad y la no discriminación proclamados en nuestra Constitución". Y es que, hoy en día, puede afirmarse con rotundidad que la violencia de género constituye la manifestación violenta de la desigualdad entre hombres y mujeres, socava los derechos humanos de las mujeres y constituye una forma de discriminación[3].

Todo ello, en conexión con la misión que el art. 104 de la CE encomienda a las FCS de "proteger el libre ejercicio de los derechos y libertades y garantizar la seguridad ciudadana", justifica la necesaria implicación y compromiso, de actuar para la defensa de un tipo de violencia, "la violencia de género" por constituir un grave ataque a los derechos fundamentales de la persona.

Otro importante hito, respecto al papel que deben jugar las FCS contra la violencia hacia la mujer, lo constituyó el Convenio del Consejo de Europa sobre prevención y lucha contra la violencia contra la mujer y la violencia doméstica (Convenio de Estambul, 2011). Entre los objetivos del Convenio, se

---

3 San Segundo Manuel, T. (2020) *A vueltas con la Violencia. Una aproximación multidisciplinar a la violencia de género, segunda edición*, 172.

recogió "apoyar y ayudar a las organizaciones y las FCS para cooperar de manera eficaz para adoptar un enfoque integrado con vistas a eliminar la violencia contra la mujer y la violencia doméstica." A lo largo del texto del Convenio se hizo referencia al importante papel que las FCS tienen que desempeñar, centrando su contribución en "una respuesta rápida y eficaz a todas las formas de violencia" y en la "adopción de forma rápida y adecuada de medidas de prevención y protección frente a todas las formas de violencia, incluidas las medidas operativas preventivas y la recogida de pruebas". El mismo documento atribuyó un papel relevante al valor "protección", exigiendo como una de las obligaciones que los estados firmantes debían adoptar medidas legislativas u otras necesarias para evitar a las víctimas cualquier nuevo acto de violencia[4].

IV. LAS FCS EN LA LO 1/2004

La LO 1/2004 contempló únicamente un artículo, el 31, ubicado en su Título III referido a la Tutela Institucional, para delimitar los cometidos que las FCS debían desempeñar ante la violencia de género. Llama la atención la ubicación sistemática que el legislador contempló para recoger lo relativo al papel que las policías debían realizar. Se integra junto a la previsión de nuevos órganos institucionales que la Administración del Estado debía crear *ex novo,* tales como la Delegación del Gobierno contra la Violencia de Género y el Observatorio Estatal de Violencia sobre la Mujer. Bajo mi punto de vista, hubiera sido más adecuada, una ubicación en el Capítulo I del Título II, contemplándose como uno de los derechos de las mujeres

---

4 Instrumento de ratificación del Convenio del Consejo de Europa sobre prevención y lucha contra la violencia contra la mujer y la violencia doméstica, hecho en Estambul el 11 de mayo de 2011. Art. 1, 18 y 50.

víctimas de violencia de género; el derecho a una atención policial especializada y a una protección integral acorde al nivel de riesgo existente.

No obstante, en el art. 31, se sientan las bases de lo que en ese momento se consideró que debía de ser el rol de las FCS contra la violencia de género. El primero de los apartados se refirió a la necesidad de crear unidades especializadas dentro de las FCS, orientadas hacia la prevención así como al control de la ejecución de las medidas judiciales; el segundo, a la necesaria cooperación de las Policías Locales; el tercero a la cooperación entre FCS y Órganos Judiciales y el cuarto a la necesaria implicación, para una mayor efectividad, de las Comunidades Autónomas que disponían de cuerpos de policía que desarrollaban funciones de protección de las personas y bienes y el mantenimiento del orden y la seguridad ciudadana.

1. La especialización en las FCS

La llamada a la especialización mediante la creación de unidades centradas en la prevención de la violencia de género en las FCS fue, sin lugar a dudas, un gran acierto a la vista de la complejidad y gravedad que supone este tipo de violencia.

El primer apartado del art. 31 de la LO 1/2004 dispuso lo siguiente: "El Gobierno establecerá, en las Fuerzas y Cuerpos de Seguridad del Estado, unidades especializadas en la prevención de la violencia de género y en el control de la ejecución de las medidas judiciales adoptadas".

Debido a que es una violencia ejercida con ocasión de las relaciones de afectividad, la violencia de género tiene características especiales, que obliga a un buen conocimiento del denominado "ciclo de la violencia" y sus diferentes fases, reconociendo las señales propias de este tipo de violencia, sin que pasen desapercibidas. Este conocimiento ayuda a que, en múltiples ocasiones, mujeres víctimas de violencia puedan reconocerse en el mismo. Esta llamada a la especialización resultó uno de los grandes aciertos de la Ley.

La violencia de género requiere funcionarios que, tras los procesos de selección adecuados, dispongan de las habilidades personales para interactuar con las víctimas en un momento tan crítico en su vida como es la ruptura con el silencio, silencio en el que han vivido durante gran parte de sus vidas. Resulta imprescindible empatizar con esta situación. Por ello, funcionarios capaces de prestar una escucha activa, empática, que permita a la víctima apreciar un entendimiento y comprensión por la situación que ha vivido, que permita recabar todas aquellas informaciones que puedan resultar de interés por su relevancia penal, podrá ser realizado, en la medida en que el personal que realiza estas funciones, sea personal especialmente preparado y formado para ello.

Del mismo modo, es necesario que este personal conozca perfectamente todos los recursos asistenciales disponibles para las víctimas de violencia de género (centros de salud, servicios sociales, oficinas de atención a víctimas, recursos de acogida de urgencia. servicios que pueden facilitar un acceso a empleo o vivienda…). Con ellos, la policía debe trabajar coordinadamente para atender las necesidades más elementales que, de manera habitual, las víctimas, sus hijos e hijas se pueden encontrar.

Asimismo, resulta necesario comprender que la víctima necesita su tiempo para tomar de manera sosegada sus propias decisiones, sin presiones ni persuasiones, decisiones que van a suponer cambios importantes en su vida[5]. En este sentido, las primeras referencias existentes sobre unidades policiales

---

[5] San Segundo Manuel, T. (2020) *A vueltas con la Violencia. Una aproximación multidisciplinar a la violencia de género*, 261.

orientadas de manera especializada hacia la atención y protección a la mujer en España, las podemos encontrar en el Cuerpo Nacional de Policía.

Es en 1986 cuando se crean las primeras unidades del SAM en Madrid y Barcelona, constituyéndose la primera unidad especializada para atender los delitos específicos contra las mujeres. De forma simultánea se crean los GRUME, con funciones de protección a menores víctimas de todo tipo de maltrato.

En 1994 la Guardia Civil creó los EMUME, encuadrados en las Unidades Orgánicas de Policía Judicial. Estos equipos se especializaron desde su inicio, mediante la formación adecuada, en hechos delictivos en los que se encuentran implicados mujeres y menores, tanto en calidad de víctimas como de autores. De esta manera se inició la especialización de la policía ante la violencia de género.

2. La necesaria contribución de las Policías Locales

Una contribución que a todas luces puede valorarse como esencial, ha sido la de las Policías Locales. En este sentido, el segundo apartado del art. 31 dispuso que:

> "El Gobierno, con el fin de hacer más efectiva la protección de las víctimas, promoverá las actuaciones necesarias para que las Policías Locales, en el marco de su colaboración con las Fuerzas y Cuerpos de Seguridad del Estado, cooperen en asegurar el cumplimiento de las medidas acordadas por los órganos judiciales cuando éstas sean algunas de las previstas en la presente Ley o en el art. 544 bis de la Ley de Enjuiciamiento Criminal o en el art. 57 del Código Penal".

La previsión de implicar a las policías que, por la propia naturaleza de las atribuciones que tienen encomendadas por la LOFCSE, son las más cercanas a la realidad vivencial de las víctimas no pudo ser más acertada. Conocen a los agresores, a las víctimas, sus hijos e hijas, sus contextos familiares, vecinales y laborales. La contribución que durante estos veinte años han realizado los agentes de Policía Local ha sido fundamental para la atención, prevención y protección de las víctimas de violencia de género, en coordinación con las FCSE y de las Comunidades Autónomas.

En estos veinte años han sido 782 los cuerpos de policía local de todo el Estado que se han adherido al "Protocolo de Colaboración y Coordinación entre las FCSE y los Cuerpos de Policía Local para la Protección de las Víctimas de Violencia Doméstica y de Género" de la Federación Española de Municipios y Provincias aprobado en 2006 y que progresivamente se han incorporado al Sistema VioGén del Ministerio del Interior. Sin duda, es una cifra que se incrementará en los próximos años, a la vista de la gran aportación de las policías locales hacia este tipo de violencia. Este protocolo contiene aspectos relativos a los criterios generales de colaboración, los órganos de coordinación, los criterios de participación de la Policía Local, criterios de comunicación entre las FCS, así como cuestiones relativas al seguimiento en la implantación del protocolo[6].

El acceso a VioGén por parte de las Policías Locales posibilita no solo un acceso a toda la información disponible de cada "caso", para que las policías locales puedan ejercer las funciones de seguimiento y protección a las víctimas de violencia de género que sean asignadas por las FCS, sino también la posibilidad de que puedan realizar valoraciones policiales de evolución del riesgo, en base a los criterios que permiten objetivar el riesgo de la situación y por tanto las medidas de protección más adecuadas.

---

6 FEMP. (2006). "Protocolo de Colaboración y Coordinación entre las FCSE y los Cuerpos de Policía Local para la Protección de las Víctimas de Violencia Doméstica y de Género", 1 y s.

Son numerosas las policías locales que desde 2007, asumieron funciones en atención y protección a la mujer. Así entre otras, tenemos, la Unidad de Apoyo y Protección a la Mujer de la Policía Municipal de Madrid, el Servicio de Atención a la Víctima de la Guardia Urbana de Barcelona, el Grupo de Atención al Maltrato de la Policía Local de Valencia, el Grupo Diana de la Policía Local de Sevilla, la Unidad de Protección y Asistencia Social de la Policía Municipal de Pamplona, la Unidad Mujer, Menores, Mayores de la Policía Local de Salamanca, la Sección de violencia intrafamiliar y machista de la Policía Local de Vitoria-Gasteiz, el Grupo Luna de la Policía Local de Alcobendas o la Unidad de Atención a la Familia y Mujer de la Policía Local de Bilbao y un largo número de unidades especializadas que vienen desarrollando una labor encomiable en la atención, acompañamiento y protección a las mujeres, hijos e hijas.

3. La contribución de las Policías Autonómicas

Finalmente, el último apartado del art. 31, dispuso lo siguiente: "4. Lo dispuesto en el presente artículo será de aplicación en las Comunidades Autónomas que cuenten con cuerpos de policía que desarrollen las funciones de protección de las personas y bienes y el mantenimiento del orden y la seguridad ciudadana dentro del territorio autónomo, en los términos previstos en sus Estatutos, en la Ley Orgánica 2/1986, de 13 de marzo, de Fuerzas y Cuerpos de Seguridad, y en sus leyes de policía, y todo ello con la finalidad de hacer más efectiva la protección de las víctimas".

También las policías autonómicas han desarrollado un importante papel en esta materia. En el caso de la Comunidad Foral de la Navarra, las primeras atenciones prestadas se iniciaron en 1997, para atender la demanda de una atención especializada a las mujeres víctimas de todos los tipos de violencia, como la trata con fines de explotación sexual, la violencia de género o las agresiones sexuales. Con el paso de los años y como consecuencia de la restructuración organizativa que se llevó a cabo en 2004, se creó la Brigada Asistencial, unidad compuesta por personal orientado de manera exclusiva a funciones policiales sobre violencia contra la mujer, lo que permitió aportar un especial valor a las necesidades de la mujer maltratada.

En Cataluña, el cuerpo de Mossos d'Esquadra impulsó en mayo de 1998 el primer Grupo de Violencia Doméstica en la Región Policial de Girona para dar un trato específico a los delitos relacionados con la violencia de género. Este grupo se creó a raíz de un homicidio por violencia de género en el municipio de Susqueda; la investigación determinó que habían sucedido episodios de violencia sin denuncia. Posteriormente, coincidiendo con el despliegue de los Mossos d'Esquadra en Cataluña, en cada comisaria se incorporó un Grupo de Atención a las Víctimas, conocidos como GAV. Los GAV son los grupos de la Policía de la Generalitat-Mossos d'Esquadra con formación específica, que realizan acciones de prevención, detección, atención, seguimiento y protección policiales a víctimas de violencias machistas, violencia doméstica y de hechos motivados por el odio y la discriminación.

En el País Vasco, la Ertzaintza, desde el año 2000, tiene pautados procedimientos internos relacionados con las actuaciones policiales de actuación en esta materia. Ello evidencia que con anterioridad a su aprobación hubo en el seno de la policía vasca especial sensibilidad sobre la violencia que sufrían las mujeres, orientando sus servicios a prestar una protección activa a todas las víctimas conocidas. Innovadoras fueron las iniciativas de este cuerpo en 2005 de implantar un sistema de trabajo que contemplara todas las actuaciones derivadas de los casos de violencia doméstica y violencia de género, así como la utilización de la Escala de Predicción del Riesgo de Violencia Grave contra la pareja.

Por último, indicar que en el art. 32 de la LO 1/2004 se hace referencia a los denominados *Planes de Colaboración*. Así se prevé que "*los poderes públicos elaborarán planes de colaboración que garanticen la ordenación de sus actuaciones en la prevención, asistencia y persecución de los actos de violencia de género, que deberán implicar a las administraciones sanitarias, la Administración de Justicia, las Fuerzas y Cuerpos de Seguridad y los servicios sociales y organismos de igualdad.*

Han sido diversos los instrumentos que las Administraciones han promovido para dar respuesta a lo previsto en esta disposición. El legislador quiso recoger expresamente, a la vista de su carácter multidisciplinar, la necesidad de articular mecanismos de coordinación que posibilitaran la ordenación de las medidas que en lo sucesivo debían adoptar los distintos ámbitos de la Administración implicados (Sanitaria, Justicia, FCS, Servicios Sociales y organismos de Igualdad). A modo de ejemplo, en la Comunidad Foral de Navarra y tras la aprobación de la LO 1/2004 se constituyó en 2010 el Acuerdo interinstitucional para la coordinación efectiva en la atención y prevención de la violencia contra las mujeres. Este acuerdo tenía como objeto lograr la máxima y mejor coordinación entre las instituciones implicadas en la prevención de la violencia contra las mujeres y la asistencia a las víctimas derivadas de ella estableciendo pautas de actuación homogéneas que garanticen la atención de calidad en los ámbitos sanitario, policial, judicial y social, así como una labor preventiva a través de medidas educativas y de sensibilización.

4. 2004-2024. Evolución de la función policial ante la Violencia de Género

Como se ha mencionado anteriormente, la participación de la policía contra la Violencia de Género ha experimentado una gran evolución durante estos veinte años de vigencia de la LO 1/2004. Ello ha sido posible, en gran medida, merced a una constante labor de análisis, de revisión y evaluación del rol de la policía, coordinado eficazmente por la Dirección General de Coordinación y Estudios de la Secretaría de Estado de Seguridad.

Un primer avance hacia la sistematización de la operativa policial fue la aprobación de la Instrucción 10/2007 de la Secretaría de Estado de Seguridad sobre el Protocolo para la Valoración Policial del Riesgo de violencia contra la Mujer. Desde entonces, el Ministerio del Interior asumió a través de Instrucciones, la forma de "hacer policía" contra la violencia de género, desarrollando una sistemática que permitiera la recogida centralizada de información en una base de datos (VioGén), proporcionando mediante una herramienta predictiva, la valoración del riesgo de cada víctima a la vez que identificaba las medidas obligatorias y complementarias de protección. De esta forma se unificaba el tratamiento que debía darse a cada situación, garantizando una respuesta eficaz. VioGén es una aplicación informática que en la actualidad es utilizada por las FCS, la Policía Foral de Navarra, las Policías Locales que suscriban el Convenio de adhesión, Instituciones Penitenciarias, Juzgados, Institutos de Medicina Legal y Ciencias Forenses, Oficinas de Asistencia a las Víctimas, Servicios Sociales, Fiscalías, Unidades de Violencia de las Delegaciones y Subdelegaciones del Gobierno y Organismos de Igualdad de las diferentes Comunidades Autónomas. A lo largo de estos veinte años, se han ido publicando distintas Instrucciones con el fin de dar respuestas cada vez más precisas en base al conocimiento y experiencia que se ha ido adquiriendo.

Mediante la Instrucción 10/2007 de 10 de julio se aprobó el primer "protocolo para la valoración policial del nivel de riesgo de violencia sobre la mujer", orientando la actividad policial a determinar los concretos factores de víctima y agresor que permitan concretar el nivel de riesgo de violencia. Así se recogieron herramientas y formularios que guiaron la valoración inicial del riesgo, así como la valoración policial de la evolución del riesgo, estableciendo la periodicidad de las valoraciones, los niveles de riesgo y las medidas policiales de protección que debían adoptarse.

Sólo unos meses más tarde, en octubre de 2007, se llevó a cabo la modificación de la Instrucción 10/2007, afectando a los plazos en que debían llevarse a cabo las valoraciones periódicas de riesgo (siete días en caso de Nivel Alto, treinta días en caso de Nivel Medio y sesenta días en caso de Nivel Bajo) y a las necesarias comunicaciones que la policía debía llevar a cabo a las autoridades judiciales competentes, sobre los niveles de riesgo obtenidos.

Al año siguiente, en 2008 se dictó la Instrucción 5/2008, que incorporó como novedad una nueva gradación del nivel de riesgo (riesgo extremo) adaptando las medidas policiales de protección a la nueva escala de riesgo. Así los niveles de riesgo se clasificaron en cuatro niveles (extremo, alto, medio y bajo) en lugar de las tres iniciales (alto, medio y bajo). Se contempló asimismo que en caso de discrepancia entre las medidas de protección policial acordadas por el órgano judicial y las que resulten de la valoración de riesgo policial, se aplicarían siempre las acordadas por el órgano judicial, informando de inmediato a la autoridad judicial para que acordara lo que procediera. En definitiva, se perfecciona el sistema, a la vista de la experiencia acumulada durante el primer año de funcionamiento.

Años más tarde, la Secretaría de Estado de Seguridad aprobó la Instrucción 7/2016, que incorporó los planes personalizados de autoprotección, en función del nivel de riesgo estimado, tanto para las mujeres como para los menores a su cargo.

Para finales de 2017 se habían elaborado un total de 76.395 planes de seguridad personalizados[7].

Finalmente, la Instrucción 4/2019 supuso una mejora considerable del sistema de valoración del riesgo, incrementándose la vigilancia sobre casos cuyas características puedan advertir un agravamiento en la evolución de la violencia de tal forma que se puedan evitar situaciones extremas, homicidios, bien porque la víctima pueda encontrarse en situación de especial relevancia o vulnerabilidad o bien por la mayor resistencia a salir del círculo de violencia. Además, se contemplan fórmulas adicionales a la denuncia de la víctima, como es la información aportada por testigos, familiares, vecinos, informes técnicos, etc. que permitirá mejorar la calidad de la valoración policial del riesgo. Con dicha mejora, el factor de predictibilidad de episodios de violencia grave ha progresado con respecto a los estudios sobre la eficacia predictiva. Igualmente, la relación de las FCS con los órganos judiciales se ha hecho más fluida obligando a trasladar toda la información, significada en las declaraciones recogidas sobre la situación de la víctima y los menores a su cargo, sobre su agresor y sobre las circunstancias que pueden influir negativamente en su caso en concreto.

V. CARACTERÍSTICAS ACTUALES DEL SERVICIO DE LAS POLICÍAS ANTE LA VIOLENCIA DE GÉNERO

En la actualidad, nadie duda del compromiso de todas las FCS en la erradicación de la violencia contra la mujer. Como se ha comentado anteriormente, durante los últimos 20 años

---

7 González Álvarez, JL./ López Ossorio JJ./Muñoz Rivas, M. (2018). *La valoración policial del riesgo de violencia contra la mujer pareja en España – Sistema VioGén*. Ministerio del Interior, 69.

los distintos cuerpos policiales han creado unidades especializadas en la prevención de la violencia de género, cuestión a todas luces necesaria. Debe destacarse que hoy en día, todas las organizaciones policiales tienen como prioridad la mejora continua en esta materia, al objeto de ofrecer una atención de calidad y una protección efectiva a las víctimas y sus hijas e hijos. Ante este propósito, la Dirección General de Coordinación y Estudios de la Secretaría de Estado de Seguridad, ejerce un papel esencial en la mejora de la actuación policial y coordinación institucional, publicando periódicamente instrucciones y protocolos de actuación basados en la experiencia acumulada, y en el rigor científico.

En la actualidad, la intervención policial en un caso de violencia de género puede diferenciarse en distintas fases que se van sucediendo a lo largo del tiempo. En primer lugar, una atención especializada y de calidad a la víctima, en segunda instancia la instrucción del atestado, la valoración del riesgo y gestión de la seguridad y, en último lugar, el seguimiento del caso y la evaluación del riesgo nuevamente.

Cuando se tiene conocimiento de un delito de violencia de género y una vez garantizada la seguridad de la víctima, la prioridad es ofrecer a la víctima una atención especializada. En ese primer momento, la víctima necesita que se le escuche, se le comprenda y se le ofrezca información y asesoramiento. Asimismo, se le ofrece la posibilidad de interponer denuncia y solicitar una orden de protección que tendrá que ser valorada por la autoridad judicial competente en relación a las circunstancias específica de cada situación.

La recepción de la denuncia en este tipo de delitos es una parte importante del proceso y presenta diferencias significativas con respecto al resto de tipologías delictivas. Éste es un momento de gran dificultad para la víctima, por el especial impacto que las situaciones de violencia generan en la mujer y lo complicado que resulta desnudarse emocionalmente ante un desconocido, exponer su intimidad y sus sentimientos más profundos[8]. Por este motivo es esencial que los profesionales tengan un perfil especializado y definido, con una especial sensibilidad, empatía y habilidades de comunicación.

Durante la interposición de la denuncia, la víctima tiene derecho a recibir asistencia jurídica especializada y, en algunas Comunidades Autónomas, podrá ser atendida por un psicólogo especializado en la atención a mujeres víctimas de violencia. La presencia de estos profesionales supone un gran apoyo para la víctima, no sólo en el momento de la interposición de la denuncia sino durante todo el procedimiento penal y su proceso de recuperación.

En todo caso, una vez formalizada la denuncia o conocida la situación de violencia, se debe realizar una valoración policial del riesgo (VPR), al objeto de evaluar el riesgo de que se produzca una nueva agresión contra la víctima y, en consecuencia, adoptar las medias de protección oportunas.

Las valoraciones del riesgo se realizan empleando formularios normalizados aprobados al efecto por la Secretaría de Estado de Seguridad y disponibles en el Sistema VioGén, los cuales están basados en estudios científicos. Los agentes intervinientes deben recabar información sobre los indicadores de violencia (factores de violencia actual y pasada, relación víctima-agresor, circunstancias de todo tipo referidas al agresor y entorno, circunstancias personales de la víctima y otros indicadores de riesgo) y, en base a esta información, es el propio sistema el que asigna, de forma automática, uno de los siguientes niveles de riesgo: "Extremo", "Alto", "Medio", "Bajo" y "No Apreciado". Es

---

8 Garrido Antón, M.J.(2011). *Guía Básica Primeros Auxilios Psicológicos en Violencia de Género*, 36.

necesario que esta primera valoración se cumplimente de forma rigurosa y proactiva por policías especializados.

Cada uno de los niveles de riesgo llevará aparejadas medidas policiales para la protección y seguridad de las víctimas y menores a su cargo, que serán de aplicación obligatoria e inmediata, siempre de forma individual y personalizada[9].

En la tabla que se presenta a continuación (Tabla 1) se detallan las distintas medidas a aplicar según el nivel de riesgo, que contemplan actuaciones en relación a víctima y agresor. Cada nivel de riesgo conllevará, además de sus medidas de protección específicas y obligatorias, la aplicación de las previstas para los niveles anteriores y podrá ser implementada cualquier otra medida que a juicio de la unidad policial de referencia sea susceptible de aplicación. Como se puede observar, en caso de que el riesgo sea extremo, se exige que la protección policial sobre la víctima sea permanente (24 horas del día).

---

[9] Instrucción 4/2019, de la Secretaria de Estado de Seguridad. Nuevo protocolo para la valoración policial del riesgo de violencia de género (LO 1/2004), la gestión de la seguridad de las víctimas y seguimiento de los casos a través del sistema de seguimiento integral de los casos de violencia de género (Sistema VioGén),10.

Tabla 1. Medidas policiales de protección a adoptar para cada nivel de riesgo[10]

	VÍCTIMA	AGRESOR
BAJO	• Contactos telefónicos y/o personales (discretos).	
MEDIO	• Entrevista personal • Control ocasional de domicilio, lugar de trabajo y centros escolares hijos/as.	• Instar a Fiscalía el seguimiento obligatorio a través de dispositivo telemático de control. • Control ocasional en domicilio, lugar de trabajo u otros. • Comunicación /entrevista en permisos-salidas penitenciarias y contrastar información sobre datos contacto.
ALTO	• Control frecuente y aleatorio del domicilio, lugar de trabajo y centros escolares hijos/as (si procede) y contactos personas de su entorno.	• Control aleatorio de los movimientos del agresor y contactos esporádicos con personas de su entorno.
EXTREMO	• Protección permanente. • Vigilancia centros escolares de hijos/as (si procede).	• Control intensivo de sus movimientos.
En todos los casos	• Información y asesoramiento sobre medidas autoprotección y oficinas de atención a víctimas. • Se facilita teléfono contacto permanente • Traslado a centro de acogida, si procede	• Comunicación de que su caso se encuentra sometido a control/ protección policial y, en su caso, medidas judiciales • Armas: Retirar armas y licencia • En su caso, acompañamiento a retirar efectos al domicilio víctima

10 Instrucción 4/2019, de la Secretaria de Estado de Seguridad. Nuevo protocolo para la valoración policial del riesgo de violencia de género (LO 1/2004), la gestión de la seguridad de las víctimas y seguimiento de los casos a través del sistema de seguimiento integral de los casos de violencia de género (Sistema VioGén). Anexo 1.

	• Especial atención a resoluciones judiciales que puedan afectar a su seguridad. Acompañamiento si se considera que hay riesgo.	• Control de salidas penitenciarias • Comprobación periódica del cumplimiento de medidas judiciales de protección

Elaboración propia.

Este nivel de riesgo debe ser revaluado periódicamente (en función del nivel) y de manera especial, cuando se modifiquen las circunstancias inicialmente valoradas o se tenga conocimiento de nuevos hechos. Las Valoraciones Policiales de la Evolución del Riesgo se denominan VPER. Estas funciones de seguimiento del caso las desempeñan agentes especializados, denominados "agentes protectores", quienes mantienen entrevistas y contactos con las mujeres protegidas con la finalidad de ofrecer un eficaz servicio de protección.

Otras funciones relevantes que desempeñan los agentes protectores son:

- Controlar y detectar posibles situaciones de riesgo.
- Asesorar, auxiliar y acompañar, en su caso, a la víctima con ocasión de la tramitación de los correspondientes procedimientos policiales y judiciales.
- Servir de enlace entre la víctima y los servicios asistenciales de atención a la mujer.
- Informar sobre el "Plan Personalizado de Seguridad" (PSP) que contempla medidas de autoprotección para la víctima.

Para mejorar la calidad de las valoraciones de riesgo y, en consecuencia, adoptar medidas policiales de protección que resulten adecuadas y efectivas, es necesario recabar información de interés, indicadores o factores de riesgo de distintas fuentes (autor, víctima, testigos, entorno...), que permita tener un mejor conocimiento de la situación de violencia sufrida por la víctima.

En este aspecto, es relevante la reciente implantación de la Instrucción 5/2021 de la Secretaría de Estado de Seguridad, por la que se establece el protocolo de primer contacto policial con víctimas de violencia de género (Protocolo Cero), que establece unas pautas de actuación para el primer contacto policial con víctimas que presentan dificultades para interponer denuncia. El objetivo de este nuevo protocolo es identificar indicadores de violencia en el lugar de los hechos de un delito de violencia de género, para así incrementar la calidad de las valoraciones de riesgo sin la declaración de la víctima y, por tanto, activar los protocolos de protección adecuados.

Cabe destacar que, en caso de no contar con la denuncia de la víctima, se procederá igualmente de oficio, llevando a cabo las mismas actuaciones o diligencias, así como la correspondiente valoración policial del nivel de riesgo. En todo caso, se instruirán diligencias y se remitirán a los juzgados especializados de violencia contra la mujer y Ministerio Fiscal.

En aras a mejorar la atención a la víctima, los cuerpos policiales han adecuado las dependencias y estancias físicas en las que se presta atención a las mujeres y menores de edad, diseñando espacios físicos individualizados y adaptados a las necesidades particulares de cada situación, garantizando la confidencialidad, intimidad y separación de víctima y agresor, a fin de evitar una posible victimización secundaria.

Un elemento esencial para la mejora en la atención y protección policial es la formación y capacitación de todos los policías intervinientes. Hoy en día, todos los cuerpos policiales incluyen en sus programas de formación, acciones en materia de violencia contra las mujeres y capacitación específica y permanente en prevención, asistencia y protección de las mujeres que sufren violencia. Los cursos de formación, tanto inicial como continua, no sólo están dirigidos a las unidades especializadas, sino también a todos los policías que puedan tener relación con mujeres víctimas.

Del mismo modo, cada cuerpo policial ha establecido protocolos de actuación policial ante los casos de violencia de género, de obligado cumplimiento para el personal policial, lo que garantiza una mejora en la calidad de la intervención.

En definitiva, en la actualidad, los distintos cuerpos policiales están firmemente comprometidos en contribuir de manera proactiva a la eliminación de la violencia contra las mujeres, mediante una asistencia especializada y en coordinación con otros organismos, instituciones y recursos implicados.

VI. COORDINACIÓN ÓRGANOS JUDICIALES Y FCS

El legislador hizo referencia en el apartado tercero, del art. 31, de manera expresa al necesario protocolo de actuación, que debía servir de referencia para la actuación de las FCS y los órganos judiciales. Concretamente dispuso la LO 1/2004 que "la actuación de las Fuerzas y Cuerpos de Seguridad habrá de tener en cuenta el Protocolo de Actuación de las FCS y de Coordinación con los Órganos Judiciales para la protección de la violencia doméstica y de género".

La necesidad de coordinar las actuaciones de los órganos judiciales y policías se materializó mediante la aprobación, en septiembre de 2004 por la Comisión Nacional de Coordinación de la Policía Judicial, del "Protocolo de actuación de las FCS y de coordinación con los Órganos Judiciales para la protección de las víctimas de violencia doméstica y de género", protocolo que ha estado vigente con su redacción inicial hasta enero de 2024, fecha en que fue objeto de actualización.

Este protocolo constituyó un instrumento de especial referencia para la mejora de las actuaciones que debían llevarse a cabo por parte de las policías y órganos judiciales (diligencias de investigación, denuncia, contenidos mínimos de la denuncia y atestados policiales, control y seguimiento de las medidas judiciales de protección, detención, actuaciones ante incumplimientos de las medidas de alejamiento, acceso al Registro Central para la Protección de las Víctimas de la Violencia Doméstica...). Este protocolo, a la vista de la experiencia acumulada durante casi dos décadas, ha sido objeto de actualización en 2024 por la Comisión Nacional de Coordinación en Policía Judicial. En esa revisión, trabajaron un grupo de expertos designados por los vocales del Comité Técnico de la Comisión Nacional de Coordinación de Policía Judicial. Ello ha permitido disponer de un documento plenamente actualizado que unifica las actuaciones que las FCS y los diferentes órganos judiciales implicados deben llevar a cabo.

VII. LA UE Y EL PAPEL DE LA POLICÍA EN LA LUCHA CONTRA LA VIOLENCIA CONTRA LAS MUJERES. LA PROTECCIÓN POLICIAL A LAS VÍCTIMAS DE VIOLENCIA DE GÉNERO EN OTROS PAÍSES

La UE, veinte años después de que el Estado español aprobara la LO 1/2004, ha promulgado la Directiva 2024/1385 del Parlamento Europeo y del Consejo de 14 de mayo de 2024, un instrumento normativo crucial para el futuro de las políticas contra la violencia hacia la mujer. Su articulado se centra en la prevención y en los derechos de las víctimas, proporcionando las medidas que deben adoptar los estados miembros para combatir eficazmente la violencia contra las mujeres y la violencia doméstica. En ella se abordan ámbitos tales como la definición de los delitos y las sanciones correspondientes, la protección de las víctimas y el acceso a la justicia, el apoyo a las víctimas, la mejora de la recogida de datos, la coordinación y la cooperación.

Con la aprobación de esta Directiva se delimitan los objetivos que todos los países miembros de la Unión Europea deben cumplir, debiendo adoptar las iniciativas legislativas correspondientes para lograrlos. El plazo de transposición previsto en la Directiva es del 14 de junio de 2027, por lo que en los próximos dos años, si todos los Estados cumplen con los plazos establecidos, seremos testigos de la entrada en vigor de disposiciones legales en los países miembros de la UE, integrando las previsiones recogidas en la misma.

Una de las novedades contempladas por la Directiva es la previsión de elaborar planes de acción nacionales para prevenir y combatir la violencia contra las mujeres y la violencia doméstica[11]. Para el 14 de junio de 2029, los Estados miembros de la UE deberán disponer de planes aprobados que podrán incluir objetivos y prioridades, acciones y los recursos necesarios, así como posibles mecanismos de seguimiento. Por otro lado, se establece el plazo del 14 de junio de 2032 para llevar a cabo una evaluación de lo previsto en la Directiva, al objeto de elaborar un informe sobre la situación de la violencia contra la mujer en esa fecha.

Esta Directiva además de recoger definiciones consensuadas de violencia contra las mujeres y violencia doméstica, refuerza e introduce determinadas medidas en distintos ámbitos. En lo que respecta al papel de la policía, la Directiva subraya la necesidad de evaluar el riesgo al que están expuestas las víctimas de manera periódica para garantizar las necesidades de protección y apoyo a la víctima. Sobre esta cuestión, como ya se ha comentado anteriormente, el Estado español dispone de una dilatada experiencia, que a buen seguro servirá de referencia para otros países de la UE.

También se hace una llamada a las autoridades policiales al tratamiento de las víctimas en todas las fases del proceso, evitando su revictimización, cuestión en que el margen de mejora es importante. La forma de dirigirse a las víctimas, el trato, la escucha, la comprensión y atención, la especial sensibilidad

---

11 Art. 39. Planes de acción nacionales para prevenir y combatir la violencia contra las mujeres y la violencia doméstica.

hacia las víctimas con discapacidad o hacia menores de edad, deben tener una mayor relevancia.

Medidas para contrarrestar el bajo número de denuncias con grupos en riesgo de violencia, la derivación a las víctimas a servicios de apoyo especializado que aborden de forma integral las múltiples necesidades de las víctimas, garantizar su privacidad y confidencialidad, la asistencia médica primaria, constituyen entre otros, cometidos que las policías deben integrar progresivamente en sus procedimientos de actuación.

Se vislumbra así un escenario europeo en el que todos los países miembros, tenderán a la unificación de las medidas necesarias para la lucha contra la violencia a las mujeres, integrando instrumentos como los mencionados planes de acción y evaluación que, a buen seguro, van a suponer un avance en las políticas europeas contra toda forma de violencia hacia la mujer.

VIII. NUEVOS RETOS DE LAS POLICÍAS CONTRA LA VIOLENCIA DE GÉNERO

A partir de todo lo expuesto, no cabe sino mirar al futuro, identificando nuevos retos para la función policial, orientados hacia iniciativas que puedan suponer una mejora en los servicios prestados. Entre ellos, podemos destacar los que se desarrollan a continuación:

1. Los recursos asistenciales y su importante contribución contra la violencia

"Voy o no voy"[12] es el dilema, que en no pocas ocasiones la mujer se plantea, cuando es consciente de la situación de

---

[12] Blay Gil, E. (2013). "Voy o no voy: El recurso a la policía en el caso de la violencia de género. Perspectivas de las víctimas". *EPC,* (33), 369.

violencia que está viviendo. Denunciar ante la policía, como hemos comentado anteriormente, es un paso difícil, muy difícil, que deriva de manera inmediata en la puesta en marcha del sistema de justicia penal. Pero ¿es capaz el sistema de justicia penal por sí solo de solucionar la violencia a la que ha sido sometida la mujer en el seno de la familia?

Sin duda, la mujer debe estar preparada emocionalmente para dar ese paso. Para ello, y sin perjuicio del importante papel que el sistema penal juega en la prevención, protección, información y asesoramiento a la mujer víctima, debe valorarse un mayor protagonismo de recursos asistenciales, que pudieran incrementar el necesario contacto entre víctimas de violencia e instituciones. Por todo ello, puede ser oportuno valorar el mensaje que las instituciones deben trasladar a la sociedad, identificando el recurso institucional que debe ser la referencia para toda mujer víctima de violencia. Mensajes orientados hacia la comunicación de la situación de violencia vivida no solo a la policía, sino también a terceras personas en las que se confía, o recursos asistenciales, pueden ser muy efectivos para iniciar el camino hacia la salida de la violencia.

2. Suicidio feminicida. Su inclusión en el CP

El actual CP no integra entre su articulado, mención expresa a conductas suicidas, precedidas de violencia de género. A pesar de las causas multifactoriales que la doctrina científica atribuye a la conducta suicida, resulta evidente que en no pocas ocasiones existe conexión entre violencia de género y suicidio. Es por ello, por lo que debe abordarse la construcción normativa para quien, con ocasión de la violencia de género, desee directa o eventualmente el suicidio de la pareja o expareja, siendo considerado por ello, autor de un suicidio feminicida. Es decir, si con ocasión de acciones constitutivas de violencia de género, se puede probar que el autor asumía en términos de dolo o dolo eventual que la víctima podía llevar a cabo su propia muerte como mecanismo para escapar de la situación de malos tratos, el agresor debe responder penalmente. En base, a la prevención general que se le atribuye al Derecho Penal y la protección de la vida de la mujer como bien jurídico a proteger, debe abordarse la reflexión sobre la inclusión de dichas conductas en la legislación penal de los países.

3. La prevención de la revictimización. Una asignatura pendiente

Un aspecto al que hacen referencia todas las guías, procedimientos o manuales relacionados con el tratamiento o lucha contra la violencia sobre la mujer es evitar la revictimización o victimización secundaria, es decir, generar a la víctima un daño o un perjuicio adicional a los daños derivados de sufrir el hecho delictivo.

A pesar de que el consenso profesional es firme en este sentido, la realidad es que hoy en día todavía queda mucho camino por mejorar esta circunstancia y conseguir evitar, o al menos minimizar, que el contacto de la víctima con el sistema institucional suponga un nuevo sufrimiento o impacto emocional a la víctima. En este sentido, la LEVD, supuso un hito. Y como consecuencia de la misma, se han desarrollado instrumentos para el buen trato institucional a las víctimas, como es la "Guía de Buenas Prácticas para la toma de declaración de víctimas de violencia de género", publicada por el Observatorio contra la violencia doméstica y de género en 2022.

En el ámbito policial sería necesario establecer protocolos de coordinación y colaboración con el sistema judicial al objeto de minimizar el número de declaraciones de la víctima en relación a los hechos sufridos. En la actualidad, toda víctima debe manifestar al menos en tres ocasiones: declaración en sede policial, declaración judicial en fase de instrucción y en fase de enjuiciamiento. Cabe recordar que las Administraciones Públicas tienen la obligación de proporcionar a las víctimas un estatus de protección y atención debida que evite que se pueda provocar una victimización secundaria.

Por ello, se hace imprescindible aunar esfuerzos en protocolarizar líneas de actuación que fijen parámetros de actuación necesarios para homologar la respuesta policial y judicial a las víctimas que acuden a la justicia en demanda de la atención y protección correspondiente.

4. Tecnología y protección. Hacia una mayor contribución

Es cierto que la tecnología ha estado presente en los últimos años para mejorar la seguridad percibida y objetiva de las víctimas de violencia de género. Desde aplicaciones móviles de alerta y contacto directo con la policía, geolocalización para agresores mediante brazaletes electrónicos que alertan a la policía o a las víctimas si entran en determinadas zonas, información sobre recursos asistenciales disponibles... No obstante, el rápido desarrollo de soluciones tecnológicas en todos los campos y las oportunidades que la inteligencia artificial va a presentar, van a permitir una mayor protección de la víctima y un mejor control del agresor.

5. Educación y Violencia. La autodetección como medida preventiva

Una de las teorías más aceptadas en el ámbito de la violencia de género fue la que definió en 1979 la psicóloga estadounidense Lenore Walkere, que en su obra "The Battered Woman" recoge lo que la autora denomina "Cycle of abuse" o "Ciclo de la Violencia", al considerar que la violencia de género es un ciclo que consta de cuatro fases secuenciales: fase de calma, fase de acumulación de la tensión, el incidente agudo de agresión o fase de explosión y fase de "luna de miel" o etapa de conciliación. Aceptando esta teoría, una oportunidad para la prevención es la autodetección. En el proceso de la violencia, los ataques son cada vez más habituales, intensos y violentos. Si se tiene conocimiento del carácter cíclico de la violencia, ante las primeras señales del maltrato se puede poner fin a este ciclo alejándose del agresor y poniéndose en manos de profesionales que pueden facilitar la salida.

A pesar de los esfuerzos institucionales en dar a conocer esta característica de la violencia de género, informando a la ciudadanía acerca de los comportamientos, actitudes, comentarios u omisiones que constituyen manifestaciones de la violencia de género, resulta muy frecuente conocer testimonios de víctimas que no se han reconocido como víctimas de violencia de género, aún en fases muy avanzadas del proceso. Es por ello por lo que no se puede desdeñar la importancia de incrementar mediante la sensibilización e información a la sociedad, las características del proceso de la violencia de género, así como de las primeras señales de maltrato. Sin duda sería, la mejor prevención contra la violencia de género.

6. Nuevas formas de violencia. La ciberviolencia

La evolución de las TIC´s ha generado un nuevo contexto para la violencia de género. En la actualidad, un elevado número de delitos de violencia de género se comenten, total o parcialmente, a través de las TIC's, fenómeno que se conoce como ciberviolencia de género o violencia de género digital.

Manifestaciones de violencia como las ciberamenazas, ciberacoso, ciberextorsión, control telemático de la mujer, se observan diariamente en la instrucción de diligencias policiales en víctimas de todas las edades. Estas conductas pueden tener graves consecuencias, como es el caso de un varón que, mediante el control remoto del vehículo conducido por su mujer, ocasionó un grave accidente de tráfico.

Según se pone de manifiesto en el estudio realizado por la Delegación del Gobierno para la Violencia de Género[13], existe una falta de conocimiento e información sobre los riesgos y peligros que suponen las nuevas tecnologías, hecho que merece una profunda reflexión.

La ciberviolencia de género tiene dos particularidades que pueden suponen un mayor sufrimiento para la víctima: su carácter permanente, es decir, el agresor puedes ejercer violencia en cualquier momento y lugar, sin necesidad de contacto físico con la víctima y la vulneración del derecho fundamental a la intimidad.

Ante este nuevo escenario, que evoluciona de forma vertiginosa, es necesario potenciar el conocimiento del fenómeno, al objeto de diseñar políticas de prevención, promover la formación y sensibilización en ciberseguridad para disminuir la brecha digital y perfeccionar el tratamiento de las evidencias digitales que aseguren un proceso penal con todas las garantías legales.

7. El agresor. Un mayor seguimiento puede prevenir acciones violentas

No cabe duda del gran esfuerzo que las policías realizan día a día en torno al contacto, seguimiento y protección de las mujeres víctimas de violencia de género, sus hijos e hijas. No obstante, muy efectiva puede ser considerada la evaluación continua de la amenaza que supone el agresor para la víctima. Dicha evaluación puede llevarse a cabo a través del contacto periódico con el agresor con ocasión de las medidas adoptadas por la autoridad judicial sobre acercamiento y comunicación.

---

13 Delegación del Gobierno para la Violencia de Género. El ciberacoso como forma de ejercer la violencia de género en la juventud: un riesgo en la sociedad de la información y del conocimiento.

Ello va a permitir conocer con mayor intensidad, la evolución de las acciones del agresor, anticipándose a posibles acciones violentas contra la víctima con medidas de protección judiciales.

REFERENCIAS BIBLIOGRÁFICAS

Blay Gil, E. (2013). "Voy o no voy: El recurso a la policía en el caso de la violencia de género. Perspectivas de las víctimas". *EPC,* (33), 369-400.

FEMP (2006). *Protocolo de Colaboración y Coordinación entre las FCSE y los Cuerpos de Policía Local para la Protección de las Víctimas de Violencia Doméstica y de Género.*

Garcia Collantes, A./Garrido Antón, M.J. (2021) *Violencia y ciberviolencia de género,* Tirant lo Blanch.

Garrido Antón, M.J. (2011). *Guía Básica Primeros Auxilios Psicológicos en Violencia de Género.* Fundación Guardia Civil.

González Álvarez, JL./ López Ossorio JJ/ Muñoz Rivas, M/ (2018). *La valoración policial del riesgo de violencia contra la mujer pareja en España – Sistema VioGén.* Ministerio del Interior.

Jiménez Alcalá, M.C. (2022). *La imputación de responsabilidad penal a los agresores de malos tratos habituales que derivado de su comportamiento provocan el suicidio de su pareja o expareja. Análisis doctrinal y jurisprudencial,* Universidad de Girona.

Oficina de las Naciones Unidas contra la Droga y el Delito (2010). *Manual sobre Respuestas policiales eficaces ante la violencia contra la mujer.*

San Segundo Manuel, T. (2020). *A vueltas con la violencia. Una aproximación multidisciplinar a la violencia de género,* Tecnos.

Múrtula Lafuente, V. (2024). *Mujeres mayores víctimas de violencia de género y tutela civil de sus derechos fundamentales,* Tirant lo Blanch.

Avances y desafíos de la LO 1/2004 de Medidas de Protección Integral contra la Violencia de Género desde la perspectiva de la intervención psicosocial

PATRICIA AMIGOT LEACHE
Profesora Contratada Doctora de Trabajo Social

PAOLA DAMONTI
Profesora Ayudante Doctora de Trabajo Social

RUTH ITURBIDE RODRIGO
Profesora Asociada de Trabajo Social

SANDRA SIRIA MENDAZA
Profesora Permanente Laboral de Trabajo Social
Universidad Pública de Navarra

I. INTRODUCCIÓN

La LO 1/2004 de Medidas de Protección Integral contra la Violencia de Género considera la *violencia de género* como un problema social, y nació de la voluntad de abordarla con amplitud. Tras veinte años de vigencia, parece pertinente realizar un análisis centrado en el carácter integral de las medidas de atención psicosocial que promulga la ley y hacerlo a partir de la experiencia de los y las profesionales que, más allá del ámbito judicial, intervienen en las situaciones de violencia de género desde disciplinas como el trabajo social, la psicología o la educación social.

En este capítulo se presenta ese balance articulado en dos bloques diferenciados. En el primero, además de destacar el carácter innovador de la ley y su progresivo desarrollo, se contextualizan los aspectos que han sido objeto de reflexión y análisis en el estudio realizado. En el segundo, se exponen los resultados más destacados del trabajo de campo, derivados del análisis cualitativo realizado a partir de los testimonios de tales profesionales.

II. LA INTEGRALIDAD DE LA LEY Y SU PROGRESIVA ARTICULACIÓN

El carácter pionero de la LO 1/2004 deriva de su comprensión de la violencia de género como problema social, así como de su apuesta por un abordaje integral del mismo. El propio concepto que decide utilizar, *violencia de género*, recoge los avances teóricos de las ciencias sociales de las últimas décadas, reflejados asimismo en los textos normativos internacionales, fundamentalmente, a partir de la IV Conferencia Mundial de Naciones Unidas sobre la Mujer (Beijing, 1995). El término *violencia de género* remite al origen estructural de esta violencia, enraizada en una organización social desigual, y permite su comprensión como "manifestación de la discriminación, la situación de desigualdad y las relaciones de poder de los hombres sobre las mujeres"[1].

---

1 Art. 1.1 de la LO 1/2004. Se trata de algo que, veinte años después de su adopción, puede darse por descontado, pero que no necesariamente es así. Piénsese, por ejemplo, cómo en el mundo anglosajón el marco legal sigue recurriendo a las nociones de *domestic violence* o *intimate partner violence* que, al contrario de la que nos ocupa, invisibilizan el origen estructural de esta violencia.

De esta conceptualización amplia del fenómeno y del reconocimiento de su origen estructural deriva la necesidad de responder de manera integral y en niveles diferentes a un fenómeno tan complejo como este. En este sentido, la LO 1/2004 no se limita a la previsión de medidas de carácter punitivo dirigidas a los hombres agresores y de protección de las mujeres, sino que adopta también medidas de sensibilización, prevención y detección dirigidas a diversos ámbitos (como el educativo, el de la publicidad y los medios de comunicación o el sanitario[2]), algo que desde varias instancias se valora muy positivamente[3]. Asimismo, la ley define una serie de derechos para las mujeres y sus hijos e hijas, entre los que pueden destacarse el derecho a una atención integral, que incluya atención psicológica, social, legal, apoyo a la formación e inserción laboral, el derecho a la asistencia jurídica gratuita, derechos laborales, derechos económicos y el derecho a la reparación.

Desde su aprobación en 2004, la ley se ha visto modificada y complementada por algunos textos normativos, protocolos de actuación y mecanismos de funcionamiento y coordinación en la atención a las mujeres y sus hijos e hijas. Esta progresiva ampliación ha sido promulgada para adaptarse a las exigencias internacionales[4], pero también es correlativa a los avances en la investigación y la teorización del fenómeno, al aumento de la sensibilidad social y a la constatación práctica de carencias y dificultades en su aplicación como, por ejemplo, la protección y atención a los hijos e hijas menores de edad, los derechos de

---

2 Título I: Medidas de sensibilización, prevención y detección.

3 Cubells, J./Calsamiglia, A./Albertín, P. (2008). "Una aproximación psicosocial a la valoración sobre la aplicación de la Ley Orgánica 1/2004, de 28 de diciembre, de medidas de protección integral contra la violencia de género". *Revista de Derecho y Proceso Penal,* (20), 43-60.

4 Tanto el Convenio de Estambul como los dictámenes de la CEDAW son vinculantes y obligatorios para el Estado Español.

las mujeres víctimas o la acreditación de las situaciones de violencia. En relación con esta evolución normativa, se señalan a continuación, en orden cronológico, aquellas modificaciones que consideramos más relevantes respecto a la redacción inicial de la ley y al objeto de esta investigación.

En primer lugar, la LO 8/2015[5] supuso un importante cambio al reconocer a las personas menores de edad que viven en un entorno familiar donde está presente la violencia de género como víctimas directas. Esta ley modificó el art. 1 de la LO 1/2004 nombrando explícitamente a los hijos e hijas menores de edad como destinatarios de las medidas de protección integral. Además, otra de las modificaciones más sustanciales está relacionada con los deberes de cuidado y con la relación entre el progenitor inculpado y sus hijos e hijas, instando a los jueces a que se pronuncien sobre la forma de ejercer esos deberes en caso de no suspenderlos, de manera que se garantice con ello la seguridad e integridad de las y los menores[6].

En el año 2018[7], se revisaron las formas de acreditación de la situación de violencia de género[8]. La redacción inicial del art. 23 únicamente contemplaba la posibilidad de obtener la acreditación a través de una orden de protección y, de manera excepcional, a través de un informe del Ministerio Fiscal. Con esta modificación se ampliaron las opciones de acreditación a cualquier resolución judicial que acordara alguna medida cautelar o a informes de los servicios sociales, de los servicios

---

5 LO 8/2015, de 22 de julio, de modificación del sistema de protección a la infancia y a la adolescencia (BOE núm. 175, de 23 de julio de 2015).

6 Art. 65 y Art.66 de la LO 1/2004.

7 RD-Ley 9/2018, de 3 de agosto, de medidas urgentes para el desarrollo del Pacto de Estado contra la violencia de género (BOE núm. 188, de 4 de agosto de 2018).

8 Art. 23 de la LO 1/2004.

especializados o de los servicios de acogida para víctimas de violencia de género. Se trata de una ampliación importante, puesto que la acreditación es requisito para el acceso a algunos recursos, como las ayudas económicas, la reserva de viviendas de protección oficial o los programas de fomento del empleo.

El RD-Ley 9/2018 también modificó el art. 156 del CC, abriendo la posibilidad de que los hijos e hijas menores de edad pudieran ser beneficiarios de atención psicológica sin necesidad del consentimiento paterno en casos de violencia de género, siempre y cuando hubiera una sentencia condenatoria o un procedimiento penal abierto contra él, aunque se mantuvo la obligación de informar de ello previamente al padre. Posteriormente, la LO 8/2021[9] amplió esta posibilidad a situaciones en las que no se haya interpuesto denuncia, pero en las que la madre esté recibiendo asistencia en un servicio especializado de violencia de género; no obstante, se sigue manteniendo la obligatoriedad de informar al padre.

La LO 8/2021 también modificó nuevamente el art. 1 de la LO 1/2004 incorporando un último apartado en el que se incluyó, como forma de violencia de género, también la que se ejerce sobre familiares o allegados menores de edad con el objetivo de causar perjuicio o daño a las mujeres. En este sentido, la LO 10/2022[10] introdujo la violencia vicaria como elemento imprescindible de la formación específica que deben recibir los y las profesionales de atención de las víctimas[11] y, además, vuelve a modificar el art. 66 de la LO 1/2004 relativo a las visitas de los inculpados con sus hijos e hijas menores. La anterior

---

9 LO 8/2021, de 4 de junio, de protección integral a la infancia y la adolescencia frente a la violencia (BOE núm. 134, de 5 de junio de 2021).

10 LO 10/2022, de 6 de septiembre, de garantía integral de la libertad sexual (BOE núm. 2015, de 7 de septiembre de 2022).

11 Art. 47 de la LO 1/2004.

redacción que recogía la opción de que "*el juez podrá ordenar la suspensión*", pasa ahora a ser una obligación "*el juez ordenará la suspensión*", aunque se dejó abierta la posibilidad de no suspender esas visitas atendiendo al interés superior del menor.

Finalmente, la LO 10/2022 extendió la garantía de los derechos de las víctimas en términos de información, atención psicosocial inmediata y protección[12]. Se ampliaron, entre otros, los derechos a la atención integral, incluyendo la atención sanitaria, psicológica y psiquiátrica de mujeres y menores y especificando la inclusión obligatoria de profesionales de la psicología infantil en los equipos de atención psicosocial para atender a los hijos e hijas menores víctimas de violencia de género[13]. Además, añadió un nuevo articulado relativo al derecho a la reparación de las víctimas a través de compensaciones económicas, de medidas para su completa recuperación física, psíquica y social, así como de reparaciones simbólicas y garantía de no repetición de la violencia. Se incluyó un listado de ámbitos afectados que deben ser satisfechos económicamente por los autores penalmente responsables, entre los que se incluyen los daños físicos, psicológicos, morales, a la dignidad, la pérdida de oportunidades educativas, de empleo o de prestaciones sociales, los daños materiales y pérdida de ingresos y, por primera vez, se menciona la necesidad de reparación del daño social ocasionado a las víctimas[14].

Las mencionadas modificaciones repercuten en la regulación estatal de la violencia de género. Pero, tal como se recoge en el propio texto, y derivado de la organización competencial y la potestad normativa en el Estado Español, cada administración autonómica y local tiene el encargo de organizar los servicios de atención integral, lo que hace que estos servicios y

---

12 Art. 17 de la LO 1/2004.

13 Art. 19 y 19bis de la LO 1/2004.

14 Arts. 28bis y 28ter de la LO 1/2004.

sus actuaciones no sean homogéneos entre los territorios. En todas las comunidades autónomas existe legislación autonómica específica en materia de actuación frente a la violencia de género, pero su tratamiento y la propia conceptualización de la violencia son muy diversos: mientras que algunas leyes autonómicas siguen el modelo estatal, otras incluyen un concepto más amplio de violencias machistas[15].

III. ÁMBITOS DE ANÁLISIS VINCULADOS A LA ATENCIÓN PSICOSOCIAL

Este notable desarrollo normativo respecto a la redacción inicial de la LO 1/2004, así como el refuerzo del carácter integral de la misma, ha encontrado, no obstante, algunas dificultades a las que nos referiremos a continuación.

1. Una integralidad limitada: incoherencias, descompensaciones y escasez

Sin negar su carácter pionero y el enorme avance que supuso su aprobación, se debe poner de relieve cierta incoherencia interna, así como una implementación irregular e incompleta de la ley, lo que repercute en la limitación de sus pretensiones.

En primer lugar, se aprecia una contradicción en la propia definición del fenómeno a abordar. En la exposición de motivos se sitúa como un problema social amplio y constatable en ámbitos distintos a la pareja, pero en el articulado se limita a la violencia ejercida por la pareja o expareja y a la individualidad de los casos. Como resultado, todas las violencias

---

15 Es el caso de Navarra, que cuenta con la Ley Foral 14/2015 de 10 de abril, para actuar contra la violencia hacia las mujeres, en la que se contemplan muy diversas manifestaciones de la violencia de género.

de género que tienen lugar fuera del marco de las relaciones de pareja —como la violencia sexual, el acoso en el lugar de trabajo, la mutilación genital femenina, la trata y explotación sexual, entre otras— quedan excluidas de este marco legal y de la protección reforzada que otorga. Asimismo, esta utilización discordante ha provocado confusiones terminológicas y desplazamientos semánticos del concepto que, a su vez, han tenido diversas implicaciones[16].

Desde hace años, diferentes instancias critican esta limitación y subrayan la necesidad de incorporar en el objeto de la ley también la violencia de género que tiene lugar fuera del ámbito de la pareja[17,18], alineando así la legislación española con las definiciones formuladas por organismos internacionales como Naciones Unidas, el Consejo de Europa y la UE[19]. Esta limitación, además, se vuelve aún más problemática en un contexto en el que varias normas autonómicas reconocen la condición de víctimas de violencia de género a mujeres que no lo son según la norma estatal, con las tensiones normativas que de ello se derivan[20] y que impactan en la intervención psicosocial.

---

16 Algunos usos del término lo hacen equivalente a "violencia de pareja o de compañero/a íntimo/a" indiferente al sexo y a la desigualdad de género, por poner un ejemplo.

17 Bodelón, E. (2008). "La violencia contra las mujeres y el derecho no-androcéntrico: perdidas en la traducción jurídica del feminismo". *Género, Violencia y Derecho.*

18 Cubells J./Calsamiglia A./Albertín, P. (2010a). Sistema y Subjetividad: la invisibilización de las diferencias entre las mujeres víctimas de violencia machista. *Quaderns de Psicologia,* 12(2), 195-207.

19 Bodelón, E. (2008). "La violencia contra las mujeres y el derecho no-androcéntrico: perdidas en la traducción jurídica del feminismo". *Género, Violencia y Derecho.*

20 Añón, M.J. y Merino, V. (2019). "El concepto de violencia de género en el ordenamiento jurídico español: balance crítico y propuestas

Paralelamente, también se aprecia cierta descompensación entre un articulado que pone énfasis en la necesidad de un abordaje *integral* de la violencia de género, por un lado, y una aplicación práctica que, en estos veinte años, ha priorizado la acción punitiva sin haber desarrollado plenamente la infraestructura necesaria para alcanzar los objetivos de prevención y protección también contemplados. Una de las críticas más extendidas es la falta de dotación presupuestaria para el efectivo desarrollo y cumplimiento de la integralidad de la ley más allá de la acción punitiva y de la infraestructura vinculada al espacio policial-judicial. Aunque en la ley se regula la prevención, atención y erradicación de la violencia de género, los recursos y los medios disponibles para estos cometidos son claramente insuficientes, lo que provoca que no se puedan atender los casos de manera individualizada ni con la requerida profundidad[21].

La realidad de los recursos de atención es que están saturados y que los medios humanos y materiales son escasos. Esto hace, a su vez, que las y los profesionales que trabajan en ellos se sobrecarguen, no dispongan de tiempo suficiente para atender cada caso en profundidad, tarden más tiempo del apropiado en atender a las mujeres (listas de espera), o que no puedan hacer un seguimiento de los casos a largo plazo. Además, la distribución territorial de los recursos es desigual, las prestaciones económicas son insuficientes y temporales, los recursos de acceso a vivienda social son mínimos y la inserción laboral de las mujeres es complicada. Simultáneamente, la gestión de los servicios de atención psicosocial más especializados está generalmente externalizada a entidades privadas, lo que precariza la estructura, la continuidad, las

---

de un concepto holista e integral". *Ars Iuris Salmanticensis,* (*7*), 67-95.

21 Canyelles, C. (2023). *Machismo y cultura jurídica. Etnografía del proceso judicial de la violencia de género.*

condiciones laborales y la calidad de la atención[22,23,24]. Todo lo anterior implica que no se estén garantizando de manera integral los procesos de recuperación de las víctimas, tal como pretende la ley [25,26,27].

Por último, cabe señalar que, si bien esta ley se ha redactado con perspectiva de género, se ha tenido que implementar en una sociedad y un marco institucional mayoritariamente patriarcal. Este hecho atraviesa el tratamiento que se le da a la definición de violencia de género, así como a las propias mujeres, desde instancias jurídicas, mediáticas, sociales y de intervención. Esto se aprecia particularmente cuando hay carencias en la formación de los profesionales y los estereotipos de género permean la interacción social e institucional. Además, aun siendo el espacio policial-judicial el que mayor dotación de recursos ha recibido con la creación de unidades especializadas en los cuerpos policiales, de los Juzgados y la Fiscalía especializados, o de medidas de protección especiales, esta apuesta (ciertamente necesaria) sigue quedándose

---

22 Bodelón, E. (2014). "Violencia institucional y violencia de género". *Anales de la Cátedra Francisco Suárez,* (48), 131-1.

23 Gomà, I., Cantera, L. M., Pereira Da Silva, J. (2018). "Autocuidado de los profesionales que trabajan en la erradicación de la violencia de pareja". *Psicoperspectivas,* 17(1).

24 Lucas, M. y Rossi, D. (2023). "Desgaste por empatía y síntomas de estrés postraumático en profesionales que trabajan en género y violencia de género". Femeris: Revista multidisciplinar de estudios de género, 8(1), 77-114.

25 Canet, E. (2024). "Fortalezas, debilidades y propuestas en la intervención psicosocial contra la violencia de género". *European Public & Social Innovation Review,* (9), 1-19.

26 Canyelles, C. (2023). *Machismo y cultura jurídica. Etnografía del proceso judicial de la violencia de género.*

27 Heim, D. (2014). "Acceso a la justicia y violencia de género". *Anales de la Cátedra Francisco Suárez,* (48), 107-129.

en un nivel superficial de atención carente de integralidad. Los procedimientos, dinámicas o espacios, supuestamente especializados de estas instituciones, aún no están realmente adaptados a las características propias de estos delitos ni a la complejidad de las experiencias y los relatos de este tipo de violencia[28].

2. Formación de profesionales y coordinación entre los recursos

La suficiencia de recursos para la adecuada individualización e integralidad de los procesos es fundamental, pero también lo es que las personas que trabajan en ellos y que intervienen en casos de violencia estén especializadas y capacitadas en este ámbito de intervención. La LO 1/2004 recoge en su art. 47 que las instituciones públicas deben asegurar que todos los operadores y agentes relacionados con la atención a víctimas de violencia de género dispongan de la debida formación especializada y continuada relativa a la igualdad, la no discriminación por razón de sexo y la violencia de género, incluyendo a las mujeres con discapacidad y la violencia hacia hijos e hijas. Sin embargo, la falta de concreción de la ley en lo que a especialización se refiere deja un excesivo margen de discrecionalidad en el planteamiento de los contenidos, la duración, los objetivos y la óptica desde la que se aborda la formación[29].

La perspectiva de género que rige en la ley no siempre se corresponde con la que adquieren realmente las personas que trabajan en el sistema de atención a través de los cursos de

---

28 Bodelón, E. (2014). "Violencia institucional y violencia de género". *Anales de la Cátedra Francisco Suárez,* (48), 131-1.

29 Rodríguez, R. y Bodelón, E. (2015). "Mujeres maltratadas en los juzgados: la etnografía como método para entender el derecho 'en acción'". *Revista de Antropología Social,* (24), 105-126.

especialización. Los estereotipos sexistas y discriminatorios contra los que plantea luchar la propia ley en su exposición de motivos son transversales a toda la sociedad y también se reproducen, en mayor o menor medida, entre los y las profesionales que atienden a estas mujeres. En relación con el ámbito judicial, diversas investigaciones constatan una ausencia de perspectiva de género por parte de los agentes jurídicos[30] que puede reflejarse, entre otras situaciones, en el mantenimiento de un imaginario de la violencia de género centrado en la violencia física[31,32], en la reproducción de estereotipos negativos sobre la credibilidad del testimonio de las mujeres y en el manejo de esquemas distorsionados como el de la "buena víctima" o el de "mujer manipuladora", que merman enormemente la credibilidad de quienes no se ajustan al ideal de "víctima perfecta"[33,34,35].

---

30 Cubells, J./ Calsamiglia, A./ Albertín, P. (2010b). "El ejercicio profesional en el abordaje de la violencia de género en el ámbito jurídico-penal: un análisis psicosocial". *Anales de Psicología,* 26(1), 369-377.

31 Bodelón, E. (2014). "Violencia institucional y violencia de género". *Anales de la Cátedra Francisco Suárez,* (48), 131-1.

32 Albertín, P./Cubells, J. / Casalmiglia, A. (2009). "Algunas propuestas psicosociales para abordar el tratamiento de la violencia hacia las mujeres en los contextos jurídico-penales". *Anuario de Psicología Jurídica,* (19), 111-123.

33 Albertín, P./Cubells, J. / Casalmiglia, A. (2009). "Algunas propuestas psicosociales para abordar el tratamiento de la violencia hacia las mujeres en los contextos jurídico-penales". *Anuario de Psicología Jurídica,* (19), 111-123.

34 Boado Olabarrieta, M. (2022). "Algunas reflexiones sobre perspectiva de género para operadores jurídicos que trabajan contra la violencia sobre las mujeres". *Revista Jurídica de Castilla y León,* (56), 7-35.

35 Bodelón, E. (2014). "Violencia institucional y violencia de género". *Anales de la Cátedra Francisco Suárez,* (48), 131-1.

Resulta por ello fundamental que la formación especializada vaya más allá de los aspectos técnicos y que aborde de forma multidisciplinar las características estructurales, las particularidades y las consecuencias de esta violencia, incorporando la perspectiva de género[36,37]. El propio comité de la CEDAW[38] ya instó en 2015 a que todos los Estados miembros tomaran medidas de concienciación y de fomento de la capacidad de todos los agentes implicados en los sistemas de justicia, salud y servicios sociales. El uso del término "capacidad" no es aleatorio. No es suficiente con sensibilizar, ni siquiera con formar, a los y las profesionales, sino que deben estar adecuadamente capacitados, en la medida en que esta capacitación implica que se han adquirido habilidades y que se ha mejorado la aptitud para la intervención. La sensibilización no es suficiente, se debe tener la capacidad para identificar qué es y qué no es violencia, para comprender las desigualdades sociales sin perpetuarlas y para conocer la complejidad del fenómeno de la violencia de género de manera rigurosa, independientemente de la ideología o los intereses personales[39]. A pesar de lo anterior, la formación que reciben actualmente muchos profesionales intervinientes parece limitarse a cumplir con un mero trámite de certificación de asistencia a cursos breves que no permiten ahondar en estos aspectos y cuya realización es voluntaria y dependiente de la implicación individual. Está

---

36 Canyelles, C. (2023). *Machismo y cultura jurídica. Etnografía del proceso judicial de la violencia de género.*

37 Rodríguez, R./Bodelón, E. (2015). "Mujeres maltratadas en los juzgados: la etnografía como método para entender el derecho 'en acción'". *Revista de Antropología Social,* (24).

38 Recomendación general número 33 sobre el acceso de las mujeres a la justicia (CEDAW/C/GC/33), de 3 de agosto de 2015.

39 Canyelles, C. (2023). *Machismo y cultura jurídica. Etnografía del proceso judicial de la violencia de género.*

ampliamente constatado que la mayoría de profesionales reclaman más formación y especialización[40,41,42,43].

En segundo lugar, la LO 1/2004 recoge la coordinación eficaz entre los servicios de atención como uno de sus principios rectores y regula en su art. 32 la elaboración de planes de colaboración interinstitucional para la efectiva tutela de las víctimas. Sin embargo, estudios previos evidencian que esta necesaria coordinación no siempre tiene lugar, que no es suficiente y que, en muchas ocasiones, tampoco es eficiente, ya que los profesionales no siempre tienen en cuenta al resto de servicios que están trabajando simultáneamente con las mujeres[44,45,46,47].

---

40 Cala, M.J./García, M. (2014). "Las experiencias de mujeres que sufren violencia en la pareja y su tránsito por el sistema judicial: ¿qué esperan y qué encuentran?" *Anales de la Cátedra Francisco Suárez,* (48), 81-105.

41 Canet, E./Martínez, L. (2018). "Intervención psicosocial en violencia de género. El caso de la Comunitat Valenciana". *Violencia de género desde un abordaje interdisciplinar.*

42 Canyelles, C. (2023). *Machismo y cultura jurídica. Etnografía del proceso judicial de la violencia de género.*

43 Canet, E. (2024). "Fortalezas, debilidades y propuestas en la intervención psicosocial contra la violencia de género". *European Public & Social Innovation Review,* (9), 1-19.

44 Cala, M.J./García, M. (2014). "Las experiencias de mujeres que sufren violencia en la pareja y su tránsito por el sistema judicial: ¿qué esperan y qué encuentran?" *Anales de la Cátedra Francisco Suárez,* (48), 81-105.

45 Canet, E. (2024). "Fortalezas, debilidades y propuestas en la intervención psicosocial contra la violencia de género". *European Public & Social Innovation Review,* (9), 1-19.

46 Canet, E./Martínez, L. (2018). "Intervención psicosocial en violencia de género. El caso de la Comunitat Valenciana". *Violencia de género desde un abordaje interdisciplinar.*

47 Heim, D. (2014). "Acceso a la justicia y violencia de género". *Anales de la Cátedra Francisco Suárez,* (48), 107-129.

Estas deficiencias en la coordinación entre recursos, por falta de tiempo, sobrecarga y cierto desconocimiento del trabajo en red, provocan la ausencia de una verdadera intervención integral, la cual adquiere la forma más bien de la suma de múltiples intervenciones parceladas[48].

3. Hijos e hijas menores de edad

Como se ha indicado al exponer las modificaciones de la LO 1/2004, la inclusión y expresa mención a los hijos e hijas de las mujeres víctimas de violencia ha sido un hito tardío que no tuvo lugar hasta el año 2015. Esta reforma muestra la intención del legislador de proteger directamente a los y las menores como víctimas directas de la violencia de género. Hasta ese momento, no estaban protegidos por sí mismos, sino que se les tenía en cuenta a través de la visión protectora hacia sus madres[49].

En el año 2018, el conjunto de defensorías del pueblo publicó una declaración en la que se instaba a que todos los recursos de atención y acogida a víctimas de violencia de género se adaptaran a las necesidades específicas de atención e intereses de las personas menores de edad, a que se reforzara la capacitación de todo el personal que interviniera con ellos y a que se ampliaran las plantillas de profesionales que prestaran asistencia psicológica especializada con menores. Del mismo modo, también se reclamaba que los Colegios de Abogados exigieran la adecuada especialización en materia de protección de menores en el turno de oficio y que, tanto en sede judicial como

---

48 Canet, E./Martínez, L. (2018). "Intervención psicosocial en violencia de género. El caso de la Comunitat Valenciana". *Violencia de género desde un abordaje interdisciplinar.*

49 Casado, B. (2020). *Menores y violencia de género. La protección del menor ante situaciones de violencia machista.*

en los puntos de encuentro familiar, se garantizase el derecho de los y las menores a ser oídos y a priorizar en todas las decisiones su interés superior[50]. Más recientemente, también el Defensor del Pueblo[51] registró un informe en las Cortes Generales sobre la violencia vicaria a través del que trata de prevenir, combatir y reparar esta forma de violencia.

A pesar de que han pasado ya más de 10 años desde la primera modificación de la ley con respecto a los hijos e hijas menores de edad, la reflexión que hacen diversas profesionales es que los niños y niñas siguen estando invisibilizados, en un segundo plano, y que los recursos de atención (policiales, judiciales y de intervención psicosocial) no están preparados para actuar conforme a sus especificidades[52]. La realidad actual es que, a pesar de su inclusión en los textos normativos, siguen siendo escasos los casos en los que se priva a los padres del ejercicio de la patria potestad, custodia, visitas o comunicación y tampoco se tiene constancia oficial del número de menores que están siendo víctimas de la violencia machista[53].

---

[50] Defensores del Pueblo. (2018). *Declaración de las defensorías del pueblo sobre la atención a mujeres y menores víctimas de violencia de género* (XXXIII Jornadas de coordinación de defensores del pueblo). https://www.defensordelpueblo.es/wp-content/uploads/2018/10/declaracion_defensorias_violencia_genero.pdf Recuperado el 29 de diciembre de 2024.

[51] Defensor del Pueblo. (2024). *Violencia vicaria de género. Las otras víctimas.* https://www.defensordelpueblo.es/noticias/209439/ Recuperado el 31 de diciembre de 2024.

[52] Canet, E. (2024). "Fortalezas, debilidades y propuestas en la intervención psicosocial contra la violencia de género". *European Public & Social Innovation Review,* (9), 1-19.

[53] Casado, B. (2020). *Menores y violencia de género. La protección del menor ante situaciones de violencia machista.*

4. Revictimización y violencia institucional

El último de los elementos que queremos abordar, y que es consecuencia de todo lo anteriormente expuesto, es la revictimización y la violencia institucional a la que se ven sometidas, en ocasiones, las mujeres y sus hijos e hijas cuando acceden a los distintos recursos. Se puede entender la violencia institucional como aquella que ejercen las estructuras institucionales a partir del trato que ejercen los profesionales que las conforman[54] y, añadimos, también a partir de la propia estructura y configuración de las instituciones y de sus procesos. En este sentido, la LO 1/2004 ni siquiera recoge en su redacción ninguno de los dos conceptos ni se refiere a la obligación de reparación del daño por parte del Estado en caso necesario[55].

Por un lado, la falta de recursos y de medios materiales y humanos que derivan en la imposibilidad de intervenir de manera individualizada, integral y empoderadora, hace que las mujeres no estén correctamente atendidas y que esto tenga consecuencias revictimizadoras[56,57]. En segundo lugar, la falta de coordinación entre servicios y entre profesionales también redunda en situaciones de revictimización e, incluso, de

---

54 Canyelles, C. (2023). *Machismo y cultura jurídica. Etnografía del proceso judicial de la violencia de género.*

55 No obstante, sí aparece tanto en la Ley Foral 14/2015, que tiene como uno de sus principios rectores la no revictimización, como en otras leyes autonómicas.

56 Cala, M.J./ García, M. (2014). "Las experiencias de mujeres que sufren violencia en la pareja y su tránsito por el sistema judicial: ¿qué esperan y qué encuentran?" *Anales de la Cátedra Francisco Suárez*, (48), 81-105.

57 Canet, E./Martínez, L. (2018). "Intervención psicosocial en violencia de género. El caso de la Comunitat Valenciana". *Violencia de género desde un abordaje interdisciplinar.*

maltrato institucional directo[58]. Un tercer elemento es la ya mencionada falta de formación y capacitación profesional que puede llevar a simplificar la complejidad de la situación, a reproducir prejuicios, a estereotipar los casos o a deslegitimar la agencia y el relato de las mujeres, dando lugar a prácticas profesionales descuidadas o negligentes, ocasionando con ello la revictimización por parte del sistema[59,60].

Finalmente, la protección y atención de las mujeres sin que ello vaya en consonancia con la atención y la protección de sus hijos e hijas menores de edad, unido a la escasez de intervenciones con los agresores, provoca situaciones de indudable victimización y de incremento del riesgo de violencia por parte de sus parejas o exparejas. Si se implementan medidas de protección sobre las mujeres, pero no sobre sus hijos e hijas, debiendo además informar al padre en caso de que accedan a una intervención psicosocial, se favorece la continuidad de la vinculación y el ejercicio de violencia por otras vías.

IV. EXPERIENCIAS PROFESIONALES EN LOS RECURSOS ESPECIALIZADOS

Como ya hemos adelantado, este capítulo se basa en un proceso de investigación realizado con diversos profesionales de equipos y servicios especializados en la atención a víctimas de violencia de género, concretamente, en la Comunidad Foral

---

58 Heim, D. (2014). "Acceso a la justicia y violencia de género". *Anales de la Cátedra Francisco Suárez,* (48), 107-129.

59 Canyelles, C. (2023). *Machismo y cultura jurídica. Etnografía del proceso judicial de la violencia de género.*

60 Cubells J./Calsamiglia A./Albertín, P. (2010a). Sistema y Subjetividad: la invisibilización de las diferencias entre las mujeres víctimas de violencia machista. *Quaderns de Psicologia,* 12(2), 195-207.

de Navarra. En este territorio, tanto a nivel autonómico como local, existen los siguientes recursos especializados a los que pueden acceder las víctimas de violencia de género (Tabla 1)[61].

Tabla 1. Recursos especializados existentes en Navarra para la atención a víctimas de violencia de género

Equipos de Atención Integral a Víctimas de Violencia de Género (EAIV): • Equipo de Atención Integral a Víctimas Comarca y Zona Norte • Equipo de Atención Integral a Víctimas Tudela • Equipo de Atención Integral a Víctimas Tafalla • Equipo de Atención Integral a Víctimas Estella
Recursos de Acogida (RRAA): • Centro de Urgencias • Casa de Acogida • Pisos tutelados
Centro de Atención Integral a las Violencias Sexuales (CAIVS)
Servicio Municipal de Atención a las Mujeres (SMAM) (Pamplona)
Atención e intervención psicológica a víctimas y agresores (PSIMAE)
Servicio Asistencia jurídica a Mujeres víctimas de violencia de género (SAM)
Oficina de Atención a las Víctimas de Delitos (OAVD)

Elaboración propia.

---

61 La gestión (pública en algunos casos, externalizada en otros) de estos servicios depende del Instituto Navarro para la Igualdad (EAIV, RRAA y CAIVS), del Ayto. de Pamplona (SMAM) y del Servicio Social de Justicia (OAVD y PSIMAE). El SAM se organiza mediante convenio con los Colegios de Abogados y Abogadas de la Comunidad Foral de Navarra.

En estos servicios hay perfiles profesionales de la psicología, del trabajo social, de la educación social y del derecho. Con el fin de hacer un balance de los veinte años de vigencia de la LO 1/2004, se llevaron a cabo dos grupos de discusión en los que participaron profesionales de todos los servicios y de todas las disciplinas. En concreto, se contó con la colaboración de personas letradas (4 LET), psicólogas (5 PS), trabajadoras sociales (2 TS) y educadoras sociales (4 ES)[62]. Se exponen a continuación los principales resultados obtenidos.

1. *"Un antes y un después": el impacto de una ley pionera y sus retos*

De manera general, en los grupos se comparte una valoración positiva de la promulgación de la ley, enfatizando su carácter de "hito" en relación con la responsabilidad social frente a la violencia de género. La consideran una ley que marcó "un antes y un después", tanto en la conceptualización y comprensión como en el abordaje de esta violencia, fundamentalmente, por ser *integral*. Se destaca que, gracias a su aprobación, se ha generalizado la formación de profesionales y se han articulado y coordinado recursos. Esta percepción positiva es especialmente sostenida por aquellas profesionales que ya trabajaban en este ámbito antes de su promulgación y que han podido constatar el avance en la garantía de los derechos de las mujeres.

> "Fue importante cuando la pusieron las que estábamos antes de ponerla. Notamos un cambio radical. En todo, en todo. Policías, denuncias, Juzgado, todo. No había nada" (ES1G1)

---

62 Las intervenciones de las personas participantes fueron anonimizadas y etiquetadas mediante códigos que reflejan su perfil profesional, así como el grupo de participación. De esta forma, aparecen LET, PS, TS, ES junto a G1 o G2.

No obstante, también aparecen apreciaciones negativas. En primer lugar, el cuestionamiento respecto a la definición limitada de la violencia de género, restricta a la ejercida por la pareja o expareja, lo que, a juicio de algunas profesionales, ha creado confusión terminológica, disfunciones con la normativa autonómica, en tanto la Ley Foral 14/2015 es más amplia en su definición del fenómeno, y, derivado de ello, desigualdad en la atención judicial a las víctimas de violencia contra las mujeres.

En segundo lugar, su desarrollo es considerado insuficiente dado que no se ha realizado todo lo que promulga. Incluso, se apuntan retrocesos ligados al propio contexto social, como es el caso de la dificultad generalizada de acceso a la vivienda, o aspectos obsoletos como su no actualización respecto a formas nuevas del ejercicio de la violencia de pareja o expareja en el medio digital.

Por último, el balance general se muestra ambivalente. A partir del reconocimiento unánime del salto cualitativo que representó la aprobación de esta ley, que ha contribuido a modificar el propio imaginario social sobre estas situaciones, las personas participantes consideran asimismo que su implementación ha derivado en la saturación de los servicios, en el agotamiento de profesionales y en la precarización del ejercicio profesional, debido tanto al aumento de la sensibilidad social y de la demanda, como a la escasez de recursos.

2. Formación de profesionales y coordinación entre recursos

La valoración positiva de la formación y especialización llevada a cabo en diferentes ámbitos profesionales es constatada en los grupos. No obstante, el alcance de esta formación se considera irregular y no homogéneo. Se destaca especialmente la mejora sustancial de la formación en los cuerpos policiales en los últimos años, aun apuntando que esta parece depender en ocasiones del empeño de personas concretas que la impulsan.

Sin embargo, se insiste en la necesidad de más formación y especialización, particularmente en el ámbito jurídico, en el que, incluso, algunas personas constatan un retroceso en cuanto a la exigencia de formación. En coherencia con investigaciones previas referidas más arriba, este es el ámbito en el que las profesionales perciben cierta persistencia de arraigados estereotipos de género. De la misma manera, tal como señala una participante, se perciben algunas resistencias:

> "[...] a formarse en lo que no es específicamente técnico y jurídico, a formarse en la propia perspectiva de género y en todo lo que tiene que ver con la complejidad de la violencia como proceso estructural" (PS3G2)

Las profesionales de recursos especializados en violencia de género señalan, además, la necesidad de formación de profesionales de los servicios no específicos, como pueden ser el Punto de Encuentro Familiar (PEF), los Servicios de Mediación, los Servicios Sociales, Educación o Salud, fundamentales todos ellos en la detección y actuación en situaciones de violencia.

Se apuntan también algunas disfunciones como, por ejemplo, que la formación ofertada por la Administración Pública no llegue a profesionales de los servicios gestionados por entidades privadas, o que el entramado administrativo de contratación pública haga que se contraten profesionales a partir de listas en las que no se exige formación específica —como el caso de la Psicología Forense—:

> "Lo importante que es el tema de las forenses, ellas establecen cuándo ha habido maltrato psicológico...y estamos diciendo que no podemos exigir que el personal que venga a estos puestos tenga ni formación forense ni formación en género, porque es imposible, las listas son las que son, son contrataciones de interinos y es rigurosamente el orden de la lista" (LET1G2)

Más allá de la sistematización del contenido, el análisis de este apartado permite destacar dos ejes de reflexión compleja.

En primer lugar, cuál es o debería ser el formato de una especialización adecuada; y, en segundo lugar, qué se está entendiendo como formación o especialización. En cuanto al formato, algunas participantes desaprueban que se oferte en modo "charla", porque esto resta profundidad y complejidad al conocimiento específico, así como que sean voluntarias en algunos ámbitos profesionales, lo que incumpliría la propia normativa.

En segundo lugar, en un nivel más profundo de análisis, podemos apreciar la heterogeneidad de los significados atribuidos tanto a la noción de *formación* como al propio sintagma *violencia de género*. Se pueden constatar tres posiciones: a) profesionales que equiparan la formación con la adquisición y manejo de "herramientas", lo que podemos interpretar como una concepción instrumental de la perspectiva de género, concebida, por ejemplo, como el manejo de protocolos que faciliten la práctica profesional; esta idea es rebatida por otras profesionales que la consideran insuficiente:

> "En salud tienen un *screening*, pero no tienen formación. Se les dice: 'pasa esto', pero para pasar esto hay que formar, ¿no? [...] saber bien desde dónde y cómo" (TS1G1)

Encontramos una segunda posición: b) profesionales que equiparan la formación con la actualización y especialización en su propio ámbito disciplinar, lo que excluye la formación en género, o, a lo sumo, la concibe como una formación en contenidos concretos circunscritos a un ámbito. Esta concepción excluye, precisamente, la dimensión epistemológica que todo *enfoque* o perspectiva implica, lo que deja sin problematizar la invisibilidad, el reduccionismo y los propios esquemas cognitivos vinculados al androcentrismo teórico y práctico.

Por último, encontramos la posición de: c) profesionales que entienden la formación, precisamente, como una formación *en* el enfoque o perspectiva de género[63] que permita la comprensión profunda de la violencia de género y que contribuya a modificar el marco convencional de interpretación de este fenómeno a fin de evitar los sesgos cognitivos y una inadecuada praxis profesional:

> "Yo entiendo que toda formación, ya sea especifica de cada ámbito o no, tiene que ser desde la perspectiva de género y permanente, porque eso nos va a hacer ver, porque una formación en perspectiva de género nos va a dar una visión crítica de lo que están viviendo las mujeres, de lo que es la justicia, de los pasos que hay que dar; gracias a eso vamos a poder ayudar a esas personas" (LET2G2)

La falta de formación y especialización, según las intervinientes, conduce a la dificultad para detectar la violencia de género, a no verla, a trivializarla y a la revictimización. Por ejemplo, esto se subraya en relación con la praxis judicial en estos extractos, donde el desconocimiento de las características y procesos psicosociales de la violencia de género en la familia se considera causa de revictimización y de una praxis judicial prejuiciosa:

> "No, fíjate, en la mayoría de los casos, la mayoría son mujeres que no han querido denunciar el maltrato que ellas han vivido, sino solamente separarse para evitar mayores problemas. Entonces, el régimen de visitas ya está y tienen que acabar poniendo la denuncia porque está dándose todo esto porque la manipulación es más intensa, y con violencia sobre el menor, pero tienen poco recorrido jurídico, porque las denuncias están puestas después de la separación y se está asumiendo que hay una duda jurídica ahí que te la trasmiten sus señorías…" (PS2G2)

> "Y luego, como eso, si estás metido en un proceso civil, y esto nos ha pasado, y el menor relata abusos, y la mamá va a denunciar los abusos, dicen que hay una intención de la mamá porque está con este mito de... ¿Quién se quiere quedar con la casa y quitarme a los hijos? Y no te creen" (ES3G1)

---

[63] El *enfoque de género* constituye uno de los principios rectores de la Ley Foral 14/2015.

La falta de formación y, sobre todo, de reflexión profunda sobre la complejidad del fenómeno, puede derivar en confusiones y dificultades para calificar adecuadamente la violencia, distinguir violencia de conflicto, o comprender que, aun no habiendo violencia, es probable la experiencia de daños derivados de la desigualdad relacional y estructural que deberían ser atendidos desde las políticas públicas, pero no necesariamente judicializándolos.

Algunas profesionales señalan esta confusión entre violencia y conflicto, por ejemplo, en situaciones de divorcios de alta conflictividad, en los que a veces no se percibe la violencia, reinterpretándola como "toxicidad" o "conflicto" a causa de sesgos o de desconocimiento de las características de los patrones relacionales en violencia de género: no se sabe interpretar la dinámica de la relación violenta y, por tanto, se reasigna bajo la etiqueta de conflicto[64].

En lo que respecta a la coordinación entre profesionales y recursos, fundamental para una intervención adecuada y no revictimizadora, las personas participantes aprecian una notable mejora en los últimos años. No obstante, y en el contexto autonómico analizado, también es referida por parte de profesionales de la intervención social una falta de coordinación entre Juzgados de Violencia contra la Mujer y los servicios especializados, aunque esto varía en función de la zonificación judicial y de las profesionales implicadas.

De manera más profunda, se aprecian algunos implícitos con respecto a la comprensión de la coordinación que pueden ser

---

64 La violencia de género en la pareja, más allá de los hechos específicos que puedan constituir un delito, suele responder a una dinámica de control y de dominio muchas veces inconsciente y en la que se puede ejercer violencia a pesar de que, desde el exterior, se aprecie corrección en el comportamiento del agresor y reactividad en las víctimas, lo que no se ajusta al esquema de "buena víctima".

objeto de interpretación. Considerando el manifiesto desconocimiento que aparece en ocasiones con respecto a las funciones de los profesionales de recursos ajenos, podría deducirse que se maneja una idea de coordinación *formal*, alejada de una coordinación real y profunda. De hecho, al abordar la cuestión de la formación, también aparece en el diálogo el interés y la demanda por conocer las funciones y roles de otros servicios:

> "A mí me encantaría que me viniera una T.S. y me explicara bien todos los recursos que hay y demás, porque eso es de lo que carezco, el jurista necesitará formación para comprender cómo está psicológicamente esa mujer, etc." (PS1G2)

El hecho de que en servicios que trabajan desde hace años en la atención directa a mujeres supervivientes se desconozca el trabajo de otros recursos en el mismo ámbito es un indicador del largo camino que queda por recorrer para alcanzar una coordinación real.

3. *La revictimización: el funcionamiento institucional y la práctica profesional*

La revictimización y la victimización secundaria son constatadas por las personas participantes en diferentes niveles y ámbitos. Se puede sistematizar esta información en tres bloques de respuestas. En el primero, se agrupan las situaciones de revictimización derivadas del funcionamiento y organización institucional, sobre todo de los procesos judiciales. Aquí aparecen consideraciones muy generales en relación con el funcionamiento de la justicia, percibido como hostil y complicado, lo que impactaría de manera particular en las víctimas de violencia de género:

> "El sistema ya de por sí es hostil, árido, complicado, difícil, especialmente para mujeres de violencia de género que tienen ya pues bueno, toda la carga que supone (...). se está revictimizando mucho a las mujeres con los tiempos de espera

> impresionantes que tienen para los procedimientos judiciales porque a veces sus vidas como que se quedan paralizadas" (LET1G2)

Más en concreto, se hace hincapié en la dilación de los tiempos judiciales, la cual tiende a favorecer la situación de los victimarios, dañando y perjudicando los procesos de recuperación de las mujeres. Asimismo, también se alude a los retrasos en la atención por las listas de espera en servicios especializados que están saturados. Incluso, se apunta la restricción de los tiempos y sesiones de intervención motivada por la falta de recursos económicos destinados a tales servicios. Esta restricción puede tener un efecto desincentivador para las mujeres e, incluso, ser contraproducente en su proceso de recuperación. A esto se suman las deficiencias materiales y la falta de accesibilidad, por ejemplo, la falta de espacio en recursos residenciales de acogida, la falta de profesionales especializados para la atención a menores, o la dificultad de acceso a determinados recursos para las mujeres residentes en zonas rurales.

Otro elemento negativo relacionado con el funcionamiento institucional se expresa como re-exposición traumática, tanto por la exigencia de repetir el relato de la experiencia —en ocasiones, precisamente, por falta de coordinación entre servicios—, como por eventuales reencuentros con el agresor, tanto de las mujeres como de los niños y niñas.

Por último, en relación con el funcionamiento de los sistemas, algunas profesionales refieren lo que podría denominarse como *jerarquización* entre ámbitos profesionales expresada, por ejemplo, en la falta de reconocimiento al rol profesional o, incluso, en la desautorización de la profesionalidad de las trabajadoras o educadoras sociales, fundamentalmente en el ámbito judicial, lo que impacta en las víctimas de manera indirecta. En estos casos, su rol de acompañamiento y de promoción del empoderamiento es percibido como un "estar de parte", lo que puede conducir a la devaluación del trabajo y de los informes, precisamente, de las profesionales con un mayor seguimiento de los procesos de las mujeres:

> "Como es una rama del juzgado, le dan peso a eso [*al PEF*]. Igual que le dan peso a una pericial y a un abogado, pero nosotros somos de lo social. O sea, que lo valoran mucho menos. Alguien que ve 15 minutos a un niño cada 15 días y cuando está en casa de acogida que está 6 meses, que lo vemos todos los días, 24 horas, y lo ves destrozado" (ES2G1)

En el segundo bloque de situaciones que podemos calificar de revictimización, aparecen aquellas causadas por la falta de formación de profesionales, que puede desembocar en la no detección o la trivialización de la violencia, e incluso en el retroceso en los procesos de afrontamiento y superación de la misma, como se ha apuntado más arriba:

> "Revictimización... pues por no reconocer la violencia, o hacerte sentir de menos" (LET2G2)

> "Hay que pensar que estas víctimas tienen ya un proceso psicológico por el propio delito en el que lleva muuuuuucho tiempo escuchando de su agresor "nadie te va a creer", y la no formación hace que, si tú no entiendes eso, pues refuerces el mensaje del propio agresor y ese refuerzo es que hace que te retires u otras cosas peores que no vamos a hablar" (PS2G2)

Para finalizar, en el último bloque pueden agruparse las situaciones de revictimización derivadas de respuestas personales inadecuadas por parte de las figuras profesionales. En el discurso de los grupos, aparecen relacionadas con la falta de sensibilidad de algunas personas y, de nuevo, con su falta de formación:

> "La verdad es que nos encontramos con preguntas muy inadecuadas, con comentarios que igual tienes que decirle [*al abogado*]: ¿Te estás situando? Y te toca a lo mejor mediar situaciones que a mí me parecen totalmente surrealistas porque dices: ¿por qué tengo que estar yo parándole los pies a este tío que se supone que está para defender a esta mujer que se supone que tiene formación específica? Y no tiene de nada" (ES1G1)

Asimismo, se mencionan los sesgos derivados del manejo de esquemas y prejuicios sobre víctimas y victimarios. Más allá de los estereotipos de género compartidos en el tejido social, destacamos de manera específica los sesgos derivados de un esquema implícito de "buena víctima": cuando la víctima no es pasiva, cuando no se muestra impotente sino que se defiende y se afirma, tiende a ser menos creíble y más sospechosa de manipulación —a pesar de ser precisamente eso lo que constituye el horizonte de las intervenciones, la promoción de la autonomía y el empoderamiento—:

> "Una persona del ámbito judicial lo decía, que si las mujeres vienen con el morro pintado, pues que no estaban tan mal..." (TS2G1)

También se hace referencia a sesgos derivados de los estereotipos convencionales sobre los hombres maltratadores, a partir de los cuales, si un victimario es percibido como correcto y educado, se minimiza la violencia o se cuestiona directamente a la víctima:

> "Las mamás se sienten como muy cuestionadas. Me tengo que mantener lo suficientemente cuerda porque si no me tachan de loca e histérica, pero tampoco demasiado cuerda porque si no parece que no soy víctima. Sienten que tienen un estrecho margen de credibilidad, si se mueven entre esto y esto. Como qué poco hace falta para ser un buen padre y qué poco hace falta para ser una mala madre" (ES4G1)

4. *¿Qué sucede con hijos e hijas menores? La ausencia de una perspectiva de infancia*

Este es el ámbito de reflexión en el que más consenso ha aparecido en los grupos. De manera general y contundente, se ha subrayado la falta de perspectiva de infancia en dispositivos, recursos, procedimientos e intervenciones profesionales. Además de las inercias en la organización de los servicios especializados, diseñados en su momento pensando en las mujeres adultas, las personas participantes señalan la falta de formación en infancia y violencia vicaria que, no obstante, es obligada a partir de la LO 10/2022[65].

Respecto al ámbito judicial, la valoración general es que los y las menores tienden a ser invisibles, a desaparecer como objeto de atención, protección, intervención y reparación. Esta eventual invisibilidad aparece referida en los siguientes fragmentos:

> "Sí, son reconocidos como víctimas directas por la ley, pero hay mucha gente que lo desconoce. A mí me ha pasado con compañeros letrados que defendían al acusado" (LET3G2)
>
> "Yo, por ejemplo, que me leo muchas denuncias y los menores, no se habla de ellos, yo diría que no llegará ni a un 1% de las denuncias" (PS3G2)
>
> "Órdenes de alejamiento pensando en los niños... con cuentagotas" (PS1G2)

En relación con esto, se subraya la dificultad de definir o de anteponer el *interés superior de la menor y del menor* y de adecuar muchas de las prácticas, como la escucha —cuando se les escucha— en los procesos judiciales. El discurso de las profesionales subraya especialmente una praxis judicial problemática en relación con el régimen de guarda y custodia, así como con el régimen de visitas y comunicación en el contexto de la violencia de género. A pesar de las disposiciones

---

65 A esto hay que añadir los servicios no ya de violencia, sino de protección a la infancia, dado que niños y niñas en situación de desprotección lo están en ocasiones por situaciones de violencia de género. Aquí, el problema estriba en una intervención que no contextualiza la especificidad de esta violencia y en el colapso actual del sistema de protección a la infancia.

legales al respecto ya comentadas[66], las personas participantes constatan una praxis judicial alejada de las mismas:

> "Muy pocas veces se suprimen las visitas. Se interpreta que el interés superior del menor es estar con su padre. En ingresos en prisión sí, porque eso ya es obligatorio, pero luego en el resto de denuncias y de casos pues muy pocas veces" (LET2G2)

A esto se añade la falta de seguimiento en las pensiones de alimentos u otro tipo de violencia económica que se intensifica en los procesos de separación:

> "Y hay algunos que, como se lo saben... claro, se puede denunciar cuando pasa 3 meses. Vale, el segundo mes te meto 10 euros y al tercero te meto 5 y ya está, ya no me puedes denunciar y estás puteada, eso es un cachondeo..." (ES3G1)

Por último, en los grupos se mencionan las dificultades y los perjuicios derivados de la *obligación de informar al progenitor* cuando se interviene con el o la menor desde el ámbito psicosocial. Esto es especialmente relevante porque, además de colocar a las profesionales y a las madres en una situación muy incierta —con respecto al cómo y cuándo hacerlo—, puede tener una repercusión dañina en los niños y las niñas, retrasar su recuperación y revictimizarles:

> "[*Sobre obligación de informar*] Eso limita la intervención, porque claro, la niña que ya sabe que su padre sabe que va a venir a terapia, se condiciona muchísimo y a veces expones a la criatura a una situación horrible" (PS2G2)

> "Cuando el menor o la menor empieza una terapia psicológica en un recurso especializado y tiene contacto con ese papá, como ese papá boicotea esa terapia... O sea, el peso que le supone al menor venir, que en vez de un espacio de seguridad viene con esa sensación de estoy traicionando a... Porque mi padre me ha dicho que no cuente, que no diga nada" (PS5G1)

---

66 Nos referimos a las reformas promulgadas por la LO 8/2015 y, sobre todo, por la LO 10/2022.

En lo que respecta a servicios de intervención psicosocial, se expresa la preocupación por la atención a niños y niñas, en tanto son recursos diseñados sin perspectiva de infancia, no adaptados a sus necesidades específicas. Asimismo, se expone que los equipos de intervención carecen en ocasiones de formación en este ámbito, lo que dificulta su trabajo y la adecuada reparación, además de suponer una gran presión para las profesionales:

> "Claro, hay que atender a los menores, evidentemente que hay que atenderlos, y además, son víctimas directas, hay que poner estructura, hay que poner centro, hay que poner personal. Y formar. Y formar. Y ya vale, es que no podemos con todo. No puede ser, no puede ser" (TS2G1)

Todo lo anterior nos muestra que no se está cumpliendo con la atención integral que marca la ley para niños y niñas, en la medida en que no hay profesionales especializados en infancia en todos los recursos. Como propuesta a futuro, algunas personas plantean la necesidad de crear recursos específicos, integrales y adaptados a los y las menores que sufren violencia de género siguiendo el modelo Barnahus (dirigido a menores víctimas de violencias sexuales).

V. ¿ES INTEGRAL LA APLICACIÓN DE LA LEY INTEGRAL?

Como ya se ha expuesto previamente, uno de los pilares básicos de la LO 1/2004 es la atención e intervención integral frente al fenómeno complejo de la violencia de género, así como la necesaria organización de servicios y prestaciones específicas para asegurar esa atención. No obstante, en los grupos han podido constatarse dificultades que limitan o, directamente, impiden que la intervención alcance este carácter de integralidad. Podemos articularlas en dos líneas de reflexión.

En primer lugar, se constatan déficits en relación con la accesibilidad, la provisión y la calidad de los recursos, características fundamentales para garantizar una atención integral. Las principales barreras que se detectan en este sentido son la centralización territorial de los servicios y la falta de dotación suficiente de recursos materiales y humanos, que da lugar a saturación, listas de espera, falta de tiempo para la atención individualizada y, en consecuencia, también a la sobrecarga de las profesionales:

> "Es que estamos todos igual, o se reducen los plazos de alguna manera o se amplían los equipos. Es muy difícil gestionar ahora mismo esta materia" (LET1G2)

Esto tiene a su vez impacto en los propios procesos:

> [*sobre limitación de la intervención terapéutica*] "Si tú me obligas porque no hay presupuesto a que en un año tenga que terminar el tratamiento terapéutico, lo único que he hecho es escarbar una víctima e igual dejarla en el peor momento porque no ha dado tiempo a que termine el proceso" (PS4G1)

Deben señalarse también las barreras en los procesos de recuperación y reparación, que, aun enfocados en el empoderamiento y la promoción de la autonomía, se ven obstaculizados por la falta de recursos de vivienda, económicos y laborales. De esta forma, se subraya la falta de reparación del daño causado[67] y, de forma especial, la prácticamente inexistente atención al daño social y a su peritaje:

> "Actualmente y a nivel de sociedad, tenemos un problema gordo y serio con la vivienda. Eso, por una parte, y otro, que no acertamos, de reparto de trabajo y conciliación [...] y tenemos a mujeres que están asumiendo en un porcentaje altísimo los cuidados y eso les dificulta muchísimo la incorporación al mercado laboral" (PS3G2)

---

67 Recogida, como se ha expuesto previamente, en los art. 28bis y 28ter de la LO 1/2004 tras las modificaciones introducidas por la LO 10/2022.

> "Luego respecto al daño social, en los informes se nombra, pero no se recoge, no se desarrolla. Y luego yo también veo que, por ejemplo, los informes de PEF en juzgado son neutrales, están perfectos y les dan mucho más peso, los nuestros no valen nada, somos consideradas 'parte', no valen nada [...]" (TS1G1)

La segunda línea de reflexión en relación con la integralidad es la relativa a la coordinación y a la falta de un marco de intervención homogéneo y común, no tanto dentro de los propios servicios especializados, que suelen contar con mapas de trabajo conjuntos, sino, sobre todo, cuando se deben coordinar con otros servicios que atienden a mujeres y menores, pero cuya prioridad de intervención no es la violencia de género —por ejemplo, los Puntos de Encuentro Familiar, los Servicios de Mediación o los servicios de atención a la salud mental—. La falta de perspectiva de género en la intervención por parte de estos recursos suele suponer no solo una mirada parcial en el acompañamiento y el tratamiento de los casos, sino también, en ocasiones, una revictimización que provoca una mayor dificultad en la reparación y recuperación.

> "Es terrible luego el circuito de información, porque estos hijos e hijas muchas veces solamente relatan las situaciones a la mamá. Y la mamá se cuestiona qué uso hago con esta información, porque si la desvelo, mi hijo o mi hija me va a dejar de contar, va a dejar de tener un lugar seguro porque desvelar a veces no significa proteger, porque no son creídas estas mamás" (ES2G1)

VI. CONCLUSIONES

La LO 1/2004 merece una valoración positiva en la medida en que parte de la necesidad de dar una respuesta integral a la violencia de género desde diferentes niveles y a través de numerosas medidas. Su espíritu inicial fue amplio y, en su momento, estratégico, reforzado mediante la incorporación progresiva de derechos de las víctimas a lo largo de este tiempo, tal como se ha mostrado. Sin embargo, también se han constatado diversas dificultades en su implementación práctica.

En primer lugar, la implementación de una ley de estas características requiere de una dotación presupuestaria suficiente y garantista respecto a la recuperación y la reparación. Si no es así, se dificulta el restablecimiento y la superación, además de contribuir a eventuales procesos y situaciones de revictimización. Tal como se ha recogido en el capítulo, tanto la experiencia profesional como diversas investigaciones señalan, como aspecto preocupante, la falta de recursos materiales y humanos, la carencia de vivienda o empleo como elementos claves para la salida de las situaciones de violencia, o la dificultad para proveer una atención psicosocial de calidad. Siguiendo a Larrauri[68], sería conveniente fortalecer los servicios de atención especializada a las víctimas en lugar de reclamar constantemente que pasen por el procedimiento judicial penal que, a su vez, puede comportar un incremento del riesgo de violencia y una notable revictimización.

En segundo lugar, la capacitación especializada en perspectiva de género y violencia de género es crucial, ya que sin ella es imposible comprender la complejidad de este fenómeno —global, estructural, transversal y procesual—. Asimismo, es importante considerar el enfoque interseccional en esta formación que debe garantizarse en todos los servicios, tanto especializados como no especializados. La capacitación debe asegurar un marco profesional que cumpla con la normativa y los criterios de actuación profesional legalmente establecidos. En este sentido, debería adquirir carácter obligatorio y adaptado a los perfiles profesionales, además de ser revisada y reforzada, específicamente, en el ámbito judicial.

---

68 Larrauri, E. (2018). *Criminología crítica y violencia de género.*

Una capacitación adecuada está en la base de una mejor y más real coordinación inter e intra recursos —especializados y no especializados—, con un enfoque consensuado, homogéneo y común. A su vez, esto contribuiría al reconocimiento de los diversos roles profesionales y a evitar su jerarquización. Es importante poner en valor el trabajo realizado desde diferentes disciplinas, destacando el papel esencial del ámbito social, que sostiene en gran medida los procesos de recuperación y reparación. En este sentido, es clave el respeto a y la protección de estos y estas profesionales.

En tercer lugar, es fundamental abordar la situación de los hijos e hijas menores de edad y la satisfacción de sus necesidades. Toda intervención realizada con ellos —jurídica, social, educativa, de salud, etc.— debería realizarse con enfoque de infancia y a partir del cuestionamiento del adultismo existente. Esto implica comprender y aplicar sin dilación el principio del interés superior del menor. De la misma manera, es fundamental articular esto con la perspectiva de género en aquellos recursos que trabajan con menores con el fin de comprender adecuadamente la violencia que estos vivencian y no desplazar ni el foco de la intervención ni los marcos interpretativos.

Tal como expresan las personas participantes, sería importante revisar y mejorar la praxis judicial en relación con las y los menores en los casos de violencia de género. En este sentido, debería garantizarse la protección real de la infancia frente a la misma; la limitación de determinados deberes parentales —guarda, custodia, visitas, comunicación, etc.— cuando su ejercicio atenta contra el bienestar de las y los menores; el desarrollo de una práctica efectiva de escucha a los niños y las niñas cuando sea posible; y, por último, la atención a los procesos que instrumentalizan a la infancia en las situaciones de violencia, sobre todo en relación con la violencia económica —como los impagos de la pensión alimenticia— y con la violencia vicaria.

En resumen, si bien la LO 1/2004 representó un hito en la regulación legislativa de la violencia de género, sería pertinente una revisión profunda para su adecuación a la realidad actual y un respaldo sólido para su pleno desarrollo. Además, dado que la pretensión de la ley es actuar de manera integral y a todos los niveles contra la violencia de género, comenzando por la sensibilización y la prevención de esta violencia, parece imprescindible e imperante fortalecer la transversalidad de sus medidas y la colaboración entre entidades e instituciones.

REFERENCIAS BIBLIOGRÁFICAS

Albertín, P./Cubells, J./Casalmiglia, A. (2009). "Algunas propuestas psicosociales para abordar el tratamiento de la violencia hacia las mujeres en los contextos jurídico-penales". *Anuario de Psicología Jurídica,* (19), 111-123.

Añón, M.J./Merino, V. (2019). "El concepto de violencia de género en el ordenamiento jurídico español: balance crítico y propuestas de un concepto holista e integral". *Ars Iuris Salmanticensis,* (7), 67-95.

Boado Olabarrieta, M. (2022). "Algunas reflexiones sobre perspectiva de género para operadores jurídicos que trabajan contra la violencia sobre las mujeres". *Revista Jurídica de Castilla y León,* (56), 7-35.

Bodelón, E. (2008). "La violencia contra las mujeres y el derecho no-androcéntrico: perdidas en la traducción jurídica del feminismo". *Género, Violencia y Derecho.* Tirant lo Blanch.

Bodelón, E. (2014). "Violencia institucional y violencia de género". *Anales de la Cátedra Francisco Suárez,* (48), 131-1. https://doi.org/10.30827/acfs.v48i0.2783

Cala, M.J./ García, M. (2014). "Las experiencias de mujeres que sufren violencia en la pareja y su tránsito por el sistema judicial: ¿qué esperan y qué encuentran?" *Anales de la Cátedra Francisco Suárez,* (48), 81-105. https://doi.org/10.30827/acfs.v48i0.2781

Canet, E. (2024). "Fortalezas, debilidades y propuestas en la intervención psicosocial contra la violencia de género". *European Public & Social Innovation Review,* (9), 1-19. https://doi.org/10.31637/epsir-2024-1697

Canet, E./Martínez, L. (2018). "Intervención psicosocial en violencia de género. El caso de la Comunitat Valenciana". *Violencia de género desde un abordaje interdisciplinar.* Universidad Sergio Arboleda, Corporación Universitaria del Caribe.

Canyelles, C. (2023). *Machismo y cultura jurídica. Etnografía del proceso judicial de la violencia de género.* Virus.

Casado, B. (2020). *Menores y violencia de género. La protección del menor ante situaciones de violencia machista.* Tirant lo Blanch.

Cubells, J./Calsamiglia, A./Albertín, P. (2008). "Una aproximación psicosocial a la valoración sobre la aplicación de la Ley Orgánica 1/2004, de 28 de diciembre, de medidas de protección integral contra la violencia de género". *Revista de Derecho y Proceso Penal,* (20), 43-60.

Cubells J./Calsamiglia A./ Albertín P. (2010a). "Sistema y Subjetividad: la invisibilización de las diferencias entre las mujeres víctimas de violencia machista". *Quaderns de Psicologia,* 12(2), 195-207.

Cubells, J./Calsamiglia, A./Albertín, P. (2010b). "El ejercicio profesional en el abordaje de la violencia de género en el ámbito jurídico-penal: un análisis psicosocial". *Anales de Psicología,* 26(1), 369-377.

Defensor del Pueblo. (2024). *Violencia vicaria de género. Las otras víctimas.* https://www.defensordelpueblo.es/noticias/209439/ Recuperado el 31 de diciembre de 2024.

Defensores del Pueblo. (2018). *Declaración de las defensorías del pueblo sobre la atención a mujeres y menores víctimas de violencia de género* (XXXIII Jornadas de coordinación de defensores del pueblo). https://www.defensordelpueblo.es/wp-content/uploads/2018/10/declaracion_defensorias_violencia_genero.pdf Recuperado el 29 de diciembre de 2024.

Gomà, I./Cantera, L. M./Pereira Da Silva, J. (2018). "Autocuidado de los profesionales que trabajan en la erradicación de la violencia de pareja". *Psicoperspectivas,* 17(1). https://doi.org/10.5027/psicoperspectivas-Vol17-Issue1-fulltext-1058

Heim, D. (2014). "Acceso a la justicia y violencia de género". *Anales de la Cátedra Francisco Suárez,* (48), 107-129. https://doi.org/10.30827/acfs.v48i0.2782

Larrauri, E. (2018). *Criminología crítica y violencia de género.* Trotta.

Lucas, M./Rossi, D. (2023). "Desgaste por empatía y síntomas de estrés postraumático en profesionales que trabajan en género y violencia de género". *Femeris: Revista multidisciplinar de estudios de género,* 8(1), 77-114. https://doi.org/10.20318/femeris.2023.7463

Rodríguez, R./Bodelón, E. (2015). "Mujeres maltratadas en los juzgados: la etnografía como método para entender el derecho 'en acción'". *Revista de Antropología Social,* (24), 105-126. https://doi.org/10.5209/rev_RASO.2015.v24.50645

Prevención de la violencia de género en el ámbito educativo a través de la alfabetización digital crítica

LISETT D. PÁEZ CUBA
Profesora Ayudante Doctora de Teoría e Historia de la Educación. Universidad Pública de Navarra

I. INTRODUCCIÓN

Los estudios de género en el ámbito educativo responden de manera directa a la Agenda 2030, toda vez que tributan al ODS 4: "Garantizar una educación inclusiva, equitativa y de calidad, y promover oportunidades de aprendizaje durante toda la vida para todos" y al ODS 5: "Lograr la igualdad entre los géneros y empoderar a todas las mujeres y las niñas". Por ende, se requiere la implementación de acciones formativas en las universidades que permitan educar desde la igualdad, en aras de prevenir y erradicar la violencia en todas sus manifestaciones.

La violencia de género aparece como un problema creciente entre la comunidad usuaria de internet y de las tecnologías digitales, a lo cual se suma la especificidad de la violencia que enfrentan las mujeres (como parte de la violencia estructural) y la interseccionalidad con otras categorías (edad, orientación sexual, clase social u otras). De hecho, el cruce de los entes "mujer" y "joven" revela uno de los sectores más vulnerables. Su complejidad amerita especial atención en los contextos universitarios, en tanto muestra particularidades que deben ser atendidas desde las instituciones educativas precedentes.

Si bien el estudio de la violencia de género en sí misma no constituye un tema novedoso, como tampoco lo es la ciberviolencia, la interrelación entre ambos constructos resulta peculiar, dada la actual configuración de nuevas violencias con empleo de la IA. Por ende, en este trabajo se pretende abordar el tratamiento de la violencia de género en contextos educativos, con especial atención a la violencia digital contra la mujer, a partir de la profusión de *deepfakes* sexuales en España y la consecuente necesidad de su prevención desde etapas de enseñanza escolarizada previa hasta la universidad.

Se pretende reflexionar sobre la necesidad de una alfabetización digital crítica con perspectiva de género en el estudiantado universitario, de manera que el empleo de Internet y de las tecnologías digitales no favorezca conductas discriminatorias hacia las mujeres, sino que tribute a la prevención de este fenómeno. De manera que, mientras emerge una nueva generación de medios tecnológicos que pueden ser manipulados mediante *deepfakes* y *deepnudes*, deben hallarse alternativas para enfrentar la violencia desde la coeducación y la alfabetización mediática, en aras de una efectiva ciudadanía digital.

II. LA VIOLENCIA DIGITAL CONTRA LAS MUJERES: A PROPÓSITO DE LAS DEEPFAKES

En diciembre de 2024 se ha cumplido el vigésimo aniversario de la LO 1/2004, de 28 de diciembre, de Medidas de Protección Integral contra la Violencia de Género y luego de dos décadas aparecen nuevos desafíos. Se puede constatar no solo la existencia de un problema social basado en las desigualdades estructurales entre mujeres y hombres, sino también la confluencia de otras modalidades de violencia vinculadas a los entornos digitales.

Especial atención merece la violencia digital contra las mujeres, dado el aumento de conductas que han tenido lugar mediante el uso de la inteligencia artificial generativa, esencialmente dirigido a usuarias del sexo femenino[1], incluso menores de edad, con serias vulneraciones a sus derechos fundamentales. De manera que el espacio virtual se ha convertido en un nuevo terreno de batalla para la violencia[2].

La violencia digital es definida según la Organización de Naciones Unidas como "aquella que se comete y expande a través de medios digitales como redes sociales, correo electrónico o aplicaciones de mensajería móvil, y que causa daños a la dignidad, la integridad y/o la seguridad de sus víctimas"[3]. Esta sería una definición genérica, la cual incluye tanto a hombres como a mujeres en la categoría de ciberacosadores y/o cibervíctimas.

Sin embargo, un rasgo distintivo de estas conductas resulta el patrón de dominación existente, con manifestación de sexismo en los escenarios digitales; razón por la cual deviene pertinente dotar este análisis de un enfoque de género. Por

---

1 Se considera que el 96% de las *deepfakes* de contenido sexual están protagonizadas por mujeres, según Simó Soler, E. (2023). "Retos jurídicos derivados de la Inteligencia Artificial Generativa", *InDret*, 2, 493-515.

2 Trujano Ruiz, P./Dorantes Segura, J./Tovilla Quesada, V. (2009). "Violencia en internet: Nuevas víctimas, nuevos retos", *Liberabit*, 15 (1), 7-19. http://www.scielo.org.pe/scielo.php?script=sci_arttext&pid=S1729-48272009000100002

3 V. ONU Mujeres (2020). Violencia contra mujeres y niñas en el espacio digital: Lo que es virtual también es real. ONU Mujeres. https://mexico.unwomen.org/sites/default/files/Field%20Office%20Mexico/Documentos/Publicaciones/2020/Diciembre%202020/FactSheet%20Violencia%20digital.pdf

ello, para abordar dicho fenómeno debemos atender de manera particular a la intersección de las categorías «género» y «edad». Las mujeres jóvenes aparecen como víctimas frecuentes de las llamadas *deepfakes* o falsedades profundas, en tanto se emplea la IA para crear contenidos sexistas que son manipulados al extremo de parecer reales.

Para hacer alusión concreta a la violencia de género acaecida en espacios virtuales, las variantes son múltiples, sin que exista un consenso al conceptualizar dicho objeto de estudio. Algunos investigadores se refieren a la cuestión cibernética, apuntando de forma general a la violencia en Internet o también de forma específica a las ciberviolencias o ciberagresiones de género[4], mientras otros autores dirigen más el enfoque al acoso, refiriéndose al acoso cibernético[5] o al ciberacoso[6].

Sin embargo, algunos expertos han profundizado más en la categorización al denominarle violencia digital hacia las mujeres[7], violencia digital de género[8] o inclusive violencia

---

4 Velasco Rodríguez, J. (2024). "Activismos en las redes sociales, de la misoginia a las buenas prácticas digitales", *Igualdad de género en entornos digitales. Desafíos educativos.*

5 Retana Franco, B. E./Sánchez Aragón, R. (2015). "Acoso Cibernético: validación en México del ORI-82", *Acta de investigación psicológica, 5* (3), 2097-2111. https://www.redalyc.org/pdf/3589/358943649001.pdf

6 Jiménez Cortés, R./Caro, L. V./Buzón-García, O. (2018). "Tras la máscara, ¿quiénes agreden, quienes sufren? Diferencias de género en las ciberviolencias", *Violencia de género en entornos virtuales,* Octaedro.

7 Prados García, C. (2023). "Violencia digital en TikTok. Retirada de datos sensibles y contenidos hipersexualizados", *Adolescencia, redes sociales y violencia de género digital*; y Gómez Cruz, B. M. (2023). "Lo digital es político: universitarias frente a la violencia digital hacia las mujeres", *Revista Pueblos y fronteras digital,* (18), 1-29, https://doi.org/10.22201/cimsur.18704115e.2023.v18.640

8 Pedraza Bucio, C. (2023). "La desestimación de la violencia digital de género: prácticas, medidas y repercusiones entre las estudiantes universitarias", *Transdigital,* 4 (8), 1-19.

de género 2.0[9]; siendo estas dos últimas las denominaciones más completas, en tanto no restringen la agresión al mero acoso, ni la enfocan únicamente en la mujer como sujeto pasivo del acto violento, sino que incluyen también a otros colectivos vulnerables.

De tal suerte, algunos se refieren a las ciberagresiones experimentadas por personas o grupos sociales, con el fin de establecer el predominio de lo masculino sobre todo lo humano existente[10]. A su vez, se ha empleado la denominación de violencia de género 2.0 o ciberviolencia de género, entendida como "aquella perpetuada sobre la mujer y otros géneros, causando daños o ejerciendo dominio sobre estos"[11].

En las definiciones precedentes, de manera acertada se enfatiza el rol masculino dominante, identificando la agresión no solo dirigida a la mujer como víctima, sino también a otros géneros. Incluso, se pone de relieve esa cultura del miedo femenino del cual está impregnado el espacio público virtual[12]. De manera que las violencias acaecidas en entornos presenciales también acontecen en contextos virtuales, replicando el patrón cultural de dominación existente entre géneros. Se asevera así

---

9 Becerril Martínez, W. *et. al.* (2023). Notas sobre una propuesta para el diagnóstico de violencia digital de género en las universidades, *Transdigital, 4*(8), 1-31.

10 Donoso, T./Rubio, M./Vilà, R. (2017). "Las ciberagresiones en función del género", *Revista de Investigación Educativa,* 35 (1), 197-214. https://doi.org/10.6018/rie

11 Domínguez Arteaga, R. A. (2021). "Violencia de género 2.0 en universitarios: experiencias e implicaciones para las políticas públicas TIC recientes", *Ius Comitiãlis,* 4 (8), 41-61, 42.

12 Tajahuerce Ángel, I./Franco, Y./Juárez Rodríguez, J. (2018). "Ciberbullying y género: nuevos referentes en la ocupación de los espacios virtuales", *Estudios sobre el Mensaje Periodístico,* 24 (2), 1845-1859.

que la violencia de género se constituye, en sí misma, en uno de los mecanismos más eficaces de opresión del patriarcado[13].

Habida cuenta de estas apreciaciones, dentro de las definiciones de las ciberviolencias, se reconoce entonces la violencia de género 2.0 como una terminología genérica que denota actos violentos en entornos virtuales estando presente el patrón de dominación masculino (violencia digital de género). No obstante, esta investigación se enfoca hacia la categoría de violencia digital hacia la mujer, toda vez que incluye casos de estudio donde las víctimas son específicamente del sexo femenino y no de otros colectivos discriminados por razón de su identidad de género u orientación sexual.

Algunas de las tipologías de violencia digital hacia la mujer más frecuentes[14] suelen ser la suplantación y robo de identidad (mediante cambio de contraseñas y creación de perfiles falsos) y la vigilancia por parte de sus parejas o exparejas (mediante el monitoreo y acecho, o la revisión de cuentas sin consentimiento de su titular). Son usuales además los comentarios ofensivos o discriminatorios, el ciberacoso (a través de mensajes molestos e insultos reiterados, incluso con envío de contenido pornográfico) y hasta la sextorsión (configurando chantajes por contenido sexual). Por último, se encuentra también la difusión de contenido falso, que incluye a las *deepfakes.*

Según Alicia Vara, deepfake es una técnica "destinada a la síntesis de imágenes artificiales"[15] que permite crear contenidos

---

13 Lagarde, M. (1990). "Los cautiverios de las mujeres", *Madresposas, monjas, putas, presas y locas,* horas y HORAS.

14 Becerril Martínez, W. *et. al.* (2023). Notas sobre una propuesta para el diagnóstico de violencia digital de género en las universidades, *Transdigital, 4*(8), 1-31.

15 Vara López, A. (2024). "Los sesgos de género en la inteligencia artificial: deepfakes y deepnudes". *Igualdad de género en entornos digitales. Desafíos educativos,* 153.

personalizados mediante "la adición de filtros de imagen a tiempo real en videoconferencias, la síntesis de rostros nuevos a partir de rasgos de otros preexistentes o los retoques para la manipulación de atributos"[16]. Los *deepfakes* o ultrafalsos en general consisten en vídeos, audios o imágenes ficticias que han sido creados empleando técnicas de inteligencia artificial con algoritmos de aprendizaje de la Red Generativa Antagónica (RGA), para generar contenidos manipulados. El resultado es un producto altamente realista, que no suele inducir dudas sobre su veracidad, aunque en realidad sea ficticio.

Algunas investigaciones precedentes se enfocan en el impacto de las *deepfakes* desde diferentes perspectivas (esencialmente jurídica, social, tecnológica y educativa), incluyendo estudios del último quinquenio[17]. En cuanto a la autoría de las *deepfakes,* García Ull[18] considera que provienen de tres grandes grupos: actores políticos con objetivos de desinformación, estafadores para la comisión de delitos financieros o aficionados con intenciones humorísticas o pornográficas; siendo esta última tipología una de las más frecuentes.

De hecho, entre las aplicaciones, sitios web o programas generadores de falsos desnudos se encuentra la aplicación móvil DeepNude, que ha permitido simular desnudos femeninos

---

16 Vara López, A. (2024). "Los sesgos de género en la inteligencia artificial: deepfakes y deepnudes". *Igualdad de género en entornos digitales. Desafíos educativos,* 154.

17 Bañuelos Capistrán, J. (2020). "Deepfake: la imagen en tiempos de la posverdad", *Revista Panamericana de Comunicación,* 2(1), 51-61; y Jareño Leal, A. (2024). "El derecho a la imagen íntima y el Código Penal. La calificación de los casos de elaboración y difusión del deepfake sexual", *Revista Electrónica de Ciencia Penal y Criminología,* 26(9), 1-37. http://criminet.ugr.es/recpc/26/recpc26-09.pdf

18 García Ull, F. J. (2021). "Deepfakes: El próximo reto en la detección de noticias falsas", *Anàlisi: Quaderns de Comunicació i Cultura* (24), 110-120.

a partir de una fotografía previa y ha sido cerrada debido a su uso indiscriminado. Como han colapsado los servidores, por la inmensa cantidad de usuarios, la respuesta ha sido cerrar la aplicación y bloquear las páginas, dado el riesgo potencial que esto representa, entretanto no haya nuevas iniciativas de deep-checking para detectar los contenidos falsos.

Este uso indiscriminado de DeepNude ha permitido crear imágenes sorprendentemente realistas usando algoritmos de la IA. Lo curioso es que las imágenes virtuales de cuerpos desnudos se han generado a partir de una persona vestida, pero siempre tratándose de mujeres. Ello denota sesgos de género en el diseño de la herramienta, no solo por la cosificación del cuerpo femenino, sino por esta nueva forma de violencia online que ha dado lugar a comportamientos misóginos, lacerando los derechos a la imagen y a la intimidad de las víctimas.

La profusión de *deepfakes* se enfrenta a su vez a una dicotomía: el fácil acceso que los nativos digitales tienen a la IA y la compleja detección de su veracidad para los usuarios genéricos, en su mayoría desconocedores de los algoritmos informáticos. De un lado aparece la aparente ventaja de ser nativo digital, en tanto nacer en una sociedad digital hiperconectada no implica un uso seguro y responsable de Internet. Por otra parte, se muestra la indefensión de las víctimas frente a las agresiones en línea, dadas la imposibilidad de restauración y su consecuente revictimización cuando las noticias alcanzan niveles elevados de viralización.

Actualmente los nativos digitales acceden fácilmente a las tecnologías porque en la mayoría de las aplicaciones no es necesario registrarse, o basta con indicar un correo electrónico para acceder; lo cual traslada el debate al terreno de la Ética de la Inteligencia Artificial. Lo más complejo resulta entonces detectar la falsedad de esas imágenes que parecen reales y las vías para demostrar su falta de veracidad, lo cual requiere de cierta experticia tecnológica.

Entre los métodos para combatir las *deepfakes* se encuentran principalmente dos: el análisis de metadatos y el análisis del nivel de error. El primero consiste en analizar si la imagen fue manipulada previamente, a partir de identificar las intervenciones previas en los archivos. Por su parte, el nivel de error (Error Level Analysis [ELA]) permite identificar la compresión de imágenes de archivos como JPG, en tanto cada edición supone diferentes niveles de artefactos de comprensión, que pueden ser percibidos posteriormente. Ambos métodos de análisis tributan a la detección preliminar de las falsedades, a partir de indicadores informáticos verificables por especialistas en la materia.

A tal punto han avanzado los *deepfakes* como una nueva generación de medios manipulados, que su impacto no se restringe solo al ámbito interpersonal y a configuraciones de tipo sexual, sino también al empleo por parte de algunos Estados para aumentar la tensión geopolítica. Las connotaciones que puede tener sobrepasan el nivel meso y micro social, convirtiendo las plataformas virtuales en escenarios de alta peligrosidad y proclividad delictiva, habida cuenta de que el espacio digital es el de mayor interacción entre jóvenes e internautas hoy en día.

En este marco de análisis es válido destacar que la violencia digital contra la mujer tiene dos características *sui generis*: la primera es que va dirigida generalmente a un público joven y la segunda es la prevalencia de un contenido eminentemente sexual, pues "la mayoría de vídeos *deepfake* que se encuentran en línea muestran contenido pornográfico"[19]. A ello se suma la heteronormatividad en redes, en tanto las personas ubicadas fuera de los márgenes patriarcales convencionales, ya sean mujeres

---

[19] Vara López, A. (2024). "Los sesgos de género en la inteligencia artificial: deepfakes y deepnudes", *Igualdad de género en entornos digitales. Desafíos educativos,* 155.

u otras personas del colectivo LGTB+; se convierten en focos para el acoso, la agresión y/o la discriminación.

No obstante, algunos cuestionarios aplicados[20] han revelado que son las mujeres heterosexuales las de mayor riesgo de cibervictimización, en relación con los mitos del amor romántico. Otros investigadores han propuesto incluso un índice para medir la violencia de género hacia el estudiantado universitario[21], aunque sin concebir la variable del contexto digital; por tanto, adolecen de la visión más focalizada al empleo de la inteligencia artificial generativa.

En sentido general, tanto las *deepfakes* sexuales como las *deepnudes* más leves constituyen tecnologías de alto riesgo, porque pueden ser empleadas de forma indiscriminada para ejercer control, dominación o violencia sobre las víctimas. A ello se suma la mayor proclividad a la violencia de género en los entornos online que en el espacio cara a cara, por la distancia establecida entre el agresor y la víctima. Por tanto, en el abordaje de la violencia machista como problema social, resultan insoslayables los indicadores sobre el uso de las tecnologías empleadas como medio para cometer acciones violentas, sexistas y/o discriminatorias.

III. LAS DEEPFAKES EN ESPAÑA: CONTEXTO Y NORMATIVA

Resultan significativas las cifras de menores enjuiciados por violencia contra la mujer en España, ya que, según datos ofrecidos por el Consejo General del Poder Judicial, en 2023 se

---

20 Domínguez Arteaga, R. A. (2021). "Violencia de género 2.0 en universitarios: experiencias e implicaciones para las políticas públicas TIC recientes", *Ius Comitiãlis*, 4 (8), 41-61.

21 Zamudio Sánchez, F. *et. al.* (2017). "Violencia de género sobre estudiantes universitarios(as)", *Convergencia*, (24) 75, 133-157.

constató un aumento del 9,91 % de los enjuiciamientos en relación con el año anterior[22]. A su vez, se ha constatado que "la violencia contra la mujer es un problema que está relacionado con el uso de la tecnología en el 44% de los casos de violencia de género en el entorno"[23]. En dichas estadísticas se incluyen aquellos delitos cometidos empleando medios tecnológicos para vulnerar la intimidad y el derecho a la propia imagen, llegando a atentar contra la integridad moral y la libertad sexual de las víctimas.

Un ejemplo interesante para este abordaje resulta el conocido Caso Almendralejo. Este alude a la manipulación de fotos de niñas con empleo de la inteligencia artificial por parte de un grupo de compañeros de instituto, quienes crearon imágenes de falsos desnudos. El suceso tuvo lugar en Badajoz, Extremadura, en septiembre del año 2023, utilizando una aplicación denominada "Clothoff"; tras lo cual difundieron masivamente el resultado en redes sociales como Telegram y WhatsApp. Estas imágenes, provenientes de fotografías de menores estando completamente vestidas, dieron lugar al primer caso registrado en España de *deepfakes* sexuales, como expresión evidente de violencia digital de género.

Sin dudas, este ha sido uno de los hechos más mediáticos de 2024, siendo los adolescentes extremeños condenados luego a 1 año de libertad vigilada. El debate en redes generó polémica sobre la posible configuración de chuiquilladas o la existencia de un problema social, habida cuenta de la proclividad al

---

22 V. Periódico GARA, País Vasco, 13 de octubre de 2024. https://www.naiz.eus/eu/info/noticia/20241013/nafarroa-registra-los-dos-primeros-casos-de-deep-fake

23 Ballesteros, *et. al.* (2023). "Evolución de la Violencia contra las mujeres en la infancia y adolescencia en España (2018-2022), según su propio testimonio". Estudio subvencionado por el Ministerio de Igualdad, Fundación ANAR, España.

incremento de la pornografía infantil por el uso indiscriminado de la inteligencia artificial generativa. De ahí la importancia de tomar conciencia de lo perjudicial de estas prácticas, que no constituyen un mero juego de niños, sino un riesgo potencial por el uso de tecnologías *deepnudes*.

Otros supuestos fácticos de *deepfakes* se han registrado, según la prensa vasca, como los dos primeros casos en la Comunidad Foral de Navarra. El primero de ellos tuvo lugar en diciembre de 2023, resuelto con una sentencia de conformidad entre las partes; mientras el segundo ocurrió posteriormente en una localidad de la ribera navarra, afectando a víctimas menores de edad[24]. De manera que esta tipología de violencia en los entornos digitales se ha constatado al menos en Extremadura y Navarra, sin que tales datos excluyan a otras comunidades españolas, donde se puedan haber difundido videos de contenido sexual creados con la IA y no consten denuncias realizadas.

Ante este fenómeno, cobra importancia la prevención desde el ámbito educativo. En contraposición a las alarmantes noticias de los medios de comunicación, se han desarrollado programas específicos como aparecido iniciativas educativas tales como el Programa Coeducastur en Asturias o el Programa Skolae en Navarra. Este último, diseñado por el Departamento de Educación, se inició con un pilotaje en el curso escolar 2017-2018, incluyendo colegios (públicos y concertados) e institutos, hasta contar actualmente con un total de 283 centros asociados. El Programa incluye formación en violencia de género y educación inclusiva, con diferentes niveles de capacitación al profesorado, que ya suma más de 7.500 docentes formados. Su principal objetivo es el desarrollo de una cultura coeducativa, o lo que es igual: educar en igualdad desde edades tempranas.

---

[24] V. Periódico GARA, País Vasco, 13 de octubre de 2024. https://www.naiz.eus/eu/info/noticia/20241013/nafarroa-registra-los-dos-primeros-casos-de-deep-fake

Skolae se encuentra entre los ejemplos de buenas prácticas que contribuyen a que las escuelas sean espacios seguros para los y las estudiantes en España, a la vez que favorece la prevención de las violencias de género en el ámbito educativo. Este Programa navarro pretende la construcción de un proyecto vital propio para el alumnado, basándose en la libertad y la diversidad de opciones, sin que existan condicionantes de género. Si bien ha habido resistencias, que están dadas principalmente por la inclusión de temáticas de identidad sexual, los contenidos incluidos sobre prevención de violencias y equidad desde la coeducación muestran un significativo acierto.

A estas propuestas coeducativas se suman autores que sugieren "diseñar políticas públicas TIC focalizadas en contra de los mecanismos de control hacia la mujer y otros géneros, basados en su aspecto físico y rol generizado, impuestos por el patriarcado"[25]. Este postulado es relevante en un contexto donde varios sectores de la sociedad española niegan la violencia de género, obviando los patrones de dominación existentes; lo cual ha dado lugar a posturas extremas como el discurso negacionista de la ultraderecha.

Sin embargo, en el caso particular del Estado español, existe un conglomerado de políticas públicas y su correlato legislativo, previstos desde la LO 1/2004[26], que incluye tanto aspectos preventivos como educativos. De hecho, esta ley establece medidas de sensibilización e intervención específicas en torno a la educación. Dentro del Título I "Medidas de sensibilización, prevención y detección", dedica su Capítulo I al ámbito educativo, refrendando el principio de igualdad entre hombres y mujeres

---

[25] Domínguez Arteaga, R. A. (2021). "Violencia de género 2.0 en universitarios: experiencias e implicaciones para las políticas públicas TIC recientes", *Ius Comitiãlis,* 4 (8), 41-61, 41.

[26] V. LO 1/2004, de 28 de diciembre, de Medidas de Protección Integral contra la Violencia de Género, España.

en todos los niveles de enseñanza, previendo la eliminación de estereotipos sexistas o discriminatorios[27] y la formación inicial y permanente del profesorado[28].

Válido apuntar que la referida LO 1/2004 hace alusión expresa, aunque somera, a la violencia en contextos digitales. Así pues, esta norma jurídica se refiere a la sensibilización y prevención "en el ámbito de las tecnologías de la información y el digital"[29]. Si bien es cierto que en aquel entonces no se previeron las nuevas modalidades de violencia con empleo de la IA, la voluntad del legislador sí alcanzó a prever escenarios ajenos al contexto físico; lo cual es coherente con el acelerado desarrollo de las tecnologías de la información y las comunicaciones.

Por otra parte, desde la reforma del CP de 2015 hasta la controversial Ley del Solo sí es sí[30], se ha evidenciado la máxima expresión gubernamental de combatir las conductas sexistas, androcéntricas y discriminatorias. De hecho, como dato relevante se conoce que España ya cuenta con un Anteproyecto de LO para la protección de las personas menores de edad en los entornos digitales. La propuesta legislativa pretende abordar específicamente el tratamiento penal para las denominadas "ultrafalsificaciones", incorporando un nuevo art. 173 bis al CP.

A su vez, la prevención de la violencia de género ha encontrado respaldo jurídico en el ámbito educativo. La LO 3/2020, también conocida como LOMLOE[31], es una normativa novedosa

27 V. Art. 6.

28 V. Art. 7.

29 V. Art. 3.

30 V. LO 10/2022, de 6 de septiembre, de garantía integral de la libertad sexual. BOE núm. 215, de 7 de septiembre 2022, España.

31 V. LO 3/2020, de 29 de diciembre, por la que se modifica la LO 2/2006, de 3 de mayo, de Educación. BOE núm. 340, de 30 de diciembre de 2020, España.

desde el punto de vista competencial. De hecho, prioriza dos áreas fundamentales: las competencias (incluyendo específicamente la competencia digital) y la coeducación (con disímiles referencias a la educación en igualdad). Asimismo, la LO 2/2023, del Sistema Universitario (LOSU)[32], refrenda los principios de equidad y no discriminación que deben garantizarse en las universidades[33].

Desde el Preámbulo de la LOMLOE se pondera un cambio de enfoque que "requiere de una comprensión integral del impacto personal y social de la tecnología, de cómo este impacto es diferente en las mujeres y los hombres y una reflexión ética acerca de la relación entre tecnologías, personas, economía y medioambiente"[34]. De igual forma, la LOSU se refiere a la creación de planes de igualdad en las universidades, así como a "medidas de prevención y respuesta frente a la violencia, la discriminación o el acoso"[35] en todas sus manifestaciones y contextos.

La problemática de la violencia de género 2.0 también se atiende de manera prioritaria en Europa. Desde la Directiva 1385, de 14 de mayo de 2024, del Parlamento europeo sobre la lucha contra la violencia contra las mujeres y la violencia doméstica[36], ya se aborda esta cuestión. En el art. 5 regula todo lo relativo a la "Difusión no consentida de material íntimo o manipulado", mientras que se refiere más adelante al acto

---

32 V. LO 2/2023, de 22 de marzo, del Sistema Universitario. BOE núm. 70, de 23 de marzo de 2023, España.

33 V. Art. 37.

34 V. *supra* LO 3/2020.

35 V. Art. 4.

36 V. Directiva (UE) 2024/1385 del Parlamento Europeo y del Consejo, de 14 de mayo de 2024, sobre la lucha contra la violencia contra las mujeres y la violencia doméstica. Diario Oficial de la Unión Europea.

de "hacer accesibles al público imágenes, vídeos o material similar que representen actividades sexualmente explícitas o partes íntimas de una persona mediante TIC sin su consentimiento"[37], incluyendo así las ultrafalsificaciones o ultrasuplantaciones (*deepfakes*).

A su vez, constituye una referencia normativa trascendente en este ámbito de análisis el Reglamento 1689 de 13 de junio de 2024, del Parlamento Europeo, también conocido como Reglamento de Inteligencia Artificial[38]. Este incluye la clasificación de los sistemas de IA como de alto riesgo, mientras define la ultrasuplantación como "un contenido de imagen, audio o vídeo generado o manipulado por una IA que se asemeja a personas, objetos, lugares, entidades o sucesos reales y que puede inducir a una persona a pensar erróneamente que son auténticos o verídicos"[39]. Asimismo, prevé las "Obligaciones de transparencia de los proveedores y responsables del despliegue de determinados sistemas de IA"[40], lo cual resulta esencial para la detección de los contenidos manipulados.

Anteriormente, en la Unión Europea se habían desarrollado otros acercamientos más específicos al tema objeto de debate, a saber, el Informe *Tackling deepfakes in European policy*[41]. A partir de un estudio para examinar las características técnicas y el contexto social y regulatorio de las *deepfakes*, se han

---

37 *Idem* Considerando 19.

38 V. Reglamento (UE) 2024/1689 del Parlamento Europeo y del Consejo, de 13 de junio de 2024, por el que se establecen normas armonizadas en materia de inteligencia artificial (Reglamento de Inteligencia Artificial). Diario Oficial de la Unión Europea.

39 V. Art. 3.60.

40 V. Art. 50.

41 V. Parlamento europeo (2021). Informe *Tackling deepfakes in European policy*. Estudio de STOA, publicado en julio de 2021 (PE 690.039).

resumido las opciones políticas para mitigar sus riesgos, abordando cinco dimensiones: tecnología, creación, circulación, destino y audiencia.

La dimensión tecnológica se refiere a la producción de sistemas de generación de *deepfakes,* en cuanto a las tecnologías y herramientas utilizadas para generarlas, así como a los actores que desarrollan los sistemas de producción de las mismas. Se manejan propuestas que van desde crear obligaciones legales como el etiquetado para los creadores, hasta el hecho de regular estas como tecnologías de alto riesgo. Aparece además como alternativa el desarrollo de sistemas de IA que prevengan, ralenticen o compliquen los ataques deepfake. De tal suerte, invertir en educación y sensibilizar a dichos profesionales pudiera disminuir los impactos negativos, y a su vez dotar de mayor comprensión y apreciación sobre los principios éticos y sociales de su trabajo.

La dimensión de creación se refiere a aquellos que realmente utilizan dichos sistemas para producir *deepfakes,* o sea, los creadores de contenido. Estos serían los autores directos que pudieran generar impactos negativos, tales como la pornografía *deepfake* no consentida o inclusive las campañas de desinformación política. Entre las propuestas aparecen la prohibición de ciertas aplicaciones debido a su efecto manipulador y el hecho de evitar el anonimato para las plataformas en línea, dada la cobertura que puede propiciar a usuarios malintencionados. Por tanto, sería idóneo invertir en transferencia tecnológica, incorporando conocimientos y tecnología *deepfake,* que tribute al uso racional y responsable de la tecnología.

La dimensión de circulación es trascendental para limitar la difusión de *deepfakes* en redes. Ser conscientes de la connotación de compartir mensajes falseados, ya sean sexistas o de otra índole, implica complicidad con la conducta autoral, porque favorece la circulación de los contenidos en las propias plataformas encargadas de viralizar los contenidos. Entre las alternativas se plantea incorporar softwares de detección de *deepfakes* y aplicar el etiquetado para detectar la autenticidad de los usuarios. Para ello se pudieran establecer procedimientos de etiquetado y retirada de datos, en esencia sistemas de detección de *deepfakes* que permitiesen reducir la velocidad de circulación.

La dimensión de destino se refiere al público al que van dirigidos los ultrafalsos, lo cual requiere institucionalizar el apoyo a las víctimas de *deepfakes*, así como garantizar la retirada temprana en los medios, identificar a los autores e iniciar acciones civiles o penales. Por su parte, la dimensión de audiencia trasciende a la respuesta del público a título individual, grupal o social; por lo que se necesita establecer sistemas de autenticación, paralelamente a las medidas de etiquetado, como formas de información para respaldar la trazabilidad. Ambas dimensiones coinciden en la necesidad de invertir en alfabetización mediática y ciudadanía tecnológica, para lograr mayor concienciación sobre *deepfakes*.

Las cinco dimensiones anteriores convergen en un punto: la propuesta educativa. Los responsables de políticas públicas coinciden en que educar a creadores, usuarios y consumidores resulta clave para contrarrestar no solo la difusión de informaciones falsas, sino también la desinformación que estas generan. De manera que la apuesta por la formación de competencias digitales constituye un imperativo para el logro de una educación de calidad.

IV. LAS COMPETENCIAS DIGITALES EN TORNO A LA ALFABETIZACIÓN DIGITAL CRÍTICA

La formación de competencias digitales resulta una de las prioridades de la agenda política europea. El Programa para la Evaluación Internacional de Estudiantes (PISA), ha incluido para 2025 una competencia innovadora: “aprender en un mundo digital", añadida a la evaluación de las tres competencias troncales: ciencias, matemáticas y lectura. La inclusión de tal indicador en dicho estudio muestral revela no solo la novedad de aplicarlo en más de 80 países del mundo, sino también enfocar la cuestión hacia los retos de la tecnología en el contexto de la educación.

En el ámbito de análisis de las competencias digitales se destaca la competencia mediática, referida a "la comprensión de los distintos lenguajes, la selección y administración de la información, el reconocimiento de valores e ideologías y la gestión emocional"[42]. Se vincula directamente al concepto de prosumidor (o prosumer), en tanto recepciona y también produce mensajes, más allá de ser un simple consumidor de información. De tal manera, se usan las redes sociales como medio de interacción, consumo y producción de contenidos, lo cual no indica interacciones responsables, sino más bien pondera la necesidad de intervenciones educativas para desarrollar competencias de alfabetización en inteligencia artificial[43].

En materia de formación por competencias, a propósito del desarrollo normativo español, vale poner de relieve el rasgo competencial de la LOMLOE[44]. Desde el preámbulo de esta Ley se consigna un cambio de enfoque que "dado el impacto de la tecnología, debe desarrollarse tanto en la competencia digital del alumnado como en la competencia digital docente". Se atiende al desarrollo de la competencia digital de los y las

---

42 Delgado Ponce, A./Pérez Rodríguez, M. A. (2018). "La competencia mediática", *Educar para los nuevos medios. Claves para el desarrollo de la competencia mediática en el entorno digital,* 17.

43 Lorenzo Pérez, V. A./Recio Moreno, D./Feliz Murias, T. (2024). "Intervenciones educativas para la alfabetización en inteligencia artificial: una revisión sistemática exploratoria", *Investigación para la mejora de las prácticas educativas desde una perspectiva holística.*

44 V. *supra* LO 3/2020.

estudiantes en todas las etapas educativas, tanto en contenidos específicos como desde una perspectiva transversal, y se hace hincapié en la brecha digital de género. Se pretende reforzar en general tanto la equidad como la capacidad inclusiva del sistema educativo español.

Asimismo, se postulan en dicha normativa la competencia digital y la igualdad de género entre los principios pedagógicos[45]. Inclusive, se insta a las Administraciones educativas a incluir la competencia digital en el currículo, "así como los elementos relacionados con las situaciones de riesgo derivadas de la inadecuada utilización de las TIC, con especial atención a las situaciones de violencia en la red"[46].

Entre las múltiples sugerencias para prevenir la violencia digital contra las mujeres, se ofrecen tres pautas[47]:

- La regulación jurídica: referente a crear marcos legales y proporcionar garantías jurídicas para prevenir y sancionar la violencia desde las instituciones formales.
- La autorregulación de las propias plataformas y redes: orientada a generar mecanismos automatizados o de autogestión para denunciar, eliminar y bloquear los perfiles y publicaciones que reproducen las prácticas violentas en línea.
- La alfabetización digital: abocada a la generación de procesos de aprendizaje en las propias comunidades usuarias, orientados no solo a la reacción frente a la violencia digital, sino a la prevención de esta.

---

45 V. Art. 19 bis.

46 V. *supra* LO 3/2020, en su Disposición final cuarta.

47 Becerril Martínez, W. *et. al.* (2023). Notas sobre una propuesta para el diagnóstico de violencia digital de género en las universidades, *Transdigital*, 4(8), 1-31.

La anterior propuesta pondera tres aspectos: jurídico, tecnológico y educativo. De tal suerte, la solución amerita respuestas sociales que se desmarquen un tanto del punitivismo y se pronuncien más por intervenciones educativas y actualizaciones tecnológicas que capaciten a la ciudadanía para interactuar en un espacio digital libre de violencias.

Cabe entender que la respuesta a esta problemática no se encuentra necesaria y exclusivamente en el ámbito jurídico, sino en más amplias estrategias socioeducativas. De hecho, la formación de competencias digitales resulta esencial para educar con perspectiva de género; mientras que no solo permite prevenir conductas violentas en el ciberespacio, sino también facilita el desarrollo de una cultura digital.

Según el Marco de Competencias Digitales para la Ciudadanía (DigComp 2.2)[48], desarrollado por la Comisión Europea, se han identificado 5 áreas de competencias digitales:

1. Área de alfabetización digital
2. Área de comunicación y colaboración
3. Área de creación de contenido digital
4. Área de seguridad digital
5. Área de resolución de problemas

El área de alfabetización digital comprende tanto el acceso a la información digital como la evaluación de su relevancia de forma crítica. El área de comunicación y colaboración sugiere interactuar en equipos y redes virtuales, haciendo uso de medios, tono y comportamiento apropiados. La creación de con-

---

48 Vuorikari, R./Kluzer, S./Punie, Y. (2022). "DigComp 2.2: The Digital Competence Framework for Citizens–With new examples of knowledge, skills and attitudes". EUR 31006 EN, Publications Office of the European Union, Luxembourg, https://europa.eu/!cKrmj6

tenido digital se refiere a la posibilidad de configurar, ampliar y editar los contenidos. La seguridad digital implica proteger dispositivos y contenidos, así como la privacidad en entornos digitales, utilizando la tecnología digital de manera segura y responsable. Por último, el área de resolución de problemas se enfoca a explorar nuevas formas de aprovechar la tecnología de forma creativa y eficiente.

El propio DigComp 2.2, al interior del área de alfabetización digital incluye tres habilidades: filtrar la información relevante, analizar su calidad y veracidad, y almacenar la información de manera segura. De manera que la propia identificación de las *deepfakes* como tecnologías de alto riesgo, constituye en sí misma una idea preliminar. El tratamiento de las imágenes y videos que recibimos (como ciberobservadores), también se convierte en presupuesto válido, toda vez que compartir la información con otros usuarios tributaría a que los contenidos se hagan virales en tiempos récord.

Grosso modo, se trata de una metacognición sobre las experiencias en el medio digital, al ser conscientes de nuestros actos y de cómo regular nuestra conducta mientras interactuamos en la web. Implica formar habilidades en los usuarios (en este caso en el estudiantado) para interactuar de manera consciente y responsable, siendo capaces de autorregular su propio aprendizaje. A ello se suma la posibilidad de formar competencias digitales partiendo de la situación de desventaja en que se encuentran las mujeres, no solo en cuanto al acceso a las tecnologías, sino también como destinatarias de contenidos sexistas ultrafalseados. Esta idea conduce a tener en cuenta la brecha digital de género para una adecuada alfabetización con perspectiva de género ante los nuevos escenarios digitales.

Por ende, la alfabetización digital en sentido amplio puede ser entendida como “la capacidad que desarrolla el individuo para acceder, analizar, evaluar y crear mensajes en una variedad de contextos del entorno digital en Internet”[49]. Su concreción implica integrar competencias desde lo técnico y lo crítico, de manera que los usuarios sean capaces de emitir juicios de valor en los entornos digitales, más allá de la mera interacción en redes.

Entre los referentes teóricos de la alfabetización digital[50] se asume en común el hecho de concebirla como alternativa pedagógica para generar procesos de enseñanza-aprendizaje conscientes, empleando las tecnologías digitales de forma segura y responsable. Incluso otros autores proponen alfabetizar digitalmente desde edades tempranas, realizando interesantes propuestas para su materialización en la educación primaria[51].

Al estudio más pormenorizado sobre alfabetización digital con perspectiva de género se han dedicado recientes investigaciones[52], en tanto otras han enfocado más el objeto de investigación a la especificidad de los contextos universitarios,

---

49 Livingstone, S. (2004). “What Is Media Literacy?”, *Intermedia 3,* (32), 18-20.

50 Hoechsmann, M./Higdon, N./Osuna Acedo, S. (2023). “Critical Convergences: Special issue on e-learning and critical media literacy”, *The American Journal of Distance Education,* 37 (4), 246-249; y Halpern, B. (2024). “Critical Awakening: Enhancing Students' Agency through Critical Media Literacy”, *Educational Research and Development Journal,* 27 (1), 14-35.

51 Barral Aramburu, S./Renés Arellano, P. (2018). “Educar la mirada ante los estereotipos de género. Una propuesta de alfabetización mediática en Educación Primaria”, *Educar para los nuevos medios: claves para el desarrollo de la competencia mediática en el entorno digital.*

52 Acosta Valentín, L. (2021). *Alfabetización digital con perspectiva de género. Teoría y prácticas sobre el uso de Instagram como herramienta pedagógica en Educación Secundaria*; y Medina Quintana, S. (2023). “Alfabetización mediática, roles de género y adolescencia”, *Adolescencia, redes sociales y violencia de género digital.*

abordando el nexo entre la violencia de género y las alfabetizaciones digitales en la Educación Superior[53].

Un punto coincidente entre todos los abordajes precedentes se encuentra en la dimensión competencial, más allá de lo meramente técnico. De manera que la competencia digital no suponga en única instancia dominar los dispositivos y usar las aplicaciones, sino el uso racional de la información. Esto implica que todos los discentes sean capaces de transformar estereotipos, actitudes sexistas y malas prácticas discriminatorias, aumentando la conciencia crítica sobre las causas fundamentales de la desigualdad y los sistemas de opresión.

Por tanto, la formación de competencias digitales puede ser un catalizador favorable a la perspectiva de género en el ámbito educativo. El primer argumento a tener en cuenta se relaciona al concepto de educatividad, entendida como la capacidad para influir sobre otros. De esta idea se desprende que los medios de comunicación tienen una alta educatividad sobre el alumnado actual. Tal es así que muchas veces resulta más influyente el contenido de un video de Youtube o un *Reel* de Instagram, que una conferencia del profesorado.

El segundo aspecto a tener en cuenta es el impacto de la educación informal y no formal en el desarrollo de la personalidad humana. Lo cierto es que no solo la escuela tiene una función instructiva sobre los alumnos y alumnas, sino que las influencias externas del contexto trascienden, desde las vivencias cotidianas hasta las relaciones con el entorno. Por ende,

---

53 Becerril Martínez, W. *et. al.* (2023). Notas sobre una propuesta para el diagnóstico de violencia digital de género en las universidades, *Transdigital, 4*(8), 1–31; Montero Fernández, D. (2023). *Violencia de Género y Nuevas Tecnologías. Estudio de detección y prevención en el ámbito universitario*; y Ortiz Henderson, F. G. (2023). "Jóvenes universitarias y violencia digital de género: del amor romántico a la ciudadanía digital", *Transdigital, 8* (4), 1-19. https://doi.org/10.56162/transdigital231

cualquier influencia, ya provenga de una cultura machista o de una cultura de equidad, cala en el pensamiento estudiantil más allá de las fronteras del sistema educativo institucionalizado.

En tercer lugar, resalta la función social de la escuela, en tanto dicha institución no solo está encargada de "reproducir cultura", sino también debe "deconstruir" patrones de dominación. Tan importante es prevenir los comportamientos sexistas que acontecen en los ámbitos formales de la educación, como erradicar los estereotipos, prejuicios y sesgos de género que se manifiestan de manera infundada en la escuela; formando lo que se conoce como una educación para la convivencia.

Por último, cabe destacar la dimensión cultural del proceso educativo, en tanto el docente no solo transmite conocimientos, sino también habilidades, valores, costumbres, tradiciones y comportamientos propios de un grupo social. Nadie enseña lo que no sabe, y esas enseñanzas están moldeadas por una variedad de voces e ideologías que perpetúan creencias, porque la educación no puede concebirse aislada de su contexto social. Con lo cual, la violencia ejercida en escenarios digitales impacta directamente en el ámbito educativo y viceversa: la escuela también puede ser un espacio propicio para prevenir (o reproducir) violencias, habida cuenta de la dimensión cultural de la educación.

V. CONCLUSIONES

La violencia digital hacia la mujer es una tipología de violencia de género que acontece en los escenarios virtuales con similar frecuencia que en los contextos educativos presenciales, habida cuenta de la desigualdad estructural existente, que replica el patrón de dominación masculino dentro del sistema sexogenérico patriarcal. De manera que ni los currículos son culturalmente neutrales, ni los entornos digitales dejan de ser heteronormativos, lo cual constituye un reto a afrontar para el logro de una adecuada equidad de género.

Las *deepfakes* constituyen tecnologías de alto riesgo que han proliferado debido al uso indiscriminado de los sistemas de inteligencia artificial, como un fenómeno generalmente dirigido a víctimas jóvenes y con prevalencia de contenido sexual. La casuística de *deepfakes* en Extremadura y Navarra, en los años en 2023 y 2024 respectivamente, emerge como argumento para procurar la creación de espacios digitales seguros en los entornos educativos y proponer respuestas sociales que rebasen el marco meramente punitivo; procurando invertir en alfabetización mediática, en ciudadanía tecnológica y visualizando la coeducación como alternativa viable.

La formación de competencias digitales no solo ostenta un carácter desarrollador, sino también preventivo, en tanto permite el desarrollo de habilidades para que el alumnado pueda interactuar en redes de manera segura, a la vez que previene conductas discriminatorias y reproducción de estereotipos sexistas. De tal suerte, el abordaje de la violencia hacia la mujer debe tener en cuenta en primera instancia la brecha digital entre mujeres y hombres para tributar a una adecuada alfabetización con perspectiva de género.

REFERENCIAS BIBLIOGRÁFICAS

Acosta Valentín, L. (2021). *Alfabetización digital con perspectiva de género. Teoría y prácticas sobre el uso de Instagram como herramienta pedagógica en Educación Secundaria.* Tesis de doctorado en Estudios Feministas y de Género, Universidad Complutense de Madrid, España.

Ballesteros, et. al. (2023). "Evolución de la Violencia contra las mujeres en la infancia y adolescencia en España (2018-2022), según su propio testimonio". Estudio subvencionado por el Ministerio de Igualdad, Fundación ANAR, España.

Bañuelos Capistrán, J. (2020). "Deepfake: la imagen en tiempos de la posverdad", *Revista Panamericana de Comunicación*, 2(1), 51-61.

Barral Aramburu, S./Renés Arellano, P. (2018). "Educar la mirada ante los estereotipos de género. Una propuesta de alfabetización mediática en Educación Primaria", *Educar para los nuevos medios: claves para el desarrollo de la competencia mediática en el entorno digital*, Universidad Politécnica Salesiana, 103-116.

Becerril Martínez, W. *et. al.* (2023). Notas sobre una propuesta para el diagnóstico de violencia digital de género en las universidades, *Transdigital*, *4*(8), 1-31. https://doi.org/10.56162/transdigital238

Delgado Ponce, A./Pérez Rodríguez, M. A. (2018). "La competencia mediática", *Educar para los nuevos medios. Claves para el desarrollo de la competencia mediática en el entorno digital*, Universidad Politécnica Salesiana.

Directiva (UE) 2024/1385 del Parlamento Europeo y del Consejo, de 14 de mayo de 2024, sobre la lucha contra la violencia contra las mujeres y la violencia doméstica. Diario Oficial de la UE.

Domínguez Arteaga, R. A. (2021). "Violencia de género 2.0 en universitarios: experiencias e implicaciones para las políticas públicas TIC recientes", *Ius Comitiãlis*, 4 (8), 41-61.

Donoso, T./Rubio, M./Vilà, R. (2017). "Las ciberagresiones en función del género", *Revista de Investigación Educativa*, 35 (1), 197-214. https://doi.org/10.6018/rie

García Ull, F. J. (2021). "Deepfakes: El próximo reto en la detección de noticias falsas", *Anàlisi: Quaderns de Comunicació i Cultura*, 24, 110-120.

Gómez Cruz, B. M. (2023). "Lo digital es político: universitarias frente a la violencia digital hacia las mujeres", *Revista Pueblos y fronteras digital*, (18), 1-29. https://doi.org/10.22201/cimsur.18704115e.2023.v18.640

Halpern, B. (2024). "Critical Awakening: Enhancing Students' Agency through Critical Media Literacy", *Educational Research and Development Journal*, 27 (1), 14-35.

Hoechsmann, M./Higdon, N./Osuna Acedo, S. (2023). "Critical Convergences: Special issue on e-learning and critical media literacy", *The American Journal of Distance Education*, 37 (4), 246-249.

Jareño Leal, A. (2024). "El derecho a la imagen íntima y el Código Penal. La calificación de los casos de elaboración y difusión del deepfake sexual", *Revista Electrónica de Ciencia Penal y Criminología*, 26(9), 1-37. http://criminet.ugr.es/recpc/26/recpc26-09.pdf

Jiménez Cortés, R./Caro, L. V./Buzón-García, O. (2018). "Tras la máscara, ¿quiénes agreden, quienes sufren? Diferencias de género en las ciberviolencias", *Violencia de género en entornos virtuales*, Octaedro, 651-668.

Lagarde, M. (1990). "Los cautiverios de las mujeres". *Madresposas, monjas, putas, presas y locas,* horas y HORAS.

LO 1/2004, de 28 de diciembre, de Medidas de Protección Integral contra la Violencia de Género, España.

LO 3/2020, de 29 de diciembre, por la que se modifica la LO 2/2006, de 3 de mayo, de Educación. «BOE» núm. 340, de 30 de diciembre de 2020, España.

LO 2/2023, de 22 de marzo, del Sistema Universitario. «BOE» núm. 70, de 23 de marzo de 2023, España.

LO 10/2022, de 6 de septiembre, de garantía integral de la libertad sexual. «BOE» núm. 215, de 7 de septiembre 2022, España.

Livingstone, S. (2004). "What Is Media Literacy?", *Intermedia 3* (32), 18-20.

Lorenzo Pérez, V. A./Recio Moreno, D./Feliz Murias, T. (2024). "Intervenciones educativas para la alfabetización en inteligencia artificial: una revisión sistemática exploratoria", *Investigación para la mejora de las prácticas educativas desde una perspectiva holística,* Dykinson, 3409-3422.

Medina Quintana, S. (2023). "Alfabetización mediática, roles de género y adolescencia", *Adolescencia, redes sociales y violencia de género digital,* Tirant lo Blanch, 19-32.

Montero Fernández, D. (2023). *Violencia de Género y Nuevas Tecnologías. Estudio de detección y prevención en el ámbito universitario.* Tesis de Doctorado, Universidad de Huelva, Departamento de Psicología Social, Evolutiva y de la Educación.

ONU Mujeres (2020). Violencia contra mujeres y niñas en el espacio digital: Lo que es virtual también es real. ONU Mujeres. https://mexico.unwomen.org/sites/default/files/Field%20Office%20Mexico/Documentos/Publicaciones/2020/Diciembre%202020/FactSheet%20Violencia%20digital.pdf

Ortiz Henderson, F. G. (2023). "Jóvenes universitarias y violencia digital de género: del amor romántico a la ciudadanía digital", *Transdigital, 8* (4), 1-19. https://doi.org/10.56162/transdigital231

Parlamento europeo (2021). Informe *Tackling deepfakes in European policy.* Estudio de STOA, publicado en julio de 2021 (PE 690.039).

Pedraza Bucio, C. (2023). "La desestimación de la violencia digital de género: prácticas, medidas y repercusiones entre las estudiantes universitarias", *Transdigital,* 4 (8), 1-19. https://doi.org/10.56162/transdigital225

Periódico GARA, País Vasco, 13 de octubre de 2024. https://www.naiz.eus/eu/info/noticia/20241013/nafarroa-registra-los-dos-primeros-casos-de-deep-fake

Prados García, C. (2023). "Violencia digital en TikTok. Retirada de datos sensibles y contenidos hipersexualizados", *Adolescencia, redes sociales y violencia de género digital,* Tirant lo Blanch, 169-185.

Retana Franco, B. E./Sánchez Aragón, R. (2015). "Acoso Cibernético: validación en México del ORI-82", *Acta de investigación psicológica, 5* (3), 2097-2111. https://www.redalyc.org/pdf/3589/358943649001.pdf

Simó Soler, E. (2023). "Retos jurídicos derivados de la Inteligencia Artificial Generativa", *InDret,* 2, 493-515.

Tajahuerce Ángel, I./G. Franco, Y./Juárez Rodríguez, J. (2018). "Ciberbullying y género: nuevos referentes en la ocupación de los espacios virtuales", *Estudios sobre el Mensaje Periodístico,* 24 (2), 1845-1859.

Reglamento (UE) 2024/1689 del Parlamento Europeo y del Consejo, de 13 de junio de 2024, por el que se establecen normas armonizadas en materia de inteligencia artificial (Reglamento de Inteligencia Artificial). Diario Oficial de la UE.

Ruiz Repullo, C. (2024). "La cultura de la violación en las redes sociales", *Igualdad de género en entornos digitales. Desafíos educativos,* Dykinson, 19-29.

Trujano Ruiz, P./Dorantes Segura, J./Tovilla Quesada, V (2009). "Violencia en internet: Nuevas víctimas, nuevos retos", *Liberabit,* 15 (1), 7-19. http://www.scielo.org.pe/scielo.php?script=sci_arttext&pid=S1729-48272009000100002

Velasco Rodríguez, J. (2024). "Activismos en las redes sociales, de la misoginia a las buenas prácticas digitales", *Igualdad de género en entornos digitales. Desafíos educativos,* Dykinson, 123-136.

Vara López, A. (2024). "Los sesgos de género en la inteligencia artificial: deepfakes y deepnudes". *Igualdad de género en entornos digitales, Desafíos educativos,* Dykinson, 153-162.

Vuorikari, R./Kluzer, S./Punie, Y. (2022). "DigComp 2.2: The Digital Competence Framework for Citizens–With new examples of knowledge, skills and attitudes". EUR 31006 EN, Publications Office of the European Union, Luxembourg, https://europa.eu/!cKrmj6

Zamudio Sánchez, F. *et. al.* (2017). "Violencia de género sobre estudiantes universitarios(as)", *Convergencia,* (24) 75, 133-157.